N.

Noemi Kraigher/Dieter Raz

Küstenhandbuch Venezuela

mit Aruba, Bonaire, Curaçao, Trinidad und Tobago

Edition Maritim

Autor und Verlag übernehmen für Irrtümer, Fehler oder Weglassungen keinerlei Gewährleistung oder Haftung. Die Pläne dienen zur Orientierung und nicht zur Navigation; sie ersetzen also keineswegs Seekarten oder Seehandbücher.

Impressum

Die Deutsche Bibliothek – CIP-Einheitsaufnahme

Kraigher, Noemi:
Küstenhandbuch Venezuela : mit Aruba, Bonaire, Curaçao, Trinidad und Tobago / Noemi Kraigher ; Dieter Raz. –
Hamburg : Ed. Maritim, 1994
(Nautischer Reiseführer)
ISBN 3-89225-290-4
NE: Raz, Dieter:

Umschlag: Buchholz/Hinsch/Hensinger, Hamburg
Pläne: Jens Rademacher, Hamburg, nach Vorlagen von Dieter Raz
Fotos: Noemi Kraigher, Köln
Satz: Utesch Satztechnik GmbH, Hamburg
Druck: W. Kohlhammer, Stuttgart
Bindung: Röck, Weinsberg
Titelfoto: Isla Testigo Pequeño

Printed in Germany 1994
1. Auflage
ISBN 3-89225-290-4

Inhalt

Vorwort

Dieses Buch beschreibt ein noch weitgehend unbekanntes Gebiet der Karibik. Die Phantasie verbindet mit dieser Region immerwährende Sonne, Traumstrände, Palmen und durchsichtiges Wasser in allen Türkisschattierungen. Venezuela, Trinidad, Tobago und die Niederländischen Antillen haben das alles und noch viel mehr. Faszinierende Landschaften von der roten Wüste bis zum Dschungel, der bis an den Ankerplatz reicht, und die reichsten Korallengärten der gesamten karibischen See. Hier kann man auch im Sommer segeln, denn dieser Teil der Karibik ist ein sicherer Unterschlupf, wenn im Norden die Hurrikans toben.

Hier sind die Fischgründe noch nicht leergefischt. Edelfische und Langusten aus Venezuela werden in die nördlichen Antillen verkauft, wo sie den Windward-Touristen als „catch of the day" vorgesetzt werden. Die dort üblichen Helfer, die Ihre Leinen für fünf Dollars an die Palme binden und ungebetene „Watchmen" für das Dingi werden Sie hier nicht finden. Auch keine fliegenden Händler, die den Neuankömmling bedrängen, noch ehe der Anker gefallen ist, und keine Cocktailbar gleich am Ufer. In Venezuela werden Ihnen Menschen begegnen, die auf ihre Geschichte und Kultur, auf ihr reiches Land und seine demokratischen Traditionen stolz sind und dem Fremden mit Freundlichkeit und Gastfreundschaft begegnen. In Trinidad und Tobago können Sie sich beim weltberühmten Karneval unter die bunte Bevölkerung mischen und auf den ABCs ein Stückchen Holland mitten unter karibischer Sonne bestaunen.

Der Slogan der Fremdenverkehrszentrale „The best kept secret in the Caribbean" ist nicht übertrieben. Die wirklich einsamen Strände, die unberührten Riffe und das faszinierende Hinterland findet man in Venezuela ganz leicht.

Wir wollen Ihnen helfen, sich in diesem Paradies zurechtzufinden, und Ihnen auch zeigen, wo es Marinas und Versorgungsmöglichkeiten gibt. Hoffentlich bleibt die Ursprünglichkeit und Schönheit dieser Länder, an die wir unser Herz verloren haben, trotzdem noch lange erhalten.

Dieses Buch ist nur durch die Unterstützung unserer Freunde möglich geworden: Den Abschnitt über Puerto Cabello haben Irene von Richthofen und Helmut Mayr von SY Edelweiß beigetragen. Die Kapitel über Aruba und Blanquilla stammen aus der Feder Bonnie und Jack Whytes von SY Egress. Unser tropenerfahrener Freund Dr. Heribert Schmitz half uns bei der Abfassung des Kapitels zum Thema Gesundheit.

Wir danken ihnen und den anderen Freunden, deren großzügige Hilfe die Entstehung dieses Buches ermöglicht hat.

Noemi Kraigher/Dieter Raz
Köln, September 1994

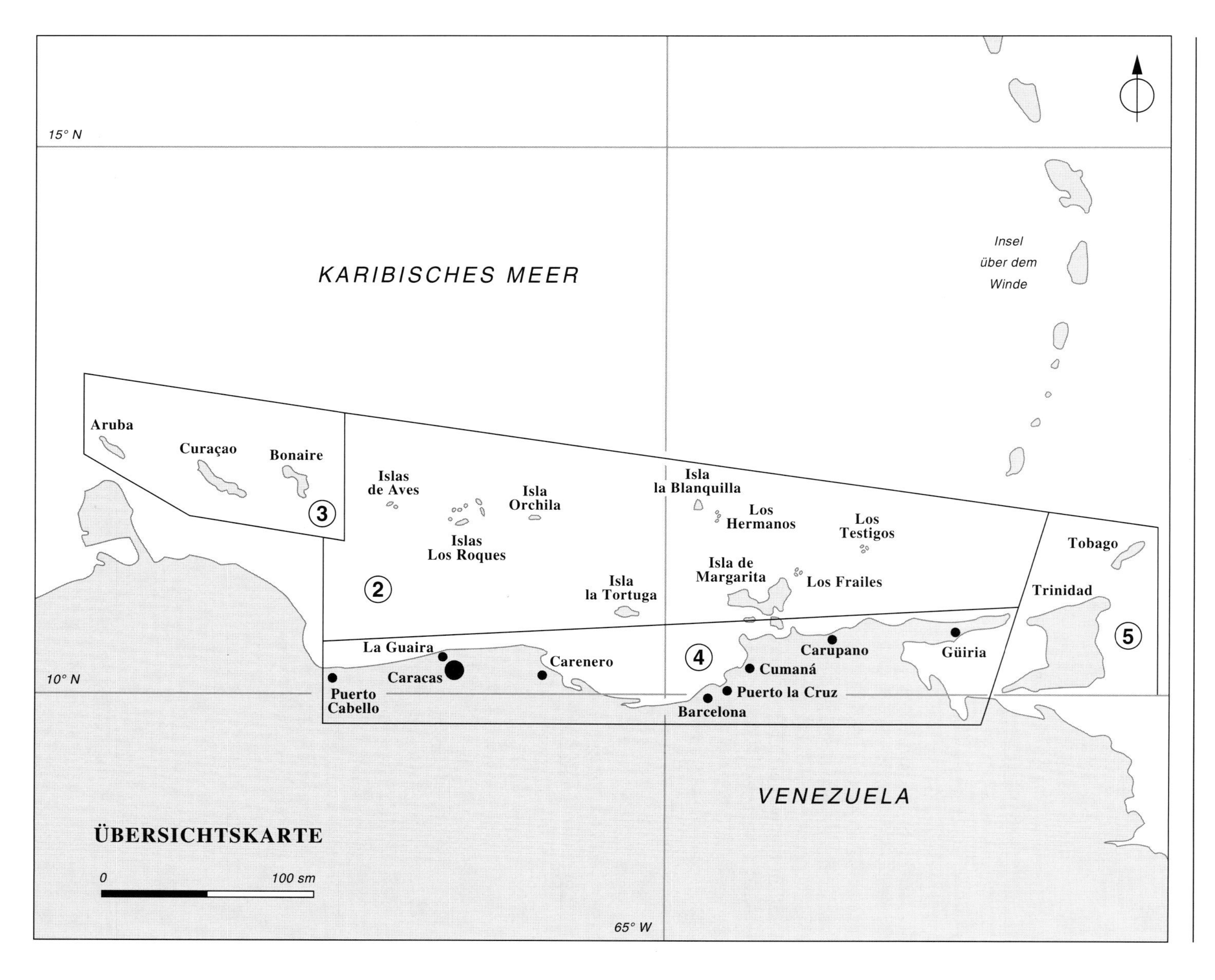
15° N
KARIBISCHES MEER
Insel
über dem
Winde
Aruba
Curaçao
Bonaire
3
Islas
de Aves
Isla
Orchila
Islas
Los Roques
Isla
la Blanquilla
Los
Hermanos
Los
Testigos
Tobago
2
Isla
la Tortuga
Isla de
Margarita
Los Frailes
Trinidad
5
La Guaira
Caracas
Carenero
4
Cumaná
Carupano
Güiria
10° N
Puerto
Cabello
Puerto la Cruz
Barcelona
VENEZUELA
ÜBERSICHTSKARTE
0
100 sm
65° W

Einleitung

Dieses Buch soll Sie in ein Gebiet führen, von dem Kolumbus „in Übereinstimmung mit der Ansicht der Heiligen und gelehrten Theologen" meinte, daß er hier das irdische Paradies gefunden hätte. Wir glauben, daß Kolumbus gar nicht so unrecht hatte. Das Fahrtgebiet liegt abseits des Yachttourismus. Sie treffen auf sauberes Wasser mit ungeheurem Fischreichtum, menschenleere, weiße Traumstrände und jungfräuliche Schnorchel- und Tauchreviere. An dem smaragdgrünen, phosphoreszierenden, spiegelglatten Wasser des Nationalparks Mochima und dem Hellblau bis Hellgrün der berühmten Los Roques kann man sich nicht sattsehen. Fliegende Fische, Pelikane und Delphine sind ständige Begleiter, manchmal auch riesige Wasserschildkröten. Mit Schleppleine angelt es sich wie von selbst. Sie müssen nur aufpassen, daß Ihnen kein Barrakuda den Fisch wegschnappt.

Wer nicht selbst angelt, kann bei den Fischern Fisch gegen Zigaretten oder Whiskey tauschen. Ein paar Spanischkenntnisse sind dabei sehr nützlich. Die Venezolaner sind zurückhaltend, höflich und stolz. Wenn Sie etwas von ihnen wollen, müssen Sie sich schon zu ihnen begeben. Dann werden Sie allerdings auf größte Gastfreundschaft und Hilfsbereitschaft stoßen. Die Männer freuen sich über Abwechslung und nehmen auch sehr gerne eine Einladung auf eine Yacht an. Richten Sie sich auf einen längeren Plausch ein.

Die Menschen in Venezuela, auf Trinidad, Tobago und auf den ABC-Inseln treten dem Fremden noch offen und wohlwollend entgegen, manche mit naiv-neugierigem Interesse. Zuweilen wird man in dörflichen Gegenden als „Gringo" ungeniert angestarrt. Rassismus Europäern gegenüber, den man auf den Windwards häufig antrifft, ist hier vollkommen unbekannt. Auch untereinander scheint die bunte Bevölkerung keine Probleme mit Andersartigkeit zu haben. Wir sind unterwegs oft auf Vorgänge in Deutschland angesprochen worden. Auf Trinidad hat man dafür das deutsche Wort „Fremdenhaß" benutzt, da die Trinidadians dafür keines besaßen.

Der Tourismus ist in diesen Ländern noch sehr jung und der Yachttourismus noch jünger. In Venezuela wird dies deutlich an den geringen Fremdsprachenkenntnissen der Leute, mit denen man es in der Regel als Yachtie zu tun hat. Sie sollten vor der Reise etwas Spanisch lernen oder zumindest ein Wörterbuch mit sich führen.

Lange konnten Venezuela, Trinidad und Tobago (kurz T & T genannt) vom Ölreichtum leben, und sie sind bis heute reicher als ihre Nachbarn. Auch ihre politische Stabilität macht sie attraktiv. Trotz zunehmender Armut ist die Demokratie in allen beschriebenen Staaten fest in der Bevölkerung verankert.

Venezuela, die ABCs und Trinidad liegen außerhalb des Hurrikangürtels. Selten verläuft die Zugbahn südlicher als 10°–12° nördlicher Breite. Fahrtensegler verbringen hier in Sicherheit die Hurrikansaison von Juni bis November. Dann entdecken sie nach der Schönheit der unbewohnten und sauberen Inseln die landschaftliche Vielfalt der Küste, die Attraktionen des Landesinneren und die traditionsreiche Kultur. So mancher kam von Grenada über die himmlisch ruhigen Testigos und das mit überquellenden Geschäften lockende Margarita und entschloß sich zu bleiben. Noch eine Karnevalssaison auf Trinidad zu verbringen und eine weitere Sommersaison in Venezuela, obwohl er eigentlich in den Pazifik wollte.

Die Landschaft der venezolanischen Küste variiert von der kakteenbestandenen, in der Abenddämmerung glühend roten Wüste am Golf von Cariaco bis zum dunstverhangenen Dschungel der Halbinsel von Paria. Trinidad und Tobago sind ein Paradies für Vogelfreunde. Es gibt dort einige Reservate, die, wie auch auf Bonaire, teilweise durch Privatinitiative möglich wurden. Alle Staaten tun sehr viel für die Erhaltung ihrer natürli-

chen Reichtümer. T & T sind führend in der Karibik, was die rücksichtsvolle Bewirtschaftung der Wälder angeht.
Venezuela hat schon in den dreißiger Jahren mit dem Naturschutz begonnen. Es gibt eine Reihe von „Naturdenkmälern" und mehrere großflächige Nationalparks, über 10% des Staatsgebietes. Dazu zählen auch die Wasser- und Landschaftsgärten der Roques und der Golf von Mochima. Besucher dürfen diese Gebiete betreten, aber sie müssen die Vorschriften zum Erhalt der Natur beachten. So sind z.B. Tauchen und Harpunenjagd in den Roques verboten, aber mit der Hand darf sich der waghalsige Schnorchler eine Languste fangen.
Bonaire hat seine gesamte Küste einschließlich des vorgelagerten Klein Bonaire zum Naturschutzgebiet erklärt. Und die venezolanischen Las Aves sind noch so wenig besucht, daß es bisher nicht nötig war, diesen Garten Eden der Vögel und der faszinierenden Fauna der Korallenwelt gesetzlich in Schutz zu nehmen. Die Fische fühlen sich hier offensichtlich sicher. Wir hatten das Gefühl, in einem überdimensionalen Aquarium zu schwimmen.
Die Schönheit der Roques hat sich bereits herumgesprochen. Das Gebiet, so groß wie die Virgin Islands, ist noch nicht einmal zur Hälfte kartographiert und sehr schlecht versorgt. Man muß praktisch alles vom Festland oder von Margarita mitbringen. Hier kann man Monate verbringen, ohne nur einmal den gleichen Ankerplatz aufzusuchen. Nur die Sehnsucht nach Obst oder die zur Neige gehenden Wasservorräte treiben einen weiter.
Auf dem Festland kann man den höchsten Wasserfall der Welt besuchen, mit der längsten Seil-

Die Playa Tamarindo auf Isla Testigo Grande.

bahn der Welt in die Anden hochfahren und dort Skilaufen. Und schließlich besitzen alle Länder attraktive, traditionsreiche Städte mit kunterbuntem Bevölkerungsgemisch und aufregender Architektur. Gute Restaurants gibt es nicht nur in den Städten. Die Küche in allen drei Ländern ist inspiriert von Kulturen aus verschiedenen Ecken der Welt und eine unerschöpfliche Quelle für Entdekker und Genießer. Selbst das Fast-Food wie die venezolanischen Empanadas oder die trinidadischen Rotis ist hier eine ausgesprochene Delikatesse. Und die venezolanische Fruchtsaft-Kultur sucht ihresgleichen. Aus den herrlichsten tropischen Früchten wie Papaya (venezol. Lechosa), Passionsfrucht (Parchita), Ananas (Piña) und Mango werden hier vor Ihren Augen Säfte (Batidos) und Milk-Shakes (Merengadas) gemixt.

Der Tourismus hat noch nichts verdorben. Nur am Paseo Colón in Puerto La Cruz und auf Margarita sind die Restaurantpreise geklettert, und trotzdem ist alles für Europäer immer noch beschämend günstig. Der Service für Yachten ist im Vergleich zu anderen Preisen in Venezuela teuer, da der Yachtsport dort als Hobby der Wohlhabenden betrachtet wird. Diesem sozial-praktischen Verstand begegnet man in Venezuela häufig. In der Logik des Taxifahrers auf Margarita ist es nur gerecht, für eine Fahrt vom Flughafen in die Stadt mehr zu verlangen als für die Fahrt vom weiter entfernten Fähranleger. Denn der aus Cumanà oder Puerto La Cruz einfliegende Kunde kann sich offenbar mehr leisten als der Fährpassagier. Für unsere Verhältnisse sind die Flugpreise jedoch spottbillig. Ein Inlandflug in Venezuela kostet soviel wie eine Taxifahrt auf Grenada.

Doch auch das Paradies hat seine Probleme. Die Behörden sind auf Berufsschiffahrt eingestellt und noch nicht an den Yachttourismus gewöhnt. Wegen der lächerlich niedrigen Benzinpreise ist es sehr verbreitet, Motorboot zu fahren. Segeln wird von Venezolanern als geradezu exotisch angesehen. Hinzu kommt, daß es an Ersatzteilen und ausgebildeten Fachkräften mangelt. Manchmal muß man sehr lange auf Ersatzteile aus dem Ausland warten, bei deren Beschaffung einem amerikanische Langfahrtsegler gern helfen. Wir haben aber auch erlebt, daß venezolanische Handwerker erstaunlich geschickt ein fehlendes Ersatzteil selber herstellten oder eine andere phantasievolle Lösung fanden.

Das Revier erfordert einen erfahrenen Skipper. Er muß in Schiffsführung und Navigation sicher sein, die richtige Entscheidung bei der Wahl des Ankerplatzes und der Ankermethode treffen können, bei der Törnplanung problematische Ankunftszeiten vermeiden und in der Lage sein, Störungen zu beheben und kleine Reparaturen auszuführen.

Für einen Langfahrtsegler ist Venezuela ein Land mit preiswerten Möglichkeiten zur Überholung, Reparatur und Nachrüstung. Sehr viel Zeit, Überwachung, Mitarbeit und Engagement bei der Beschaffung von Teilen muß aber einkalkuliert werden. Der Charterer, der keine Zeit verlieren will, muß vor Antritt der Reise sichergehen, daß das Schiff in gutem Zustand ist und wichtige Werkzeuge und Ersatzteile an Bord sind. Da sich das Buch sowohl an Charterer als auch an Langfahrtsegler wendet, geben wir auch Versorgungsmöglichkeiten und Bezugsquellen von Ersatzteilen an. Mangel an Information, Sprachschwierigkeiten, Gerüchte und übertriebene Darstellung von Gefahren haben bisher viele Segler davon abgehalten, das Gebiet aufzusuchen. Zu den Übertreibungen bzw. Unwahrheiten zählen wir u. a. Behauptungen über Piraterie, die längst einer abenteuerlichen Vergangenheit angehört. Auch sind wir nie Zeugen oder Opfer eines Überfalls geworden oder haben eine überzeugende Darstellung davon erhalten. Hingegen ist uns dies in den Grenadinen mehrmals widerfahren.

Eine Bewaffnung lehnen wir ab, wir halten sie für überflüssig, provozierend und gefährlich. Auch Diebstähle sind seltener, als die Gerüchteküche verbreitet. Natürlich ist Vorsicht geboten, wenn man das Boot allein zurückläßt oder bei Dunkelheit die Elendsviertel größerer Hafenstädte mit gefüllten Taschen, in eleganter Kleidung und wert-

vollem Schmuck durchstreift, am Bankschalter größere Geldsummen abhebt und die prallgefüllte Brieftasche an unübersichtlichen Stellen präsentiert. Bei Diebstählen von Dingis oder Außenbordern tippen wir inzwischen auch auf andere Segler, deren Budget keine Neuanschaffung erlaubt. Deshalb verschließen wir Motor und Dingi am Boot und an Land mit einem Stahlseil. Fischer können mit einem Dingi und einem leistungsschwachen Außenborder in der Regel nichts anfangen.
Viel wird über Korruption in Südamerika gesprochen. Löhne und Gehälter sind aber in Venezuela so niedrig, daß viele auf einen Zusatzverdienst angewiesen sind. Wir haben kein Problem darin gesehen, schlechtbezahlten Beamten mit einem Trinkgeld zu danken, zumal das auch unter Einheimischen üblich ist. Dagegen haben wir uns über einige Agentenhaie geärgert, die den Seglern für gute Bezahlung die Formalitäten abnehmen und ihre überhöhten Forderungen mit angeblich hohen Verwaltungsgebühren begründen.
Der Leser wird feststellen, daß unser Buch nicht ausschließlich nautisch relevante Informationen enthält. Es soll auch die faszinierende Vielfalt der Eindrücke wiedergeben, die den Besucher empfangen. Nur so kann man diesem Revier gerecht werden und es in das Interesse rücken, das es verdient. Wir hoffen, daß der Yachttourismus die beschriebenen Länder nicht „erobert", sondern daß die Besucher dem Charme erliegen und die Bemühungen der Länder um den Erhalt einer paradiesischen Natur respektieren und unterstützen. Das kann auch bedeuten, auf einen Riffankerplatz, auf den Besuch von Vogelbrutstätten oder eines von Flamingos bewohnten Cays, auf Unterwasserjagd oder auf den Genuß von Conchs und Langusten während der Schonzeit zu verzichten. Wir hoffen auch, daß die Freundlichkeit der Bewohner dankbar erwidert, ihr Stolz durch Überheblichkeit und Ungeduld nicht verletzt und ihre manchmal bescheidenen Lebensverhältnisse nicht herablassend belächelt werden. Wer sehen kann und offen ist, wird, so wie der große Humanist und Naturforscher Alexander von Humboldt es vor 200 Jahren tat, von diesen Ländern staunend lernen und bereichert zurückkehren.
Dieses Buch schließt an den Band von Bernhard Bartholmes, Segeln in der Karibik 1, Martinique bis Grenada, an. Die Beschreibung beginnt von Grenada aus und folgt den Inseln vor dem venezolanischen Festland von Ost nach West auf einem problemlosen Vormwind-Kurs. Natürlich ist es auch möglich, zwischen den Inseln und dem Festland zu kreuzen. Die Fahrt zurück entlang der Küste wird im wesentlichen unter Motor erfolgen. Nachts kann man zuweilen auch mit Hilfe der Landbrise und eines an der Küste ostsetzenden Stroms kreuzen.
Trotz gewissenhafter Erkundungen erhebt das Buch keinen Anspruch auf Vollständigkeit. Es ist eine Ergänzung zu den amtlichen Unterlagen, die für das beschriebene Fahrtgebiet leider nicht immer verläßlich sind. Der Karibiksegler muß Informationen aus verschiedenen Quellen kritisch auswerten und durch eigene Beobachtungen ergänzen. Gerade in Venezuela ändert sich alles in einem für Europa unvorstellbaren Tempo.

Klima, Wind, Gezeiten und Gezeitenströme, der Äquatorialstrom, Seegang

Das Klima Venezuelas

Das beschriebene Fahrtgebiet Venezuelas liegt zwischen 10° und 12° N-licher Breite und zwischen 61° und 69° W-licher Länge. Aufgrund der Lage in der inneren Tropenzone N-lich des Äquators gibt es eine Trockenperiode von Dezember bis April und eine Regenzeit mit starken Niederschlägen von Mai bis November. Ausnahmen bilden die Inseln vor der Küste und die Halbinseln von Araya mit einem ariden Klima. Während der heftigen Niederschläge ist die Sicht oft stark ein-

geschränkt. Die höchste Niederschlagsmenge hat der Oktober, die niedrigste der Januar. Die Niederschläge sind an der Küstenregion unterschiedlich hoch und liegen zwischen ca. 300 mm bis 800 mm. Diese für ein Tropenland geringen Werte gelten nicht für die Inseln vor der Küste. Hier fällt kaum Regen. Die Vegetation ist dürftig. Das O-liche Margarita bildet eine Ausnahme, weil sich an den hohen Bergen Wolken abregnen. Kakteen bestimmen das Pflanzenbild vieler Inseln. Das gilt auch für die Halbinseln von Araya.
Die Temperaturen am N-lichen Küstenstreifen betragen im Monatsmittel 28°C (La Guaira) bis 29°C (Puerto Cabello). Der heißeste Monat ist der September mit max. 29°C, der kälteste der Januar mit 26°C. Das absolute Maximum für Puerto Cabello beträgt 39°C, für La Guaira 34°C. Tag- und Nachtunterschiede betragen im Durchschnitt nicht mehr als 6°C.
Die hohe Luftfeuchtigkeit zwischen 74–81 % im Mittel läßt zusammen mit den hohen Temperaturen das Klima subjektiv als schwül erscheinen. Die Empfindung stellt sich für Mitteleuropäer bei einem Wasserdampfgehalt der Luft von 14 g/m^3 ein.
Die Ankerplätze unter den Inseln sind dem Einfluß der Passatwinde stärker ausgesetzt, deshalb wird das Klima hier als angenehmer empfunden. Die Temperaturen von Luft- und Oberflächenwasser sind einheitlich. Lediglich an der Nordküste von Paria sind die Wassertemperaturen niedriger. Dort transportiert der Äquatorialstrom kälteres Wasser auf die Küstenbank.

Das Klima der ABC-Inseln

Die ABC-Inseln liegen zwischen 12° (Bonaire) und 12°37′ (Aruba) N-licher Breite und zwischen 68° (Bonaire) und 70° W-licher Länge (Aruba).
Auch hier gibt es eine Trocken- und eine Regenperiode, aber etwas zeitverschoben zur benachbarten Küstenregion von Venezuela. Die meisten Regentage (16), die höchste mittlere Niederschlagsmenge pro Monat (112 mm) und die höchste absolute Niederschlagsmenge (293 mm) haben die Monate Oktober, November, Dezember. In diesen Monaten ist auch die höchste mittlere Tagestemperatur von 28,5°C anzutreffen, und diese erzeugt zusammen mit der hohen Luftfeuchtigkeit ein Gefühl starker Schwüle im Windschatten an Land. Auf den Ankerplätzen wird die Passatbrise als angenehm empfunden. Die wenigsten Regentage (4) und die geringste Niederschlagsmenge haben die Monate April und Mai (0–35 mm). Im Jahresdurchschnitt fallen 586 mm Niederschlag.
Die Wassertemperatur liegt an der Westseite der Inseln gewöhnlich nur 1°C unter der Lufttemperatur. An den Ostseiten kann der Unterschied 4°C betragen.

Das Klima Trinidads und Tobagos

Die beiden Inseln liegen zwischen 10°03′N (Trinidad) und 11°21′N (Tobago) und 060°30′W (Tobago) und 061°45′W (Trinidad).
Beide Inseln sind ganzjährig dem Passat ausgesetzt. Es gibt eine Trockenzeit von Januar bis April und eine ausgeprägte Regenzeit von Mai bis Dezember. Die O-Seiten der Inseln verzeichnen verstärkte Niederschläge und besitzen daher eine üppige Vegetation. Im Jahresdurchschnitt fallen 1385 mm Niederschlag. Das ist zwei- bis dreimal soviel wie in Venezuela. Die höchsten Niederschläge (198 mm) und die meisten Tage mit Niederschlag (21) haben die Monate August und September. Die durchschnittlichen Tagestemperaturen liegen bei 25°C. Die heißesten Monate sind September und Oktober mit 26°C. Das absolute Maximum liegt im September bei 38,5°C. Die Tag- und Nachtunterschiede sind größer als in Venezuela. Sie betragen hier 10°C. Die mittleren täglichen Minima liegen bei 19,5°C im Januar und Februar. Diese Monate verzeichnen mit 14°C auch das absolute Minimum. Auch diese beiden Inseln liegen außerhalb des Hurrikangürtels. Tobago wurde zuletzt 1932 von einem Hurrikan heimgesucht.

Vergleichende Klimadaten

	Venezuela*	ABC-Inseln	Trinidad & Tobago	Hamburg
Lage	10°–12°N/61°–69°W	12°–12°37′N/68°–70°W	10°03′–11°21′N/60°30′–61°45′W	53°33′N/09°59′O (St. Pauli-Landungs-brücken)
Trockenzeit	Dezember–April	Januar–September	Januar–April	
Regenzeit	Mai–November	Oktober–Dezember	Mai–Dezember	
mittlere Tages-temperatur	28° C La Guaira, 29° C Puerto Cabello	27° C Willemstad	25° C Port of Spain	9° C
heißester Monat	29° C September	28,5° C September	26° C September	17,6° C August
absolutes Maximum	34° C September La Guaira, 39° C September Puerto Cabello	35,5° C September	38,5° C September	37,3° C am 9.8.92 (mittl. Monats-max.: Aug. 21,9° C)
kältester Monat	26° C Januar	26° C Januar	24,5° C Januar	0,9° C Januar
absolutes (nächtliches) Minimum	19° C Januar	17° C März	14° C Januar	−29,1° C am 13. 2. 44
Tag- und Nacht-unterschied	2–6° C	6° C	10° C	keine Erhebung
Wassertemperatur	≈ Lufttemperatur	1°–2° < Lufttemperatur	Lufttemperatur	keine Erhebung
Niederschlag, mittlere Jahresmenge	300–800 mm westlich La Guaira	586 mm Willemstad	1385 mm Port of Spain	780 mm
regenreichster Monat	109 mm Oktober	112 mm November	198 mm August	79,7 mm Juli
max. Regentage	10 Oktober	16 Oktober/November/Dezember	21 August/September	19,4 Dezember 19,3 Januar
Luftfeuchte	74 % La Guaira, 81 % Puerto Cabello	77 % Willemstad	92 % Port of Spain	77 %
Vegetation	trop. Urwald – Steppe	Wüste – Steppe	überw. trop. Urwald	

* Daten gelten für das Gebiet westl. von Cumanà

Die durchschnittliche morgendliche Luftfeuchtigkeit liegt bei 92 % und ist damit 15 % höher als auf den ABC-Inseln und bis 18 % (La Guaira) höher als an der venezolanischen Küste.

Die Windverhältnisse

Das gesamte Fahrtgebiet liegt im Bereich des NO-Passates. Abgesehen davon, daß er S-lich des 11°-Breitengrades schwächer, in Höhe der Inseln aber stärker ist, weht er von November/Dezember bis März mit großer Beständigkeit und etwa 15 bis 20 kn Geschwindigkeit. Im Dezember erreicht der Passat seine größte Stärke mit bis zu 35 kn in Böen. Dabei fällt er oft aus NNO-licher Richtung ein. Die Ankerplätze an der Nordküste sind in dieser Zeit besonders gefährdet. Die Gefahr eines Sturmes (> 35 kn) liegt aber statistisch unter 1 %. Der Wind dreht ab Mai nach Ost. Er verliert dabei an Stärke. Im Juni ist der O-Wind mit 70 % die

häufigste Windrichtung. In den folgenden Monaten dreht er zuweilen weiter bis SO im September (59% O-Wind/13% SO-Wind). Er hat seine geringste Stärke im vieljährigen Monatsmittel im September und Oktober (10 kn).
Die Küstengestalt verursacht natürlich im jeweiligen Abschnitt Ablenkungen der Passatwindrichtungen.
Land- und Seewind verstärken oder schwächen den Einfluß des Passatwindes geringfügig. Manchmal kann der Landwind zusammen mit einem Gegenstrom an der Küste eine O-wärts segelnde Yacht unterstützen. Wir haben das gelegentlich nutzen können. Aber es gibt zu viele Einflüsse, um daraus eine Gesetzmäßigkeit abzuleiten, und die Erfahrungen sind dementsprechend unterschiedlich.
Fallwinde sind eine spezielle Erscheinung der Landwinde, die besonders von herannahenden Tiefs oder auch lokalen Tiefs infolge starker Erwärmung ausgelöst werden. Berüchtigt sind die „calderetas", die besonders im Herbst bei La Guaira mit zerstörerischer Gewalt aus dem Küstengebirge herabstürzen. Aber an allen Ankerplätzen unter den Küsten, die von hohen Gebirgen umgeben sind, muß man mit starken Fallwinden rechnen. Wir haben bei der Beschreibung der Ankerplätze auf diese Gefahr hingewiesen.
Neben den Böenwalzen (squalls), die besonders während der sommerlichen Regenzeit auftreten und an dem typischen Böenkragen zu erkennen sind, kommen auch sogenannte „white squalls" vor, die unabhängig von Niederschlag und Bewölkung nur an der Veränderung der Wasseroberfläche erkennbar sind.
Der Norder ist eine großräumige O-wärts wan-

Playa El Agua an der Ostküste von Margarita.

dernde Störung. Sie tritt zwischen September und März, am häufigsten im Dezember und Januar, auf. Es handelt sich dabei um einen Kaltlufteinbruch, der vom nordamerikanischen Festland auf der Rückseite großer westatlantischer Tiefdruckgebiete in die Karibik gelangt. Einheimische nennen die Norder „Christmas Winds", oder „Reversals" auf den ABC-Inseln. Fischer erkennen sie an der Winddrehung nach SO oder S und am Aufziehen einer Wolkenbank aus N- oder NW-licher Richtung bei gleichzeitiger Eintrübung. Da Luftdruckänderungen ausbleiben können, sollte man sich lieber auf optische Wahrnehmungen verlassen. Es kommt zu schauerartigen Regenfällen. Der Wind erreicht nicht selten für einige Stunden Geschwindigkeiten zwischen 25 und 35 Knoten. Von der Gefährlichkeit des Norders zeugen einige Wracks, die der Wind auf den Strand der Reede von Kralendijk getrieben hat. Alle nach Westen offenen Ankerplätze müssen aufgegeben werden, wenn ein Norder im Anzug ist. Nach ein bis zwei Tagen ist die Störung gewöhnlich vorüber, und es folgt ein heiteres, klares aber etwas kühleres Wetter, bis sich der Passat wieder durchsetzt.
Tropische Tiefdruckgebiete, die in der innertropischen Konvergenzzone (ITCZ), der äquatorialen Tiefdruckrinne zwischen den beiden Passatwindsystemen der N-lichen und S-lichen Halbkugel entstehen, bringen besonders in den Monaten Mai/Juni und Oktober/November Störungen unterschiedlicher Heftigkeit. Die Passatwellen, die als „easterly waves" bekannt sind, ziehen in mehr oder weniger regelmäßigen Abständen von vier bis sechs Tagen von O nach W. Manchmal haben sie mit veränderlichen Winden und geringem Niederschlag auf das normale Wettergeschehen nur wenig Einfluß, manchmal bringen sie auf ihrer Rückseite heftige Schauer. Charakteristisch sind Schönwetter auf der Vorderseite bei Druckabfall um 2 hPa, wechselnde Winde und leichte bis heftige Schauertätigkeit mit Druckanstieg auf der Rückseite.
Im Sommer, wenn das Wasser auf 27°C erwärmt ist, kann sich aus einer „easterly wave" ein tropischer Wirbelsturm, ein Hurrikan, mit mehr als 63 kn Geschwindigkeit entwickeln.
Das beschriebene Fahrtgebiet liegt S-lich des Hurrikangürtels. Die Hurrikansaison dauert von Juni bis November. Die Statistik zeigt, daß selten die Zugbahn eines Hurrikans S-licher als 10°–12° N-licher Breite verläuft. Dennoch sind die Auswirkungen eines Hurrikans zu spüren. Ausläufer des Hurrikan Brat luden im August 1993 gewaltige Regenmassen über Caracas ab, die die Elendshütten fortschwemmten und so viele Menschen töteten oder obdachlos machten. Winde können während eines vorbeiziehenden Hurrikans aus jeder Richtung wehen, und die Dünung, die er erzeugt, kann schwere Schäden an Hafenanlagen und Ankerplätzen anrichten. Mit den modernen Satellitenbeobachtungen kann die Entwicklung eines Hurrikans im Keim erkannt werden. Warnungen werden über die örtlichen Radiostationen und auf den Seefunkfrequenzen mindestens 36 Stunden vorher ausgestrahlt. Hurrikan-Schlupflöcher sind unserer Meinung nach die Laguna Grande del Obispo im Golf von Cariaco, der Scheitel des Golfes von Santa Fe, eventuell die Einfahrt in die Restinga auf Margarita, die Lagunen in Morrocoy und das Ostufer von Spaanse Water auf Curaçao.

Gezeiten und Gezeitenstrom

Die Gezeiten im Golf von Paria sind halbtägig. Die Springtidenhübe im Golf variieren zwischen 1,3 m (Port of Spain) und 0,7 m in Macuro oder Carenage Bay bezogen auf das Kartennull (Stand der niedrigsten astronomischen Gezeit). Sie müssen bei der Wahl des Ankerplatzes berücksichtigt werden. Sowohl die Imray-Karte D 11 als auch die amtlichen britischen Karten haben Tabellen mit Angaben über die ungefähre Richtung und Stärke der Gezeitenströme für den Golf von Paria und die Bocas. Über die Höhen der Gezeit für Trinidad und Tobago geben die Gezeitentafeln des Ministeriums für Planung und Entwicklung der Republik von Trinidad und Tobago, die Gezeiten-

tafeln des BSH (Nr. 2116) oder die täglichen Radiosendungen von Radio Trinidad Auskunft.
Während der Regenzeit von Juli bis Oktober verstärken die Wassermassen des Orinoco zusammen mit dem Guayana-Strom den N-wärts setzenden Ebbstrom. Dieser läuft dann 8 Stunden und erreicht Stärken bis 3 kn. Der S-wärts laufende Flutstrom läuft dann nur 4 Stunden mit einer Stärke von 0,5 kn. Das Zusammentreffen von Gezeitenstrom und ozeanischen Strömungen kann noch viele Seemeilen außerhalb der Bocas und in den Mündungen eine unangenehme bis gefährliche See hervorrufen.
An der Nordküste Trinidads kann man den O-wärts setzenden Ebbstrom für die Fahrt nach Tobago nutzen.
Für die venezolanische N-Küste und für die Inseln einschließlich der ABC-Inseln spielen die Gezeiten keine für die praktische Navigation wichtige Rolle. Der Tidenhub ist gering. Wir ermittelten für Cumaná und Puerto La Cruz 0,3 m, für die Roques 0,6 m und für die ABC-Inseln 0,2 m. Die Gezeitenströme sind schwach. Dennoch müssen sie bei der Bemessung des Schwojkreises für den Zeitraum bedacht werden, wenn der Wind einschläft.

Der Äquatorialstrom

Das beschriebene Revier wird vom Südäquatorialstrom (hier auch Guayana-Strom genannt) beeinflußt. Er setzt in der Regel nach NW-WNW. An der Südküste Trinidads teilt er sich. Ein Arm durchfließt den Golf von Paria und vereinigt sich N-lich der Bocas wieder mit dem Hauptstrom. Er ist Ursache für starke Gezeitenkabbelungen an den Einmündungen in den Golf.
Der Äquatorialstrom trifft mit 3–4 Knoten auf die S-Küste Tobagos. Etwa in Höhe der King's Bay teilt er sich. Ein Arm folgt der S-Küste bis zur SW-Spitze von Tobago, wo er sich wieder mit dem NW-wärts gerichteten Hauptstrom vereinigt. Der andere Arm folgt der N-Küste und durchfließt den Kanal zwischen Little Tobago und dem Festland. In diesem Gebiet trägt er zu den starken Gezeitenkabbelungen bei.
Vor der venezolanischen Küste erreicht der Äquatorialstrom Stärken zwischen 1,5–3 kn. Im unmittelbaren Küstenbereich ist seine Wirkung nicht spürbar. Allerdings kann man an der NO-Küste dicht unter Land zuweilen einen nach O setzenden Gegenstrom beobachten. Es gibt darüber aber keine Aufzeichnungen, die Gesetzmäßigkeiten erkennen lassen. Bei allen Törns zwischen dem Festland und den Inseln gehört die Beschickung für Strom in die Kursberechnung.

Seegang

Die Wellenrichtung entspricht in der Regel der Windrichtung. Auf Ankerplätzen in Buchten erfährt die Wellenrichtung durch Besonderheiten der Küstenformation häufig eine Ablenkung. Die durch den Passatwind hervorgerufene Windsee erzeugt durchschnittliche Wellenhöhen zwischen 0,9–1,5 m. Im schwachwindigen Herbst liegen die Wellenhöhen zwischen 0,5–1,0 m. Wellenhöhen über 1,5 m haben eine Häufigkeit von 10–20 % und sind am ehesten im Winter anzutreffen. Wellen über 3,5 m haben nur einen Anteil von weniger als 0,5 %. Insgesamt sind die Wellen im Bereich der Inseln höher als in Küstennähe S-lich 11° N-licher Breite. Charakteristisch ist eine Wellenperiode um 5 s.
Eine unangenehme bis gefährliche kurze, steile und zuweilen auch hohe See (Kabbelsee, engl.: tide rips) erzeugt das Zusammentreffen von Windsee, ozeanischer Strömung und O-wärts setzenden Ebbströmen. Größere Wellenhöhen, längere Wellenperioden und längere Wellen haben ihre Ursache in Ereignissen, die meist O-lich oder NO-lich des Fahrtgebietes liegen und deshalb die vorhandene Windsee mit regelmäßigen und weniger steilen Wellen überlagern, aber keine gegenlaufende Kreuzsee erzeugen.
Eine der Ursachen für Dünung sind in größerem Abstand vorbeiziehende Hurrikans. In der Hurrikansaison ist das plötzliche Auftreten einer steile-

ren Dünung ein mögliches Anzeichen für einen tropischen Wirbelsturm. Die ABC-Inseln liegen am Rande des Hurrikangürtels. Hier sind die Ankerplätze und Piers durch Dünung besonders gefährdet.
Seltener erzeugen tektonische oder vulkanische Aktivitäten Dünung. Meist hat Dünung ihren Ursprung in den viele hundert Seemeilen entfernten Sturmfeldern des N-Atlantik. Diese Stürme entstehen meist in den Wintermonaten. Auf offener See sind Yachten durch diese Dünung meist nicht gefährdet. Eine Grundsee mit kurzen und steilen Wellen entsteht, wenn die Dünung auf die Küstenbank und in den Flachwasserbereich unter 30m Tiefe läuft. Vereinzelte Brecher (roller) treten auf, wenn die Wassertiefe der Wellenlänge entspricht. Entspricht sie nur noch der Hälfte oder einem Viertel der Wellenlänge, entsteht Brandung. Die meisten Ankerplätze an der venezolanischen N-Küste und den N-Küsten von Trinidad und Tobago sind in den Wintermonaten durch den kräftig aus N-NO wehenden Passat und die durch die Windsee erzeugte Dünung unangenehm bis unhaltbar, sie werden gefährlich, wenn Dünung aufläuft. Fischer ankern in den Wintermonaten in diesem Gebiet stets außerhalb des Brandungsgürtels auf Tiefen von mindestens 10m.
Eine heftige Grundsee ruft die von den Nordern verursachte Dünung hervor. Diese Dünungswellen kommen aus NW und erzeugen eine gefährliche Brandung an sonst sehr sicheren Ankerplätzen im Passatlee der Inseln, wie z.B. Juangriego auf Margarita.

Seekarten

Die erforderlichen Seekarten haben wir nachfolgend aufgelistet. Sie sind im deutschsprachigen Raum bei den bekannten Seekarten-Vertriebsstellen erhältlich.
In Venezuela sind Karten im Original nur in gutsortierten Marinezubehörgeschäften in Caracas erhältlich. In Puerto La Cruz hat „Commercial Stop“ Kopien vorrätig, die „Papeleria El Globo“ in der Calle Flores stellt preiswert Kopien her. „Nauti Hogar“ in der Marina Cumanagoto in Cumaná hat einen kleinen Vorrat von Imray-Iolaire-Karten. Auf Margarita werden gängige Kopien bei „Copymar“ in der Calle Narvaez angeboten.
Auf Trinidad gibt es ein großes Angebot an amtlichen Seekarten und nautischer Literatur bei „Marine Consultants“ in Port of Spain, Charles St. 43. Gängige Imray-Iolaire-Karten findet man bei „Peak Marine“ in der Nähe der Westmall.
Auf Curaçao gibt es amtliche niederländische Karten für die ABC-Inseln im 1. Stock des Hafenmeister-Gebäudes. Sie sind für dieses Gebiet zu bevorzugen.
Bei Seglern sind die nichtamtlichen englischen Karten von Imray-Iolaire sehr beliebt. Sie enthalten besonders für den nahen Küstenbereich umfangreiche Informationen und ermöglichen durch ihre farbige Gestaltung eine schnelle Orientierung. Leider sind die Tiefenangaben noch in Faden und Fuß, und es fehlt der für die GPS-Navigation wichtige Bezug auf das World Geodetic System. Es fehlen auch entsprechende Korrekturvermerke. Die Namen sind orthographisch nicht immer richtig und manchmal fiktiv, die Maßstäbe nicht immer ausreichend.
Zwangsläufig wird man mit Karten verschiedener hydrographischer Institute arbeiten. Deshalb muß man unbedingt auf Unterschiede, z.B. bei den Tiefenangaben oder dem Kartennull, achten.
Keine Seekarte ist ein absolut sicheres Navigationsmittel. Die Zuverlässigkeit ist abhängig vom Maßstab, dem Adressaten (Berufs- oder Sportschiffahrt), dem Erscheinungsjahr (manche gehen auf Untersuchungen in den dreißiger Jahren zurück), dem aktuellen Stand der Berichtigung (amerikanische Karten werden erst bei einer Neuauflage berichtigt, was Jahre dauern kann) sowie der Berücksichtigung von Veränderungen an Hafenanlagen, Land- und Seezeichen. Erdbeben, Orkane, Seegang und Strömungen schaffen ständig neue Verhältnisse, die so schnell in Karten nicht erfaßt werden können. Die Vielzahl von Korallen-

Sportbootkarten von Imray-Iolaire, England

Imray	1	Eastern Caribbean General Chart	1 : 1 824 000
Imray	B	Lesser Antilles – Martinique to Trinidad	1 : 750 000
Imray	B 4	Tobago	1 : 63 600*
Imray	D	Venezuela to Curaçao	1 : 1 021 000
Imray	D 1	Grenada to Trinidad and Carenero	1 : 583 700*
Imray	D 11	Trinidad to Carúpano	1 : 240 700*
Imray	D 12	Carúpano to Cumaná and Isla de Margarita	1 : 173 00*
Imray	D 13	Isla de Margarita to Carenero	1 : 225 400*
Imray	D 131	Puerto Mochima to Bahia de Barcelona (mit Detailplänen von Marinas und Buchten)	1 : 31 700*
Imray	D 14	Islands off the coast of Venezuela (Islas los Testigos, Isla la Tortuga, La Blanquilla)	1 : 30 000 / 1 : 60 000 *
Imray	D 2	Carenero to Aruba	1 : 583 700*
Imray	D 21	Carenero to Tucacas (mit Detailplänen von Marinas und Buchten)	1 : 244 400*
Imray	D 22	Islas los Roques and Las Aves	1 : 89 700 / 1 : 64 900 *
Imray	D 23	Bonaire, Curaçao and Aruba	1 : 225 400

Seekarten der British Admiralty

BA	483	Gulf of Paria	1 : 100 000*
BA	493	Approaches to Trinidad including the Gulf of Paria and Tobago	1 : 300 000*
BA	1480	Tobago to Tortuga	1 : 603 000

Seekarten des Bundesamtes für Seeschiffahrt und Hydrographie

D	534	Cabo de la Vela bis Isla Margarita (mit Plänen von La Guaira, Carúpano-Bucht, Chichiriviche)	1 : 900 000

Seekarten der USA – Defense Mapping Agency

DMA	24 400	East Coast of Trinidad including Tobago	1 : 150 000*
DMA	24 402	Tobago (mit Plänen von Charlotteville und Scarborough)	1 : 50 000
DMA	24 404	Gulf of Paria	1 : 175 000

Seekarten der Niederlande – Dienst der Hydrografie van de Koninglijke Marine

NL	2211	Aruba	1 : 50 000*
NL	2212	Bonaire	1 : 75 000*
NL	2213	Curaçao	1 : 75 000*
NL	2714	Curaçao, St. Annabaai & Schottegat	1 : 7 500*
NL	2715	Curaçao en Aruba	1 : 15 000*

Die mit einem * versehenen Karten stellen z. Zt. einen vollständigen, auf die Bedürfnisse des Seglers zugeschnittenen Kartensatz dar. Man tut gut daran, sich vor Antritt der Reise einen solchen zu beschaffen, oder sicherzustellen, daß ein Charterschiff damit ausgerüstet ist.

köpfen kann oft nicht dargestellt werden (Wachstum jährlich bis 9cm). Wir haben besonders im Gebiet Las Aves Korallenbänke oder Korallenköpfe beobachtet, wo keine eingezeichnet waren, und dort, wo Eintragungen waren, keine angetroffen. Immer ist die Gefahr geringerer Tiefen in den Einfahrten zu vergegenwärtigen.
Bei der GPS-Navigation ist das bezogene Kartendatum zu berücksichtigen (siehe auch den Abschnitt über GPS-Navigation).
Unsere Positionsangaben beziehen sich auf die verwendete Karte.
Die in den verschiedenen Karten benutzten Zeichen und Abkürzungen entsprechen nicht alle den „Chart Specifications of the International Hydrographic Organization", wie sie in der INT/Karte 1 des BSH abgedruckt sind. Das macht die Orientierung schwieriger. Einer Forderung der International Association of Lighthouse Authorities (IALA) entsprechend, gilt für das bereiste Fahrtgebiet das Lateralsystem für die Region B. Das heißt, daß anders als in unseren heimatlichen Gewässern von See kommend an der Steuerbord-Seite des Fahrwassers rote Spitztonnen mit Kegeltoppzeichen und roter Befeuerung liegen, während an der Backbord-Seite grüne Stumpftonnen mit Zylindertoppzeichen und grüner Befeuerung ausgelegt sind. In der Praxis trifft man oft nur eine Tonne an, die auch nur ein Merkmal aufweist. Im Gegensatz zur IALA haben die Steuerbord-Tonnen häufig einen schwarzen Anstrich, was sie verwechselbar macht.
Auf den ABC-Inseln gilt ebenfalls das Lateralsystem Region B, allerdings ist die Umstellung nicht konsequent erfolgt. Neue Tonnen werden erst ausgelegt, wenn die alten beschädigt sind, und ersetzt durch solche, die der Vorrat auf dem Tonnenhof hergibt. Deshalb findet sich manchmal ein verwirrendes Durcheinander, wie z. B. an der Einfahrt in die Sint Annabaai auf Curaçao.

Nautische Bücher

D 2050, Handbuch der Ostküste Mittelamerikas, von der Floridastraße bis zur brasilianischen Grenze; BSH
D 2057, Handbuch des Atlantischen Ozeans; BSH
NP 7A, South America Pilot Vol. IV, North Coast of South America, Cabo Orange to Punta Tirbi, including Trinidad and Tobago, Río Orinoco and Nederlandse Antillen; British Admiralty
D 2108, Verzeichnis der Leuchtfeuer und Signalstellen, Teil VIII, Atlantischer Ozean, W-Seite, S-licher Teil; BSH
D 2116, Gezeitentafeln Band II, Atlantischer und Indischer Ozean, Westküste Südamerikas; BSH
D 2420, Monatskarten für den Nordatlantischen Ozean; BSH
D 2150–2153, Nautischer Funkdienst, Band I–IV; BSH

Sportbootführer

Chris Doyle, Cruising Guide to Trinidad and Tobago, Venezuela and Bonaire; Dunedin/Florida
Guia Maritima, Portuaria y de la Industria Naval de Venezuela; Caracas
William T. Stone/Anne M. Hays, A Cruising Guide to the Caribbean; Dobbs Ferry/New York
Donald M. Street, Jr., Street's Cruising Guide to the Eastern Caribbean, Martinique to Trinidad; New York/London
Donald M. Street, Jr., Street's Cruising Guide to the Eastern Caribbean, Venezuela; New York/London
Françoise Virlogeux, Guide Practique des Petites Antilles, Venezuela, Vol. 1, de la Guadeloupe à Curaçao; Paris

Weiterführende Literatur

Venezuela
Linda O'Bryan/Hans Zaglitsch, Venezuela mit Isla Margarita; Frankfurt/Main

Bernhard Gall/Martin Wikelski, Reiseführer Natur Brasilien, Venezuela; München
Olivia Gordones/Diethelm Kaiser, Spanisch für Venezuela; Bielefeld
Diethelm Kaiser/Olivia Gordones, Venezuela Reisehandbuch; Hohenthann
Monika Knobloch, Isla Margarita; Singen
Tony Perrottet (Hrsg.), Venezuela; Berlin
Karl-Arnulf Rädecke, Venezuela, Kolumbien und Ecuador; Köln
Thomas Schlegel, Venezuela; Singen

ABC-Inseln
Gerhard Heck, Niederländische Antillen. Aruba–Bonaire–Curaçao; Köln
Rien van der Helm, Aruba; Singen
Rien van der Helm, Reisehandbuch Curaçao; Hohenthann
Manfred Klemann, Curaçao; Singen

Trinidad und Tobago
Jan van Gulik/Denise Marta, Trinidad & Tobago Reisehandbuch; Urdorf
Gerhard Heck, Trinidad und Tobago; Köln
Elizabeth Saft (Hrsg.), Trinidad und Tobago; Berlin

Die GPS-Navigation

GPS-Empfänger gehören wegen erheblich gesunkener Anschaffungspreise und preiswerter amerikanischer Importe im karibischen Raum unter Fahrten- und Chartenseglern inzwischen zur navigatorischen Grundausstattung wie Lot und Logge. Es ist bei Fahrtenseglern in der Karibik üblich geworden, sich untereinander über die Positionen von Einfahrten, Liegeplätzen, Riffen u.a. durch die Angabe von GPS-Positionen zu informieren. Es gibt dafür drei Gründe:
1) weil anders als im europäischen Raum (besonders für die Küste Venezuelas) keine Karten existieren, die auf WGS (s.u.) bezogen sind,
2) die angebotenen Maßstäbe teilweise unzureichend sind (z.B. die Nordküste Venezuelas in der Imray-Karte D 11 im Maßstab 1:240700) und
3) der tatsächliche Küstenverlauf von der Darstellung in der Seekarte stark abweichen kann (siehe hierzu auch D 2050, Handbuch der Ostküste Mittelamerikas des BSH).
Wenn zusätzlich das Koppeln wegen fehlender genauer Informationen über Stromstärke und -richtung schwierig wird und prägnante Landmarken zur Bestimmung des Standortes fehlen, wie z.B. an der NO-Küste Venezuelas, dann ist ein GPS-Empfänger hilfreich.
Wir haben einen englischen Segler in der Ensa San Francisco getroffen, der von See kommend diese Bucht vor Sonnenuntergang gefunden hatte, aber nicht wußte, wo er sich befand. Von ähnlichen Schwierigkeiten berichten auch andere Autoren (Street's Cruising Guide to the Eastern Caribbean, Venezuela).
Natürlich ist auch ohne ein solches Gerät mit den traditionellen Mitteln Navigation möglich und für den gewissenhaften Skipper selbstverständlich.
Die durch das satellitengestützte Global Positioning System (GPS) gewonnenen Daten stehen in einem bestimmten Verhältnis zu dem international empfohlenen Bezugssystem, dem Kartendatum World Geodetic System 1984 (WGS 84). Es ist nicht zu verwechseln mit dem Bezug für die Tiefenangaben in den Seekarten, dem Seekartennull, das in Englisch „Chart-Datum" genannt wird.
Bei der Benutzung der Karten sind drei Fälle denkbar:
1) Die Karte enthält keinen Hinweis auf ein Kartendatum (das ist bei den Imray-Iolaire-Karten der Fall) oder den Vermerk: „Korrekturwerte für durch Satellitennavigation gewonnene Positionen im World Geodetic System können für diese Karte nicht genannt werden. Es darf aber nicht angenommen werden, daß sie vernachlässigt werden können." Das trifft auf einige der verwendeten englischen Karten zu. Dann muß die mit dem GPS gewonnene Position durch ein terrestrisches Standortverfahren kontrolliert werden, da die

Verwendung eines falschen Kartendatums nach Auskunft des Handbuches für den Magellan 5000, 1. Ausgabe 1992 „zu Ungenauigkeiten bis zu 1969 Fuß führen kann."
2) Die Karte enthält Angaben darüber, um wie viele Bruchteile von Minuten die Koordinaten von Positionen, die durch Satellitennavigation gewonnen wurden, zu verlegen sind. Das trifft für die niederländischen und für einige der verwendeten englischen Karten zu.
3) Der Kartenvermerk lautet: „Der Karte liegt als Datum WGS 72 (oder 84) zugrunde. Durch Satellitennavigation gewonnene Positionen können direkt in die Karte übernommen werden." Dieser Vermerk findet sich in den verwendeten amerikanischen Karten und in den englischen Karten, die amerikanische Karten als Quelle benutzen (z. B. BA 1498). Dann ist lediglich darauf zu achten, daß das am GPS-Empfänger gewählte Kartendatum mit dem der benutzten Karte übereinstimmt.

Augapfel-Navigation im Korallenriff

Wir sind gewohnt, die Wassertiefe in den uns vertrauten Gewässern mit Hilfe von Echolot oder Senklot zu bestimmen. Trübes Wasser, schlammiger Grund, bedeckter Himmel, Dunst und Nebel lassen auch nichts anderes zu. In Riffgebieten ist das Echolot ein sehr begrenzt brauchbares Instrument, denn es zeigt plötzlich aufsteigende Korallenriffe erst an, wenn man schon aufgelaufen ist oder ein Ausweichmanöver nicht mehr rechtzeitig erfolgen kann. Gottlob wachsen Korallen nur in sauberem, klarem Wasser bei genügend Lichteinfall. Dort, wo das Wasser trübe ist, braucht man sie nicht zu befürchten. Die erforderliche Sicherheit bei der Augapfel-Navigation stellt sich schnell ein, denn der Veränderung der Wassertiefe und Grundbeschaffenheit entspricht ein deutli-

Mangroven am W-Ufer von Francisqui Medio / Los Roques.

cher Wechsel der Wasserfarbe. Notwendige Voraussetzungen für eine zuverlässige Bestimmung der Wassertiefe sind scharfe Augen (geschützt durch hochwertige, poralisierte Sonnengläser), ein guter Ausguck auf dem Vorschiff oder besser noch in erhöhter Position im Mast und gute Lichtverhältnisse. Bei ungenügenden Verhältnissen kann die Wassertiefe an der Färbung nicht mehr abgeschätzt werden. Das ist der Fall, wenn die Sonne blendet oder sehr tief steht, aber auch, wenn es bedeckt ist. Auch bei teilweiser Bewölkung sind die Wolkenschatten manchmal schwer von einem Felsen oder Korallenriff zu unterscheiden.
Törns mit schwierigen Riffpassagen müssen deshalb so geplant sein, daß der Steuermann oder der Ausguck die noch hochstehende Sonne im Rükken hat.
Damit die Sonne noch hoch genug steht, soll die Ankunft vor 16 Uhr erfolgen.
Unbedingt zu beachtende Warnfarben sind:
Schwarzbraun, Rotbraun, Gelbbraun für bis an die Wasseroberfläche reichende Felsen oder Korallenriffe, Korallen in 2 m Tiefe haben eine graubraune, grünbraune Farbe,
durchsichtiges, glasklares Wasser für Sandgrund mit 2–0 m Wasser darüber,
sehr helles durchsichtiges Grün markiert einen Bereich zwischen 4–1 m.
Am Übergang zu einem kräftigeren Türkis kann ein Ankerplatz gefunden werden. Diese Farbe findet man auch noch über 10 m Tiefe. Danach geht sie in ein dunkles Grün oder Blau über. Grünfärbungen sind nicht nur ein Zeichen für flacher werdendes Wasser. Sie signalisieren auch mit Seegras bestandene Flecken in 5–2 m Tiefe. Über Fels hat Seegras eine graugrüne Farbe.
Zum Ankern eignen sich bewachsene Stellen nur, falls es keine Alternative gibt, denn Anker graben sich dort schlecht ein und die Sichtkontrolle ist schwierig.

Wichtige Frequenzen, UKW-Kanäle und Telefonnummern für Nachrichten, Wetterberichte und Notrufe

Das UKW-Sprechfunkgerät gehört auch in der Karibik zur Standardausrüstung. Darüber hinaus wird es, nicht immer im Einklang mit den Vorschriften der beschriebenen Länder, zum Austausch von Informationen am Ankerplatz, zu Kontakten mit Servicefirmen am Ort und zur Aufrechterhaltung des Kontaktes mit Crewmitgliedern an Land, die über ein mobiles UKW-Gerät verfügen, benutzt. An größeren Orten, wie z.B. Porlamar, Puerto La Cruz, Port of Spain und Kralendijk, dient es auch zur Ausstrahlung einer besonderen Sendung. Dieses sogenannte „Cruisers Net“ wird von Amerikanern betrieben und dient dem Austausch von Informationen sozialer Art (Begrüßung, Verabschiedung, Einladung), der Vermittlung wichtiger Anschriften, Sicherheitshinweisen, Diebstahlanzeigen, Suchmeldungen, Verkaufsanzeigen, Verkaufsangeboten, Wetterberichten u. v. a. Die Kanäle für Ankündigung und Ausstrahlung der Sendung sind bei der Beschreibung der entsprechenden Orte genannt.
Wir haben über UKW Wetterberichte von den Stationen der Küstenwachen in Venezuela erfragt und auch erhalten.
Neben Seefunk spielt das „HAM-Radio“, der Amateurfunk, eine sehr wichtige Rolle. Soziale Kontakte, Informationen über Formalitäten, Versorgungsmöglichkeiten, Ankerplätze, Beratung in Notfällen, Wetterberichte laufen meist über den weitreichenden Amateurfunk.
Die Mehrzahl der Langfahrtsegler ist mit den entsprechenden Geräten und Lizenzen ausgerüstet. Die Kontrollen sind jedoch weniger scharf als in Europa.

Ortszeit	Station	Frequenz (kHz)	Inhalt
2200 0600 1400	WAH	4357 4381 6510	Virgin Islands Radio mit dem Wetterbericht für die Ostkaribik, Warnung bei Gefahr von Wirbelsturm und stürmischer See
		2182 UKW-Kanal 16	In der Nähe von Caracas ist Radio Catia Mar 24stündig hörbereit für Notmeldungen
0000 0130 0730 1830	NMN	6200 8240	U.S. Coast Guard mit dem Wetterbericht für die Küste und die Ostkaribik mit Prognose
0130 0730 1330 1930	NMN	13089 4426 6501 8764 17314	Vorhersage für den gesamten Nordatlantik W-lich 35°W einschließlich der Karibik
0935 1825	RA	930	Radio Antilles mit Übersicht, Vorhersage für das Gebiet 5°N bis 35°N 40°W bis 75°W
1100 1600 2300	NBS	610 98,9 MHZ	National Broadcast Service, Radio 610 „The Voice of T & T" mit dem Wetterbericht für die Gebiete A* und B* (Ost- und Westkaribik), der Prognose und Hurrikanwarnung
1030 1230 1805	RT oder	730 95,1 MHZ	Radio Trinidad sendet Wetterberichte für die Gebiete A* und B* und Hurrikanwarnungen
1030 1630	NPR	UKW-Kanal 16	North Post Radio Trinidad kündigt auf UKW-Kanal 16 den Wetterbericht an und strahlt ihn auf den UKW-Kanälen 24, 25, 26 oder 27 aus. Die Station hat eine 24stündige Hörbereitschaft für Notmeldungen.
		Tel.: 637-9023	Übermittelt werden auch Überseesammelrufe.
0719 0805	TWRB	800	Transworld Radio Bonaire sendet einen Wetterbericht für die NW-, SW- und O-Karibik mit einer Prognose für die Nacht und den folgenden Tag. Der starke Sender kann im gesamten Fahrtgebiet gut empfangen werden.
	Tel.: Fax:	5999-683933 683829 683999	Meteorol. Service Netherlands Antilles & Aruba, Curaçao gibt einen Wetterbericht mit Übersicht und Vorausschau für die NW-, SW- und O-Karibik aus.
	WWV	2500	Auf dieser und den Frequenzen 5000, 10000, 15000 und 20000 kHz sendet Fort Collins Colorado jede Minute ein Zeitsignal.
1435 1830		3815	Antilles Emergency and WX Net sendet während der Hurrikansaison von Juni bis November Warnungen.
		UKW-Kanal 16	Über diesen Kanal erhält man immer Wetterberichte der Küstenwachen.
0645		7170	Sturmwarnungen

1500 1600 1700	DW	15275	Die Deutsche Welle, Köln, sendet Nachrichten und Unterhaltung.
0830 0930		Amateurfunk	Deutsche Segler haben dann einen Funktreff mit nichtamtlichem Wetterbericht. Benutzte Frequenz vor Ort von anderen Seglern erfragen.

Schema für den Seewetterbericht von TWRB

Transworld Radio Bonaire 800 kHz 0719 tägl. 0805 außer Sa und So

Gebiet	Windrichtung	Windstärke (kn)	Wellenhöhe (feet)	Sicht (km)	Böen
Antillen					
O-Karibik					
NW-Karibik					
SW-Karibik					

* O-Karibik: Gebiet O-lich 75°W = Gebiet A
NW-Karibik: Gebiet N-lich 15°N und W-lich 75°W = Gebiet B
SW-Karibik: Gebiet S-lich 15°N und W-lich 75°W = Gebiet B

Alle Zeitangaben sind in GZ angegeben. GZ = UTC-4h.

Charter

Das beschriebene Fahrtgebiet wird nahezu ausschließlich von Langfahrtseglern besucht und gilt selbst unter ihnen als Insidertip. Charteryachten trifft man selten. Das hat Gründe, die wir versuchen aufzuzeigen.

Venezuela

Zur Zeit ist es noch notwendig, daß Charteryachten in Venezuela registriert sind und einen venezolanischen Kapitän haben. Es kann natürlich keinem Charterskipper zugemutet werden, vor Antritt der Reise ein venezolanisches Patent zu erwerben. Charterunternehmen scheuen die erheblichen Kosten, welche bei der Einfuhr und Registrierung der Yacht in Venezuela entstünden.

Es ist aber möglich, beispielsweise von Grenada, St. Lucia oder Martinique aus einen One-Way-Törn zu beginnen, ihn in Trinidad, Venezuela, Bonaire oder Curaçao zu beenden und das Boot durch einen Delivery-Skipper wieder zurückholen zu lassen. Einige Firmen haben damit bereits Erfahrungen und sind in der Lage, einen solchen Törn mit allen bürokratischen Komplikationen zur Zufriedenheit der Kunden zu organisieren.

Bare Boat Charter-Anbieter in Venezuela

Maigualida Club, Marigüitar, Estado Sucre, Venezuela, Tel.: 0058/093/91289, Fax: 0058/093/91084

Die schweizerisch-venezolanische Clubanlage mit Hotel, Appartements, Restaurant, Strand, Pool und Sportanlagen liegt etwa 30 Autominuten von Cumaná entfernt im geschützten Golf von Cariaco. Die Flotte besteht aus Booten des Typs Gib Sea. Der Club bietet auch geskipperte Törns für Clubgäste an. Die Anschrift in der Schweiz lautet: Lindenquai 10, CH-7000 Chur, Tel.:

0041/81/226868, Fax: 0041/81/223981.
Copromar C.A., Quinta San Judas Tadeo, Urb. Anpliacion JC, CN 3 Parc 40, Juangriego, Margarita, Nueva Esparta, Venezuela, Tel. und Fax: 0058/95/55868, Director Michel Dinant, Kontaktadresse in Korsika: Corsica Yachting, Tel.: 0033/95704411.
Bareboatcharter: Fidji-Casamance Catamaran, Privilege 14,70 Catamaran
Kojencharter: Privilege 14,70 Catamaran, Marquise 16,00 Catamaran
Alle Yachten liegen vor dem hübschen Dorf Juangriego auf Margarita.
In allen größeren Orten werden von Hotels oder Reisebüros auch Törns mit Skippern, meist Tagestörns, angeboten.

Anbieter in Deutschland
Freimmo Yachtcharter Agentur, Enscheder Str. 195, 48577 Gronau, Tel.: 02562/3228 oder 5893, Fax: 02562/1755, mit viel Karibikerfahrung, vermittelt One-Way-Törns nach Venezuela.
Pyrrha Yachting, Dalbker Allee 17, 33689 Bielefeld, Tel.: 05205/70135, Fax: 05205/72287, bietet von den Ausgangshäfen Marina Concorde, Margarita; Marina Caraballeda, Caracas und Puerto La Cruz, eine Oceanis 430 sowie eine Oceanis 370 an. Auch One-Way-Törns und Kojencharter sind möglich.
Die Hochsee-Yachtschule Swan Charter Deutschland, Georg-Gröning Str. 22, 28209 Bremen, Tel.: 0421/3469650, Fax: 0421/3469032, bietet Swan-Yachten für Selbstfahrer und Kojengäste ab Puerto La Cruz.
Selbstfahrern empfehlen wir, sich möglichst einen Eindruck vom Zustand des Schiffes zu verschaffen, und vorsichtig zu sein, wenn es am Ort keinen Stützpunkthalter gibt, der den verkehrs- und betriebssicheren Zustand garantiert und im Notfall helfen kann; denn die Verständigung wird in der Regel schwierig sein, und man ist nicht auf Yachttourismus eingestellt, d. h., die Beschaffung von Ersatzteilen und Handwerkern ist mühsam und langwierig. Der Vercharterer sollte Sie auch darüber informieren können, welche Formalitäten zu erfüllen sind und welche nautischen Hilfsmittel Sie benötigen (Karten, Handbücher etc.).

Charter auf den ABC-Inseln
Für Langfahrtsegler stellen die ABC-Inseln meist einen Zwischenstopp auf dem Weg nach Kolumbien und Panama dar. Andere kreuzen von hier zurück nach Westen. Oft, aber nicht unbedingt notwendigerweise wird dieser Weg unter Motor an der Küste zurückgelegt, wo Wind und Strom schwächer sind. Mitsegelgelegenheiten werden vor Ort, in Verbindung mit Hotelarrangements oder durch Mitsegelagenturen angeboten. Charterbasen können wir auf den ABC-Inseln nicht nennen. Sie bieten selbst zuwenig Ankerplätze für einen Wochen- oder Zweiwochentörn und sind als Ausgangspunkt für einen Segeltörn ungeeignet, da bei einem Kurs nach Osten Wind und Strom gegenanstehen. Als Endpunkt und Rückgabeort aber eignen sich die Inseln sehr wohl, und die Harbour Village Marina auf Bonaire oder der Ankerplatz vor Sarifundy in Spaanse Water auf Curaçao sind empfehlenswerte Plätze.

Charter auf Trinidad & Tobago
Ein Törn entlang der Nordküste Trinidads nach Tobago im Sommer, eine Umrundung dieser Insel und die Rückkehr nach Trinidad sind ein interessantes Segelerlebnis. Da es auf T & T keine Charterbasis gibt, kommen Grenada oder Union Island als Ausgangs- und Endpunkt eines Chartertörns in Frage.

Formalitäten

Venezuela

Wer mit dem Flugzeug nach Venezuela einreist, braucht außer dem Reisepaß ein Rückflugticket. An Bord füllt man eine „Tarjeta de Turismo“ aus, die man bei der Ausreise wieder abgeben muß. Sie gilt bis zu 90 Tagen. Wer länger bleiben will, muß sich in der Ausländerbehörde DIEX (Direcciòn de Extranjeros) eine gebührenpflichtige Verlängerung besorgen. Bei der Einreise mit der Yacht braucht man einen mindestens noch ein Jahr gültigen Paß und ein Visum. Ein Visum, das für sechs oder zwölf Monate gilt, kann man nur außerhalb Venezuelas beantragen. Wir sind dafür z.B. nach Trinidad gefahren, ein Verfahren, das manchmal einfacher ist, als eine Verlängerung an Ort und Stelle zu bekommen. Besonders hilfsbereit sind die Konsulate in Grenada, Martinique und Curaçao. Aber auch in den deutschen Konsulaten kann man natürlich das Visum bekommen.

Es ist ratsam, sicherheitshalber von Paß, ,,Tarjeta" und Schiffspapieren eine Kopie machen zu lassen. Paß oder Paßkopie sollte man immer bei sich haben.

Die Yacht darf sechs Monate im Land bleiben. Eine dreimonatige Verlängerung ist nur in Ausnahmefällen möglich. In der Regel muß man nach einem halben Jahr für drei Monate außer Landes fahren und kann danach wieder für sechs Monate bleiben.

Die Liste der Mitsegler sollte nur Crew-Mitglieder (Tripulantes) aufführen. Jeder sollte eine Funktion an Bord erhalten und niemand als Passagier (Pasajero) aufgelistet werden.

Die Klarierungsformalitäten umfassen den Gang zum Zoll (Aduana), zum Hafenkapitän (Capitania del Puerto), zur Immigration (DIEX) und manchmal zur Guardia Nacional. An manchen Orten erscheint die Guardia unaufgefordert und will an Bord. Die gelbe Flagge muß zwar gesetzt werden, in der Regel kommt aber niemand an Bord. Es wird erwartet, daß der Skipper die erforderlichen Behörden selbst aufsucht.

Ein wichtiges Papier ist die ,,Zarpe" – die Fahrerlaubnis (Cruising Permit). Wenn man einen anderen venezolanischen Bundesstaat besucht, muß man sie vorzeigen und gegen eine neue austauschen. Man kann in die Zarpe außer dem nächsten Port of Entry alle anderen Orte eintragen lassen, die man vorher anlaufen will, als ,,Puntos Intermedios". Beim nächsten Port of Entry wird eine neue Zarpe ausgestellt. Nähere Einzelheiten werden bei den einzelnen Ports of Entry beschrieben. Ports of Entry unseres Segelgebietes sind Isla Margarita, Puerto Cabello, La Guaira, Puerto La Cruz, Cumaná, Carúpano und Güiria. Auf einigen Inseln gibt es Stationen der Küstenwache, bei denen man sich – mehr höflichkeitshalber – melden sollte: auf Los Testigos, Los Roques und Las Aves. Die Höflichkeit gebietet auch, bei den Behörden in formeller Kleidung zu erscheinen. Das bedeutet für die Herren: keine Shorts, keine T-Shirts, keine Sandalen. Die Angestellten sind sehr freundlich, nehmen sich aber manchmal sehr viel Zeit. Für europäische Eile haben Venezolaner wenig Verständnis. Man sollte sie nicht mit Ungeduld verärgern.

Die Formalitäten sind entweder kostenlos oder nur mit sehr geringen Gebühren verbunden. Am schnellsten und angenehmsten wird man in Puerto Cabello abgefertigt.

Für besonders entgegenkommendes Verhalten kann man etwas für die ,,Kaffeekasse" spenden, z.B. wenn man noch an Heiligabend auslaufen will und die Ämter eigentlich nicht mehr arbeiten. In allen Ports of Entry haben sich inzwischen Agenten niedergelassen, die einem die Arbeit abnehmen. Näheres dazu bei den jeweiligen Ortsbeschreibungen.

Trinidad und Tobago

Für Trinidad und Tobago braucht man einen gültigen Reisepaß. In der Regel kann man damit drei Monate bleiben. Wer länger bleiben will, wendet sich an das ,,Ministry of Justice and National Security", Immigration Office, Trinidad, Port of Spain, 119 Duke Street; auf Tobago in Scarborough, Carrington Street.

Zum Einklarieren braucht man Paß, Schiffspapiere und eventuell mitgeführte Waffen. In der Regel wird man in Chaguaramas einklarieren, es ist wesentlich bequemer, kostet aber 6 US$ für den anreisenden Beamten. Es ist ebenfalls erlaubt, die

Yacht bei einem der Clubs zu lassen und in Port of Spain zu klarieren. Einklarieren außerhalb der Dienstzeiten (8–12 und 13–16 Uhr), an Wochenenden oder Feiertagen kostet 50 US$. Ansonsten ist die Prozedur kostenlos. Vor der Ausreise sind pro Monat und Yacht 6 US$ für Navigationshilfe zu bezahlen, höchstens aber 50 US$. Die Büros der Immigration und des Port Captain befindet sich in Port of Spain auf dem Gelände des Cruise Ship Complex. Es wird erwartet, daß man sich zumindest telefonisch abmeldet, wenn man den Liegeplatz verändert. Dies wird jedoch selten kontrolliert.

In Tobago kann man in Scarborough einklarieren oder die Yacht in Store Bay lassen und nach Scarborough fahren, was nicht so gern gesehen, aber akzeptiert wird. Dort bekommt man die Erlaubnis, in bestimmten Buchten zu ankern. Auch hier gilt die Regelung, daß außerhalb der Bürozeiten eine „Overtime Charge" erhoben wird.

Wer sein Boot in Trinidad eine Zeitlang liegenlassen will, um z. B. nach Hause zu fliegen, muß sich vom betreffenden Club ein entsprechendes Formular ausstellen lassen. Man muß sich mit dem Ticket innerhalb von 24 Stunden vor Abflug bei der Immigration einfinden, von der Crewliste streichen lassen und wenn man zurückkommt, innerhalb von 24 Stunden wieder anmelden. Man spart dabei auch die Flughafensteuer.

Gäste, die in Trinidad an Bord kommen, sollten bei der Einreise ein vom Skipper unterzeichnetes und von der Immigration abgestempeltes Papier haben, das die Daten ihres Fluges und den Namen und Ankerplatz des Schiffes enthält.

Yachten, die von Trinidad nach Tobago segeln und von dort weiterwollen, müssen sich bei der Immigration und dem Zoll entsprechende Papiere abholen.

Von Tobago nach Trinidad einlaufende Schiffe müssen nach der Ankunft die Immigration in Port of Spain anrufen, um ihren Liegeplatz mitzuteilen (Tel.: 623-8147). Wir nehmen an, daß für einen Anruf außerhalb der Bürostunden keine „Overtime Charge" erhoben wird …

Bonaire

Nach Einfahrt in die Hoheitsgewässer setzt man die gelbe Flagge. Man legt am besten am Norddock vor Kralendijk an und meldet sich bei der Einwanderungsbehörde. Das Büro ist in der ersten Etage der Polizeistation in der „Kaya Simòn Bolívar" untergebracht. Am Wochenende ist es geschlossen, dann übernimmt die Polizei im Erdgeschoß die Aufgaben. Die Beamten sind sehr freundlich, aber sehr verärgert, wenn man sich ohne Not nicht sofort meldet. Verständnis für einen Aufschub haben sie nur, wenn man mitten in der Nacht eingelaufen ist. Der Zoll ist anschließend aufzusuchen.

Das Zollgebäude liegt unmittelbar an der Nordpier. Wenn man gleich in die Marina fährt, kommen die Zollbeamten nach Information durch das Marinabüro oder nach Anruf auf UKW-Kanal 16 an Bord. Der Zoll nimmt Feuerwaffen und Harpunen gegen Quittung bis zur Ausreise in Verwahrung. Die Beamten waren freundlich, sehr fröhlich und gaben nützliche Tips. Wir erhielten eine anregende Lektion über alle Aspekte des Lebens auf der Insel.

Schnell und gelassen, wie wir es nie zuvor erlebt haben, laufen auch die Ausklarierungsformalitäten ab. Bis zu zwei Monaten kann man sich ohne Visum auf der Insel aufhalten. Danach genügt eine 24stündige Ausreise für einen erneuten Aufenthalt von zwei Monaten. Die Yacht kann für unbegrenzte Dauer bleiben.

Bei der Ausreise nach Venezuela ist für die Crew ein Visum und für das Boot eine Verkehrserlaubnis (Zarpe) im Konsulat zu beantragen. Das Visum für ein Jahr kostet 30 US$ pro Person. Für die Yacht muß man nichts bezahlen.

Curaçao

Willemstad ist Port of Entry auf Curaçao. Yachten, die Willemstad anlaufen, machen hinter der Koningin Julianabrug am Ostufer in Höhe der Hafenmeisterei fest. Die Einwanderungsbehörde be-

findet sich im Nordteil des Gebäudes. Dort kann man die Einreise für die Crew anmelden. In der Regel ist der Aufenthalt auf zwei Monate befristet, neuerliche Vorstellung ist jeweils nach zwei Wochen notwendig. Das gilt selbst für Niederländer, die ihrerseits ihren Mitbürgern aus Curaçao in den Niederlanden unbegrenzten Aufenthalt gewähren. Die Behörden hoffen, in diesem Kontrollnetz unliebsame Besucher zu fangen.
An der Südseite des Gebäudes befindet sich das Büro des Hafenkapitäns. Er weist den Liegeplatz zu. In der Regel wird das einer der vier Ankerplätze in Spaanse Water sein. Wir erhielten aber auch Genehmigungen für Westpunt, Sta. Martabaai, Piscaderabaai und für das Dry Dock im Schottegat, wo Arbeiten ausgeführt werden sollten.
Der Zoll befindet sich an der Handelskade in der Nähe des Floating Market. Ein Besuch ist aber nicht notwendig, da die Beamten nach Anruf zum Ankerplatz kommen. In Spaanse Water organisiert das die Marina Sarifundy.
Wenn nicht Waffen angemeldet werden, kommen die Beamten oft erst nach Tagen. Die Formalitäten werden an Land erledigt. Waffen werden bis zum Tag der Abreise in Verwahrung genommen.
Verlegungen der Yacht müssen Zoll und Immigration gemeldet werden.
Yachten können auf Curaçao zurückgelassen werden, wenn für die Zeit der Abwesenheit des Eigners ein Verantwortlicher bestellt wird. Fristen wurden uns nicht genannt. Alle Formalitäten sind kostenfrei.

Ausreise nach Venezuela

Bei der Ausreise nach Venezuela ist für die Crew ein Visum und für das Schiff eine Verkehrserlaubnis (Zarpe) zu beantragen. Die Bearbeitung auf dem Konsulat an der Handelskade im Gebäude der Banco de Venezuela dauert drei Tage. Das Visum kostet 30 US$ und wird, im Gegensatz zu Bonaire, nur für sechs Monate ausgestellt. Die Verkehrserlaubnis für die Yacht, die in Bonaire kostenlos ist, kostet hier 50 US$.
Angeblich wird die erwartete Ankunft nach Venezuela gefaxt. Die Gebühr zahlt der Antragsteller. Allerdings stellten wir bei der Ankunft in Venezuela erstaunt fest, daß unsere Ankunft nicht angekündigt wurde. Es gibt eben keine Regel ohne Ausnahme.

Aruba

In Aruba macht man im Westhafen fest, wo Beamte des Zolls an Bord kommen. Sie sind sehr höflich. Waffen müssen abgegeben werden. Die Einwanderungsbehörde befindet sich in der Polizeistation.

Lebensmittel

Es ist nicht nötig, aus Europa Lebensmittel in die Karibik mitzunehmen. Es gibt hier fast alles zu kaufen, solange man es nicht in entlegenen Dörfern sucht.
Für denjenigen, der beabsichtigt, von einem ins andere Land zu segeln, geben wir hier einige Einkaufstips. Wir beziehen uns dabei auf die Einkaufsmöglichkeiten in städtischen Supermärkten. In der Regel sind die Lebensmittel in Venezuela sehr billig und auf den ABCs extrem teuer, da alles importiert werden muß. In Trinidad bekommt man viele amerikanische Waren.

Floating Market in Willemstad, Curaçao.

Artikel	T & T	Venezuela	ABCs
Brot und Gebäck	sehr gut	wenig Auswahl	niederländisch
Käse	schlecht	hervorragend	niederländisch
Cracker	gut	hervorragend	gut
Wurst	schlecht	ausgezeichnet	wenig Auswahl
Gewürze	hervorragend	wenig Auswahl	gut
Öl	nur Sojaöl	viele Sorten	gut
Dosengemüse	mittelgut	mittelgut	gut
Dosenbutter	nein	sehr gut	sehr gut
Dosenobst	wenig Sorten	gut	gut
Erdnüsse	sehr gut	weniger gut	gut
Sahne	nein	nur Dosen	gut
Wein	sehr teuer	gut (Chile)	teuer
Bier	teuer	gut und preiswert	teuer
Mineralwasser	sehr teuer	günstig, mäßig	teuer
Rum, Gin	teuer	sehr preiswert	teuer
Kaffee	dunkel, teuer	hervorragend	teuer
Kaffeefilter	nein	ja	ja
Milch	In der Hitze sollte man Milchpulver benutzen.		

Gesundheit

Für dieses Kapitel haben wir unseren tropenerfahrenen Freund Dr. Herbert Schmitz zu Rate gezogen.
Vor der Reise sollte man sich über Prävention informieren. Die Weltgesundheitsorganisation (WHO) veröffentlicht eine jährliche Liste „International Travel and Health", eine deutsche Version bekommt man beim Grünen Kreuz in Marburg (Tel.: 06421/24044). Weitere Broschüren gibt es beim „Internationalen Arbeitskreis Prävention" in Düsseldorf (Tel.: 0211/961060) und z.B. bei der Arzneimittelfirma Behring, die viele Impfstoffe herstellt. Auch Gesundheitsämter, Institute für Tropenmedizin und die Botschaften geben Auskunft.
Ein Impfschutz ist für das von uns beschriebene Reisegebiet nicht vorgeschrieben. Nur bei der Einreise aus südamerikanischen Ländern oder aus Panama muß man für Venezuela eine Cholera-Schutzimpfung nachweisen. In Trinidad muß eine Impfung gegen Pocken und Gelbfieber nachgewiesen werden, wenn man sich bis zu sechs Tagen vor der Einreise in einem Infektionsgebiet aufgehalten hat.
Wir empfehlen trotzdem eine Impfung gegen Tetanus und Hepatitis A. Es schadet auch nicht, gegen Polio, Masern, Mumps und Röteln geimpft zu sein. Bei Reisen ins Landesinnere ist eine Gelbfieberimpfung empfehlenswert. Und wer vorhat, eine Nacht mit den Vampir-Fledermäusen auf La Borracha bei Puerto La Cruz zu verbringen, könnte auch eine Tollwut-Schutzimpfung in Betracht ziehen.
Wenn man sicher ist, daß man sich nur im beschriebenen Fahrtgebiet aufhalten wird, braucht man keine Malariaprophylaxe. Nur wer beabsichtigt, ins Landesinnere zu reisen oder über benachbarte Länder anreist, muß sich schützen.
Dr. Schmitz empfiehlt dazu eine Prophylaxe mit „Resochin", zusätzlich auch „Paludrin" für die

Amazonasregion und außerdem die Notfallmedikation „Halfan“ oder „Lariam“.
Die beste Prophylaxe ist die Vermeidung von Stichen durch hautbedeckende Kleidung und insektenvertreibende Repellents während der Dämmerung und der Nacht.
An Bord sollten unbedingt folgende Medikamente vorhanden sein: Schmerzmittel/fiebersenkendes Medikament, z.B. „Aspirin“, Mittel gegen Sonnenbrand, z.B. „Bepanthen“, Mittel gegen Stiche und Allergien, z.B. „Soventol“, wasserfestes Pflaster, Elektrolyt/Glukose-Lösung (s.u.), Wasserentkeimung, z.B. „Mikropur“, Mittel gegen Seekrankheit, Insektenspray oder Lotion für die Haut, und für einen ruhigen Schlaf zusätzliche chemische Mittel (Anti-Mosquito-Coils, elektrische Verdampfer), an deren Geruch man sich mit der Zeit gewöhnt, oder Moskitonetze.
Verbandmaterial und alle Arten von Medikamenten aus Deutschland oder der Schweiz sind bei venezolanischen Fischern sehr begehrt und eignen sich zum Tauschen und Verschenken.
Die häufigste Gefahr für die Gesundheit droht dem Segler in dem von uns beschriebenen Gebiet von der karibischen Sonne. Wer zum erstenmal in der Karibik ist, sollte sich dessen bewußt sein, daß sich die Verhältnisse hier sehr stark von denen im Mittelmeer unterscheiden. Mindestens Lichtschutzfaktor 6 sollte die Sonnenschutzcreme haben; wenn man eine helle Haut hat, besser 12 oder 15. Sehr gefährdet sind neben Nase und Schienbein auch Lippen und Ohrläppchen. Beim Schnorcheln sollte man ein T-Shirt anziehen und für die mit großer Wahrscheinlichkeit trotz aller Vorsichtsmaßnahmen auftretenden Sonnenbrände ein dünnes Baumwollhemd mit langen Ärmeln und eine dünne, luftige Baumwollhose dabeihaben. Ein Kopfschutz versteht sich von selbst. Am besten kauft man sich in Venezuela einen Strohhut mit Krempe, den man sich beim Segeln mit einem Tuch fest an den Kopf bindet. Lindernd bei Sonnenbrand wirken Zitrone oder entsprechende Salben. Bei Sonnenstich oder Überhitzung muß man sich hinlegen und viel trinken.
Die zweithäufige Gefährdung ist der Verlust von Elektrolyten, der eintritt, wenn man zu wenig trinkt. Die Folge sind Kopfschmerzen und Schwächegefühl. Wir zitieren dazu Dr. Herbert Schmitz:
„Die größte Umstellung in den Tropen ist die richtige Ernährung. Für die Kühlarbeit, die er über Schwitzen erreicht, braucht der Körper sehr viel Flüssigkeit. In Deutschland sind 1,5 Liter pro Tag durchaus normal. In den Tropen beträgt der Bedarf 2–4 Liter, kann aber auch auf 10 Liter pro Tag ansteigen. Diese große Flüssigkeitsmenge muß sauber sein, d.h. aus verschlossenen Flaschen stammen oder abgekocht und mit z.B. Mikropur behandelt sein. Wenn man sich mit Mineralwasser versorgt, gibt es an Bord oft Stauprobleme. Ein Maß für die richtige Trinkmenge ist außer dem Durstgefühl ein einfacher Farbvergleich des Urins, die geschätzte Menge und Häufigkeit des Wasserlassens. Der Urin sollte immer hellfarben bleiben und die normale heimatliche Häufigkeit nicht unterschreiten. Wird der Urin dunkel und kommt nur 1–2mal pro Tag, ist schon ein erheblicher Flüssigkeits- und Salzmangel vorhanden.
Dem Wasserbedarf entspricht auch ein erhöhter Elektrolyt- und Salzbedarf. Im Regelfall reicht ein gutes Salzen der Speisen aus (Gewürze immer am Tisch), in Extremsituationen muß man versuchen, in Speisen und Getränken ca. 1 Teelöffel Salz ‚unterzubringen‘. Der Flüssigkeits- und Elektrolytverlust bei Durchfällen ist dem Tagesbedarf zu addieren. Cola hat sich bei diesen Verlusten neben schwarzem Tee mit wenig Zucker bewährt. Die WHO empfiehlt in einem Liter abgekochtem Wasser:
3,5 g Natriumchlorid (Kochsalz)
2,5 g Natriumcarbonat
1,5 g Kaliumchlorid
20 g Glukose.
Diese Mischung kann jede Apotheke herstellen, es gibt sie auch als ‚oral rehydration salt‘ zu kaufen.
Nun zu Speisen: Die älteste Ernährungsregel der Tropen lautet: Cook it, peel it, or leave it! (Ko-

chen, schälen oder bleibenlassen!) Bei 10°C Temperaturerhöhung verdoppelt sich die Wachstumsgeschwindigkeit von Bakterien, die Keimbesiedelung von Lebensmitteln erreicht also die für uns kritische Keimmenge schneller. Die Keime sind zwar die gleichen wie zu Hause, aber es sind Stämme, die wir immunologisch noch nicht kennen. Unser Körper ist schnell in der Lage, eine Abwehrantwort gegen einen neuen Keim-Stamm zu finden, aber nicht gegen 10 oder 20 neue Darmbakterien-Stämme, die auf Nahrungsmitteln sein können. Diese große Zahl wird nicht ohne Durchfall, d.h. Störung der Darmtätigkeit abgewehrt. Es ist also wichtig, die Zahl der neuen Keime pro Tag zu reduzieren; nach einigen Wochen hat der Körper alle neuen Keime der Karibik kennengelernt, sich eine Abwehrstrategie zurechtgelegt, und man hat sich adaptiert."

Die Cholera ist zwar wieder auf dem Rückzug, aber man sollte doch vorsichtig sein mit dem Verzehr von ungekochtem Seegetier und von den köstlichen venezolanischen Austern lieber die Finger lassen.

Alkoholische Getränke sollte man nur abends zu sich nehmen. Baden in stehendem Süßwasser sollte man unterlassen wegen der Gefahr der Bilharziose und anderer Erreger. In Dschungelgebieten wie auf der Halbinsel von Paria muß man auch auf Schlangen achten.

Gefahren drohen auch aus dem Meer. Wir meinen damit nicht Haie und Barrakudas, sondern die unangenehmen Verletzungen, die von abgebrochenen Seeigelstacheln und spitzen Korallen hervorgerufen werden können. Bonnie Whyte von der SY EGRESS schwört bei dieser Art von Verletzungen auf das Einreiben mit Monosodium Glutamat, das auf Trinidad ein wichtiges Würzmittel ist und unter dem Namen Ve-Tsin im Gewürzregal jedes Supermarktes zu finden ist. Vermeiden kann man solche Verletzungen beim Schnorcheln durch das Tragen von Badeschuhen oder Flossen. Feuerkorallen haben unterschiedliche Formen und sind erkennbar an ihrem weißen Saum.

Quallenberührung läßt sich nicht so gut vermeiden, ist aber vollkommen ungefährlich und dem Brennen einer Brennessel vergleichbar. Alkohol, Sand, Mehl oder Puder helfen. Gefährliche Quallen wie die blaublasige Portugiesische Galeere oder stechende Fische sind uns nicht begegnet. Für den Fall, daß doch jemand gestochen wird, zitieren wir Dr. Schmitz:

„Der Stich ist einem Wespenstich am ehesten zu vergleichen. Da das Gift, wie auch von jedem Mücken- und Bienenstich, hitzelabil ist, läßt es sich durch Hitze denaturieren. Ein einfaches Feuerzeug mit Metallkopf kann schnell helfen. Der Metallrand des Feuerzeuges kann bei schräg gehaltenem, kurz angezündetem Feuerzeug sehr heiß gemacht werden. Dieses heiße Metall muß man auf die Stichstelle tupfen oder halten, so heiß wie der Verletzte es gerade noch erträgt. Vorgang ständig wiederholen. Empfohlen wird auch ein Umschlag mit heißem Wasser über eine Stunde."

Ebenfalls gesundheitlich ungefährlich, aber sehr zermürbend können Stiche von Mosquitos oder Sandfliegen sein. Eine Besonderheit sind die Jejenes: schwarze, punktförmige Quälgeister, deren Stiche tagelang jucken. Vorbeugende sowie juckreizstillende Mittel braucht man in unserem Reisegebiet sehr häufig.

Fernhalten muß man sich vom Manzanilla-Baum (engl.: Manchineel), der an den Küsten Venezuelas und der ABCs verbreitet ist und oft der einzige Baum ist, der mit seiner ausladenden Krone Schatten spendet und in der gleißenden Hitze zum Verweilen lockt. Seine runden grünen Früchte sind extrem giftig, aber auch mit seinen Blättern und der milchigen Flüssigkeit, die er absondert, sollte man Hautkontakt vermeiden.

Wir sind während unseres langen Aufenthaltes in der Karibik nur durch zwei Plagen gesundheitlich beeinträchtigt worden: Mehrmals hatten wir das Trinken vergessen und waren wegen Elektrolytmangel sehr geschwächt. Einmal hat das Zerschneiden von rohen Pfefferschoten eine schreckliche, brennende Allergie ausgelöst. Das Essen der gekochten Schoten ist vollkommen ungefährlich, wie sich herausstellte.

Man sollte einen medizinischen Ratgeber an Bord haben. Wir empfehlen: Klaus Bandtlow, Medizin an Bord, Bielefeld; Jürgen Hauert, Medizintafeln für den Bordgebrauch, Hamburg, und Eckbert Zylmann, Erste Hilfe an Bord, Hamburg.
Ärztlichen Rat oder Hilfe kann man auch von einer Küstenfunkstelle über UKW-Kanal 16 oder von anderen Seglern bekommen, unter denen sich häufig Ärzte befinden.

Medizinische Versorgung

In Venezuela und Trinidad ist die Gesundheitsversorgung kostenlos. Sie steht auch dem Besucher aus dem Ausland zur Verfügung. Wer in ein Gebiet reist, das eine Schutzimpfung gegen Gelbfieber oder Malaria erfordert, bekommt die Vorsorge kostenlos. Die staatlichen Krankenhäuser sind jedoch meistens überfüllt, und viele Touristen ziehen deswegen Privatkliniken vor. Privatärzte in beiden Ländern haben oft im Ausland studiert und lassen sich dies entsprechend bezahlen. Medikamente sind in beiden Ländern sehr preiswert und fast immer rezeptfrei zu haben.
Obwohl die Gesundheitsversorgung in Venezuela im Vergleich zu anderen Ländern Südamerikas sehr gut ist, findet man nicht überall einen Arzt. In kleinen Orten gibt es eine medizinische Station mit einer Krankenschwester, und ab und zu schaut ein Arzt vorbei. Auf den Aves und Testigos ist immer einer der dort diensttuenden Gardisten medizinisch ausgebildet.
Dienstbereite Apotheken tragen in Venezuela das Schild „Turno". Oft findet man in den Apotheken eine ausreichende Beratung, die den Gang zum Arzt ersetzen kann. Preiswert und gut bekommt man in Venezuela Brillen und Zahnkronen. Wer ins Krankenhaus muß, sollte eine Kreditkarte vorlegen können.

Kleidung

Neben der leichten Baumwollbekleidung, die man im feuchtheißen Klima trägt, sollte man für die Abende an der Nordküste der Halbinsel Paria auch ein wärmeres Kleidungsstück haben. Die plötzlichen sintflutartigen Regengüsse der Karibik erfordern eigentlich keine Regenkleidung, da es trotzdem warm ist und man auch schnell wieder trocknet. Aber für nächtliche Überfahrten kann eine Regenjacke schon von Vorteil sein.
Zum Ausgehen braucht man etwas anspruchsvollere Kleidung, als Mann insbesondere lange Hosen und ordentliche Schuhe. In Venezuela wird man oft nach seinen Schuhen beurteilt. Einem Freund wurde in Puerto La Cruz der Eintritt in eine Diskothek verwehrt, weil er in Sandalen erschienen war. Als er sich umgezogen hatte, fiel er beim Aussteigen aus dem Dingi. Triefnaß, aber mit ordentlichen Schuhen wurde ihm der Einlaß gewährt.

Geld

Venezuela

Die venezolanische Währung ist der Bolivar, pl. Bolivares (in beiden Fällen liegt die Betonung auf dem ì), Abkürzung VEB oder BS. Die Venezolaner nennen ihn liebevoll „Bolo".
In Venezuela ist der Geldwechsel bei der Bank extrem langwierig. Seit dem „Schwarzen Freitag", der Abwertung 1983, ist der Bolìvar keine stabile Währung mehr. In den letzten Jahren war er einer ständigen Abwertung ausgesetzt, so daß es sich empfahl, immer nur kleinere Mengen zu tauschen. Im Sommer 1994 wurde ein fester Wechselkurs von 170BS zu 1US-Dollar eingeführt, um die Währung zu stützen. Im Juni '94 entsprachen 100BS etwa 0,84DM. Der US-Dollar gilt zwar als Leitwährung, aber wer in Venezuela mit US-Dollars zahlen will, wird Schwierigkeiten bekommen.
Die Banken wechseln nur US-$, die Banco Consolidado wechselt Travellerschecks ohne Provision. Schneller geht es bei den Wechselstuben, meist jedoch zu einem schlechteren Kurs. Die Wechselstuben akzeptieren auch DM und Travel-

lerschecks, am besten American Express. Euroschecks sollte man nicht mitnehmen, wir haben in Venezuela nur eine Wechselstube gefunden, die sie annimmt.
In größeren Orten bekommt man bei bestimmten Banken Geld auf Kreditkarten, meist bei Banco Union. Die Banken haben draußen ein Schild, das darauf hinweist. Günstig sind Master Card, Visa und American Express. Bei vielen Banken kann man auch am Schalter Geld bekommen. Eine Liste bekommt man bei seiner Kreditkartenfirma.
Banken sind in Venezuela von 8.30 bis 11.30 Uhr und von 14.00 bis 16.00 Uhr geöffnet. Zum Wechseln braucht man den Reisepaß, während beim Zahlen von Rechnungen mit Kreditkarte auch ein Personalausweis genügt. Kreditkarten sind hier ein sehr verbreitetes Zahlungsmittel, auch bei sehr geringen Beträgen. Wer mit Bargeld statt mit Karte bezahlt, kann oft einen Preisnachlaß bekommen, denn die Geschäfte müssen an die Kreditkartenfirmen 7 % der Rechnung zusätzlich abführen.
Wer ein Auto mieten will, muß auf jeden Fall eine Kreditkarte haben, sie dient dem Verleiher als Zahlungsgarantie.
Es ist ratsam, immer genügend Kleingeld bei sich zu haben, z.B. für Trinkgelder oder für Fahrten mit dem PP. Das kleine Geld sollte man getrennt von den großen Scheinen tragen.

Trinidad

Von 1988 bis 1993 stand der Trinidad-Dollar (TT$) zum US-Dollar in einem festen Wechselkurs: 1 US-$ = 4,25 TT$. Der Kurs anderer Währungen veränderte sich entsprechend ihrem Verhältnis zum US-Dollar. Trinidad war jedoch gezwungen, diese Bindung aufzuheben, womit eine Abwertung verbunden war.
In Trinidad wechseln nicht alle Banken Geld. Am Independence Square in Port of Spain sind alle größeren Banken vertreten. Bei einigen bekommt man Bargeld gegen Visa- oder Master Card (Cash Advance). Auch hier ist es sehr verbreitet, mit Kreditkarte zu bezahlen, und auch hier ist der US-Dollar die empfehlenswerte Währung zum Tauschen.
Am günstigsten ist die Republic Bank. Sie hat Zweigstellen am Independence Square, in der Frederick Street und auf der Starlite Plaza, die zu den Ankerplätzen näher liegt. Öffnungszeiten sind 9.00 bis 14.00 Uhr, freitags 9.00–12.00 Uhr und 15.00–17.00 Uhr. Zum Wechseln genügt auch bei der Bank der Personalausweis. Manche Geschäfte und Wettbüros in Port of Spain wechseln günstig US-Dollars.

ABC-Inseln

Auf Curaçao und Bonaire gilt der Niederländisch-Antillianische Gulden (Florint), abgekürzt NAF. Er ist an den US-Dollar gebunden: 1 US-$ = 1,77 NAF, Travellerschecks = 1,79 NAF. Der US-$ wird überall, auch im Supermarkt, als Zahlungsmittel akzeptiert, ebenso die gängigen Kreditkarten.
Auf Bonaire bekommt man bei der Maduro Bank auch US$ ohne Aufschlag, in Curaçao nicht.
Aruba hat eine eigene Währung – den Aruba Florin. 1 US-Dollar entspricht 1,77 Afl, in Geschäften 1,80. US-Dollars und Kreditkarten werden auch hier überall akzeptiert, und sogar der venezolanische Bolivar wird benutzt.

Post und Telefon

Venezuela

In Venezuela sind Post und Telefon getrennt. Bei manchen Postämtern (Ipostel) kann man auch faxen. Briefe brauchen manchmal eine Woche, manchmal mehrere Monate. Man sollte seine Briefe am besten direkt ins Postamt bringen. Postlagernde Briefe schickt man entweder an eine Marina, die man aufsuchen wird, oder an die „Oficina Central de Correos“ mit dem Vermerk „Correo Restante“. Wenn man längere Zeit an einem Ort verweilt, sollte man sich die Post nicht an die Marina schicken lassen, sondern bei der Post ein

Brieffach mieten. ,,Der Weg des Briefes ist dann kürzer", meinte vielsagend ein venezolanischer Freund, der uns diesen Tip gab.
Die Telefongesellschaft in Venezuela heißt CANTV (gesprochen: Kântewe). Allgemein muß man sagen, daß es oft nicht leicht ist, in Venezuela zu telefonieren, da die Leitungen bei weitem nicht ausreichen. Nach starken Regengüssen brechen dazu noch Leitungen zusammen. Auch die Privatisierung hat daran nichts geändert. Trotzdem scheint das Telefonieren ein Nationalsport zu sein: ,,No hay linea" ist ein oft gehörter Satz, und niemand regt sich darüber auf.
In Venezuela telefoniert man mit Karten. Münzen eignen sich nur für Ortsgespräche, die in Venezuela unglaublich billig sind: 1,25 Bolìvar für ein Gespräch, ca. 3 Pfennig. Überall sind Kartentelefone aufgestellt. In jeder Stadt gibt es an wichtigen Plätzen Wände mit mehreren Telefonen, die auch ,,CANTV" genannt werden. Vor den Telefonen steht oder sitzt jemand, der Telefonkarten in verschiedenen Preislagen verkauft. Auch in manchen Geschäften und Kiosken mit dem Schild ,,Tarjeta" kann man Telefonkarten kaufen. Es ist ratsam, sich mit Karten einzudecken, denn es kann passieren, daß es keine zu kaufen gibt.
Wer ins Ausland telefonieren möchte, muß eine Karte der höheren Preislage haben. Auslandsgespräche sind verhältnismäßig teuer. Auf der Karte bleibt immer eine größere Summe übrig, mit der man noch viele Inlandsgespräche führen kann. Manche Telefone erlauben keine Auslandsgespräche. Manchmal verschluckt ein Apparat saftige Anteile der Telefonkarte, ohne eine Verbindung hergestellt zu haben. Aber auch das Gegenteil kommt vor ...
Telefonieren kann man auch mit Vermittlung aus einem Büro der Telefongesellschaft.

Trinidad und Tobago

Auch in T & T sind Post und Telefon getrennt. Postlagernde Sendungen schickt man an das ,,Main Post Office": nach Trinidad in die Wrightson Road, Port of Spain und nach Tobago in die Post Office Street, Lower Scarborough.
In Trinidad heißt die Telefongesellschaft TSTT. Auch hier ist es üblich, mit Karten zu telefonieren. Karten bekommt man in Port of Spain und Scarborough bei TSTT und an den Flughäfen. Auf Auslandsgespräche und Telefonkarten werden 15% MwSt. erhoben. Gespräche zwischen Trinidad und Tobago gelten als Ortsgespräche. In Port of Spain telefoniert man am besten bei TEXTEL am Independence Square. Es ist täglich rund um die Uhr geöffnet, von hier kann man auch Telegramme und Faxe schicken.

ABC-Inseln

Auf den ABC-Inseln telefoniert man am besten vom Postamt. Dort kann man die handvermittelten Gespräche mit der Kreditkarte bezahlen. Manchmal muß man lange auf die Vermittlung warten.
In allen Ländern muß bei handvermittelten Gesprächen eine Mindestdauer von drei Minuten bezahlt werden.

Vorwahlen

Von Venezuela nach Deutschland 00-49
Von Trinidad nach Deutschland 01-49
Von ABC nach Deutschland 00-49
Von Deutschland nach Venezuela 00-58
Von Deutschland nach Trinidad 00-1-809
Von Deutschland nach Aruba 00-2-978
Von Deutschland nach Bonaire 00-5-997
Von Deutschland nach Curaçao 00-5-999
Von Venezuela nach Trinidad 00-809
Von Trinidad nach Venezuela 01-58

Die Vorwahlnummer des jeweiligen Ortes folgt dann ohne 0.

Verkehrsmittel

Eine überaus bequeme, schnelle und preiswerte Möglichkeit, sich fortzubewegen, sind in Venezuela und T & T die Sammeltaxis. Sie fahren auf festgelegten Routen und halten fast überall für einen Fahrgast, der aussteigen will. Zum Einsteigen muß man meistens festgelegte Haltestellen aufsuchen, die oft nicht markiert sind. Man muß sich erkundigen. An den Endstationen warten die Wagen, bis sie voll sind. Man zahlt für den Sitzplatz einen festgelegten, in Venezuela sehr geringen Preis, der nur knapp über dem Preis der Busse liegt. Für einen geringen Aufpreis wird man auch zu einem abseits der Route liegenden Fahrziel gebracht.

In Venezuela heißen die Taxis PP – Por Puesto (pro Platz) oder Colectivo. In größeren Orten fahren sie als Kleinbusse (Micro-Bus), bei Überlandfahrten als PKW (Carritos), die fünf Fahrgäste aufnehmen und in der Regel schneller sind als die öffentlichen Busse. In entlegenen Gebieten ist ein PP schon mal ein Lastwagen, man sitzt dann auf der Ladefläche.

Privattaxis tragen in Venezuela auf ihren Nummernschildern die Aufschrift „libre", während Sammeltaxis die Aufschrift „Por Puesto" tragen. Die Nummernschilder sind bei beiden gelb. Der Preis für einen „libre" sollte immer im voraus ausgehandelt werden. Nachtfahrten sind um die Hälfte teurer.

Ähnliches gilt für Trinidad und Tobago. Busse sind sehr billig. Tickets kauft man am Bahnhof oder bei „Power Boats". Die Busse halten an der Haltestelle nur auf Handzeichen.

In Trinidad und Tobago sind alle öffentlichen Verkehrsmittel am Anfangsbuchstaben ihres Nummernschildes zu erkennen. Sie tragen ein H für „hired", während Privatwagen ein P, Lastwagen ein T für „truck" und Mietwagen ein R für „rent" haben. Oft betätigen sich auch Privatwagen als Sammeltaxi, dann steht ihr P für „Pirates". Die Sammeltaxis gibt es als Kleinbusse (Maxi-Taxi) und als PKW (Route-Taxis), die von „Specials" nicht zu unterscheiden sind. Man muß sich beim Fahrer erkundigen, wenn ein leeres Taxi anhält. Ein farbiger Streifen rund um das Maxi kennzeichnet die Fahrtrichtung: Gelb für Port of Spain und Umgebung (Westen), Rot für den Osten der Insel und Braun für den Süden. In Tobago fahren blaugestreifte Maxis nur die Strecke Scarborough–Roxborough/Charlotteville. Nach Plymouth und Crown Point fahren die blauen Bummelbusse, für die es Karten am Busbahnhof in Scarborough und an einem besonderen Häuschen am Flughafenparkplatz gibt. Zwischen Crown Point und Scarborough verkehren auch die weißen „Express Commuter"-Luxusbusse, für die man die Karten in der Flughafenboutique bekommt.

Auf den ABC-Inseln ist die Fortbewegung nicht so einfach wie in Venezuela und Trinidad. Auf Bonaire gibt es überhaupt keine Busse, und alles spielt sich per Anhalter ab, und auf Curaçao gibt es nur einige Buslinien – die gelben „Konvois". Von Piscaderabaai kommt man mit dem Hotelbus bequem in die Stadt, aber von Spaanse Water ist es schon schwieriger. Fast unmöglich ist es vom Drydock aus. Es ist erstaunlich, wie unzuverlässig die Verbindungen hier sind, trotz des europäischen Charakters der Insel. Auf Aruba verkehrt die Hotellinie entlang der Küste und eine Art Por Puesto als Colectivo oder Minibus.

Sowohl in Venezuela als auch in Trinidad sollte man unbedingt so oft wie möglich die öffentlichen Verbindungen nutzen. Man bekommt hautnahen Kontakt mit der Bevölkerung und lernt nebenbei die beliebtesten Hits der Saison kennen. Besonders in Trinidad hat man dabei oft den Eindruck, daß die Lautsprecher der Stereoanlage für Schwerhörige aufgedreht sind.

In Venezuela sind Inlandflüge sehr billig. Man sollte sich aber nicht auf die Abflugzeiten verlassen.

Mietwagen

In Venezuela ist das öffentliche Verkehrssystem perfekt ausgebaut, aber in T & T und den ABCs

ist es oft vorteilhafter, sich ein Auto zu mieten, wenn man das Land erkunden will. Man braucht dafür Führerschein, Paß und in Venezuela unbedingt eine Kreditkarte. Man unterschreibt praktisch einen Blanko-Scheck, denn die Summe wird erst bei der Rückgabe eingetragen; das geschieht auch telefonisch, wenn man den Wagen an einem anderen Ort zurückgibt. Wir haben mit diesem System nur positive Erfahrungen gemacht.
Probleme kann es bei Unfall oder Diebstahl geben. Der Vertrag verpflichtet, den Wagen nur an sicheren Parkplätzen zu parken und das Lenkrad anzuketten. Ein Unfall muß sofort der Polizei gemeldet werden, sonst zahlt die Versicherung nicht. Bei einem Personenschaden riskiert man, eingesperrt zu werden, bis die Versicherungsfrage geklärt ist.
Auf keinen Fall darf man vor einer Bank parken. Man wird sofort abgeschleppt.
In Trinidad und Tobago muß man sich an den Linksverkehr gewöhnen, in Venezuela an ein vollkommen andersartiges Fahrverhalten. Ampeln werden hier nur beachtet, wenn es notwendig ist – wegen der Verkehrsdichte oder bei Anwesenheit eines Ordnungshüters. Überholt wird da, wo Platz ist, und Abbiegen wird durch lässiges Heraushalten des Armes angekündigt. Einbahnstraßen sind häufig schwer zu erkennen und werden von Einheimischen manchmal ignoriert. Vorfahrt regelt sich durch schnelles gegenseitiges Einverständnis, rechts vor links gilt hier nicht. Die venezolanischen Fahrer sind, wenn man das Verkehrsverhalten einmal durchschaut hat, überaus aufmerksam und sogar rücksichtsvoll – besonders gegenüber Fußgängern.

Korallenriffe

Vor der Küste Venezuelas, vor der Insel Tobago und vor den ABC-Inseln liegen einige der schönsten Korallenriffe der gesamten Karibik. Das berühmte Buccoo-Reef an Tobagos Westspitze ist dabei noch nicht einmal das faszinierendste. Noch höher geschätzt wird unter Kennern das Tauchparadies Bonaire. Weniger bekannt und daher noch vollkommen intakt ist der Archipel Los Roques. Das riesige Gebiet wurde rechtzeitig unter Naturschutz gestellt, und die Hoffnung ist durchaus berechtigt, daß den Roques ein Rummel wie am Buccoo-Reef erspart bleiben wird. Glücklicherweise erlauben die Bedingungen dort sowieso keinen Massentourismus. Der bescheidene Individualtourismus beschränkt sich auf die Hauptinsel El Gran Roque und auf zwei benachbarte Inseln. Das ganze restliche Gebiet wird nur von Fischern oder Yachten besucht. Je weiter man dabei nach Westen kommt, um so seltener trifft man andere Boote. Dies gilt besonders für die Inselgruppe Las Aves, die überhaupt nicht bewohnt und so unberührt sind, daß es bisher noch nicht nötig war, sie unter Naturschutz zu stellen.
Wer also die venezolanische Inselwelt besucht, um hauptsächlich zu schnorcheln oder zu tauchen, der sollte sich vorher gut in Margarita oder auf dem Festland versorgen. Auf Tobago oder den ABC-Inseln, wo es auch herrliche Riffe gibt, findet man auch alles andere, was der Mensch braucht. Korallenriffe findet auch ein Venezuela-Besucher, der an der Küste entlangsegelt, z.B. in dem Abschnitt zwischen Puerto La Cruz und Cumaná. An den kleinen vorgelagerten Inseln sowie und im Golf von Mochima gibt es genug schöne Tauch- und Schnorchelgründe. Herrliche Riffe besitzen auch die Testigos, Tortuga und Blanquilla.
Wenn wir ein totes Stück Koralle ansehen, ist es schwer zu glauben, daß dieses zierliche Stück Kalkstein von winzigen Tieren erzeugt worden ist. Erst seit kurzer Zeit weiß man, daß Korallen Blumentiere sind. Obwohl sie erst in unserem Jahrhundert durch die entwickelte Tauchtechnik wirklich zugänglich geworden sind, haben sie schon unsere Urahnen fasziniert. Die Rätselhaftigkeit ihres Wesens regte sogar die Phantasie Ovids an: „An berührender Luft sie Härte gewinnen und was erst Strauch war unten im Meer, zu Stein wird über dem Meere“. Mal hießen sie Zoo-

phyta, Tierpflanzen und dann Lithophyta, Steinpflanzen. Als 1726 der Schiffsarzt Jean Antoine de Peyssonnel die „Blüten“ der angeblichen Pflanzen als Tiere identifizierte, wurden seine Forschungsergebnisse zwar der Pariser Akademie vorgetragen, man wollte ihn jedoch nicht blamieren und verschwieg diskret den Namen des „Phantasten“. Erst ein Vierteljahrhundert später wurde der Gelehrte als Entdecker der tierischen Natur der Korallen gewürdigt.

Vorstellungen von einem vielköpfigen Riesentier oder von einem Bienenstock, der von Tieren bewohnt ist, wichen erst 80 Jahre später der noch heute gültigen Ansicht: Ein Korallenstock ist der lebende Stammbaum vieler Korallengenerationen, die in einer Kolonie von tausenden Polypen auf dem gemeinsam produzierten Kalkskelett gesellig zusammenleben.

Der Korallenpolyp ist ein zylinderförmiges Hohltier, eine Art skelettbildende Seeanemone. Er kann einen Millimeter oder mehrere Zentimeter groß sein. Er sieht einer Qualle sehr ähnlich: beide besitzen einen Gastralraum, Tentakel und Mundöffnung, der Polyp zusätzlich die basale Fußscheibe. Im Gegensatz zu der freischwimmenden Qualle und genau andersherum – mit den Tentakeln nach oben – sitzt er festgewachsen in einem Korallenkelch, der durch Kalkproduktion des Polypenfußes entsteht. Innere Kalkwände im Kelch reichen in den Gastralraum des Polypen hinein und sind mit ihm verbunden. Der Polyp sitzt sozusagen auf den scharfgratigen Kalkwänden wie ein Fakir auf einem Nagelbrett. Tagsüber verkriechen sich die Polypen meist in ihre Kelche, est nachts entfalten sie ihre Farbenpracht. Ihre Plankton suchenden Fangarme geben den Korallen-

Engelfische im Korallenriff.

stöcken tatsächlich das anmutige Aussehen eines Blütenzweiges.
Die Korallenkolonie ist überzogen von einer lebenden Gewebeschicht und durchzogen von einem reichverzweigten Kanalsystem. Beide verbinden die Polypen miteinander und ermöglichen ihnen, schlechtversorgte Nachbarpolypen mit Nahrung mitzuversorgen.
Der Basalteil des Polypen stirbt ab, wenn eine horizontale Scheibe durch den Kelch gewachsen ist. Dieser Querboden ist die Basis für einen neuen Kelch. So verlängert sich der Kalksockel ständig um 1–10 cm jährlich und wächst zu einem Vielfachen seines Erzeugers heran, der obenauf sitzt und immer höher dem Licht entgegenstrebt.
Licht ist für das Entstehen von Korallenriffen unerläßlich, denn riffbildende Korallen leben in Symbiose mit Algen, die in der Gastralhöhle des Polypen durch Photosynthese Nahrung und Sauerstoff produzieren. Im sauberen klaren Wasser wachsen Korallen schon in 40 Metern Tiefe. Außer Licht brauchen Korallen warmes Wasser, dessen Temperatur nicht unter 18°C sinken darf.
Wichtig ist ein ständiger Wasseraustausch, je heftiger, um so lieber. Korallen lieben die Brandung, auch deswegen „sind diese Corall-Riefen mehrentheils an der Seite, auf welche der Wind gewöhnlich hinbläset, am höchsten und am fruchtbarsten", so Georg Forster vor 200 Jahren. Fächerkorallen wachsen quer zur Strömung, um so stark wie möglich umspült zu werden, so kann man an ihrer Ausrichtung Strömungsrichtungen ablesen.
Eine weitere Voraussetzung ist ein Salzgehalt von 21–41%. Starke Regenfälle beeinträchtigen das Wachstum nicht, denn das Süßwasser schwimmt oben, und die Korallen werden davon nicht berührt. Bei Ebbe liegen manche Korallen sogar ein bis zwei Stunden in der Sonne, ihre Schleimschicht und gespeichertes Wasser verhindern ein Austrocknen bis zur nächsten Flut. Wenn aber in dieser Zeit ein tropischer Regenschauer niedergeht, sind sie verloren.
Ein weiterer Todfeind der Korallen sind Sedimente. In nicht ganz sauberem Wasser können sich nur Korallen mit strauchigem Wuchs und robusteren Strukturen behaupten. An der Mündung großer Flüsse können sich überhaupt keine Riffe entwikkeln. So ist es auf den Orinoco zurückzuführen, daß Trinidad keine Riffe vorzuweisen hat, während das weiter entfernte Tobago mit Korallen üppig beschenkt ist.
Das Korallenriff ist ein dynamisches System, das ständig der Veränderung unterliegt. Die Korallen müssen in ständiger Konkurrenz zu zerstörerischen Kräften leben. Absinken des Bodens oder Ansteigen der Wasseroberfläche müssen durch schnelles Wachstum ausgeglichen werden, und Zerstörungen durch nagende Papageien- und Drückerfische, von bohrenden Schnecken und Seeigeln müssen mit Hilfe der Kalkalgen gekittet werden. Die hübschen Seesterne können in kürzester Zeit ganze Korallenkolonien vernichten. Gefährlich sind auch selten auftretende Flutwellen, die durch vulkanische Tätigkeit des Meeresbodens verursacht werden. Sie reißen die Korallenkolonien von den Hängen und türmen sie zu meterhohen Schutthalden an den Ufern auf.
Die Riffe lassen sich in zwei große Hauptgruppen einordnen: lineare und zirkuläre Riffe. Der am meisten verbreitete Typ ist linear: das Saum- oder Fransenriff, das der Küste unmittelbar benachbart ist und sie häufig kilometerweit säumt. Vor der Insel Tobago und den ABC-Inseln läßt sich diese Riffart gut studieren, und auch die Riffe vor der venezolanischen Küste lassen sich dieser Gruppe zuordnen. Von der Niedrigwassergrenze am Ufer an wächst es seewärts, und seine Oberfläche bleibt unter der Wasserlinie. Seine Breite kann bis zu 100 Metern erreichen, der Außenhang kann über 20 Meter tief sein. Durch den mehr oder minder steilen Abfall des Meeresbodens ist das Wachstum begrenzt. Oft liegt zwischen dem Riff und dem Ufer eine schmale Vertiefung – der Uferkanal.
Das intensivste Korallenwachstum befindet sich auf der seewärtigen Hälfte des Riffdaches und an der Außenkante, dem Riffhang, da dort die Bran-

dung für frisches, planktonreiches Wasser sorgt. Zur Küste hin nehmen die Korallenbestände ab, da das Wasser dort ruhiger, sandreicher und niedriger ist. Der Seeboden kann in Ufernähe felsig, mit Seegras oder Algen bewachsen oder sandig sein.

Bei einem fortgeschrittenen Alter, wenn sich die Riffkante weit ins Meer vorgeschoben hat, ist der rückwärtige Teil des Riffs durch Erosion eingetieft und bildet eine Lagune von 1–3 Meter Tiefe. Das Riff kann sich auf diese Weise bis zu einem Kilometer vom Ufer entfernen. Es ist ein Bankriff geworden.

Parallel zur Küste verläuft auch das Barriereriff. Es liegt jedoch weiter von der Küste entfernt, die Lagune kann viele Kilometer breit und bis 70 Meter tief sein. Barriereriffe haben sich nicht vom Ufer aus hinausgeschoben, sondern sind von Anfang an an diesem Ort, unabhängig von der Küste, gewachsen. Die Gebirgsketten, auf denen sie entstanden sind, waren ursprünglich mit dem Land verbunden und sind nach der Eiszeit unter Wasser geraten. Die Außenhänge dieser Riffe gehen in die Gebirgswände über und fallen steil ins tiefe Meer hinab.

Durch Riffpassagen wird ein Barriereriff in nebeneinander gelegene Einzelriffe gegliedert. Die zu ihrer Entstehung benötigten geologischen Prozesse und die erheblich längeren Zeiträume machen ihr Erscheinen seltener. In dem von uns beschriebenen Gebiet können Sie die Erscheinung aber gut studieren: Der Archipel Los Roques ist im Osten und Süden durch Barriereriffe begrenzt, das östliche ist 24 km lang. Die Insel El Gran Roque ist ein Teil des Gebirges, das sich durch tektonische Prozesse gehoben hat, die Barriereriffe haben sich später angesiedelt. Noch später entstanden die „Cayos“.

Die venezolanischen Cayos (engl.: Cays oder Keys) gehören zur Gruppe der zirkulären Riffe. Sie sind aber nicht Teile eines Atolls, wie oft fälschlich behauptet. Ein Atoll ist das Ergebnis einer unterseeischen Vulkantätigkeit. Dabei werden Vulkankegel über den Meeresspiegel herausgehoben, um anschließend langsam abzusinken. Das Atoll entsteht auf einer abgesunkenen gebirgigen Insel in der offenen See, deren Ränder mit Korallen bestanden waren. Wenn der Berg beginnt zu sinken, geht das ursprüngliche Saumriff im gleichen Tempo in die Tiefe, gleicht aber den Höhenverlust fortlaufend aus. Dies ist nur dann möglich, wenn der Berg nicht mehr als 5 cm im Jahr absinkt. An der Seeseite geht das Wachstum schneller voran, und so entsteht ein stets breiter werdender Kanal zwischen Korallengürtel und Vulkanspitze. Zuletzt bleibt nur der Kranz übrig, mit einer großen Lagune in seiner Mitte. Im Sturm abgebrochene Korallenstücke siedeln sich auf abgetragenen alten Teilen des Riffdaches an und bilden kleine Inseln. Dieser Prozeß ist ebenso denkbar durch Ansteigen des Meeresspiegels.

Wie die Atolle sind auch die anderen zirkulären Riffe nicht wirklich rund. Die für uns interessanten Cays können oval, ringförmig oder fleckenartig aussehen. Die kleinere Form heißt auch Fleckenriff (Patch Reef), die größere Plattformriff. Dieses Riff ist an allen Seiten von gleich tiefem Wasser umgeben, es kommt sowohl auf dem Kontinentalschelf als auch im offenen Ozean vor. Sein Durchmesser kann einige Dezimeter bis 15 km betragen. Dieses Riff kann sich sogar auf Sandgrund bilden. Wenn seine Ränder die Wasseroberfläche erreicht haben, bildet sich durch Sandbänke und abgebrochene Korallenstöcke in seiner Mitte eine Insel, deren Entstehung durch Anschwemmungen gefördert wird. Das Riff wächst nach allen Seiten und ist am Außenrand, wie alle Riffe, von üppigen Kolonien bewachsen. Im Zentrum senkt sich manchmal das Riff ab durch das Gewicht des bei Ebbe länger darin stehenden Wassers. Die mit der Zeit entstehende Lagune verleiht dem Riff dann das Aussehen eines Atolls, es wird deswegen manchmal als „Pseudoatoll“ bezeichnet.

Später siedeln sich auf der Insel Pflanzen an. Ihre Samen werden durch Wind, mit dem Wasser oder durch Vögel auf die Insel gebracht. Die widerstandsfähigen Mangroven werden über das Wasser transportiert, die Keimfähigkeit der Kokospalmen geht dagegen im Meerwasser verloren, ihre Präsenz auf den Inseln ist ausschließlich Menschen zu verdanken. Die schweren Nüsse könnten so nahe am salzigen Wasser gar nicht gedeihen. Weiter im Inneren der Cays finden sie süßeres Wasser. Es stammt vom Regenwasser, das versikkert und auf dem salzigen Grundwasser oben liegen bleibt. Die Existenz dieses Wassers ist den Fischern und Seeleuten natürlich bekannt. Wir haben auf vielen der unbewohnten Inseln Wasserlöcher gefunden.

Das Leben im Korallenriff zu beschreiben würde den Rahmen dieses Buches sprengen. Das Korallenriff wird, was die Vielfalt, Schönheit und Dichte angeht, von keiner anderen Lebensgemeinschaft übertroffen. Ein Korallenstock vermittelt den Eindruck einer zum Platzen überfüllten Großstadt. Schon mit Maske und Schnorchel kann man den interessantesten Teil eines Riffes leicht erforschen, denn die Farbenpracht der Korallengärten zeigt sich oben sowieso am besten. Ein schwimmender Schnorchler erschreckt die Fische nicht, wir sind oft mit ganzen Schwärmen von Papageien- oder Doktorfischen mitgeschwommen. Wer tauchen will, kann sich auf Tobago, auf den ABC-Inseln oder in Puerto La Cruz eine Ausrüstung leihen oder eigene Flaschen füllen lassen. Auf den Roques und Aves, den reichsten Tauchgründen, ist dies nicht möglich. Gerade das macht ihren Zauber aus, wie wir meinen.

Die Korallenriffe im von uns beschriebenen Gebiet sind noch weitgehend unversehrt. Hier gab es keine Sprengungen für Baumaßnahmen, und auch das Dynamitfischen ist hier noch unbekannt. In einigen Gegenden gefährden Abwässer, Pestizide und Rohöl den Bestand der Riffe, und der Tauchtourismus trägt bereits jetzt zu ihrer Zerstörung bei. Jedes Ankern im Riff bricht notgedrungen Teile der Stöcke ab. Auch der Segler muß sich dessen bewußt sein. Bisher ist es nur in den ABC-Inseln möglich, das Dingi an Bojen festzumachen, die zum Schutz der Riffe ausgelegt worden sind.

Der jungfräuliche Zustand der Roques und Aves hängt daher auch von unserem Verhalten ab.

Zeichenerklärung

	Befeuerte Tonne						*Peillinie*
	Festmachetonne		*Sumpf*	H	*Bushaltestelle*		*Kurslinie*
	Wrack		*Funkmast*	DU	*Dusche*		*Strand*
	Ankerplatz		*Kirche*	WC	*Toilette*		*1m - Tiefenlinie*
	Überwasserklippe		*Mangroven*	D	*Diesel*		*2m - Tiefenlinie*
	Überspülte Klippe		*Palmen*	B	*Benzin*		*10m - Tiefenlinie*
	Korallenriff		*Laubbäume*	W	*Wasser*		*Unterwasserkabel*
	Leuchtfeuer		*Friedhof*	PP	*Sammeltaxen-haltepunkt*	65° 14' W	*Positionsangabe*
	Steilküste		*Detailplan*			10_0	*Tiefenangabe in Meter*

Venezuela

Land und Leute

Venezuela gilt in Lateinamerika als „weißes Land“, obwohl die dominierende Gruppe keineswegs die Weißen sind. Zwei Drittel der Bevölkerung sind Mestizen oder Mulatten, oft beides, und auch die Weißen sind keine homogene Gruppe: Sie sind teilweise Abkommen der kreolischen Oberschicht, zum anderen Teil Einwanderer, die der Ölboom nach Venezuela gelockt hat. Nach dem Zweiten Weltkrieg ist fast eine Million Menschen aus Europa eingewandert. Ein Sechstel der Venezolaner wurde nicht im Lande geboren. Die größten Immigranten-Gruppen stammen aus Spanien, Italien und Kolumbien. Es gibt auch eine illegale Einwanderung aus den ärmeren Nachbarländern, da Venezuela bessere Lebensbedingungen bietet. Das Bevölkerungswachstum ist enorm, etwa die Hälfte der Venezolaner ist unter 20 Jahre alt.

Drei Prozent der Bevölkerung sind Indios (Indigenas), die im Guayana-Hochland, im Orinoko-Delta und im Nordwesten leben, meist zurückgezogen ohne Kontakt zur Zivilisation. Es gibt an die 40 heterogenen Gruppen. Manche von ihnen kommen in die Städte, um auf den Märkten ihre Produkte zu verkaufen. In Puerto La Cruz sieht man sie abends auf dem Paseo Colón hocken und Flechtwaren oder Kalebassen verkaufen.

Etwa zehn Prozent der Bevölkerung sind Schwarze, die vorwiegend an der Küste leben. In Venezuela gibt es keine nennenswerte Diskriminierung. Es ist ein wirklicher Melting Pot, die Vermischung ist unübersehbar.

Es gibt 22 Universitäten in Venezuela. Eine Schulpflicht besteht vom siebten bis sechzehnten Lebensjahr, aber nicht alle Kinder besuchen auch die volle Schulzeit. Es gibt ca. 10 % Analphabeten. Von den 20 Millionen Einwohnern leben 80 % in den Städten. Infolge der Landflucht entstanden Barrios an den Stadträndern. Die Folgen für die Landwirtschaft sind verheerend: Selbst Grundnahrungsmittel wie schwarze Bohnen und Reis müssen heute importiert werden. Das Entwicklungsgefälle zwischen Stadt und Land – zwischen Norden und Süden – wird weiter verfestigt. Die Barrios der Großstädte werden von der Stadtverwaltung zum großen Teil mit Strom und Wasser, Straßen und Abwasserregulierung versorgt, so daß die Verhältnisse – trotz der ansteigenden Kriminalität – in den venezolanischen Barrios im Vergleich zu anderen Ländern Lateinamerikas besser sind.

Auf den Inseln – außer auf Margarita – leben vorwiegend Fischer, oft nur vorübergehend. Sie kommen für einige Monate, um die Fangsaison auszunutzen. Dort leben sie in Ranchos, einfachen Hütten, in reinen Männergemeinschaften. Ab und zu kommen größere Schiffe vorbei, die Lebensmittel bringen und den Fang abholen.

Die Venezolaner gelten in Lateinamerika als lebenslustig, dynamisch und unternehmungsfreudig. Es wird ihnen praktischer Verstand, eine Neigung zu Späßen, Spielen und Unterhaltung nachgesagt. Bösartige Kritiker nennen sie verschwenderisch, oberflächlich und unheilbar optimistisch. Die venezolanischen Fernsehserien – die Telenovelas – nehmen einen großen Raum in ihrem Leben ein, aber trotzdem wird noch viel gemeinsam gefeiert, auch auf der Straße.

Obwohl 90 % der Bevölkerung katholisch sind, ist das religiöse Leben in Venezuela nicht so stark ausgeprägt wie in anderen lateinamerikanischen Ländern.

Sehr verbreitet ist der synkretistische Kult der Maria Lionza, die oft auf einem Tapir reitend dargestellt wird. In ihrer Gestalt vermischen sich das Bild der Jungfrau Maria und einer indianischen Waldgöttin zu einer Integrationsfigur, deren Mutter eine indianische Prinzessin und deren Vater ein spanischer Eroberer ist. Zum Kult gehören Medien, rituelle Waschungen, Opfergaben,

Kerzen, Duftessenzen und Trancezustände, die dem Ganzen eine stark afrikanische Prägung geben.
Afrikanischer und indianischer Herkunft sind wohl auch die dargestellten Geister, die sich hie und da tummeln; manche erscheinen in Menschengestalt, andere als Tiere, wieder andere als Licht oder Feuer, und es gibt auch Geister, die unsichtbar sind und ihre Anwesenheit nur durch merkwürdige Geräusche kundtun.
Auch bei katholischen Festen hat man in Venezuela oft den Eindruck, daß hier afrikanische und indianische Ursprünge weiterleben. An Fronleichnam verwandeln sich die Bewohner in San Francisco de Yare, einem Dorf bei Caracas, in rote, höllisch laut rasselnde Gestalten mit riesigen, angsteinflößenden Tiermasken, die mit dem Teufelstanz der Diablos de Yare durch die Straßen ziehen. Und im Juni wird an der Küste dann San Juan, Johannes der Täufer, gefeiert. Beim Lärm der Trommeln meint man, hier werde einer afrikanischen Gottheit gehuldigt, die Hoffnung auf ein besseres Leben bringen soll.
Eine besondere Tradition sind die „Parrandas" – Pantomimen, die man in Verkleidung tanzend und musizierend öffentlich zum besten gibt. Eine der berühmtesten ist der „Pajaro Guarandol". Er erzählt die Geschichte eines Sperlings, der an einer Verletzung stirbt und auf wundersame Weise zum Leben erweckt wird. Wir sahen diesen Tanz am Dreikönigstag in Santa Ana auf Margarita. Die Autos blieben stehen, und alle sahen den Tanzenden zu.
Beliebte Spiele sind Domino, das oft auf der Straße vor dem Haus gespielt wird oder Schach. In Puerto La Cruz und Cumaná stehen öffentliche Spielbrettische, um die sich Beobachter sammeln. Beliebt sind in Venezuela auch Pfänderspiele mit eigenartigen Namen: „Geben und nichts bekommen" oder „Der Strohhalm im Mund", Phantasie und Humor der Venezolaner scheinen dabei grenzenlos zu sein.
Obwohl Venezolaner geradezu offensiv gesellschaftliche Normen mißachten, sollte sich der Besucher aus dem Ausland zurückhalten. Man sollte sich hüten, Gesetze zu ignorieren oder Autoritäten in Frage zu stellen, z.B. die für Europäer ungewohnt intensive Verehrung des Nationalhelden Simon Bolivar zu belächeln.

Die Geschichte Venezuelas

Es war das heutige Venezuela, wo Cristóbal Colón, den wir Kolumbus nennen, seinen Fuß erstmals auf den amerikanischen Kontinent setzte. Bei seiner dritten Reise 1498 landete er in der Nähe des Orinoko-Deltas. Die Wassermassen des Orinoko brachten ihn auf den Gedanken, dies könne keine weitere Insel sein, sondern endlich die Tierra Firme, das ersehnte Festland. Die vogel- und tierreichen Wälder, die üppige Vegetation, das wundervolle Klima und die freundlichen Menschen ließen ihn ernsthaft glauben, das irdische Paradies gefunden zu haben, wie er in einem Brief an die spanische Krone schrieb. Heute liegt an dieser Stelle das Dorf Macuro, ein gottverlassenes Nest, nur vom Meer aus zugänglich. Die Natur freilich verdient immer noch den Namen Garten Eden.

Teufelsmaske von Yare.

Den Namen „Venezuela" erhielt das Land von einem anderen berühmten Seefahrer. Der Florentiner Amerigo Vespucci segelte ein Jahr später mit Alonso de Ojeda am Maracaibo-See vorbei, wo er ein Dorf sah „gebaut über dem Wasser, wie Venedig". Klein-Venedig, Venezuela, nannte er spöttisch dieses Land. Auf der Insel Herradura bei Tortuga hat man heute noch ein anschauliches Beispiel für diese Pfahlbauten.
Zur Zeit der Entdeckung Venezuelas durch die Europäer lebten an der Küste Venezuelas neben den Kariben vorwiegend Indianer der Arawaks, die mit den Hochkulturen der Mayas, Inkas und Azteken nicht zu vergleichen war. Die Arawaks waren zierliche, friedliche Menschen, die sich von Landwirtschaft, Fischfang und Jagd ernährten. Auch von ihrer Lebensweise ist bis heute noch Vieles bewahrt. Die damaligen Grundnahrungsmittel waren die gleichen wie heute in Venezuela: Yucca, Casabebrot, Mais und Süßkartoffeln. Sie schliefen, wie auch heute viele Venezolaner, in kunstfertig hergestellten Hängematten. Ihren Häuptling nannten sie „Cacique".
Der berühmteste Kazike war jahrhundertelang der Priesterkönig „El Dorado" (der Vergoldete), der seinen Körper bei religiösen Festen mit Goldstaub puderte, um sich anschließend in einem See reinzuwaschen. Der Mythos vom El Dorado, dem unsagbar reichen Land, war eine der Ursachen für das Leid der indianischen Urbevölkerung. Eine andere war, neben ökonomischen Gründen und Machtinteressen, der ungeheure Missionseifer der spanischen Krone.
Kolumbus, zum Vizekönig der von ihm entdeckten Territorien ernannt, meinte, daß „eine unendliche Zahl von Seelen in den Schoß der katholischen Kirche geführt werden" sollten. Bekanntermaßen zog es jedoch unter diesem Vorwand nicht nur Geistliche in die Kolonien, die mehr oder weniger fanatisch die Missionierung betrieben, sondern auch Abenteurer oder verarmte Angehörige des niederen Adels, die von reiner Habgier getrieben waren. Rücksichtslos beuteten sie die Indigenos aus und dezimierten sie durch harte Sklavenarbeit in den Minen oder beim gefährlichen Perlentauchen.
Die spanische Krone war natürlich in erster Linie an den Reichtümern interessiert, die sie aus den Kolonien schöpfen konnte, wollte aber andererseits den christlichen Schein wahren. So wurden die Konquistadoren, die „erst auf die Knie und dann über die Eingeborenen herfielen", auch schon damals heftig kritisiert und von Krone und Kirche wiederholt zur Ordnung gerufen. Der Papst verordnete ihnen 1537, die Indianer als „wirkliche Menschen" zu betrachten, und König Karl V. verbot ihnen 1542 sogar die Sklaverei. Die Mahnungen aus dem fernen Europa machten jedoch keinerlei Eindruck auf die Kolonisten. Der Dominikanerpater Bartholomé de Las Casas, einer der Hauptkritiker dieser Zustände, versuchte eine „friedliche Eroberung" (Conquista de Paz) der Indios. Bei Cumaná errichtete er eine Zahl von Siedlungen, in denen spanische und indianische Siedler gleichberechtigt miteinander leben sollten. Sklavenjäger, die weiterhin Indianer für die Arbeit auf den Zuckerrohrplantagen der Inseln raubten, provozierten die Indios zu Überfällen auf die Missionsstationen, so daß dieses friedliche Projekt scheiterte. Der von der Krone zum „Protector de Indios" ernannte Pater kämpfte trotzdem bis an sein Lebensende für einen menschenwürdigen Umgang mit den Indios. In seiner Verzweiflung schlug er vor, Sklaven aus Afrika zu holen, um die Indianer zu schützen. Erst Jahrzehnte später erkannte er die fatalen Folgen.
Die Eroberung Venezuelas lag zu Beginn des 16. Jahrhunderts vorübergehend in deutscher Hand. König Karl, der sich vom Bankhaus der Welser Geld geliehen hatte, um damit die Kurfürsten bei seiner Wahl zu bestechen, überließ ihnen das Land zur Ausbeutung. Die neuen Gouverneure „erschlossen" das Land in mehreren Expeditionen. „In diesem Gebiet, in dem die Deutschen dafür zuständig sind, daß alles geraubt und zerstört wird, könnten Teufel keine größeren Verbrechen begehen und keine größeren Schäden anrichten. Schreckliche, ausgeklügelte Dinge haben sie im

Kopf", schrieb damals Bartholomé de Las Casas. Die spanische Krone ordnete eine Untersuchung an und entzog den Welsern nach zwanzig Jahren das Patent und die damit verbundenen Rechte. Die Welser gaben erst zehn Jahre später auf. Das Unternehmen lohnte sich für sie ohnehin nicht: In den über zwanzig Jahren ihrer Herrschaft waren „nur 500 Kilogramm Gold" erwirtschaftet worden. Die Konquistadoren selbst blieben noch in Venezuela und fanden allesamt ein grausames Ende.

Die Indios leisteten der Kolonisierung erbitterten Widerstand, bis sie die eingeschleppte Pockenkrankheit bezwang. Die spanische Eroberung Venezuelas wurde bis in den Anfang des 18. Jahrhunderts durch Übergriffe von Engländern, meist Seeräubern, in Frage gestellt. Sir Francis Drake plünderte Caracas und brannte es nieder. John Hawkins eröffnete an der Küste einen Umschlagplatz für den Sklavenhandel aus Afrika. Admiral Raleigh versuchte, die Herrschaft über das Orinoko-Mündungsbecken zu erzwingen, ebenso der berüchtigte Henry Morgan, der dort alle Siedlungen plünderte.

Venezuela verlor an Bedeutung für Spanien. Es wurde zunächst von Hispaniola, später von Mexiko aus regiert. Im letzten kolonialen Jahrhundert gehörte es zu Kolumbien.

Die Spanier in den neugegründeten Städten ließen sich als Siedler nieder und heirateten häufig Indianerinnen. Die afrikanischen Sklaven bereicherten das Gemisch der venezolanischen Bevölkerung. In den warmen Küstentälern entstanden Haciendas, Plantagen, die hauptsächlich Kakao produzierten und im Grasland der Llanos hatos, Viehfarmen. Die neuerwachte europäische Leiden-

Gefangennahme der Luisa Caceres de Arismendi, Wandmalerei auf Margarita.

schaft für Kakao und Schokolade brachte Venezuela im 18. Jahrhundert einen plötzlichen, ungeheuren wirtschaftlichen Aufschwung. Die weiße Oberschicht bestand aus den reichen Kreolen, den im Lande geborenen Weißen, die „Gran Cacao Blancos“ genannt wurden. Zur Oberschicht gehörten auch die Peninsulares, die Vertreter der spanischen Krone, denen das wirtschaftliche und kulturelle Leben der Kolonie fremd war, die aber politische Macht besaßen. Die wirtschaftliche Lage der Peones, der Sklaven und der Arbeiter, verbesserte sich durch den wirtschaftlichen Aufschwung keineswegs.

Das neue Selbstbewußtsein brachte Venezuela den lang andauernden, verlustreichen und für das Land zerstörerischen Befreiungskampf. Er begann mit Aufständen von Mestizen und Mulatten und wurde fortgeführt von Kreolen wie Francisco Miranda und Simon Bolivar. Erst als Spanien durch Napoleon geschwächt war, kam es zu ersten Erfolgen. Simon Bolivar marschierte 1813 nach Caracas, das ihm den Ehrentitel „El Libertador“ verlieh, ein Name, der noch heute in ganz Venezuela nur mit größter Ehrfurcht ausgesprochen wird. Es bedurfte jedoch noch mehrerer heftiger Schlachten, bis die Unabhängigkeit gesichert war. In Angostura, dem heutigen Ciudad Bolivar, wurde 1819 die Republik Großkolumbien proklamiert, die Venezuela, Kolumbien, Ecuador und Panama vereinte. Doch mußte er noch die berühmte Schlacht von Carabobo gewinnen, um 1821 endlich die vollkommene Unabhängigkeit zu erlangen.

Im Todesjahr Bolivars, 1830, führte General Páez Venezuela aus dem Staatenbund heraus und machte es zu einer eigenständigen Republik. Das war das Ende von Bolivars Vision eines vereinigten Lateinamerika. Hundert Jahre lang wurde das geschundene Land von Diktatoren, unfähigen Präsidenten und Bürgerkriegen gebeutelt.

In den ersten dreißig Jahren unseres Jahrhunderts wurde Venezuela vom Despoten Gómez regiert, der in Maracay inmitten seiner Ländereien und seiner annähernd hundert unehelichen Kinder selbstherrlich residierte. In seine Regierungszeit fiel die Entdeckung des Erdöls. „Ruhe und Ordnung“, die unter seinem Regime herrschten, weckten Vertrauen bei ausländischen Investoren, die ihr Kapital im Abbau des Erdöls anlegten. Er machte ihnen enorme Steuerzugeständnisse, so daß in seiner Regierungszeit nur sieben Prozent der Öleinnahmen an Venezuela gingen. Gleichzeitig verteilte er großzügig Ölaktien an seine Günstlinge und sämtliche Machtposten an seine weitverzweigte Familie. Venezuela erlebte trotzdem einen wirtschaftlichen Aufschwung, der das Land grundlegend veränderte. Es entstand eine venezolanische Mittelklasse. Die Landwirtschaft verfiel, weil die Bauern in die Großstädte strömten. 1928 kam es zu Unruhen an den Universitäten, deren Anführer ins Exil flüchteten. Als Gómez 1935 starb und die Caraqueños massenhaft auf den Straßen das Ende der Diktatur feierten, kam die „Generation 28“ zurück. Sie gründete, u.a. mit dem späteren Präsidenten Betancourt, 1941 die sozialdemokratische Partei Accion Democratica (AD) und leitete einen demokratischen Reformprozeß ein. Auch die christlich-demokratische COPEI, die neben der AD bis heute den Weg Venezuelas bestimmt, wurde, vom späteren Präsidenten Caldera, in dieser Zeit gegründet. Die Entwicklung Venezuelas zu einem industrialisierten und urbanisierten Staat beschleunigte sich. 1947 wurde der Schriftsteller Romulo Gallegos Präsident, aber schon wenige Monate später wurde er wegen seiner fortschrittlichen Reformpläne vom Militär gestürzt. Das nachfolgende zehnjährige Regime des korrupten und grausamen Generals Jiménez gehört zu den bestgehaßten der venezolanischen Geschichte. 1958 folgte einem landesweiten Generalstreik eine unblutige Revolution, die den letzten Diktator mit Schimpf und Schande außer Landes jagte und das Zeitalter der Demokratie in Venezuela einläutete. Das Land hatte bis zu diesem Zeitpunkt mehr als zwanzig Verfassungen und fünfzig Revolutionen erlebt. Es sollte der modernste, wohlhabendste und demokratischste Staat Lateinamerikas werden. Die Ölpreiserhöhung der OPEC brachte Venezuela 1973 eine Vervierfachung der Einkünfte und ermöglichte der Regierung Pérez großangelegte, kostspielige Entwicklungsprojekte und ein explosives Wachstum der Bürokratie. 1976 wurden die Eisenerz- und Erdölindustrien verstaatlicht. Obwohl der Staat nun 60 % der Wirtschaft kontrollierte, blieb das Land abhängig von den internationalen Ölgesellschaften. Über die Hälfte der Ölexporte besteht bis heute aus Rohöl, das erst im Ausland raffiniert wird. In der Folge des Verfalls der Ölpreise wurde der Bolivar am „Schwarzen Freitag" 1983 drastisch abgewertet. Das goldene Zeitalter des Ölbooms, der Venezuela zum reichsten Land Südamerikas gemacht und seiner Mittelschicht ein Luxusleben ermöglicht hatte, hinterließ leere Kassen, den gewaltigen Wasserkopf der Bürokratie, einen allgemeinen Werteverlust und Korruption als Synonym für Politik.

Die Inseln vor der venezolanischen Küste

Islas Los Testigos

Karten: Imray D 14, BA 1480
Position des Leuchtturms von Testigo Grande:
11°22′47″N / 063°07′12″W

Lage und Umgebung

Die Islas Los Testigos liegen auf der Route von Grenada nach Margarita. Viele Yachten machen hier einen Zwischenstopp und haben damit eine gute Entscheidung getroffen. Die einsamen Inseln locken mit weißen Sandstränden und kristallklarem, türkisfarbenem Wasser. Es gibt hier keinen Rummel, keine Bars, nicht einmal einen Lebensmittelladen.
Eine ständige Passatbrise kühlt die Luft; keine Sandfliegen oder Moskitos verleiden einem den Aufenthalt.

Ansteuerung

Die Distanz von Prickly Bay auf Grenada nach Los Testigos beträgt ungefähr 90 sm. Bis Isla Noreste sind es 5 sm weniger. Yachten benötigen für die Strecke 13–19 Stunden. Die Ankunft muß bei

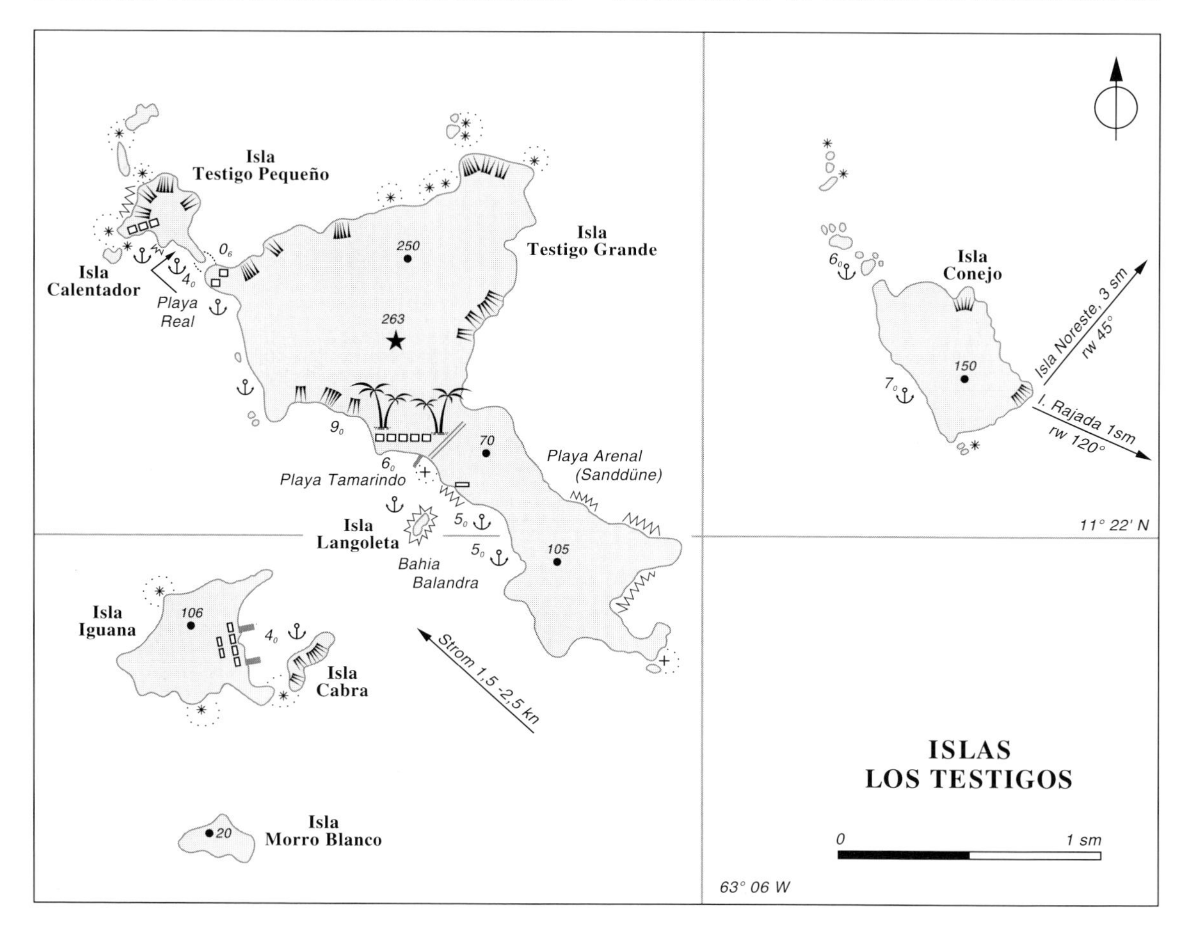

Tageslicht, am besten morgens, erfolgen. Das Leuchtfeuer auf Testigo Grande (Blz. 4s 265m 10sm) ist zwar eine gute Navigationshilfe aber kein Wegweiser zu den Ankerplätzen.

Der rechtweisende Kurs beträgt 245°. Für den Strom können nach Richtung und Stärke WNW-1,25kn angenommen werden. Bei normalen Wetterbedingungen sind die Inseln schon aus ca. 20sm Entfernung auszumachen.

Über Testigo Grande steht, wie über Margarita auch, meist eine gewaltige Cumuluswolke. Sollten Sie zu weit nach Süden gelangen, können Sie das an der Verringerung der Tiefen südlich von Los Testigos erkennen. Daring Shoal und Cumberland Bank erstrecken sich bis zu 20sm nach Süden. Über ihnen stehen 8–20m Wasser. Los Testigos und besonders Isla Noreste liegen nahe an den Schiffahrtswegen nach Trinidad, deshalb ist Vorsicht geboten. Isla Noreste ist unbefeuert und stellt deshalb eine Gefahr für die Navigation bei Dunkelheit dar.

Zu den Ankerplätzen westlich von Testigo Grande empfehlen wir die Ansteuerung von S, da wir in der Umgebung von Los Testigos im Juli einen mit 2kn nach NW setzenden Strom beobachtet haben, der zusammen mit starkem Wind aus SO die Ansteuerung aus N schwierig machen könnte.

Bei der Ansteuerung von S heben sich die kleine Isla Morro Blanco und die größere Isla Iguana vor dem Hintergrund von Testigo Grande nicht als eigenständige Inseln ab, und die Passage zwischen den Inseln ist erst sehr spät erkennbar.

Eine gute Navigationshilfe für die Ansteuerung ist die helle Sanddüne zwischen zwei Berggipfeln im SW von Testigo Grande.

Ankerplatz vor Isla Cabra.

Isla Cabra und Isla Iguana

Position am Ankerplatz: 11°21′30″N / 063°07′36″W
Da man sich nach der Ankunft im Hauptort auf der Insel Iguana melden soll, ist in Lee der Insel Cabra vernünftigerweise der erste Ankerplatz. Der ruhigste Platz ist im NW von Isla Cabra ziemlich nahe am Ufer auf 4 m Tiefe. Oft ist dieser Platz schon von Fischerbooten belegt, und eine halbe Kabellänge weiter südlich kann der Schwell das Liegen bereits wieder sehr ungemütlich machen.
Der Ankergrund ist gut haltender Sandboden. Das Wasser ist völlig klar, und man kann von Bord aus beurteilen, ob sich der Anker tief genug eingegraben hat. Mit zwei Ankern kann man den Bug gut gegen den Schwell stellen, wie das die Fischer auch tun. Das klare Wasser lädt zum Schwimmen ein, aber man muß vorsichtig sein, denn die Strömung zwischen Isla Cabra und Isla Iguana ist stark.
Die Karte zeigt einen Ankerplatz direkt vor dem Ort. Allerdings ist man dort dem Wind und dem Schwell stärker ausgesetzt. Der Ort hat zwei Stege, über die er von Booten versorgt wird. Am südlichen Steg beträgt die Tiefe am Kopf 1,8 m. Wegen des unruhigen Wassers ist es nicht möglich, dauerhaft dort festzumachen. Die Nutzung ist auch Fischer- und Versorgungsbooten vorbehalten. Es ist aber ein guter Platz, um das Dingi festzumachen. Diebstahl ist hier nicht zu befürchten.
Für viele Segler sind Los Testigos die erste Berührung mit Venezuela, und sie bekommen einen Eindruck von der Schönheit des Landes und der Freundlichkeit seiner Bewohner.
Auch der Behördenkontakt ist sehr formlos. In einem igluartigen Gebäude auf einem Hügel der Insel Iguana „residiert“ die Estacion Secundaria Guarda Costa Los Testigos, kurz ESGCLT. Der Gardist unterbricht die Essensvorbereitungen und notiert auf einem formlosen Papier Namen und Paßnummern. Diese Daten wird er nach Caracas durchgeben. Dann erinnert er daran, daß wir in Carúpano oder Margarita ordentlich einzuklarieren hätten.

Isla Testigo Grande

Isla Testigo Grande ist die größte Insel der Gruppe. Im Norden gibt es einen 263 m hohen Berg, auf dessen Gipfel auch das Leuchtfeuer installiert ist. Eine unregelmäßige, felsige Landenge verbindet diesen Teil mit dem südlichen, auf dem zwei Berge stehen, von denen der höhere 105 m mißt. Die Insel ist mit Kakteen und Buschwerk bestanden. Einzigartig ist die große Düne im Süden der Insel. An der Ostseite gibt es wunderschöne, breite Sandstrände, an denen sich gewaltige Wellen brechen. Die Luft ist erfüllt vom Dunst des zerstäubten Wassers.

Bahia Balandra

Bahia Balandra hat zwei Ankerplätze. Der südlichere hat einen steinigen, schmalen Strand vor einem mit Buschwerk und Kakteen bestandenen Hang. Nahe am Ufer gibt es noch 4 m Wassertiefe. Der Bug kann mit dem Anker gegen den Schwell gestellt und eine Heckleine zum Ufer ausgebracht und an einem Busch festgemacht werden. Das Wasser ist kristallklar und die Bucht bietet völlige Abgeschiedenheit.
Der zweite Ankerplatz liegt nördlich der weißen Sanddüne vor einem kleinen Sandstrand. Nahe am Ufer findet man noch 3–4 m Wasser.
Auch hier kann man vor Buganker mit einer Heckleine zum Land gut liegen. Der Platz wird gern von Fischerbooten aufgesucht; es kann dann etwas eng werden. Über einen heißen Sandhang gelangt man auf die Luvseite der Düne an der Playa Arenal. Der Passatwind hat hier eine gewaltige ca. 30 m hohe Düne angeweht.

Playa Tamarindo

Position am Ankerplatz: 11°22′15″N / 063°07′14″W
Nördlich von Isla Langoleta liegt Playa Tamarindo (in der Imray D 14: North Observation Bay) vor einer kleinen Ansiedlung. Die Regierung hat zwei neue Häuser und einen Versorgungssteg er-

richtet. Eine Palmenreihe steht am Strand. Hier kann man auf 4–5 m Tiefe über Sandgrund ankern. Bei der Entscheidung für diesen Ankerplatz muß man auf einzelne Korallen achten.
Es gibt für Yachten keine Passage zwischen Isla Langoleta und der Küste von Testigo Grande. Bei Niedrigwasser brechen sich hier die Wellen über dem Riff. Für die Peñeros der Fischer hat das Riff eine schmale Durchfahrt im Osten.
An diesem Ankerplatz ist man immer in der Gesellschaft vieler Fischerboote. Aus der Nähe wirkt der Ort nicht so gepflegt wie sein Gegenüber auf der Insel Iguana. Über eine kleine Salzpfanne gelangt man in NO-licher Richtung nach 15 Minuten Fußmarsch zu einem wildromantischen, weißen Sandstrand. Auch hier zerstäubt der Wind die Schaumköpfe des anbrandenden Meeres zu feinem Dunst, der in der Sonne ein gleißendes Flimmern erzeugt.
Ein anderer mühsamer Pfad führt in einer einstündigen, nahezu alpinen Tour zum Leuchtfeuer in etwa 270 m Höhe. Der Weg ist mit weißgetünchten Steinen oder Baumkerben markiert.
Das Leuchtfeuer wird von einer Batterie betrieben, die von einem Solarpaneel geladen wird.

An Wasser besteht Mangel auf Los Testigos. Es gibt einige große Wassertanks, die aber in der Trockenzeit schnell geleert sind. Dann wird Wasser vom Festland herübergebracht. An einigen Stellen werden bodenlose Fässer wie Brunnenringe so tief ins Erdreich versenkt, bis sie ins Grundwasser stoßen. Das so gewonnene brackige Wasser wird zum Tränken der Tiere, zum Kochen und Waschen verwendet.

NW-Bucht

Unmittelbar südlich des Durchbruchs zwischen Isla Testigo Grande und Isla Testigo Pequeño gibt es eine namenlose Bucht mit einem Ankerplatz. Er liegt in Lee eines Bergausläufers und gibt Schutz vor dem Wind, wenn man die kühlende Brise nicht schätzt oder dem Heulen des Windes entfliehen will.

Isla Testigo Pequeño

Playa Real

Einen sehr dramatischen Ankerplatz (in der Imray D 14 „Breakthrough Bay") gibt es im Westen des Durchbruchs.

Testigo Pequeño, Playa Real.

Das Boot liegt auf 5 m Tiefe sehr ruhig, während man die starke Brandung vor Augen hat. Kein Hindernis bremst den scharfen Passat.

Playa Real

Position am Ankerplatz: 11°23′06″N / 063°08′06″W
Der zweite Ankerplatz liegt NW-lich des Durchbruchs vor einem wunderschönen, weißen Sandstrand. Der Platz heißt in der Imray D 14 „South Cove". Hier kann man auf 4 m Tiefe über gut haltendem Sandboden ankern. Wenn nachts der Wind kurzzeitig abflaut, kann die Strömung die Yacht auf den Strand setzen. Deshalb ist es angebracht, Bug- und Heckanker auszubringen.
Auf der Luvseite des schmalen und niedrigen Strandes branden die Wellen gegen das felsige Ufer. Dieser Platz fasziniert jeden Besucher.

Playa Chiquita

Der dritte Ankerplatz (in der Imray D 14 „South West Cove") liegt zwischen Isla Calentador und Isla Testigo Pequeño vor einer kleinen Fischersiedlung. Auf 4 m Tiefe findet man gut haltenden Sandboden. Vorsicht ist hier geboten, denn das sehr lange Geschirr der Mooringbojen kann Schrauben gefährden.
Der Liegeplatz ist sehr ruhig. Es weht hier weniger stark als auf den anderen Ankerplätzen von Testigo Pequeño. Einschlafender Wind, kenternde Gezeitenströme und wenig Raum zum Schwojen machen die Verwendung von Bug- und Heckanker nötig.
Die Durchfahrt zwischen Isla Calentador und Testigo Pequeño ist möglich, aber gespickt mit einzelnen Unterwasserfelsen oder Korallen, und daher nicht zu empfehlen.

Isla Conejo

Hier gibt es einen Ankerplatz, denn wir sahen vom Leuchtfeuer auf dem Cerro Testigo Grande aus ein Fischerboot nördlich der Insel zwischen den zwei vorgelagerten kleineren Inseln ankern.

Los Frailes

Karten: Imray D 12
Position am Ankerplatz: 11°11′40″N / 063°44′19″W

Lage und Umgebung

Die Los Frailes sind eine Gruppe von Inseln und felsigen Eilanden ungefähr 8 sm ONO von Cabo Negro, dem Nordostzipfel Margaritas entfernt. Die Ausrichtung der Inseln ist NW-SO. Die größeren Inseln heißen von Nord nach Süd: La Peña, Conomita und Puerto Real. Den Norden der Inselgruppe bildet Roca del Norte. Der Fels liegt etwa 4 sm nördlich von Puerto Real, ist nur 3 m hoch und kann ein gefährliches Hindernis sein, wenn man Margarita von N ansteuert. Starke westwärts setzende Strömungen sollen zwischen den Inseln laufen.
Der Ort Puerto Real auf der gleichnamigen südlichsten Insel ist ein junges, vom Bundesstaat Nueva Esparta errichtetes Fischerdorf mit schmucken, vorfabrizierten Hütten.
Die Los Frailes sind ein beliebtes Ausflugsziel für Touristen aus den Strandhotels Margaritas. Viele Fischer bessern ihre Einnahmen auf, indem sie Touristen in ihren bunten Peñeros für einige Stunden zum Barbecue, Schwimmen und Schnorcheln hierherfahren. Am Strand von Puerto Real gibt es einige Hütten, die für diesen Zweck mit Feuerstellen und Sonnendach ausgestattet sind.

Ansteuerung und Ankerplätze

Die Inseln sind jede für sich, von Margarita kommend, bei Tag gut auszumachen. Ein Leuchtfeuer gibt es auf keiner der Inseln. La Peña hat keine Uferbank und bietet deshalb keine Ankerplätze. Conomita hat im NW eine ausgeprägte nach W offene Bucht, die ausreichenden Schutz verspricht.
Wir fuhren an die Westseite der Insel Puerto Real und ankerten in der weiten Bucht nordwestlich

des Ortes Puerto Real zwischen Punta Bachiyer im Süden und Punta Chica im Norden auf 6 m Tiefe vor einem Haus, das in den Nationalfarben Venezuelas gestrichen ist. Auch Felsen und Bäume in der Umgebung waren auf diese Weise „geschmückt".

Ein anderer Ankerplatz findet sich nordwestlich des beschriebenen Ankerplatzes in der anschließenden weiten Bucht zwischen Punta Chica und Punta Palomita im Norden.

Alle Buchten sind weit und offen. Man muß über 5–6 m Tiefe ankern, da sich in geringerer Tiefe viele Korallenköpfe finden. Aber das Wasser ist klar und Sichtnavigation möglich. Der Sandboden hält gut. Vereinzelt gibt es grasbedeckte Flecken und häufig fallen Böen mit 40 kn ein.

Überfahrten

Los Frailes sind ein guter Ausgangspunkt, wenn man entlang der Nordküste Venezuelas, Trinidad oder Grenada ansteuern will.

Wenn der Wind aus dem NO-Quadranten weht, hat man trotz des nach Westen setzenden Stroms gute Chancen, in der Nähe Carúpanos auf die Küste zu treffen.

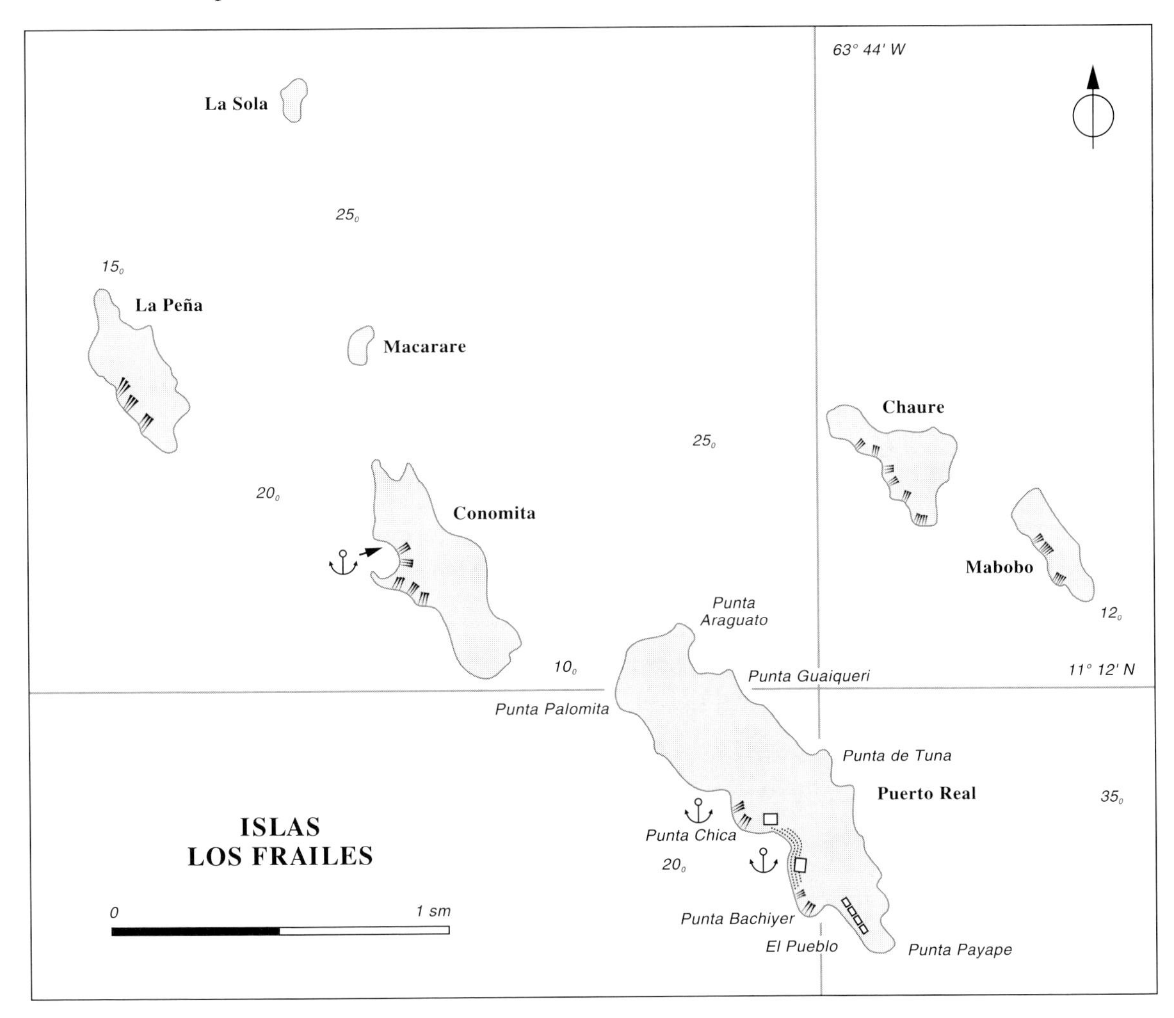

Isla de Margarita

Karte: Imray D 12

Lage und Umgebung

Von den 72 Inseln Venezuelas ist Margarita die größte und abwechslungsreichste. Sümpfe und fruchtbare Täler sowie Wüste und tropische Vegetation hat sie zu bieten, vor allem aber Strände. Mehr als 40, kilometerlang hingestreckt oder versteckt in kleinen Buchten, international oder volkstümlich. Margarita ist ein blühendes Zentrum der Tourismusindustrie, aber auch eine Insel mit vielen verträumten Fischerdörfern. Hier werden 80% des venezolanischen Fischfangs angelandet. Auch wir waren in dieser Umgebung beim Fischen sehr erfolgreich. Außerhalb der modernen geschäftigen Stadt Porlamar stehen noch viele schöne Kolonialbauten und eine ungewöhnlich große Zahl von Festungen, die von der historischen Bedeutung Margaritas Zeugnis ablegen.
Die Namen vieler Orte und Landschaften erinnern an diese Geschichte. Der Strand „El Tirano" z. B. ist nach dem wahnsinnigen Freibeuter Lope de Aguirre benannt, der an eben dieser Stelle die Insel betrat, um sie anschließend blutig und grausam zu regieren. Diese schillernde Figur regte Miguel Otero Silva zu seinem Roman „Lope de Aguirre – Fürst der Freiheit" an und Werner Her-

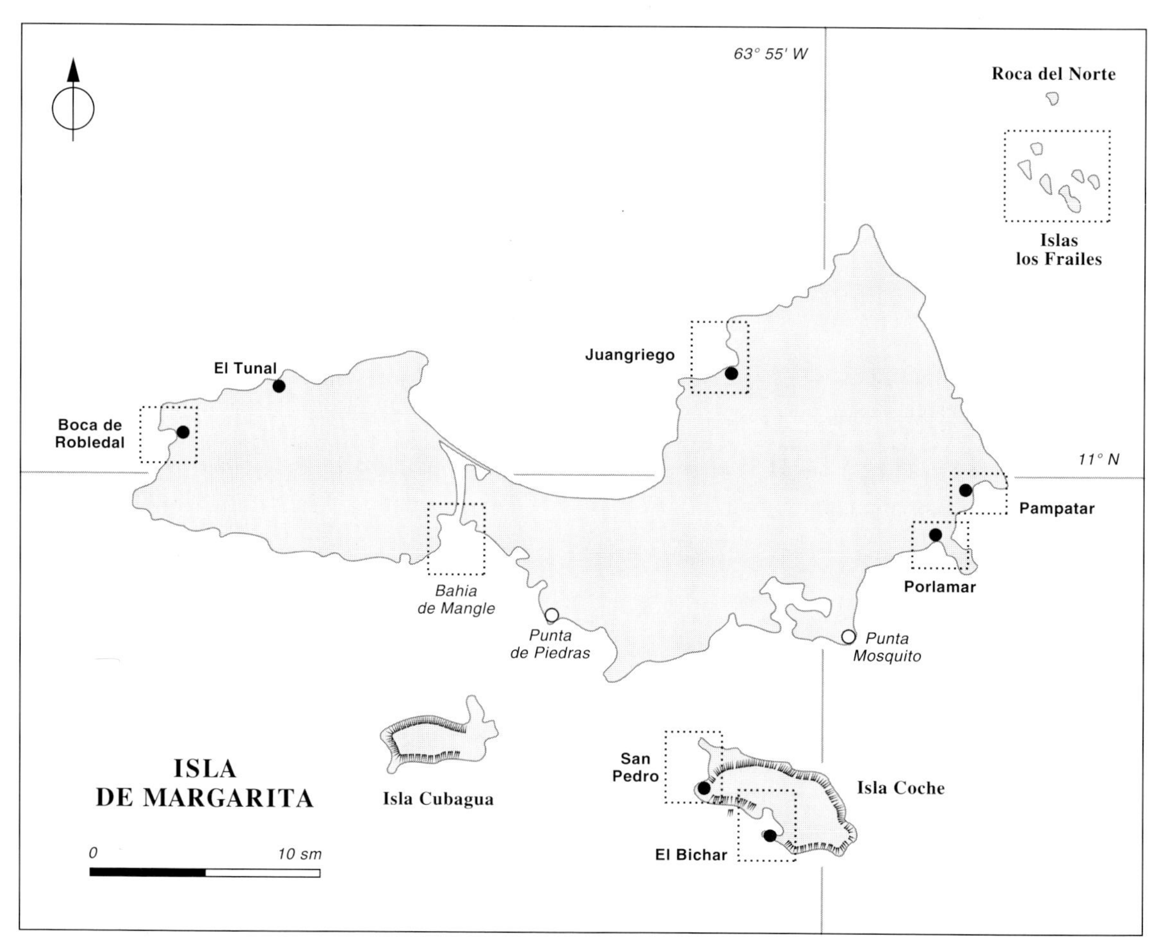

zog zu seinem Film „Aguirre oder der Zorn Gottes". Die bewegte Geschichte Margaritas spielte sich im größeren, westlichen Teil ab. Als die spanischen Eroberer 1499 auf die Perlenbänke in der Umgebung Margaritas aufmerksam wurden, begann für die Indianer ein leidvolles Kapitel. Eine Zeitlang wurden monatlich 400 kg Perlen nach Spanien geschafft. Wie das Gold der Inkas brachten sie Spanien einen ungeheuren Reichtum. Doch bald waren die Perlenbänke leergefischt, und Margarita wurde für das Mutterland uninteressant.

Piraten verschiedener Nationalitäten fielen über die Insel her, so daß die Bewohner gezwungen waren, sich durch Festungen zu schützen. Später wurden diese Forts bedeutsame Stätten des Befreiungskampfes gegen die Kolonialmacht.

Margarita ist die Insel der Heldinnen. Zum Beispiel Maria Guevara, eine Indianerin, die sowohl für ihren Mut im Befreiungskampf als auch für ihre Leidenschaft berühmt wurde. Nach ihr ist das einzige weit sichtbare und eindeutige Ansteuerungsmerkmal der Insel benannt. Die beiden ebenmäßigen Hügel in der Nähe der Laguna La Restinga heißen ihr zu Ehren „Las Tetas de Maria Guevara" – obwohl Historiker behaupten, sie sei keineswegs so reich ausgestattet gewesen.

Die am meisten verehrte Frau ist jedoch die Jungfrau Maria. Die „Virgen del Valle" ist die Schutzheilige der Insel. In bunten Wasserprozessionen wird sie von den Seeleuten an der ganzen Ostküste von einem Ort zum nächsten herumgefahren. In El Valle de Espiritu Santo – so genannt wegen seiner herrlichen Umgebung – wird jedes Jahr eine ganze Woche lang sowohl geistlich wie weltlich gefeiert. Am 8. September strömen von überall her die Gläubigen zur Prozession. Der Andrang ist so groß, daß die erste Autobahn der Insel ausgerechnet zur Kirche von El Valle führte. Heilungsuchende, Geheilte und andere Dankbare schenken dem Standbild Schmuck, Geld und kostbare Gewänder.

Die meisten Venezolaner, die in Scharen nach Margarita kommen, werden von einer ausgesprochen weltlichen Besonderheit angelockt: Margarita ist seit 1975 Freihandelszone. Hier bekommt man Waren aus aller Welt, die auf dem Festland schwer erhältlich oder unerschwinglich sind: französische Weine, dänischen Käse oder schweizer Schokolade. Porlamar ist voller Geschäfte, die Spirituosen, Delikatessen, Elektronik oder Kleidung feilbieten.

Im Vergleich zu Preisen in Deutschland sind die ausländischen Waren in Margarita nicht besonders preiswert. Venezolanische Produkte sind meist wesentlich günstiger. Jedenfalls lohnt es, sich hier mit Vorräten an Lebensmitteln und Getränken zu versorgen, denn dieses Riesenangebot gibt es nur auf Margarita. Für Schiffszubehör und Know-how kann man Margarita gleichfalls empfehlen. Allerdings wird man besonderes Schiffszubehör wie Nirodraht, Fittinge oder Blöcke auch hier nur mit viel Glück finden.

Margaritas 167 km lange Küstenlinie und die fast ununterbrochen scheinende Sonne machen die Insel zum beliebtesten Urlaubsort der Venezolaner. Die meisten Hochhäuser in der Umgebung Porlamars sind keine Hotels, sondern Ferienwohnungen. Im Sommer und zu Ostern gibt es auf Margarita kein freies Bett.

Dabei mangelt es hier noch an so elementaren Dingen wie z. B. Wasser. Die Insel wird vom Festland mit Wasser versorgt, das seit 1988 aus dem Stausee Turimiquire (indianisch: Thron Gottes) bei Cumaná kommt. Es wird durch zwei 23 km lange Pipelines von Araya nach Margarita gepumpt. Trotzdem gibt es Orte, zu denen das Wasser im LKW transportiert werden muß, wie zur Marina Concorde in Porlamar. Auch an den anderen Ankerplätzen muß man mit Wasserknappheit rechnen.

Sehenswürdigkeiten

Margarita hat einiges zu bieten. Zu den Sehenswürdigkeiten der Insel werden von den Reisebüros Touren angeboten, die man fast ausnahmslos auch auf eigene Faust unternehmen kann. Am be-

sten mietet man sich ein Auto, z.B. am „Bella Vista", wo mehrere Firmen miteinander konkurrieren, oder man benutzt die öffentlichen Verkehrsmittel, Por Puestos (PP).
Ein absolutes „Muß" ist die Laguna de la Restinga. Wer nicht mit dem Schiff in der Bahia de Mangle war, sollte die Tour von Porlamar aus mit dem PP machen. Die Linie Restinga bringt einen von der Busstation in der C. Marina bis zur Kreuzung der Stichstraße mit der Straße nach Macanao. Für ein paar Bolivares mehr macht der Fahrer auch den Umweg bis zur Anlegestelle der Boote.
Juangriego sollte man sich auch unbedingt ansehen, wenn man nicht vorhat, mit dem Schiff hinzufahren. Die beiden PP-Linien haben ihre Endstationen in der C. Gómez und in der Av. Miranda. Nach La Asuncion, der liebenswerten Hauptstadt, fahren außer den bereits erwähnten auch PPs von der C. Fajardo aus. La Asuncion hat sich seit seiner Gründung im 16. Jahrhundert nur wenig verändert: enge Straßen, würdevolle alte Häuser, eine verwinkelte Brücke, die früher ein Stadteingang war und eine Sonnenuhr von 1612 neben dem Kloster Convento San Francisco. In diesem Kloster starb General Gomez, der mit den furchtlosen Margariteños in der Schlacht von Matasiete 1817 den an Zahl und Waffen überlegenen Spaniern getrotzt hatte.
Auf diese Schlacht ist übrigens der Name des Bundesstaates Nueva Esparta zurückzuführen, den Margarita und ihre Nachbarinseln in Anlehnung an das griechische Sparta, die Stadt der mutigen Krieger, erhalten hat.
Das Geburtshaus von Juan Bautista Arismendi, des Generals, dem Margarita seine Unabhängigkeit verdankt, ist immer noch im Stil des 18. Jahrhunderts eingerichtet. Es ist einen Besuch wert. Im Castillo de Santa Rosa aus dem Jahre 1681 war seine junge Frau Luisa Caceres eingesperrt. Wandmalereien an einem der Häuser neben der alten Brücke erinnern an diese Ereignisse. Vom Fort aus hat man einen schönen Blick über die Umgebung. Das Zentrum Asuncions bildet die malerische Plaza mit der Kathedrale, der ältesten Kirche Venezuelas. Zusammen mit der Kathedrale von Coro diente sie als Vorbild für alle weiteren Kirchenbauten des Landes.

Porlamar

Karten: Imray D 1, D 12, BA 230
Position am Ankerplatz: 10°57′08″N / 063°49′47″W
Die Marina Concorde befindet sich ca. 3 km vom Zentrum Porlamars entfernt am Ufer der Bahia Guaraguao vor dem Luxushotel Concorde. Hier im Ostteil der Bucht liegen auch die beliebten Badestrände von El Morro.

Ansteuerung

Die Ansteuerung der Marina Concorde ist am Tag problemlos. Wenn man von Westen kommend die Punta Mosquito passiert hat, die einige Felsen wie böse Insektenstacheln nach Süden ausfährt, sieht man das Hotel Concorde als östlichstes Gebäude in der Bahia Guaraguao. Punta El Morro wirkt von weitem wie eine eigene Insel, erst bei der Annäherung wird die niedrige Landverbindung sichtbar. Von Pampatar kommend, ist das Hotel Concorde auf dem niedrigen Isthmus zwischen der Hauptinsel und El Morro de Porlamar (56 m) früh zu erkennen. Aber El Morro muß erst gerundet werden, bevor man aus westlicher Richtung die Marina anlaufen kann.
Die Ansteuerung bei Dunkelheit ist möglich. Die Lichter des Hotels und ein rotes Festfeuer auf seinem Dach, das allerdings nicht weit trägt, sind gute Hilfen. In der Nähe der Marina wird man durch viele helle Lichter an Land sehr stark geblendet und die Gefahr, mit einem Ankerlieger zu kollidieren ist groß, da selten ein Ankerlicht gezeigt wird. Auch die Lichter vieler Fischerboote vor der Küste Margaritas erschweren die nächtliche Navigation, und man darf nicht unbedingt damit rechnen, daß das Feuer auf der Pier von El Morro (in der Imray D 12 nicht eingezeichnet) brennt.

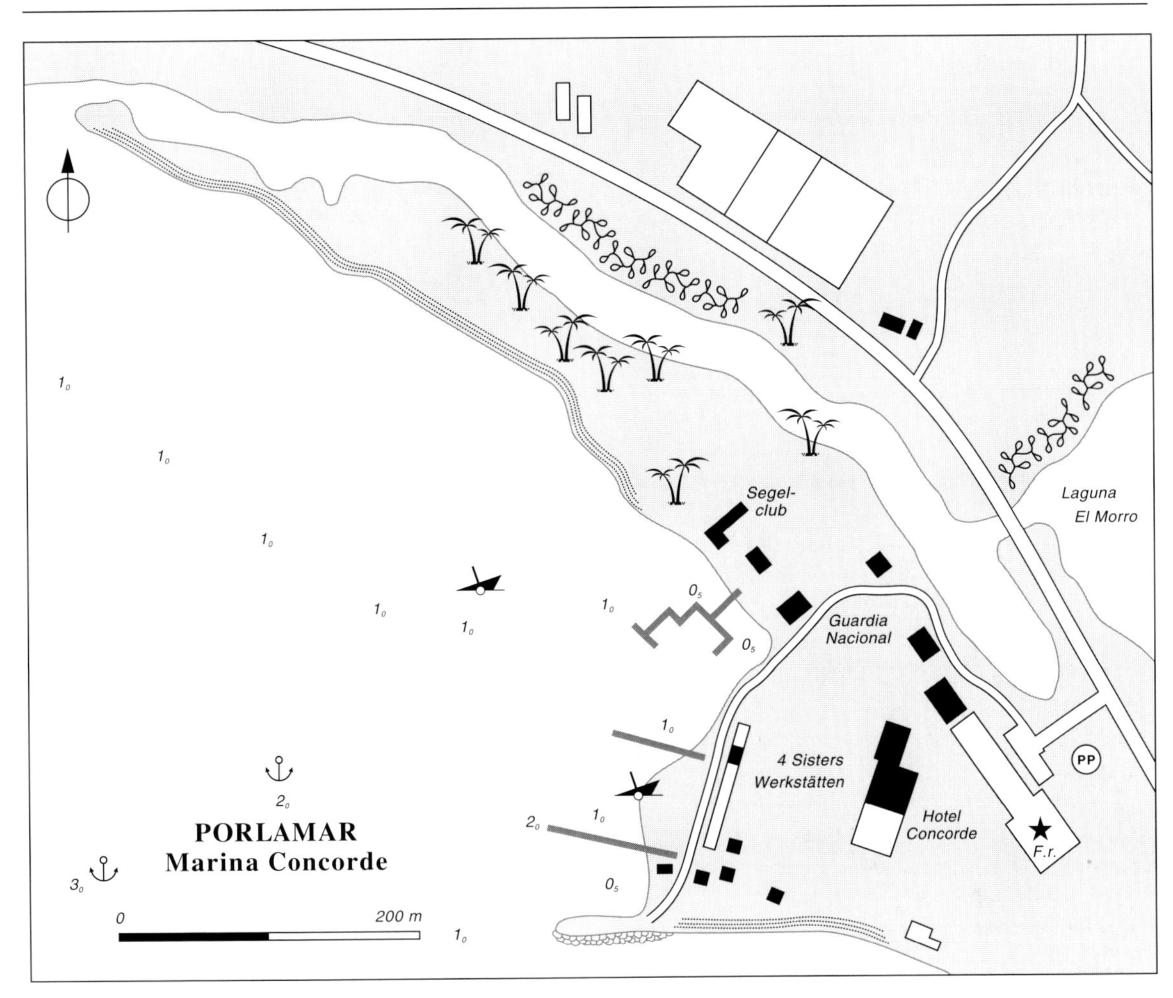

Ankerplätze

Das innere Becken der Marina hat nur geringe Wassertiefen und bietet tiefgehenden Kielyachten nur an den Köpfen der Schwimmstege genügend Wasser. Dort gibt es meist keine freien Plätze.
Die Bezeichnung ,,Marina" weckt falsche Erwartungen. Es gibt drei Schwimmsteganlagen in schlechtem Zustand, die starkem Schwell ausgesetzt sind.
Wasser fließt meist nur kurze Zeit am Tag, Strom mit 110 oder 220 Volt immer. Blanke Drahtstellen kennzeichnen die Anschlüsse.
Der Liegeplatz am Steg kostet eine geringe Gebühr. Preise für längere Liegezeiten müssen mit Don Carmelo, dem rauhbeinigen aber herzlichen Verwalter der Anlage, ausgehandelt werden.
Die meisten Segler ankern außerhalb der Marina auf ca. 3 m Wassertiefe. Der Ankergrund besteht aus gut haltendem Sand. Wind und Strom drehen das Boot stark. Deshalb muß auf ausreichenden Raum zum Schwojen geachtet werden. Der hereinstehende Schwell kann beträchtlich sein.

Service und Versorgung

Glen Anderson bemüht sich, den auf den ersten Blick abweisend wirkenden Ort angenehm zu ma-

chen. Er betreibt am Strand einen kleinen Laden, bekannt unter dem Namen „4 sisters“. Er bietet kostenlos viel Freundlichkeit, aufmunternden Zuspruch und guten Rat und gegen Bares folgenden Service:
Erledigung der Ein- und Ausklarierungsformalitäten für 1200 BS, was vor allem Charterseglern viel Zeit erspart, Füllen von Gasflaschen einschließlich der Transporte, Beschaffung von Lebensmitteln, Wäscherei, Lieferung von Kraftstoff und Öl, Segelreparaturen, Postaufbewahrung unter folgender Anschrift: Name, c/o Glen Anderson, Apartado Postal 303, Porlamar, Isla Margarita, Venezuela.
Die „4 sisters“ sind auf UKW-Kanal 72 hörbereit.
Inzwischen hat sich auch die Konkurrenz geregt. Ricardo, Glens früherer Mitarbeiter, bietet ein paar Hütten weiter im „Centro Nautico Margarita“ ein etwas erweitertes Sortiment.
Grundnahrungsmittel, Getränke und Zeitschriften können direkt im Laden gekauft werden. Geldwechsel ist möglich.
Ricardo übernimmt die Langzeitwartung für Boote am Steg, deren Besitzer längere Zeit abwesend sind.
Dingis wurden bisher am südlichsten Dock festgemacht. Das sollte, als wir dort waren, nur noch gegen Bezahlung möglich sein.
Wasser ist ein großes Problem auf der ganzen Insel. Wenn es kein Wasser am Steg gibt, kann man vielleicht welches am Marinabüro von Don Carmelo für 1 BS pro Liter kaufen. Don Carmelo ist der Verwalter der Anlage, der auch Liegeplätze am Steg vergibt, falls zufällig einer frei sein sollte.
Auf dem Werkgelände gibt es eine kleine Schreinerei und eine Werkstatt für Fiberglasreparaturen.
Nicht vergessen darf man den Schweizer Michel. Er hat eine kleine Schlosserwerkstatt auf dem Gelände und spricht gut Deutsch; er kann oft guten Rat geben.
Telefone hängen im Basement des Hotels Concorde. Telefonkarten sind im Bücher- und Zeitschriftenladen des Hotels zu kaufen. Geldwechsel ist an der Rezeption möglich. Die Außenduschen kann man mit stillschweigender Duldung benutzen, solange man nicht auf dem Hotelgelände durch unpassende Kleidung auffällt.
Am Strand gibt es vier Restaurants sehr unterschiedlicher Qualität. Fliegende Händler bieten auch Muscheln, Austern und Empanadas an.
Weitere Versorgungsmöglichkeiten gibt es nur außerhalb der Marina. Man kann den Bus des Supermarktes Sigo Proveedura zum Einkaufen benutzen oder mit dem PP in die Stadt fahren.
Mit dem Dingi kann man am Nordufer der Bucht, wo die Fischerboote liegen, einkaufen. Dort findet man die Bodega Festejos Don Pancho in einem flachen, weißen Gebäude. Gut erkennbar ist ein danebenliegendes dreistöckiges, beigefarbenes Haus und ein auffälliges weißes Hochhaus mit Glasdach. Auf diese Häuser hält man zu und legt das Dingi auf den Strand. Don Pancho hat alle notwendigen Lebensmittel, frisches Obst, Eiswürfel und eine Vielzahl alkoholischer Getränke. Bier, Limonaden und Wasser liefert er auch gekühlt bis ans Dingi. Bei Großeinkäufen kann man einen Rabatt aushandeln.
Gleich nebenan liegt die preiswerte und schnelle Wäscherei Blancanieves.
Wasser, Benzin, Diesel und Öl gibt es auch an der Hauptmole in Porlamar am alten Leuchtturm im Westteil der Bucht. Es gibt eine Fahrrinne zur Tankstelle, die mit rw 322° anzusteuern ist.
Eine Fährverbindung besteht nach Chacopata an der Nordseite der Halbinsel von Araya.

Verkehrsverbindungen

Vor dem Hotel Concorde stehen ständig Taxen, die für ca. DM 3,– ins Zentrum fahren. Von der gleichen Stelle fahren PPs schnell und preiswert für DM 0,30 ins Zentrum; einige fahren weiter bis zum Markt (Mercado Conejero). Zur Rückfahrt stellt man sich an eine Haltestelle (Parada) entlang der Calle Igualdad oder an die Kreuzung Avenida Santiago Marino mit der Calle Mercano. Die Micro-Busse tragen die Aufschrift „Bella Vista“ oder „Concorde“.

Die Stadt Porlamar

Die Entwicklung ging vielleicht zu schnell für Porlamar. Während es im Inneren der Insel kleine Orte gibt, die beschaulich und intakt wirken, stehen hier an vielen Stellen Bauruinen. Dem Müllproblem ist mit hoffnungsvollen Appellen an die Bevölkerung offensichtlich auch nicht beizukommen.
Trotzdem mochten wir das quirlige Porlamar. Es hat keine Kolonialbauten zu präsentieren, aber es bietet neben den Einkaufsstraßen doch einige Highlights. Die Plaza Bolivar z.B., die tagsüber der beste Platz ist, um mitten in der Stadt auf einer schattigen Bank auszuruhen und das Treiben drumherum zu beobachten.
Eine Alternative zum Trubel ist ein Spaziergang den Paseo Guaraguao entlang. Die schattige Strandpromenade führt vom Hotel ,,Bella Vista", vorbei am alten Leuchtturm aus dem 17. Jahrhundert, El Faro, zum alten Markt.
Eine Kostbarkeit ist das kleine Museum Narvaez in der Calle Igualdad. Francisco Narvaez ist ein in Porlamar geborener Bildhauer und Maler. Seine Werke sind in der unteren Etage des Museums ausgestellt und an verschiedenen Stellen in der Stadt zu bewundern.
Eine weitere Sehenswürdigkeit ist der riesige Markt, der mit seinen unüberschaubaren Gängen Assoziationen an einen orientalischen Bazar weckt. Im westlichen Teil der Markthallen werden Fleisch, Käse und Gemüse angeboten, draußen davor fangfrischer Fisch. Das interessanteste Geschäft des Marktes war für uns die Perfumeria Santa Clara mit ihrem verwirrenden Angebot an Duftessenzen, Aphrodisiaka und Voodoopuppen.

Marina Concorde mit Ankerplatz: Blick auf die Stadt Porlamar.

Unseren Hunger stillten wir anschließend in einem der volkstümlichen Restaurants, die zwischen den beiden Teilen des Marktes angesiedelt sind. Sehr zu empfehlen: die „Fosforera", eine deftige Suppe aus Meeresfrüchten. Sie ist eine Spezialität Margaritas.

Service und Versorgung

Porlamar hat für Segler einiges zu bieten: z. B. das gut bestückte Zubehörgeschäft „Offshore Marine" in der Calle Marcano. Seekarten gibt es leider nicht. Kopien bekommt man bei „Copymar" in der C. Narvaez, ein paar Straßen weiter. Wer das, was er braucht, bei Offshore Marine nicht gefunden hat, kann sein Glück bei Zoilo Lopez in der C. Marineiro versuchen, bei der Casa Azul am Boulevard Guevara oder im CM und bei der Casa del Pescadores in der C. Igualdad. Hier werden auch Außenbordmotoren repariert. In derselben Straße führt Victoria Mar Ersatzteile für Dieselmotoren. Bei Problemen mit dem Motor hilft „Diesel Margarita" im Industriegebiet Piache. Pedro ist erreichbar über UKW-Kanal 14.
In einem wunderschönen Garten hinter einem unscheinbaren grünen Tor liegt im Wallfahrtsort El Valle de Espiritu Santo ein Lagerschuppen voller Schätze an Marinebedarf. El Valle ist nicht weit von Porlamar entfernt und mit der PP-Linie „El Valle" leicht zu erreichen. Das Geschäft heißt „General Marine" und wird von der französischen Familie Girard geführt. Es liegt, am Zentrum vorbei, an der Hauptstraße stadtauswärts. Wer hinfährt, sollte sich Zeit nehmen, um die Kirche und das kleine Votivgabenmuseum zu besuchen.

Kommunikation
Die Post befindet sich in der C. Arismendi zwischen C. Velasquez und C. Nicolas. Eine Faxmöglichkeit gibt es dort nicht. Faxen kann man bei Font Blanco in der C. Cedeno. Ein CANTV Zentrum mit Münz- und Kartentelefonen oder Handvermittlung gibt es in der Nähe des Hotels „Bella Vista" in der Passage Guaraguao. Dort bekommt man auch Telefonkarten. In der Nähe der Plaza Bolivar gibt es in der C. Velasquez eine offene Anlage mit Münz- und Kartentelefonen.

Geldwechsel
Geld wechseln kann man außer bei einigen Banken in mehreren Wechselstuben, deren Kurse sich stark unterscheiden können. Leider sind nirgendwo die Kurse angeschrieben, so können sie sogar innerhalb eines Tages variieren, je nachdem, ob die Banken gerade geöffnet oder geschlossen sind. Einige Adressen: „Porlamar Atlantic" in der C. Narvaez, CAFYCA in der Av. Santiago Marino, „Febre Parra" im Hotel Bella Vista, „Bancalf" in der C. Igualdad. Die besten Dollar-Kurse gibt es im Hotel Contemporaneo, Av. Santiago Marino. In der auffälligsten Wechselstube „For You" gibt es die schlechtesten Kurse. Bei „Cambio Cusco", C. Velasquez, kann man gegen eine Gebühr von DM 25,– mit Euroschecks Geld bekommen. Mit VISA- und Mastercard bekommt man Bares bei Banco Union und Banco Provincial, beide Av. 4 de Mayo. Banco de Maracaibo, Av. Santiago Marino, gibt Bargeld für VISA-Card, ebenso die kleine Bank im Einkaufszentrum Central Madeirense.

Lebensmittelgeschäfte
Zum Einkaufen günstig gelegen ist CADA an der Kreuzung C. Fajardo und C. Velasquez. Das größere Angebot hat Central Madeirense (CM) in der Urbanisacion Jorge Coll, zu erreichen mit PP nach Jorge Coll oder Pampatar.
Ein Einkaufszentrum mit Geschäften aller Art einschließlich zweier Spezialläden für Spirituosen und einem Supermarkt mit preiswerten Nahrungsmitteln, aber ohne Frischwaren, ist das Sigo Proveedura außerhalb der Stadt. Seine Besonderheit besteht im bequemen Zubringerservice, zweimal täglich von den Hotels Bella Vista und Concorde, zurück in die Marina Concorde bis ans Dingi.
Das zweifellos attraktivste Angebot bietet jedoch Rattan in der Av. 4 de Mayo.

Restaurants
In Porlamar gibt es eine breite Palette an Restaurants. In der Regel sind die italienischen die besten. Ein ausgezeichnetes und preiswertes China-Restaurant ist „Lucky" am Paseo Guaraguao. Wenn man mittags in der Stadt etwas essen möchte, empfehlen wir das „Merida" in der C. Arismendi. Hier sitzt man in einem Patio an großen Tischen zusammen mit den Margariteños und sucht sich von der auf eine Tafel geschriebenen Tageskarte ein Essen aus. Wer sich einmal etwas gönnen will, geht freitags ins Hilton und ißt sich für ca. DM30,– am Buffet mit Fischspezialitäten satt.

Pampatar

Karten: Imray D 12
Position: 11°00′N / 063°48′W

Lage und Umgebung

Bahia de Pampatar ist eine weite offene Bucht. Sie liegt zwischen Punta Moreno im Süden und Punta Ballena im Norden.
Pampatar ist Port of Entry des venezolanischen Bundesstaats Nueva Esparta, zu dem die Inseln Margarita, Cubagua und Coche gehören. Viele Boote laufen deshalb Margarita hier an, obwohl man die Klarierung auch von jedem anderen Ort Margaritas aus bequem erledigen kann. Pampatar ist weder die größte noch die wichtigste Stadt der Insel, aber zweifellos der beliebteste Ankerplatz der Fahrtensegler.
Pampatar ist ein ruhiger und gemütlicher Ort, in dem der Fischfang eine wichtige Rolle spielt. Es gibt hier kein einziges Duty-Free-Geschäft und keine Diskotheken. Nur am äußeren Ende des Ortes stehen einige Ferienwohnanlagen und zwei

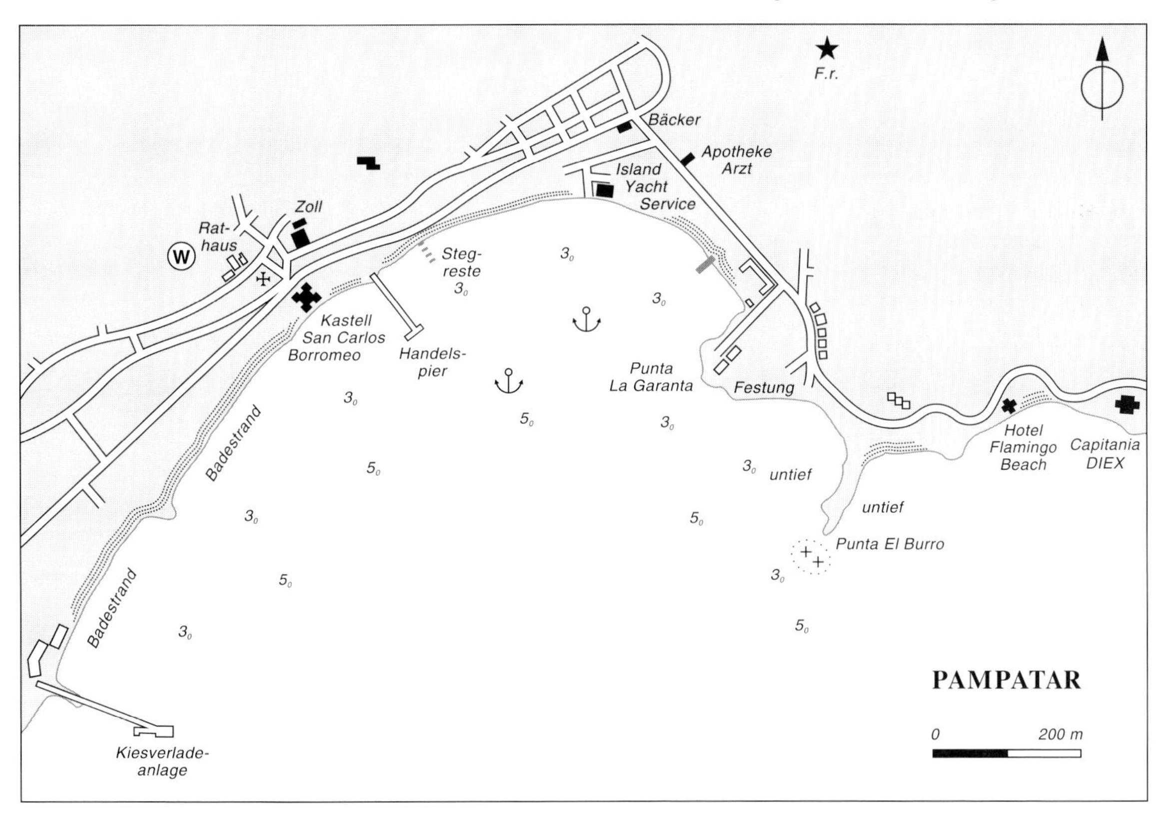

Hotels. Der lange schmale Sandstrand ist dicht mit Palmen bewachsen und durch eine bunte Balustrade von der höher gelegenen Straße getrennt. Die östliche Hälfte gehört den Fischern, die westliche venezolanischen Urlaubern. Dort stehen bunte Stühle und Tische vor Kiosken, die einfache Fischgerichte und „Comida Criolla“ anbieten.
Während der Kolonialzeit war Pampatar wegen seines Tiefwasserhafens der wichtigste Handelsplatz Margaritas. Heute legt hier nur noch die Fähre nach Carúpano an, die täglich außer mittwochs verkehrt. Oberhalb des Fährdocks liegt das Castillo de San Carlos Borromeo, das, zur Verteidigung gegen Piraten, im 17. Jh. errichtet, schon einige Jahre später von Niederländern niedergebrannt wurde. Bald wurde es aus porösem Korallengestein im Stil spanischer Militärarchitektur wieder aufgebaut.
Nicht weit vom Castillo entfernt liegt die Kirche Santisimo Cristo de Buen Viaje, die die Reliquien des gleichnamigen Schutzpatrons beherbergt. Ihre Besonderheit ist der von außen zu besteigende Glockenturm.
Südlich der Kirche gibt es Straßenzüge mit prächtigen Kolonialbauten. Wagen Sie einen Blick in die zauberhaften Innenhöfe.

Ansteuerung

Die Ansteuerung aus S oder W ist unproblematisch. Wenn Sie von N kommen, müssen Sie den ca. 150 m langen Wellenbrecher vor Punta El Burro weiträumig umfahren, denn die Tiefen an seinem Kopf sind geringer als in den Karten vermerkt. Der Anleger am Kopf des Wellenbrechers ist verfallen, und die Wassertiefen sind nicht ausreichend.
Gute Landmarken sind das Castillo San Carlos de Borromeo und ein Wassertank auf einem Hügel NW-lich davon.
Auffällig ist weiter ein weißes Haus auf einem Bergvorsprung nördlich der Handelspier. Weithin sichtbar ist auch ein großes, weißes Kreuz unterhalb dieses Hauses.

Ankerplätze

Die Bucht von Pampatar ist frei von Untiefen. Der Ankerplatz für Yachten liegt nördlich des Anlegers für die Handels- und Passagierschiffahrt vor dem Strand. Den geschützteren Ostteil bis zur Punta El Burro nehmen die Fischer für sich in Anspruch und verteidigen ihn energisch. Hier sind oft Netze ausgelegt, und lange schwimmende Anker- oder Festmacherleinen machen die Passage nicht empfehlenswert.
Es steht immer viel Schwell in die Bucht hinein. Ausgesprochen ungemütlich kann es bei südlichen Winden werden. Dann bleibt man besser an Bord, wenn man nicht mit dem Dingi ein Bad in der Brandung am Strand riskieren will.

Behörden

Auf Margarita muß sich jede aus dem Ausland einlaufende Yacht einer ärztlichen Kontrolle unterziehen. Die verschiedenen Yacht-Services, die die Einklarierungsformalitäten erledigen, organisieren den Arztbesuch an Bord. Bei uns verschaffte sich die Ärztin einen Eindruck von den hygienischen Verhältnissen an Bord, befragte uns nach unserem Gesundheitszustand und danach, ob wir Ratten an Bord hätten. Für die teuer bezahlte Bescheinigung interessierte sich später niemand.
Der zweite Weg führt zum Zoll im Zentrum Pampatars. Die Behörde ist in einem unscheinbaren Seiteneingang des schönen alten Zollgebäudes „Casa Amarilla“ untergebracht.
Der anschließende Weg zur Einwanderungsbehörde (DIEX) und zum Hafenkapitän (Capitania) ist sehr weit und sehr heiß. Beide Behörden befinden sich in einem Haus am äußersten östlichen Ende des Ortes, noch hinter dem Hotel „Flamingo Beach“. Einige der PPs, die die Strecke von Porlamar nach Pampatar bedienen, fahren bis dorthin. Fragen Sie den Fahrer danach.
In der Capitania ist man sehr hilfsbereit, alles geht schnell und kostet nur wenig, während man bei den Yacht-Services das Zehnfache bezahlt.

Service und Versorgung

Diese Yacht-Services sind natürlich nützlich, wenn man seine Zeit nicht mit Behördengängen verbringen will. Direkt am Strand liegt der „Island Yacht Service". Geboten werden Wäscherei, eine Tauschbücherei, Lebensmittelbestellung und Postlagerung. Verkauft werden Diesel in Kanistern, Gas, Flaggen und nautische Reiseführer. Nach einer Dusche oder einer Zapfstelle für Wasser sucht man vergebens. Das ist bei dem Wassermangel auf der Insel natürlich schwer anzubieten, aber für das Geschäft vielleicht auch nicht wichtig.

Hinter dem Dingi-Landeplatz am Restaurant „Trimar" stehen Fischerhütten und der Laden „Abastos la Playa". Bei den Fischern bekommt man zu günstigen Preisen Fisch, bei „Abastos" alles mögliche, u.a. komplette Gasflaschen und Eiswürfel. Der Laden ist ein Treffpunkt der Yachties, die hier an der Theke stehend ein gekühltes Getränk schlürfen und ein Schwätzchen halten.

Entlang der Hauptstraße gibt es mehrere Geschäfte, in denen man sich mit Grundnahrungsmitteln, Wurst und Käse versorgen kann. Einige haben auch ein kleines Angebot an Gemüse. Im weiteren Verlauf der Straße gibt es zwei Metzgereien. Eine gute Bäckerei, einen Fleischer und einen Gemüseladen findet man am Nordende der Calle Jose Maria Vargas. An der Plaza Santiago Marino gibt es eine Schreinerei, ein Schreibwarengeschäft, das die englischsprachige Tageszeitung „Daily Journal" führt und einen Eisenwarenladen.

Ein wenig weiter südlich liegt eine Apotheke und das gut sortierte Lebensmittelgeschäft „Distribudora Pampatar", das auch Obst, Gemüse, Geträn-

Dingi-Anlandestelle mit „Island Yacht Service" in Pampatar.

ke und Fleisch im Angebot hat und bei einem größeren Einkauf die Ware zum Dingi bringt. Preisnachlässe lassen sich auch aushandeln. Auf der Verlängerung der Calle Maneiro liegt eine Wäscherei, und in Nr. 53 a hat Benedicte Vimeux das Reisebüro „New Life" eröffnet. Valentin Cova leitet den nautischen Bereich. Die sympathischen jungen Leute bieten Inselrundfahrten, Festlandsexpeditionen, Faxservice, Geldwechsel und vermitteln Bootstouren. Beide sind erfahrene Segler. „Coco Rock" – gleich nebenan – ist die beste Trinkhalle für Cocosgetränke.
Wenn man sich für längere Zeit verproviantieren will, kann man das sehr gut von Pampatar aus. Günstig gelegen ist das „Central Madeirense" (CM) im Centro Commercial Jorge Coll. Der PP, der von Pampatar nach Porlamar fährt, hält dort. Das Firmenschild ist nicht zu übersehen. Das Einkaufszentrum liegt auf der rechten Straßenseite, nachdem man den Lunapark passiert hat. Dort gibt es auch eine Filiale des Eisenwarenhandels Ferreteria Casa Azul, einen Bioladen mit guter Salattheke, eine Apotheke und eine Bäckerei. Für den Rückweg nimmt man am besten eines der Taxis, die vor dem Supermarkt bereitstehen. Der Supermarkt ist Sonntag vormittag geöffnet und mittags von 13–15 Uhr geschlossen. Auf dem Rückweg fahren die PPs teilweise nur bis ins Zentrum Pampatars (Linien 3 und 5).
In Pampatar gibt es einige nette Restaurants. Am „Trimar" wird man nicht vorbeikommen. Man hat dort sein Schiff und sein Dingi gut im Blick.
Im NO, gleich neben dem kleinen Steg für die Fischer, liegt das kleine Restaurant „Chalet de Garanta".
Das Postamt steht im Zentrum Pampatars oberhalb des Forts. Ein Telefon gibt es am Eisenwarengeschäft oberhalb des Strandes.

Marina Hilton

Zwischen Pampatar und Porlamar liegt die Ensa la Gardia mit Punta Moreno im Norden und Punta El Morro im Süden. Die Bucht ist von NO bis SO offen und deshalb einem fast immerwährenden Schwell ausgesetzt. In ihrem Westen liegt die Marina Hilton, etwas südlich des Hilton Hotels. Sie besteht zur Zeit nur aus Steinschüttungen, die das Becken nach Norden und Osten schützen. Im Süden gibt es eine Einfahrt. Das Becken ist etwa 200 mal 200 m groß und soll in der Einfahrt 5 m und im Inneren des Beckens 5 bis 8 m tief sein. Das Wasser im Becken ist selbst bei sehr starken östlichen Winden absolut ruhig. Die Marina bietet keinerlei Versorgungsmöglichkeiten oder Dienstleistungen.
Der Platz ist in Privatbesitz. Angeblich bestehen Pläne zur Fertigstellung der Marina.
Man kann die Marina mit einem rechtweisenden Kurs von 290° ansteuern. Dann sieht man hinter den Molen eine Reihe von Häusern mit auffallend roten Satteldächern. Im Norden grenzt breit ausladend das Hilton Hotel an.

Juangriego

Karten: Imray D 12
Position am Ankerplatz: 11°04′58″N / 063°58′29″W

Lage und Umgebung

Juangriego liegt zwischen der Erhebung des Cerro Galera im Norden und dem Cabo Punta Maria Libre im Süden. Die Bucht ist nach Westen offen. Gegen die vorherrschenden Winde aus Ost ist sie gut geschützt. Im Winter, wenn der Wind nördlicher einfällt, kann auch starker Schwell in die Bucht stehen und den Ankerplatz ungemütlich machen. Bei westlichen Winden kann er unhaltbar werden. Juangriego wird von Seglern seltener besucht als Porlamar oder Pampatar. Viele verlassen Margarita schnell wieder, ohne die Schönheiten der Insel kennengelernt zu haben.
Eine dieser abgelegenen Perlen ist Juangriego, eine kleine Stadt ohne Hochhäuser, aber mit allem, was man braucht. Die Menschen sind freundlich und ohne Hektik, es gibt viele kleine

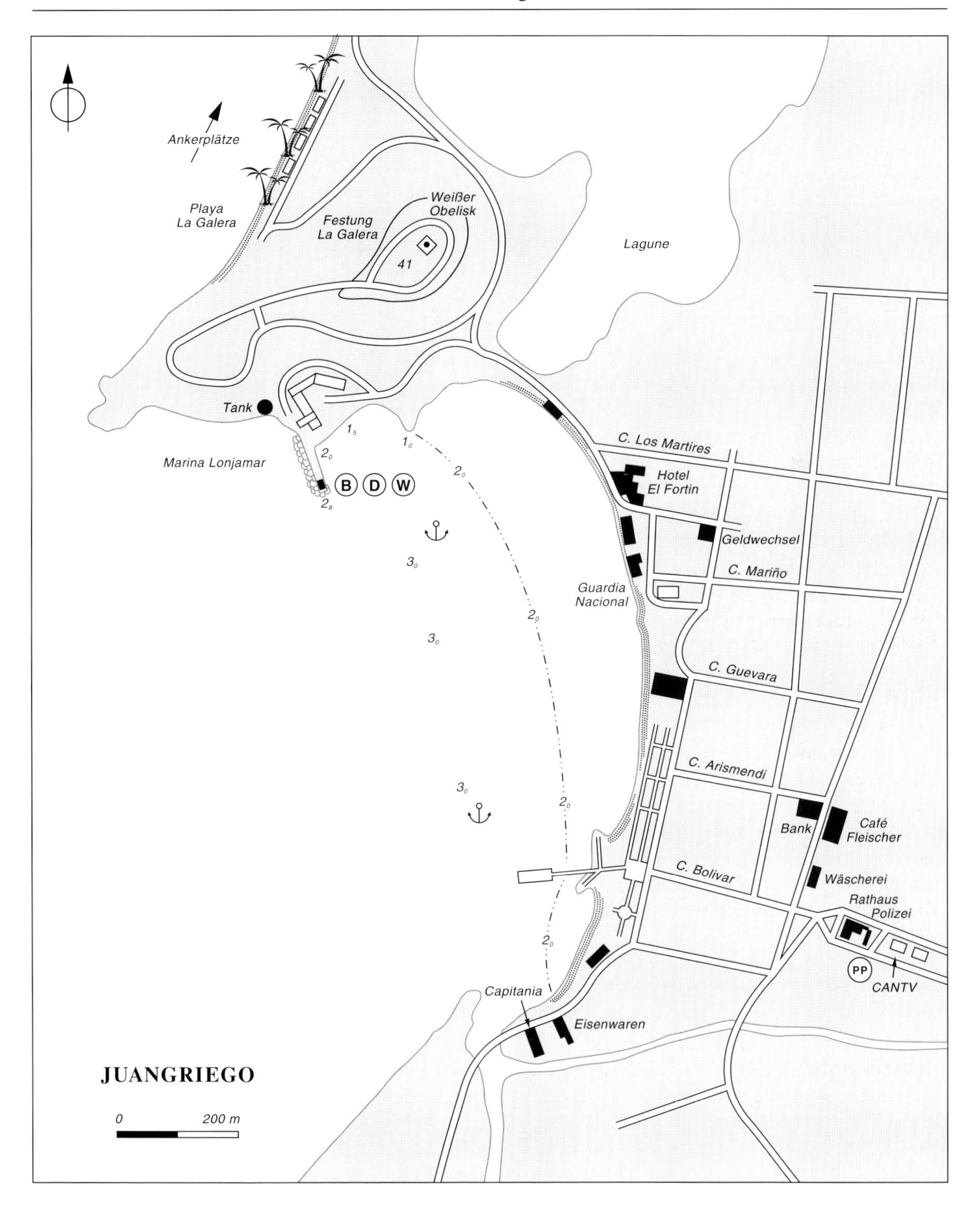
Ankerplätze
Playa
La Galera
Festung
La Galera
Weißer
Obelisk
41
Lagune
Tank
Marina Lonjamar
B D W
C. Los Martires
Hotel
El Fortin
Geldwechsel
C. Mariño
Guardia
Nacional
C. Guevara
C. Arismendi
Bank
Café
Fleischer
C. Bolivar
Wäscherei
Rathaus
Polizei
PP
CANTV
Capitania
Eisenwaren
JUANGRIEGO
0
200 m

Die Bucht von Juangriego vom Kastell aus gesehen.

Restaurants und Cafés, in denen man es stundenlang aushalten kann.
Die weitgeschwungene Bahia de Juangriego ist, wie wir finden, der schönste Naturhafen der Insel. Man liegt hier zwischen bunten Fischerbooten, umschwärmt von Pelikanen und fliegenden Fischen. Die Attraktion der Bucht ist der berühmte Sonnenuntergang.
Von den Ruinen des Forts auf dem Hügel La Galera, der die Bahia Juangriego von der Bahia La Galera im Norden trennt, hat man den schönsten Blick auf die beiden Buchten. Hier und überall im Ort wird man zur Zeit der Dämmerung von kleinen Jungen angesprochen, die dem Besucher „La Historia" erzählen wollen, die blutrünstige Geschichte dieses Ortes, natürlich in spanischer Sprache.
Die Erinnerung an die düstere Geschichte des Freiheitskampfes wird zwar gepflegt, aber der Ort stellt sich heute ausgesprochen heiter und lebensfroh dar. Im Zentrum wirkt er fast wie eine sympathische Miniaturausgabe des Einkaufszentrums Porlamar. Die meisten Geschäfte gehören Syrern und Libanesen, die ein kurioses Sammelsurium von Waren aus aller Welt anbieten.
Auch hier gibt es einen kleinen Park, der sich an die Uferpromenade anschließt. Ein Touristeninformationsstand und ein Zeitungskiosk befinden sich hier, und Straßenhändler bieten Hallacas, Empanadas und Jugo de Naranja (frisch gepreßter Orangensaft) an.
Fröhlich wirkt auch die kleine Kathedrale San Juan Evangelista mit den beiden weißgetünchten, weit leuchtenden Türmen.

Juangriego ist nicht vom Tourismus verschont geblieben: Vereinzelt findet man einige kleine Hotels, Residencias und am Ortsrand die größere Hotelanlage ,,Villas el Griego".

Ansteuerung

Bei der Ansteuerung aus N wird eine kräftige Brise das Boot schnell vorantreiben. Isla Galera liegt 5 sm von Cabo Negro entfernt, das man im Norden gerundet hat. Sie ist gut zu erkennen und stellt am Tag keine Gefahr dar. Wir haben aber zwischen Isla Galera und Punta Galera etwa im Abstand von 6 kbl zur Küste Riffe festgestellt, die nicht in der Karte verzeichnet waren. Das Wasser brach sich an ihnen, und sie waren deshalb gut zu erkennen.
Erst nachdem man Punta Galera passiert hat, tauchen die Ruinen des Forts und später die Doppeltürme von San Juan Evangelista vor dunklem Hintergrund auf. Auf die Türme hält man unter rw 120° zu.
In einigen Karten und Veröffentlichungen (US 230, Guia Maritima) wird auf eine Untiefe ,,Los Venados" hingewiesen, die eine gute Seemeile westlich des Anlegers liegen soll.
Die Karte zeigt eine schwarze befeuerte Tonne auf 5,5 m Tiefe. Die beschriebene Tonne existiert nicht. Die Lageangaben sind unsicher. Jedenfalls scheint die Untiefe keine Gefahr für Yachten darzustellen.

Ankerplätze

Bevorzugte Ankerplätze sind nördlich des Anlegers auf einer Wassertiefe zwischen 2–3 m. Der Boden ist sandig und an einigen Stellen modrig, aber gut haltend. Die Nähe der ,,Marina" Lonjamar im Norden der Bucht sollte man wegen des Bootsverkehrs von und zur Tankstelle meiden. Die Tiefen zum Ufer nehmen allmählich ab. Aufmerksamkeit erfordern die vielen Schwimmleinen, mit denen die Fischer ihre Boote in Strandnähe an Bug und Heck sichern.

Service und Versorgung

Unterhalb des Forts (El Fortin) im Norden der Bucht befindet sich die neue Marina ,,Lonjamar", die den einheimischen Fischern vorbehalten ist. Am Kopf der Mole gibt es Diesel, Benzin und Wasser. Für Müll stehen hier Container bereit. Die Stromanschlüsse funktionieren nur zeitweise, und Wasser gibt es auch nicht immer.
Die Wassertiefe beträgt nur an der Tankstelle knapp 2 m, zum Ufer hin nimmt sie schnell ab. Mit dem Boot durch das Gewirr der Leinen zu manövrieren, wenn die Fischer mit Buganker und Heckleine am Kai festgemacht haben, ist schwer. Einfacher ist es, den Kraftstoff kanisterweise mit dem Dingi zu transportieren.
Die Marina ist ein architektonisch hübsches Projekt und mit Kühlräumen, Verkaufskiosken für die Fischer, kleinen Restaurants, Büros und Sanitäranlagen ausgestattet. Aber die Fischer und ihre Kunden nehmen die Einrichtung nicht an. Fisch wird weiter am Strand zubereitet, gelagert und verkauft. Daran konnte auch die Choleragefahr nichts ändern.
Der Hafenkapitän erlaubt Seglern die Benutzung der Duschen, die ein Wärter gegen ein Trinkgeld für die Damen aufschließt. Die ungenutzten Bekken der Fischhalle lassen sich hervorragend zum Wäschewaschen zweckentfremden.
Der Besitzer des hübschen Strandrestaurants ,,El Viejo Muelle", Roberto Ardila, ist Yachties wohlgesonnen. Vor dem Restaurant liegen viele Dingis am Strand. Sie liegen hier sicher, wenn die Eigner zu Einkäufen oder Tagesausflügen unterwegs sind. Roberto ist hörbereit auf UKW-Kanal 16.
Grundnahrungsmittel kann man unweit von hier in der Calle des Martires in der kleinen Bodega ,,El Bajo" kaufen. Hier gibt es auch Petroleum und Eiswürfel in Beuteln. Viele kleine Lebensmittelläden gibt es auch in der Calle Marina.
Eine sehr gute Fleischerei fanden wir auf der Avenida Jesus Rafael Leandro. Sie heißt ,,Blatairma". Im selben Gebäude gibt es auch die vorzügliche Bäckerei und Konditorei ,,Margarita Beach", die

auch die englischsprachige Tageszeitung führt. Ein Eiscafé und die Wäscherei „Lava facil" sind wenige Schritte entfernt.
Der Markt für Obst, Gemüse, Fisch und Kleidung liegt etwas abgelegen östlich der Avenida Jesus Rafael Leandro im Hochhauskomplex. Wenn man früh hingeht, bietet er außer Frischwaren, die man nur hier erhält, manches schöne Fotomotiv.
Für Großeinkäufe empfiehlt sich der Supermercado „Virgen de los Angeles" in Los Millanes in der Nähe der Villas El Griego. Die Hinfahrt kann man mit einem PP zurücklegen. Für die Rückfahrt bestellt man beim Supermarkt ein Taxi.
Eisenwaren gibt es in der Ferreteria El Ancla südlich des Anlegers in der C. Marina und in der Casa Azul, die an der Ecke der Avenida Jesus Rafael Leandro, Calle El Fuerte liegt. Das Angebot ist jedoch nicht auf den Yachtbedarf zugeschnitten. Ein gutes Angebot an Marinefarben hat La Tienda del Pinto in der Calle El Sol.
Filme, Entwicklungen und Kopien erhält man am besten bei Foto Bahia an der Kreuzung der Calle Bolivar mit der Calle Marcano in der Nähe der Kirche San Juan Evangelista. Der Besitzer Gustavo Rodriguez ist Segler und gibt gern Informationen über sein Revier.
Die Telefongesellschaft CANTV befindet sich an der Calle Bolivar hinter dem Bürgermeisteramt (Alcaldia) und der Polizei. Von hier werden Gespräche schnell und preiswert nach Deutschland vermittelt. Ein Glas eisgekühltes Wasser ist dabei kostenfrei. Das CANTV ist durchgehend von 8.00–18.00 Uhr geöffnet. An der Außenseite sind Münz- und Kartentelefone angebracht. Telefonkarten sind in manchen Geschäften mit dem Aushang „Tarjetas" oder in der Calle Marina am Park erhältlich, wo auch Telefonapparate aufgestellt sind.
Das Briefpostamt findet man ein paar Türen weiter in derselben Straße. Ein Wechselbüro gibt es am Ende der Calle Fuerte.
Bargeld bekommt man auf Visa- oder Mastercard bei der Banco Mercantil auf der Avenida Jesus Rafael Leandro.
Eine Gasflaschenfüllstation ist in der Calle Bolivar hinter dem CANTV.
Juangriego verfügt über eine Reihe guter Restaurants. Wer den Blick auf die schöne Bucht genießen möchte, findet auch am Strand eine Reihe hübscher Lokale.
Autovermietungen gibt es im Hotel Villas El Griego im Ortsteil Millanes.
Ein eigenes Krankenhaus hat Juangriego nicht, wohl aber ein Zentrum für medizinische Versorgung (Centro de Salud) und Ärzte aller Fachrichtungen.

Robledal

Karten: Imray D 12
Position: 11°01′N / 064°23′W
Robledal ist ein sicherer Hafen im NW der wenig bewohnten Halbinsel Macanao und ein guter Ausgangshafen für Törns zum Festland, Tortuga oder den Roques.

Ansteuerung

Von Norden

Von Punta del Tigre verläuft die Küste über etwa 5,5 sm WSW nach Morro de Robledal. Es ist angebracht, sich gut freizuhalten, denn die Küste scheint im Abstand bis zu einer Meile unreiner zu sein als in der Karte angegeben. Morro de Robledal besitzt ein Leuchtfeuer auf einem schwarzen Eisengerüst (Blz. 6 s 22 m 16 sm).
Die Bahia de Robledal, nördlicher Bestandteil der Ensenada Macanao, öffnet sich, nachdem man die Punta Chiriguira 1 sm südlich von Morro de Robledal passiert hat. Vor diesem Kap erstreckt sich eine Sandbank ca. 200 m weit nach SSW. Sie ist an den Brechern und der hellen Farbe des Wassers gut zu erkennen. Man kann in die Bucht einfahren, indem man mit rw 85° auf die Mole zuhält.

Von Süden

Von Punta Arena aus erstreckt sich eine Zone mit weniger als 10 m Wasser ca. 3 sm weit nach NW und von dort mit derselben Tiefe nach NO bis El Morro de Robledal. Diese Tiefen bedeuten für die Sportschiffahrt keine Gefahr, bei westlichen Winden bildet sich hier aber eine unangenehme See.

Der Schwell vor dem Ort Boca de Pozo war sehr stark, als wir dort waren. Ein kleines Kap, das die Fischer Na Vita nennen, teilt die Ensenada de Macanao in die Bucht von Boca del Pozo und die Boca de Robledal. Nachdem man sie passiert hat, kann man auf die Mole von Robledal NO steuernd zuhalten.

Ankerplätze

Das Wasser in der Bucht ist so trübe, daß man den Grund nicht sehen kann und sorgfältig loten muß. Auf 3 m Tiefe westlich des Anlegers gibt es einen Ankerplatz auf sandigem Grund. Nördlich davon nehmen die Tiefen ab. Am Molenkopf beträgt die Tiefe bei Nippniedrigwasser knapp 1,6 m. Der Ankerplatz ist gegen östliche Winde gut geschützt. Von Norden kann allerdings Schwell in die Bucht hineinstehen.

Nach Auskunft der Fischer kann es Mitte September starken Wind aus westlicher Richtung geben, der sehr gefährlich ist. Die Entwicklung ist erkennbar an schwarzen Wolkenbänken, die im Westen aufziehen. Dann sucht die Flotte Schutz in der Bucht von Boca del Rio.

Dunkle Wolken in NW deuten auf schlechtes Wetter in der Gegend von Blanquilla, Tortuga und Islas Hermanos hin.

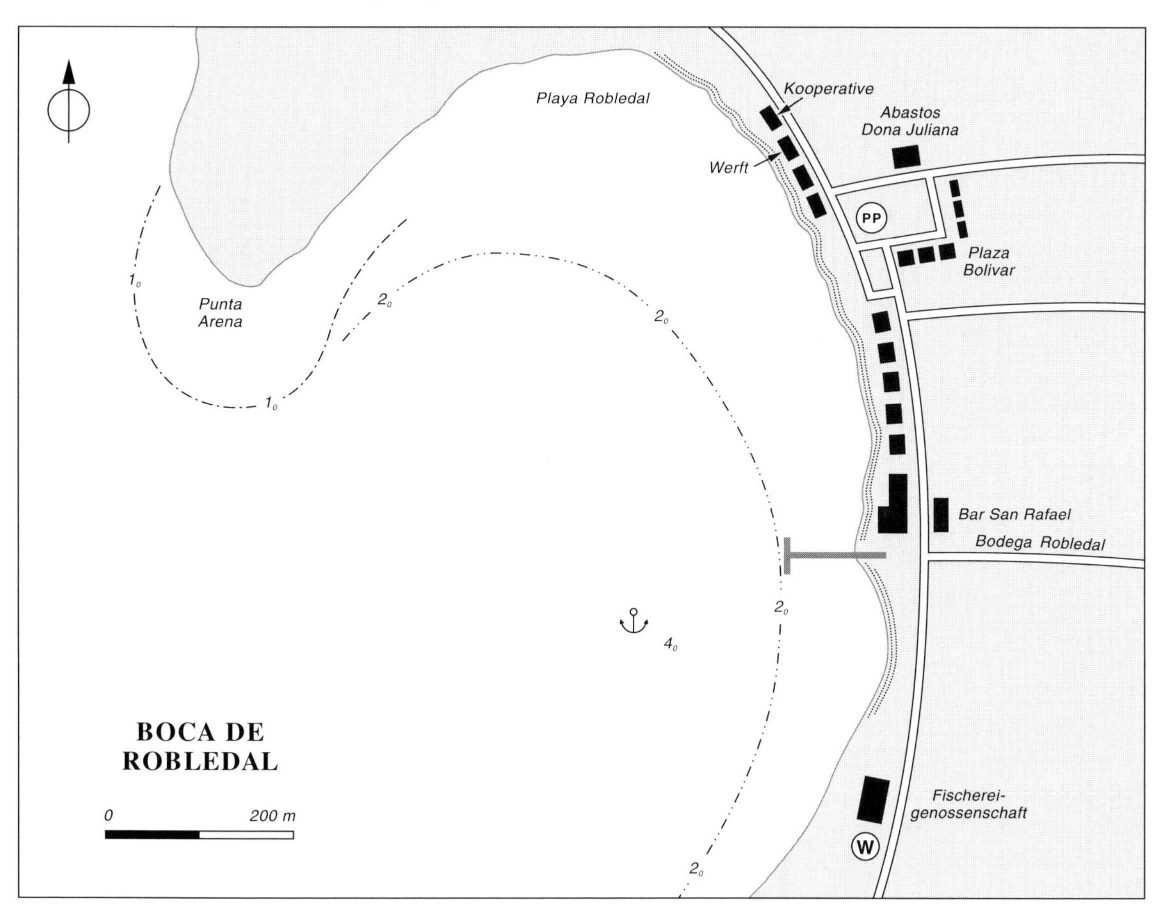

Service und Versorgung

Es gibt noch kein fließendes Wasser in Robledal. Bei Fischern kann man allerdings kleine Mengen aus Zisternen erhalten. Man hat mit der Verlegung einer Leitung von Boca del Rio aus begonnen. Diesel und Benzin sind im 4 km entfernten Boca del Pozo zu erhalten. Ein PP der Linie Restinga fährt dorthin.
Lebensmittel in kleiner Auswahl gibt es in Abastos Robledal in der Nähe der Mole. Ein reichhaltigeres Angebot hat Abastos Doña Juliana nördlich der Plaza. Hier kann man auch Gemüse, Obst und gestoßenes Eis bekommen.
Post, Telefon, Banken und einen Arzt gibt es nur in Boca del Pozo.
Es gibt die Bar „San Rafael" an der Mole und das Restaurant „El Bochinche" im Ort. Die Einwohner sind freundlich aber zurückhaltend, Tourismus ist noch unbekannt. Robledal besitzt im Nordteil der Bucht einen schönen Strand. Eine Fahrt von Robledal auf der neuen Straße entlang der Nordküste ist sehr eindrucksvoll.

Boca del Rio / Laguna La Restinga

Karten: Imray D 12
Position am Ankerplatz: 10°58′16″N / 064°10′21″W

Lage und Umgebung

Boca del Rio ist der größte Ort auf der Halbinsel Macanao. Er erstreckt sich über den ganzen westlichen Teil der Bahia de Mangle. Der Ort lebt vom Fischfang, dem Fischtransport zu entfernteren Zielen, z.B. Martinique, und dem Tourismus, denn nördlich der Brücke liegt das Naturschutzgebiet der berühmten „Laguna de la Restinga".

Ansteuerung

Wenn man von Süden kommt, sind die Picos de Maria Guevara eine gute Landmarke, während die Insel noch nicht als zusammenhängendes Gebilde erkennbar ist.
Wenn man von Osten kommt, muß man die Untiefe beachten, die sich von Punta Mangle aus nach SW erstreckt. Sie war durch eine gut sichtbare, befeuerte Untiefentonne Süd markiert (Fkl. (6) + Blk).
Nicht befeuert war das Wrack vor Punta de Piedras. Es ist bei Dunkelheit ein gefährliches Hindernis.
Nördlich des Fischereihafens von Chacachacare erstreckt sich eine Untiefe weit nach Westen. Wenn man das meereskundliche Institut im Norden der Stadt Boca del Rio unter rw 340° ansteuert, bleibt man frei von dieser Untiefe.

Eine Fahrt durch die Laguna Restinga auf der Insel Margarita.

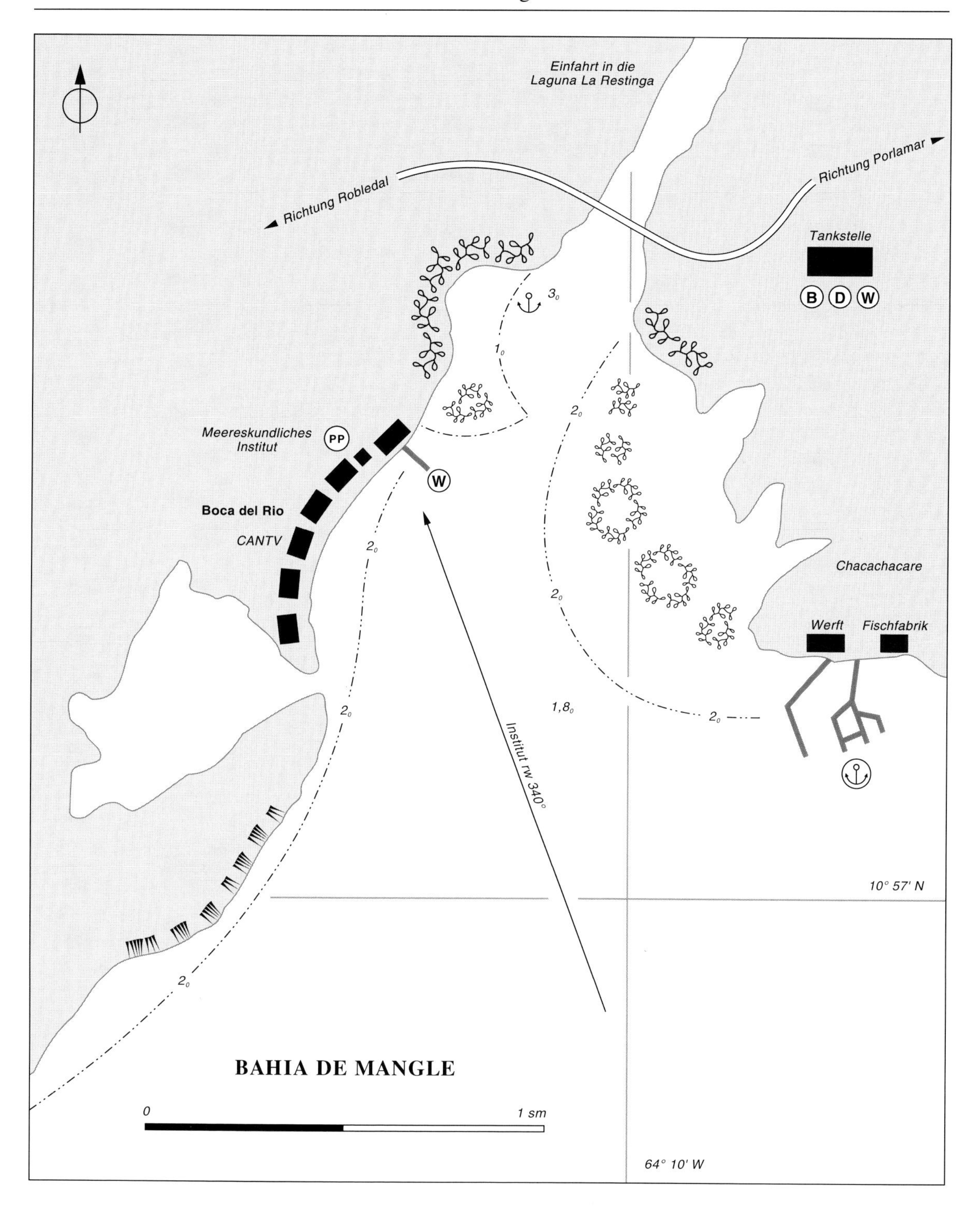
Einfahrt in die
Laguna La Restinga
Richtung Porlamar
Richtung Robledal
Tankstelle
B D W
3,0
1,0
2,0
Meereskundliches
Institut
PP
W
Boca del Rio
CANTV
2,0
Chacachacare
Werft
Fischfabrik
1,8,0
Institut rw 340°
10° 57' N
BAHIA DE MANGLE
0
1 sm
64° 10' W

Ankerplätze

Nur bei sehr ruhigem Wetter kann man vor dem Ort Boca del Rio ankern, sonst liegt man in kurzer, steiler Welle sehr unangenehm. Einen bei allen Winden sehr ruhigen Ankerplatz hat man im Nordwesten der großen Mangrovenbucht vor der Brücke. Die Einfahrt zwischen den flachen Ufern findet man, indem man am Ende der Ortschaft nach Osten schwingt, bis man den linken Brükkenpfeiler unter rw 24° peilt. Die Tiefen betragen dann zwischen 3–4 m. Sobald die Mitte der Mangrovenbucht bei diesem Kurs querab liegt, schwenkt man nach W und findet auf 3 m Tiefe einen sicheren Ankerplatz auf modrigem Grund. Das Wasser ist wegen der organischen Schwebstoffe sehr trübe.
Fischer und geschädigte Segler warnen davor, das Boot hier unbeaufsichtigt zu lassen. Es wird von zahlreichen Diebstählen berichtet. Wenn man den Ort besuchen will, macht man das Dingi am besten am Steg des Institutes fest. Der freundliche Wärter schlägt eine entsprechende Bitte nicht ab. Das Dingi ist durch Bewachung geschützt, und es ist ein guter Platz, um trockenen Fußes an Land zu gelangen.

Service und Versorgung

Es gibt einen Süßwasseranschluß am Steg, und man erlaubte uns, Wasser in Kanister abzufüllen. In der Anlage gibt es auch ein Museum für Meeresbiologie, das man unbedingt besuchen sollte.
In der Calle Marina, die am Ufer entlangführt, gibt es zwei Eisenwarenhandlungen, die auch Fischereizubehör führen, eine Bäckerei und einen Laden mit Grundnahrungsmitteln. Morgens gegen 8 Uhr wird am CANTV-Büro Obst und Gemüse von einem Lastwagen herab verkauft. Es gibt einen Getränkeladen und ein Schreibwarengeschäft mit Kopiergerät.
Es gibt keine Kartentelefone im Ort. CANTV vermittelt Gespräche, ist aber samstags und sonntags geschlossen.
Die Post liegt in einer Parallelstraße zur Calle Marina. Es gibt zwei einfache Restaurants. PPs der Linea Restinga pendeln ständig zwischen Boca del Rio und Porlamar. Die Busstation ist am CANTV. Benzin und Diesel bekommt man nördlich des Liegeplatzes an der Ostseite der Brücke. Hier liegen an der kleinen Mole immer einige Fischtransporter. Sie werden von LKWs mit Diesel und Stangeneis beliefert und erhalten Wasser über eine Leitung. In etwa 150 m Entfernung gibt es eine Tankstelle, wo man sich auch mit Benzin für den Außenborder und mit Diesel in Kanistern versorgen kann.

Die Lagune La Restinga

La Restinga liegt jenseits der Brücke. Eine Kooperative bietet Bootsfahrten zu einem festgelegten Preis von etwa DM 10,– für ein Boot, das mit 5 Personen besetzt werden kann, an. Die atemberaubende Fahrt durch das Labyrinth dauert ungefähr 30 Minuten und endet an dem langen Sandstrand, der die Lagune im Norden begrenzt und die beiden Teile Margaritas verbindet. Am Strand kann man bleiben, solange man will. Es gibt dort einige Restaurants, um Hunger und Durst zu stillen. Wenn man genug hat vom Baden in der Brandung, kann man mit einem der wartenden Boote zum Ausgangspunkt zurückfahren und bezahlen.

Chacachacare

Auf der Ostseite der Bucht ist bei dem Ort Chacachacare ein neuer Hafen gebaut worden, der nach allen Seiten gut geschützt ist. Der Hafenmeister zeigte uns voller Stolz die Anlage und erklärte uns, daß hier in der Hauptsache Fischtransporter die Fracht kleinerer Schiffe übernähmen. Diesel, Eis und Wasser wird per LKW an die Pier gefahren.
Die Schönheit der Holzschiffe und ihre Bemalung hat uns sehr beeindruckt. Gewundert haben wir uns über das leichte Ankergeschirr, das sie fahren.

Ketten sind selten zu finden, meist werden Schwimmleinen verwendet.
Im Norden des Hafens gibt es eine größere Werft, die auch über einen Travellift verfügt. Zuweilen werden auch Yachten repariert. In dem Becken südlich der Werft können auch Yachten ankern, da sie hier den Hafenbetrieb nicht behindern. Es gibt keine feste Pier, sondern nur eine Steinschüttung. Das Dingi bleibt also weiter notwendig. Offensichtlich ist der Hafen aber sicher, denn eine schweizerische Yacht lag hier seit Monaten ohne Anzeichen von Beschädigung oder Einbruch.
PPs der Linie Restinga passieren den Ort und stellen die Verbindung nach Porlamar her. Es gibt einen kleinen Laden für das Allernotwendigste.

Cubagua

Karten: Imray D 12
Position am Ankerplatz: 10°50′07″N / 064°09′36″W

Lage und Umgebung

Glücksritter aus Hispaniola gründeten 1500 die erste Stadt auf südamerikanischem Boden: Nueva Cadiz. Das trockene Cubagua war der Schauplatz dieses Ereignisses. Ein Jahr zuvor wurden dort unvorstellbar reiche Perlenbänke entdeckt und 80 Pfund Perlen nach Spanien verschifft. Nachdem die Perlenbänke Cubaguas leergefischt waren, diente Nueva Cadiz als Umschlagplatz des Sklavenhandels.
Weihnachten 1541 zerstörte ein verheerendes Seebeben die Stadt vollständig, die entsprechend einem dort gefundenen Wappen „für fünfhundert Jahre gebaut“ war. Der größte Teil der Stadt versank mit ihren Einwohnern im Meer.
Archäologen fanden gotische Wasserspeier, Säulen und einen großen Keramikkrug voller Perlen. Die Schätze kann man leider nicht am Ort, sondern nur in Caracas bewundern. Am Ort selbst ist es interessant, im kristallklaren Wasser nach den versunkenen Resten der Stadt zu tauchen.
Der Gang zu den Ruinen von Nueva Cadiz ist eine anstrengende Unternehmung. Nehmen Sie Wasser und einen Hut mit, es gibt nirgendwo Schatten. Der Großteil des Weges führt durch eine regelrechte Salzwüste, es ist ein faszinierendes Erlebnis. Die Überreste der Stadt, niedrige Mauern und geheimnisvolle Hügel wecken die Phantasie. Ein karger Betonsockel trägt eine Inschrift, die nüchtern das Datum der Entdeckung Amerikas festhält.
Einen Reiz ganz anderer Art bietet die Gegend um die Felsen, die im Norden der Insel ins Meer fallen. Dort kann man auf die Longo Jagd machen. Diese Schlange ist das schnellste Tier auf den Inseln. Sie ist bekannt für ihre aphrodisierende Wirkung und wird deshalb gejagt, gekocht und, mit Zitrone serviert, verzehrt.

Ansteuerung und Ankerplätze

Wenn man von Osten kommt, erscheint zuerst das ca. 25 m hohe Tafelplateau der Insel, später der niedrige Nordzipfel. Dieser wirkt anfangs noch wie eine eigenständige Insel, bis aus ungefähr 3 sm Entfernung auch das verbindende Tiefland sichtbar wird.
Die in den siebziger Jahren gesunkene Fähre erscheint aus der Ferne wie ein bizarrer Felsen. Das Wrack muß im Westen gerundet werden.
Anschließend bietet die Bucht Ensa de Charagato im Nordosten viele gute Ankerplätze. Man kann auf 3–4 m Wassertiefe in Höhe der Fischerhütten nahe am Ufer ankern.
Vorherrschend ist Wind aus O. Als wir im November dort waren, hatten wir tagsüber schwachen Wind aus ONO, der am Abend und in der Nacht auf N drehte und auffrischte. Das verursachte etwas Seegang am Ankerplatz. Gegen Morgen wehte es schwach aus S.
Das Leuchtfeuer auf Punta Charagato (Blz. 3 s 10 m 15 sm) brannte nicht, wohl aber das Feuer auf Punta Brasil (Blz. 8,5 s 30 m 10 sm), der NW-

Huk der Insel, das für die Ansteuerung von Punta de Piedras bei Dunkelheit sehr wichtig ist. Die Insel hat den letzten mückenfreien Ankerplatz vor dem Festland, wo einen allerlei fliegende Plagen erwarten.
Die Fischer, die hier in einem Rancho leben, kommen meist aus Araya. Sie waren sehr freundlich, bewachten unser Dingi während unseres Ausfluges zu den Ruinen von Nueva Cadiz und verkauften günstig Fisch.
Es gibt sicher weitere Ankerplätze im Westen der Insel mit Schutz vor den Ostwinden. Aber die Suche erfordert etwas Zeit, da es keine genauen Karten gibt und Sandbänke hier schnell ihre Lage und Tiefe verändern.

Isla Coche

Karten: Imray D 12

Lage und Umgebung

Isla Coche liegt im SO des Canal de Margarita. Die Insel wurde im 16. Jh. wegen ihrer Perlenbänke und reichen Salzvorkommen besiedelt. Es soll noch heute Perlenaustern geben, es ist jedoch verboten, danach zu tauchen.
Der größte historische Moment kam für Coche am 25.4.1815. An diesem Tage sank unmittelbar vor der Küste die „San Pedro de Alcantara", das Flaggschiff der Flotte, die General Morillo mit 15000 Soldaten nach Venezuela brachte, um den Aufstand der Kolonie niederzuwerfen. Das Schiff liegt heute immer noch an derselben Stelle auf dem Meeresgrund.
Die Insel wirkt auf den ersten Blick wie eine Wüste. Die Salinen und der fünf Kilometer lange, weiße Sandstrand locken mit Einsamkeit. Im Inneren erheben sich bis zu 60m hohe, rundliche Hügel in kräftigen Erdfarben, bewachsen mit Kakteen und Gestrüpp. Die Orte an der Küste sind weitläufig, grün und voll herrlicher Fotomotive.
Wie Margarita wird auch diese Insel durch einen Nebenarm der Wasserleitung von Turimiquire mit Wasser versorgt, leidet aber, obwohl vom Tourismus verschont, unter Wassermangel.
San Pedro, der größte Ort, windet sich um die W-Spitze der Insel herum. Das schöne Zentrum des Ortes ist über die Jahrhunderte weitgehend unversehrt geblieben. Die alten, teils verblichenen, teils bunt gestrichenen Fassaden der ziegelgedeckten Häuser vermitteln eine ansteckende Gelassenheit.

Ansteuerung

Die Insel läuft im NW in eine niedrige, mit wenigen Palmen bestandene Landzunge aus, die Punta La Playa heißt. Von hier erstreckt sich fast 2sm nach NW eine gefährliche Untiefe, die durch eine befeuerte Untiefentonne (Nord) gekennzeichnet ist. Die Tonne ist gut auszumachen, arbeitete aber nicht.
Da die Untiefen im Kanal wegen der starken Westströmung ihre Lage verändern, fuhren wir auf unserem Kurs von rw 260° noch etwa 1,5sm über die Tonne hinaus, bis wir die W-Huk Punta El Boton rw 160° peilten. Auf diesem Kurs fuhren wir bis in den Leebereich der Insel und hielten dann unter rw 105° auf ein festungsähnliches Gebäude auf einem Hügel zu.
Es handelt sich um die mehrere Jahre alte Bauruine einer Kirche nördlich des Anlegers. Am Anleger legen auch Autofähren aus Margarita an.
Die Ansteuerung bei Dunkelheit ist nicht zu empfehlen, solange die wichtige Untiefentonne Nord nicht zuverlässig befeuert ist. Auch der Fähranleger ist nicht befeuert, nicht einmal die Molenbeleuchtung funktioniert.

San Pedro

Position am Ankerplatz: 10°47′35″N / 063°59′27″W
Wir ankerten etwa 1 kbl nördlich des Fähranlegers auf 3m Tiefe in der Bucht, die in der Imray D12 „Samphire Bay" genannt wird. Der Anker hält in

Landschaft auf der Insel Coche.

dem harten Sand sehr gut. Das Wasser ist ein wenig trübe. Der Wind war stark und sang in den Wanten, aber das Wasser war völlig ruhig, es gab keinen Schwell.
Die Bucht eignet sich bis zur Nordspitze als Ankerplatz. Die 3-m-Linie reicht bis nahe an die wunderschönen Strände, vor denen nur am Wochenende einige Ausflugsboote aus Margarita liegen.
An der Südseite des Fähranlegers kann man das Dingi gut festmachen, aber Kinder werden sogleich mit ihm spielen.
Etwa 0,5 sm südwestlich des Fähranlegers gibt es einen kleinen Anleger für Ausflugsboote, der auch von Dingis benutzt werden kann. Er gehört zu dem hübschen Restaurant „El Bohio". Von hier hat man einen prachtvollen Blick auf das Meer. Man kann auch in ca. 300 m Entfernung zum Ufer vor dem Restaurant ankern. Der Besitzer verspricht größtmögliche Sicherheit vor Diebstahl.

Service und Verpflegung

Wasser kann man in Kanistern im Restaurant am Fähranleger abfüllen. Duschen gibt es nicht. Diesel und Benzin verkaufen die Fischer neben dem Restaurant. Im Ort gibt es einen Reparaturservice für Außenborder, eine Eisenwarenhandlung, CANTV, Post und eine Bank. Das größte Lebensmittelgeschäft ist „Abastos Luzcar" in der Calle Villalba. Dort gibt es auch frisches Brot.
Falls die Crew ein Hotelzimmer mieten möchte, hat sie die Wahl zwischen dem preiswerten Hotel „Villa El Rey" im Zentrum und dem luxuriösen „Hotel Isla de Coche" an der Punta El Boton. Dieses Hotel hat ein berühmtes Restaurant, das von

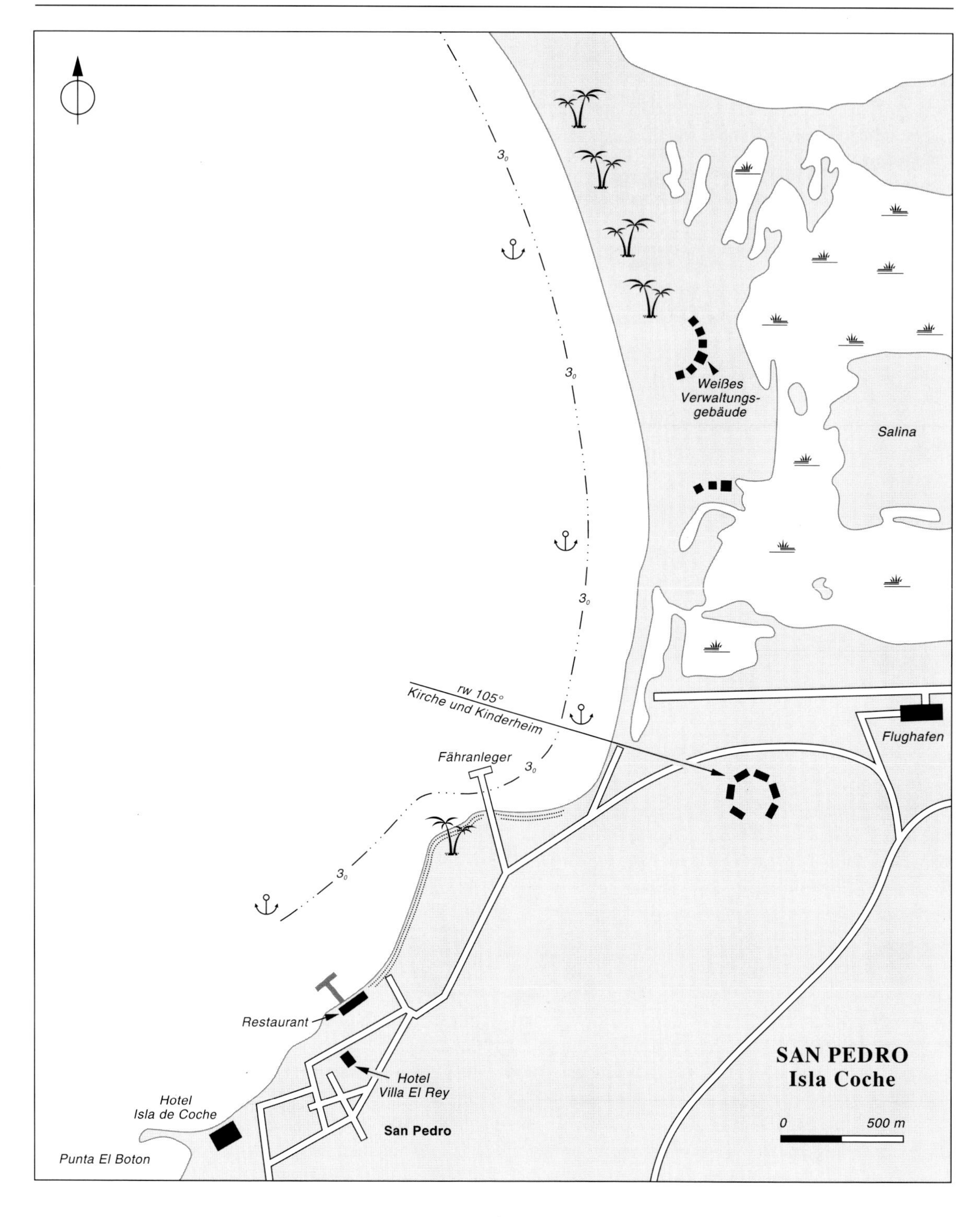

3₀
Weißes Verwaltungs-gebäude
Salina
rw 105°
Kirche und Kinderheim
Fähranleger
Flughafen
Restaurant
Hotel Villa El Rey
Hotel Isla de Coche
San Pedro
Punta El Boton
SAN PEDRO
Isla Coche
0
500 m

betuchten Margariteños häufig mit der Fähre oder dem Flugzeug besucht wird.
Ein einfaches, aber sehr stimmungsvolles Restaurant ist das „El Bohio de Doña Carmen“ am Strand in der Nähe des Zentrums. Dort kann es passieren, daß einer der Gäste plötzlich zur Quatro greift, einer vierseitigen venezolanischen Mandoline, und ein Lied von der Schönheit Coches singt, in das die anderen Gäste einstimmen.

Von San Pedro aus fahren PPs zurück zur Anlegestelle und zu allen Orten der Insel. PPs sind lastwagenartige Fahrzeuge mit Sitzbänken auf der Ladefläche. Eine Fahrt mit dem PP eignet sich gut dafür, die Insellandschaft zu erkunden.

El Bichar

Karte: Imray D 12

Ein hübscher Ankerplatz ist vor dem Ort El Bichar etwa 3 sm südöstlich von San Pedro in der El Saco genannten Bucht.
Wenn man von N kommt, muß man auf die Untiefe vor Punta El Boton achten, die sich über 1 sm nach WSW erstreckt. Am sichersten ist die Einfahrt in die Bucht El Saco aus SW. Vor Punta Conejo liegen Felsen. Die Tiefen im Inneren der Bucht betragen 6 m. Sie nehmen besonders zum Süd- und Ostufer schnell ab. Es muß sorgfältig gelotet werden, da das Wasser trübe ist.
Auch hier kann der Wind stark wehen, aber der Liegeplatz wird nie unangenehm, versichern die Fischer, auch dann nicht, was selten geschieht, wenn der Wind aus NW kommt.
Vor dem Restaurant „El Pescador de la Isla“ kann man das Dingi an den Strand ziehen. Cesar Salazar, der das hübsche Restaurant führt, hat ein wachsames Auge darauf, wie auch auf die ankernde Yacht.
In El Bichar gibt es eine Tankstelle, die Benzin und Diesel verkauft. Wasser holt man in Kanistern in den Restaurants am Strand, dort bekommt man auch Eis in Beuteln. Es gibt kleine Lebensmittelläden und ein winziges CANTV.

Isla La Blanquilla

Karte: Imray D 14
Position Pta. Cabecera: 11°49′N / 064°34′W

Lage und Umgebung

La Blanquilla liegt abseits der ausgetretenen Pfade des Yachttourismus ungefähr 50 sm nordwestlich von Margarita.

Ansteuerung

Isla La Blanquilla erhebt sich nur bis zu 20 m über dem Meeresspiegel und kann deshalb erst spät ausgemacht werden, aber Isleta Gruesa aus der Gruppe der Islas Hermanos, die im SO von La Blanquilla liegt, ist 220 m hoch und schon aus großer Entfernung zu erkennen. Im Abstand von mehr als 100 m zur Küste dieser Inseln gibt es keine gefährlichen Hindernisse.

Ankerplätze

Der Ankerplatz südlich der Punta de la Aguada im Westen der Insel liegt vor einem sehr schönen Strand. Der Platz ist an drei Palmen, die am Strand stehen, zu erkennen. Ankern kann man auf etwa 5 m Wassertiefe.
Eine besondere Attraktion ist die „Grotten-Bucht“ nördlich von Punta de la Aguada. Grotten rahmen die kleine Bucht auf beiden Seiten. Im Scheitel der Bucht liegt ein hübscher weißer Sandstrand. Manchmal steht Schwell in die Bucht, und die Yachten rollen.
Im Süden der Insel liegen ein Fischerdorf und eine Militärbasis. In der Mitte der Bucht gibt es ausreichend Wassertiefe und gut haltenden sandigen Ankergrund. Manchmal steht auch Schwell hinein. Störend ist der Lärm der Stromgeneratoren der Militärbasis. In Notfällen kann man hier Wasser oder Diesel bekommen.
Ein Leuchtfeuer oberhalb der Bucht hat die Kennung Blz. 15 s.

Isla La Tortuga

Karten: Imray D 13, D 14, DMA 24441

Lage und Umgebung

Normalerweise laufen Segler Tortuga nur für einen Zwischenstopp auf dem Wege nach Los Roques an. Aber die Insel verdient auch längere Aufenthalte, denn eine Reihe schöner Ankerplätze, kilometerlange weiße Sandstrände und Wasser von kristallener Klarheit sind eigentlich genau das, was man sich unter einem karibischen Para-

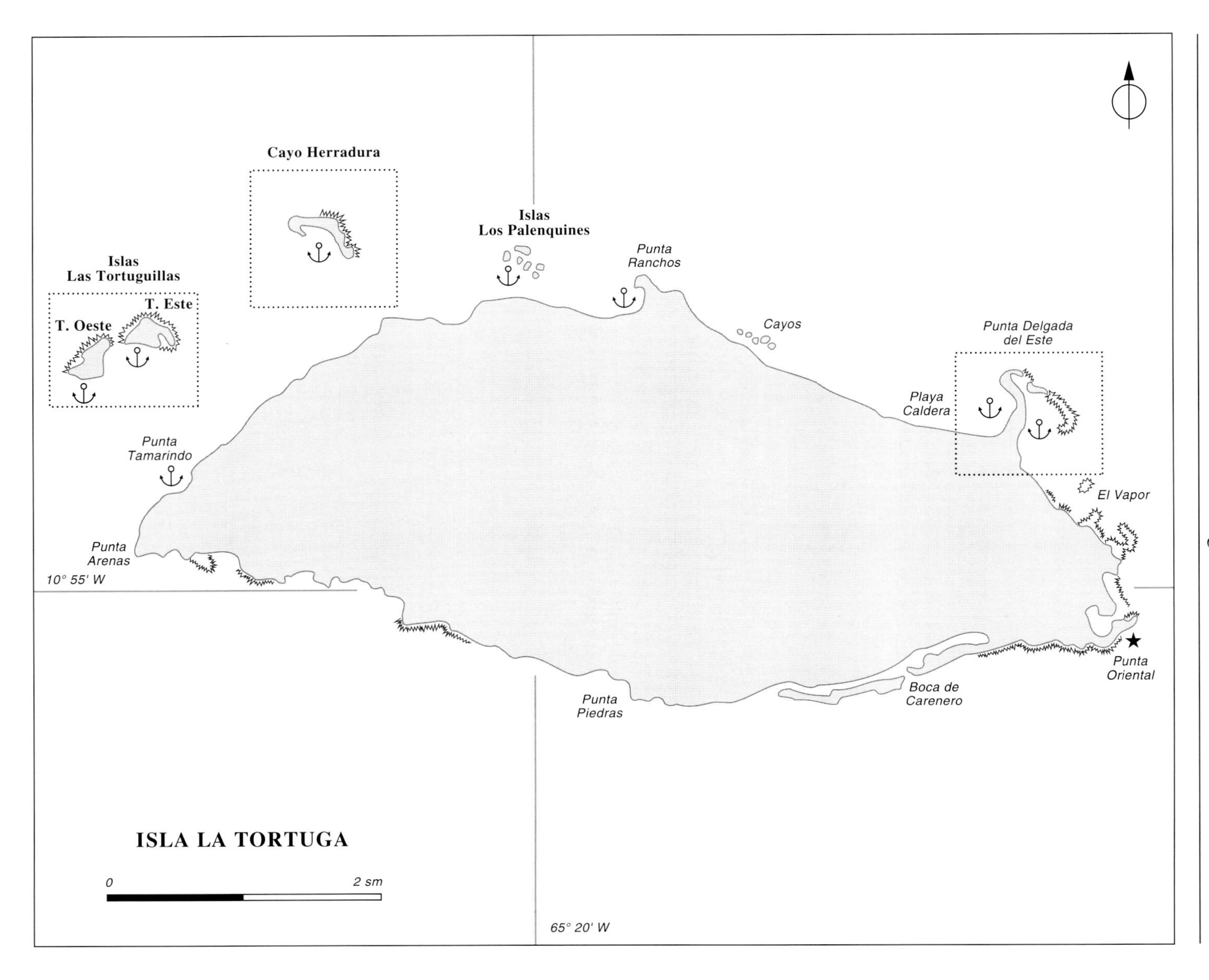
Cayo Herradura
Islas
Los Palenquines
Islas
Las Tortuguillas
T. Este
T. Oeste
Punta
Ranchos
Cayos
Punta Delgada
del Este
Playa
Caldera
El Vapor
Punta
Tamarindo
Punta
Arenas
10° 55' W
Punta
Oriental
Boca de
Carenero
Punta
Piedras
ISLA LA TORTUGA
0
2 sm
65° 20' W

dies vorstellt. Ungefähr 53 sm von Puerto La Cruz oder 50 sm von Isla Margarita entfernt, ist Tortuga mit einem Nachttörn zu erreichen.
Die Insel ist sehr niedrig und deshalb erst aus 9 sm Abstand auszumachen. Nachdem sie sich schließlich flach und langgestreckt über der Kimm erhebt, wird auch Punta Delgada del Este im NO am Mangrovenbewuchs erkennbar. Darauf muß man zuhalten, wenn man in Playa Caldera ankern will.

Ansteuerung

Punta Delgada liegt etwa 4 sm NNW-lich von Punta Oriental, der Südosthuk von Tortuga. Ihr Leuchtfeuer Punta Oriental steht auf einem auch am Tag gut sichtbaren weißen Metallgerüst (16 m) mit schwarzen Streifen (Blz. 7 s 14 sm). Punta Delgada stellt den nördlichsten Punkt eines niedrigen und engen Landzipfels dar, der sich ca. 1 sm seewärts erstreckt. Von Punta Oriental reicht eine Landzunge etwa 0,5 sm weit nach ONO. Zwischen diesem Punkt und Punta Delgada betragen die Wassertiefen in einer wechselnden Entfernung von 4–8 kbl weniger als 10 m. Je nach Windrichtung und -stärke können die Wellen hier kurz und unangenehm werden.
Teilweise dehnen sich die trockenfallenden Riffe, die die Küste nördlich von Punta Oriental in einer Länge von 2,5 sm säumen, bis zu 0,5 sm seewärts aus. 2 sm nördlich von Punta Oriental und 4 kbl seewärts liegt der Überwasserfelsen El Vapor, umgeben von einem Ring von Riffen.
Das trockenfallende Riff, das sich von Punta Delgada nahezu 1 sm nach SO erstreckt, ist teilweise mit Mangroven bewachsen und erscheint aus der Ferne wie eine eigenständige Insel. Vor dem Riff brechen sich die Wellen.

Playa Caldera

Position am Ankerplatz: 10°57′19″N / 065°13′34″W
Wenn man Punta Delgada gerundet hat, öffnet sich die Bucht Playa Caldera. Man muß der Westhuk von Punta Delgada weiten Raum geben, da sich Riffe nach Süden und weiter als in der Karte eingezeichnet nach Westen erstrecken. Gewöhnlich brechen sich die Wellen auf dem Riff und zeigen so den erforderlichen respektvollen Abstand an. Innerhalb der Bucht kann man sich dem Strand nähern, bis man gut haltenden Sandgrund auf 3–4 m Tiefe findet. An einigen Stellen ist der Grund mit Seegras bewachsen. Diese Stellen haben eine dunklere Färbung. Dort sollten Sie den Anker nicht fallen lassen. Es steht kein Schwell in die Bucht hinein, und es ist hier himmlisch ruhig.
Mit dem Dingi kann man am flachen Strand gut anlanden. In wenigen Minuten kann man die Landzunge von West nach Ost überqueren, im seichten türkisfarbenen Wasser der Lagune baden und im Schatten der Mangroven ausruhen. Man kann die Lagune auch bis zu dem Riffgürtel durchwaten und einen kleinen Strand auf der gegenüberliegenden Seite besuchen.

Laguna de Punta Delgada

Es gibt einen Ankerplatz innerhalb des im Osten vorgelagerten Riffs von Punta Delgada, der von Fischerbooten benutzt wird. Wir haben den Platz mit dem Dingi ausgelotet und Tiefen von 1,5–2 m festgestellt. Die Lagune ist durchsetzt mit Riffen und Bodenerhebungen, so daß es schwer ist, eine genaue Passage zu nennen. Deshalb muß sorgfältig gelotet werden. Wir würden den Ankerplatz nur Booten, die weniger als 1,6 m Tiefgang haben, empfehlen.
Die Einfahrt in die Lagune findet man im südwestlichen Teil des Riffgürtels. Dort gibt es zwei Öffnungen. In der westlichen Öffnung versperrt eine Sandbarre in 1,2 m Tiefe den Weg, deshalb kommt nur die östliche Öffnung als Einfahrt in Frage. Man fährt unter rw 275° auf eine auffällige rote Fischerhütte zu. An Stb. begrenzt ein Riff mit scharfen Köpfen den Kanal, an Bb. gibt es unregelmäßige Ausläufer des südwestlichen Riffs.
Die Einfahrt kann nur bei guten Wetter- und Sicht-

Herradura, Ankerplatz im Westen der Insel (o.),
Las Tortuguillas.

Francisqui Medio, Ankerplatz mit Blick auf Gran Roque.

Parade of Bands, Karnevals Dienstag (o.), Wettbewerb der „Kings“.

Die kleine Insel Sarqui in den Los Roques (o.), Pelikan und Möwen im Kampf um einen Fisch.

bedingungen unternommen werden. Bei starkem Surf ist die Ansteuerung schwierig bis gefährlich. Der Ankerplatz liegt dann im Schnittpunkt rechtweisender Peilungen von 10° zum Südostende des Mangrovenbestandes, 280° zum roten Haus und 120° zum Ostende des südwestlichen Riffs auf 3 m Tiefe. Als wir die Lagune besuchten, war der Ankerplatz sehr ruhig. Der Wind wehte gerade aus SW, was selten ist. Bei SO-Wind sieht es anders aus.
Die Einfahrt in den nördlicheren Teil der Lagune ist nur mit dem Dingi möglich. Landeplätze gibt es am Strand vor den Fischerhütten. Dort kann man auch Fisch und Hummer kaufen.

Die Nordküste von Tortuga

Hier gibt es einige vorgelagerte Riffe, besonders in der Nähe von Punta Ranchos. Die Islas Los Palenquines liegen nur 0,5 m über dem Wasser und sind bei schlechter Sicht schwer auszumachen. An der gesamten Nordküste ist die Brandung für gewöhnlich sehr stark.

Punta Ranchos

Die Karte zeigt in der Ensa Punta Ranchos südwestlich von Punta Ranchos einen Ankerplatz. Die Bucht besitzt einen schönen weißen Sand-

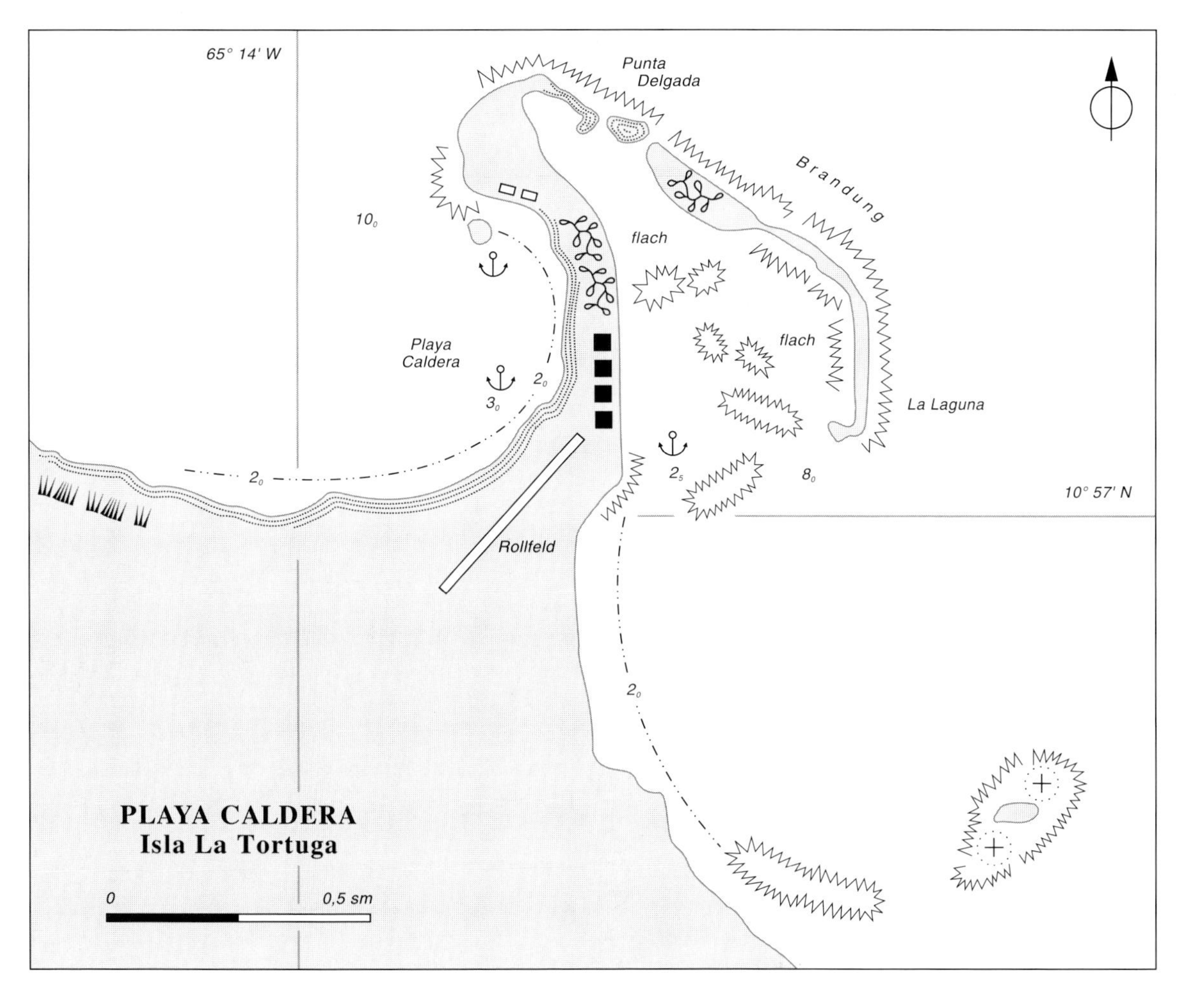

Die Ankerbucht Playa Caldera, Tortuga.

strand mit hohen Dünen im Hintergrund. Bei etwa 25 Knoten Wind aus NO war es hier so ungemütlich, daß wir den Ort als Ankerplatz verwarfen. Die Wassertiefen nehmen rasch ab. Deshalb war es uns nicht möglich, dichter ans Ufer heranzufahren, um eine bessere Abdeckung zu finden.

Islas Los Palenquines

Position am Ankerplatz: 10°59′16″N / 065°20′13″W
Ungefähr 1,5 sm westlich von Punta Ranchos liegen die Islas Los Palenquines. Sie bilden ein nach SW offenes Hufeisen und bestehen aus toten Korallen. Die Inselchen erheben sich teilweise weniger als 0,5 m über Wasser und haben keinen Strand. Sie geben keinerlei Windschutz. Bei schlechten Lichtverhältnissen sind sie schwer auszumachen und oft erst aus der Nähe an der Brandung zu erkennen.
Manche Karten zeigen eine schmale Passage zwischen Islas Los Palenquines und der Nordküste von Tortuga. Wir halten diese Passage bei starken östlichen Winden für unsicher und empfehlen, das Riff im Norden zu passieren. Ankern ist im Westen des Riffs auf 4 m möglich. Der Ankergrund besteht aus Korallentrümmern und gibt deshalb unsicheren Halt.

Cayo Herradura

Karten: Imray D 14, DMA 24441
Position am Ankerplatz: 10°59′30″N / 065°22′49″W
Cayo Herradura ist eine Insel in NW von Tortuga, etwa 1 sm von der Küste entfernt. Wir wählten bei der Ansteuerung die Passage zwischen der Nordküste von Tortuga und Cayo Herradura. Dabei gaben wir dem Südzipfel von Cayo Herradura ca. 8 kbl Raum, einmal wegen des Korallenriffs El Juguete de Dios, das sich 3 kbl weit vom Südzipfel der Insel aus nach SW erstreckt und über dem sich die Wellen brechen, zum anderen wegen der Untiefen und Felsen, die sich bis zu 8 kbl weiter nach SW erstrecken, wie auf der Karte Imray D 14 angegeben ist.
Es ist auch reizvoll, Herradura in Luv zu passieren, das Nordwestkap zu runden und dann in die

Bucht einzulaufen. Am Nordkap setzt der Strom mit 1–1,5 kn nach NW.
Die Riffe in der Mitte der halbmondförmigen Bucht haben wir selbst dann nicht gefunden, als wir vom Dingi aus danach suchten. Auch die Fischer wußten nichts von ihrer Existenz.
Abgesehen vom nördlichen Teil der Bucht, der sehr flach ist, kann man für jeden Tiefgang einen Ankerplatz auf gut haltendem Sandgrund finden. Es gibt einige mit Seegras bewachsene Flecken, die man leicht meiden kann, denn das Wasser ist klar und der Grund gut zu sehen. Bei dem Wunsch, möglichst nah ans Ufer zu kommen, muß man einen Tidenhub von ca. 0,5 m berücksichtigen.
Mit dem Dingi kann man überall am Strand anlanden. Es gibt einen Leuchtturm auf einem 20 m hohen Stahlgerüst (Blz. 10 s 11 sm), der zu dieser Zeit arbeitete.
Der Besuch ist lohnend. Die Insel bildet einen

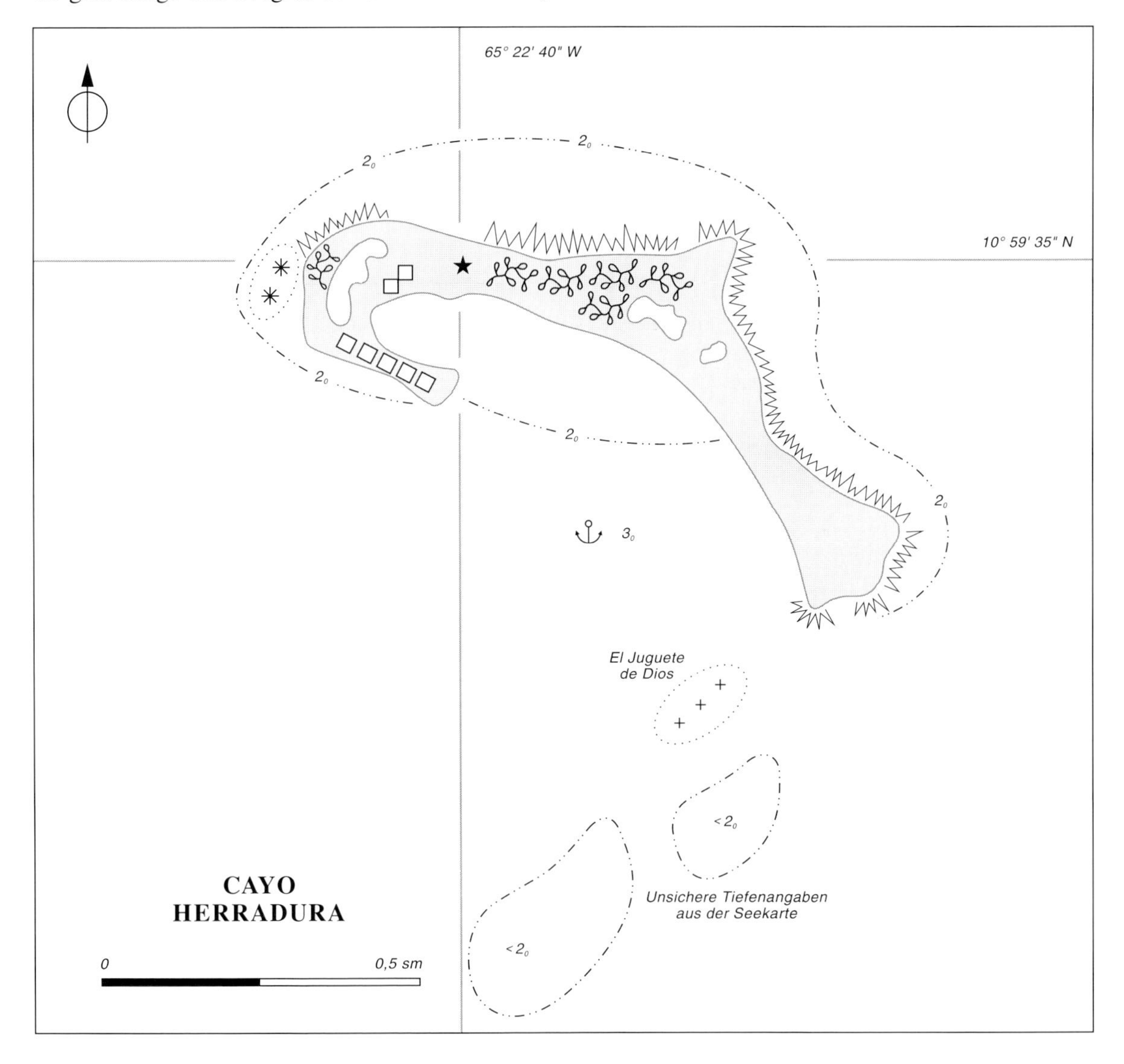

Fischerhütten in NW von Herradura.

weiten, nach Westen offenen Bogen. Im NW gibt es eine auf Pfählen erbaute Fischerkolonie, im Süden läuft die Insel sanft ins Meer aus. Das Wasser zeigt alle Grün- und Blaunuancen. Am Strand findet man eine Fülle seltener Muscheln und bizarr wirkende Reste von Fächerkorallen.

Las Tortuguillas

Karten: Imray D 14
Position am Ankerplatz: 10°57′47″N / 065°26′05″W

Lage und Umgebung

Die beiden „kleinen Schildkröten" 2,5 sm SW-lich von Herradura werden selten besucht. Sie sind unbewohnt und bieten keine zivilisatorische Annehmlichkeit. Die Schönheit der weiß leuchtenden Strände und des smaragdgrünen Wassers aber ist überwältigend. Im Inneren zeigen die Inseln einen großen Artenreichtum an Vegetation, den die stärker besuchten Inseln nicht bieten. Beide Eilande besitzen zum Meer hin offene Lagunen mit seichtem Wasser und Korallen. Die östliche Insel hat zudem eine bräunliche mangrovenumstandene Innenlagune, wie man sie auf den Roques häufig findet.

Ansteuerung

Von Herradura aus kann man den Mangrovensaum der 2,5 sm entfernten Ostküste erkennen. Imponierend sind die großen Sanddünen an der Ostseite.
Nachdem wir den Südwestzipfel von Tortuguillo Este gerundet hatten, sind wir mit rw 350° auf den in der Karte ausgewiesenen Ankerplatz in SW der östlichen Insel zugefahren. Aber die Wassertiefe nahm schnell ab. Als YONA, die 1,8 m Tiefgang hat, bei HW nur noch 0,5 m Wasser unter dem Kiel hatte, drehten wir ab. Zu diesem Zeitpunkt waren wir immer noch sehr weit vom Ufer entfernt, von einzelnen Korallenköpfen bedroht und einem üblen Schwell ausgesetzt, der durch die Öffnung zwischen den beiden Inseln im Norden hereinstand. Wir sind der Meinung, daß für Boote mit größerem Tiefgang nur bei sehr ruhigen Wetter-

verhältnissen das Ankern zwischen den beiden Inseln im Süden angenehm ist.

Ankerplätze

Position am Ankerplatz: 10°57′47″N / 065°26′05″W
Zu unserer Überraschung fanden wir einen sehr angenehmen Ankerplatz im Süden von Tortuguillo Oeste, östlich einer Riffuntiefe auf 3 m Wasser über gut haltendem Sandgrund. Wegen einzelner Korallenköpfe muß man kontrollieren, ob sich der Anker eingegraben hat und genügend Kettenvorlauf gesteckt ist. Wir lagen bei NO-Wind sehr ruhig.

Isla La Orchila

Karten: Imray D 2, DMA 24423
Position des Leuchtturms: 11°48′N / 066°12′W

Isla La Orchila liegt etwa 65 sm NW-lich von Tortuga entfernt. Viele, die über Nacht von Tortuga nach Los Roques segeln, sehen von der Insel nur die Leuchtfeuer und die Lichter, die offensichtlich zu einer Siedlung im Westen der Insel gehören. Als wir die Insel passierten, glaubten wir aufgrund der Informationen, die wir bekommen hatten, daß der Besuch der Insel strikt verboten wäre, da sie militärisches Sperrgebiet sei. In Gran Roque erfuhren wir, daß der Besuch seit einiger Zeit

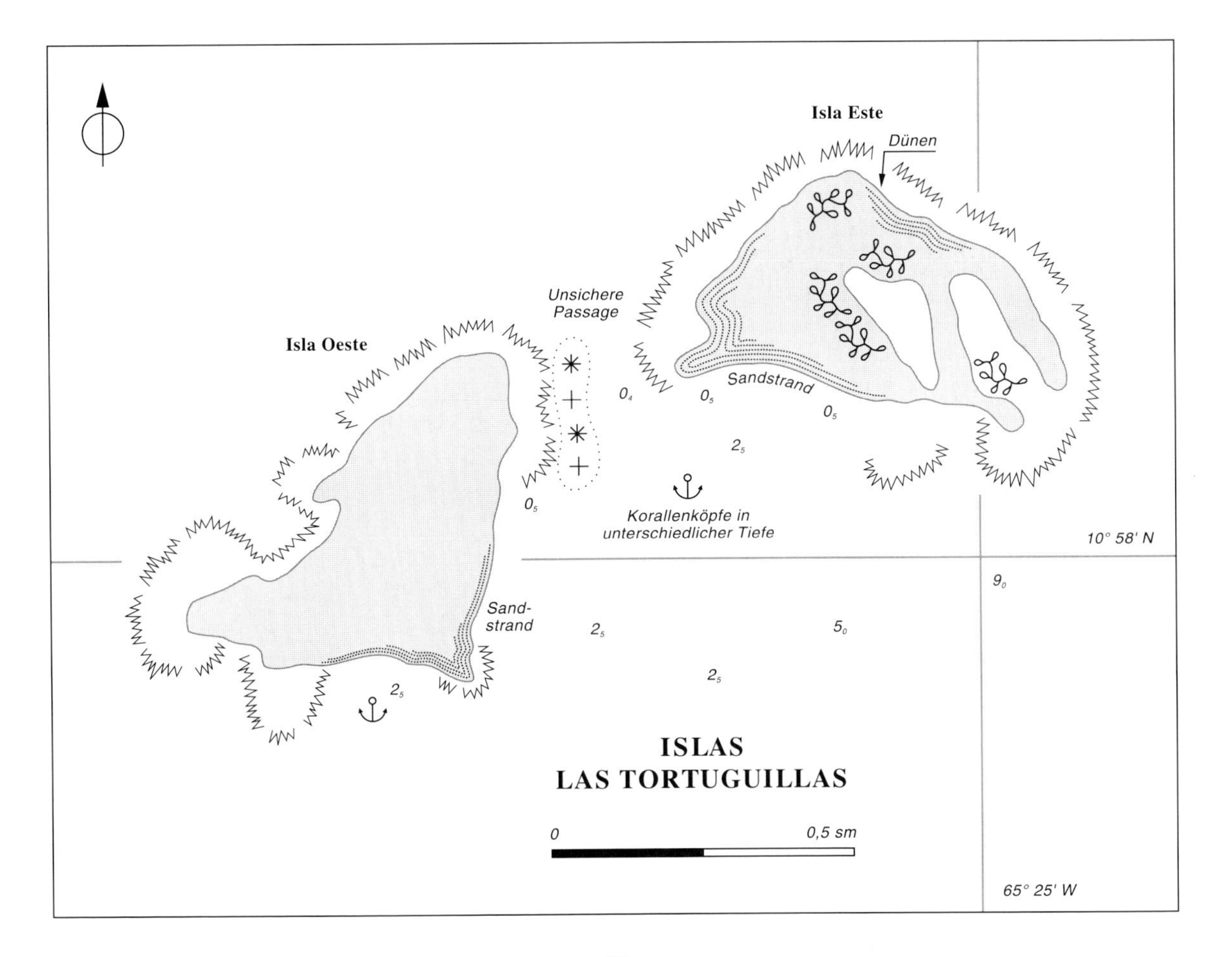

mit einer Genehmigung, die man beantragen muß, möglich ist.
Fischer haben die Schönheit der Insel, ihre sicheren Ankerplätze, die Einzigartigkeit der Riffe und den Fischreichtum mit einer solchen Begeisterung beschrieben, daß wir sie bei nächster Gelegenheit besuchen wollen.
Bei der nächtlichen Überfahrt sind die Lichter der Insel eine gute weithin sichtbare Navigationshilfe, die der Militärbasis sind schon aus 18 sm Entfernung zu sehen.
Es gibt zwei Leuchtfeuer auf der Insel: eines auf dem SW-Zipfel und eines auf dem Mont Walker in 137 m Höhe.

Los Roques

Karten: Imray D 22, BA 1966, 1480, 1523

Lage und Umgebung

Etwa 75 sm vom Festland entfernt liegt der berühmteste Archipel Venezuelas und neben den Las Aves der vermutlich schönste der gesamten Karibik.
Aus kristallklarem Wasser, das alle Nuancen von Grün und Blau zeigt, erheben sich in einem Ringoval etwa 350 flache Inseln mit feinsten weißen Sandstränden. Vierzig Inseln haben einen Namen,

Fischerboot in der inneren Lagune von Francisqui Arriba.

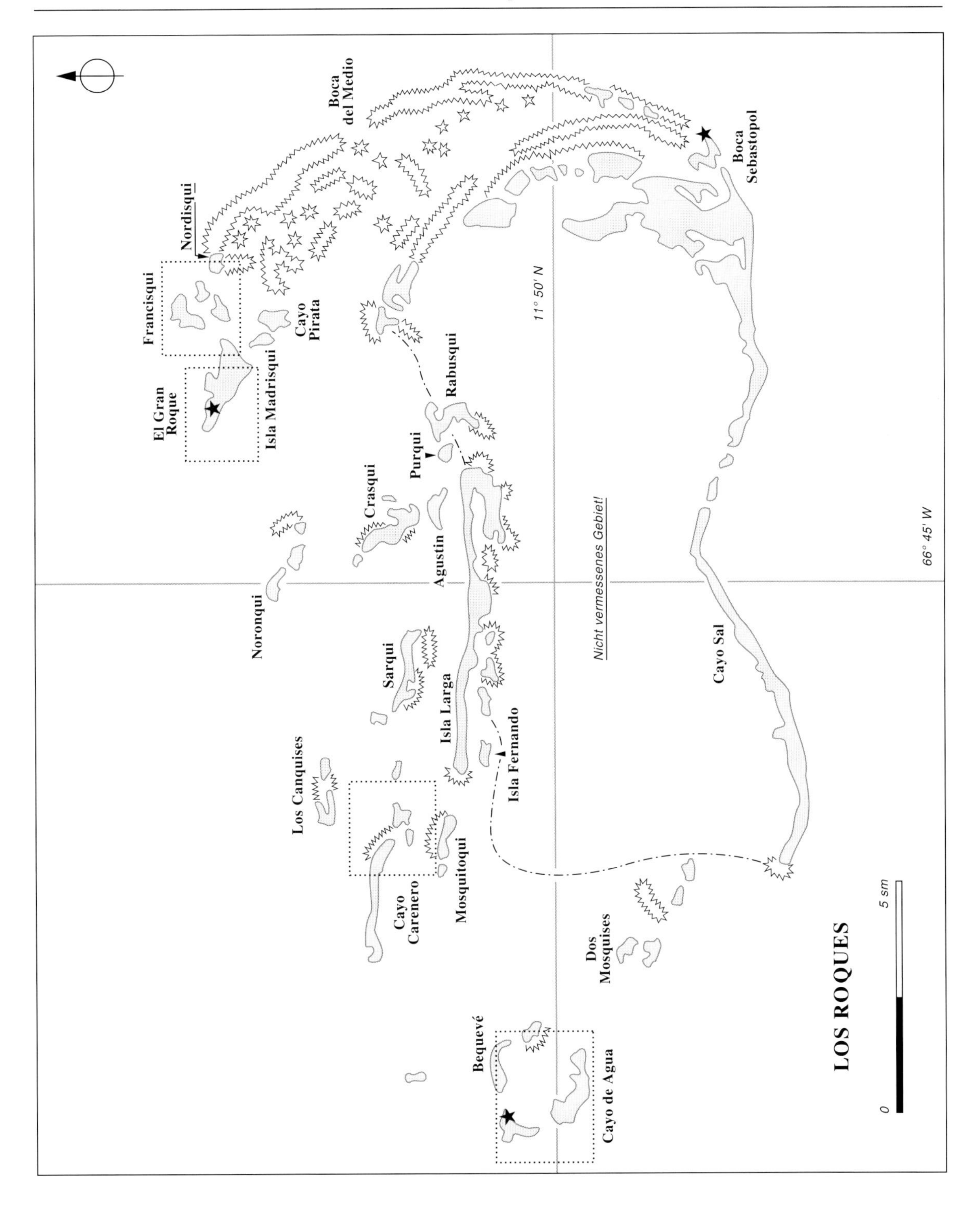

Boca del Medio
Boca Sebastopol
Nordisqui
Francisqui
Cayo Pirata
El Gran Roque
Isla Madrisqui
Rabusqui
11° 50' N
Purqui
Crasqui
Agustin
Noronqui
Nicht vermessenes Gebiet!
66° 45' W
Cayo Sal
Sarqui
Isla Larga
Isla Fernando
Los Canquises
Mosquitoqui
Cayo Carenero
Dos Mosquises
Bequevé
Cayo de Agua
LOS ROQUES
0
5 sm

der auf -qui endet. Wie bei den Florida Keys oder den Tobago Cays ist der Ursprung der Namen Englisch, das die Sprache der ersten Kartographen war.
Tatsächlich ähnelt der Archipel den Tobago Cays, er hat den Grenadinen jedoch einiges voraus: eine größere Ausdehnung, unzählige Ankerplätze, paradiesische Ruhe und einen unermeßlichen Fischreichtum. Hier werden die Langusten für den Verkauf in den Touristen-Zentren wie Martinique gefischt und Botutomuscheln (Queen Conchs), die als teure Delikatessen in die Hauptstadt verkauft werden. Die leeren Muschelhäuser bilden auf einigen Inseln bis zu drei Meter hohe Türme.
Für die Langustenfischerei gibt es Sperrgebiete und Schutzzeiten. Zwischen Oktober und März ist Langustensaison. Dann werden etwa 100 Tonnen gefangen.
Der Archipel wurde 1972 zum Nationalpark erklärt, um die in der Karibik einzigartige Artenvielfalt der Meeres- und Inselfauna und -flora zu schützen. Einige Inseln sind nur Wissenschaftlern zugänglich. Auf Cayo Sal werden archäologische Fundstellen aus präkolumbianischer Zeit als „Zona Historica Cultural“ geschützt.
Im Bereich der Schutzzone 1 ist das Ankern verboten.
Verhaltensmaßregeln erhält man im Büro der Nationalparkbehörde „Inparques“ auf El Gran Roque.
Es bleiben jedoch so viele erlaubte Ankermöglichkeiten, daß man sich monatelang hier aufhalten kann, ohne sich zu langweilen.
Sorgsam navigieren muß man immer, denn überall lauern Korallenformationen, die in den Karten gar nicht oder ungenau beschrieben sind.
Die Müllentsorgung ist ein ernsthaftes Problem. Die einzigen Mülltonnen stehen auf El Gran Roque. Einige Segler vergraben den Müll, andere stellen ihn an den Hinweistafeln auf den Inseln – hoffentlich in festen Säcken – ab, und zwingen so die Naturparkbehörde zum Handeln. Es hat den Anschein, als würde der Müll tatsächlich gelegentlich von dort abgeholt. Jedenfalls wirken die Inseln an den Leeseiten nicht sehr verschmutzt. Nur an den Luvseiten liegt oft von weither angeschwemmter Müll. Umweltbewußte Segler entsorgen organischen Müll auf See und komprimieren anderen Müll, bis sie einen Platz für eine geordnete Entsorgung gefunden haben.

Ansteuerung

Navigatorisch am einfachsten und sichersten ist es, vor der Ostseite des Archipels entlangzusegeln und eine Einfahrt im Norden zu wählen. Dabei passiert man zweckmäßigerweise Isla La Orchila an Stb. bei Nacht, so daß die Berge von El Gran Roque am Morgen in Sicht kommen. Die Hauptinsel des Archipels ist als einzige schon von weitem erkennbar an den hohen, kahlen Hügeln im Westen. Die Ansteuerung bei Nacht möchten wir nicht empfehlen. Im Nordosten von El Gran Roque liegt ein Korallenriff mit einem Durchmesser von ca. 1,5 sm, innerhalb dessen fünf Inseln erscheinen: die Francisquis. Cayo Frances ist die nördlichste und größte dieser Inseln. Bei starkem Seegang haben wir die Francisquis ebenso wie El Gran Roque nördlich passiert, die Nordwesthuk von El Gran Roque gerundet und sind dann nach Südosten geschwenkt, um westlich des Ortes Puerto El Roque zu ankern.

Zwei weitere Einfahrten im Norden

Der Canal Nordeste (Nordostkanal), den wir aber nur bei ruhigem Wetter empfehlen, und der Canal Noroeste (Nordwestkanal) führen beide in ein „Puerto El Roque“ genanntes Becken, von dem man mehrere Ankerplätze anlaufen kann.
Der Canal Noroeste ist bei schlechterem Wetter vorzuziehen, da er bereits in Lee der Francisquis liegt. Wenn der Wind aus Südost kommt, muß man den Motor zuschalten.
Aus dem Becken kann man durch den Canal Suroeste (Südwestkanal) zum gleichnamigen Puerto El Roque auf der Hauptinsel El Gran Roque oder

zu anderen Ankerplätzen im Inneren des Archipels fahren.
Boca de Sebastopol ist der Zugang im Südosten der Inselgruppe. Die Einfahrt hat im Westen ein Feuer auf einem schwarzen pyramidenförmigen Metallgerüst von 6 m Höhe (Blz. 6 s 12 sm). Die Position des Feuers ist: 11°47′N / 066°35′W.
Die Ansteuerung aus westlicher Richtung wird möglicherweise von Seglern gewählt, die aus der Gegend von La Guaira kommen, insbesondere, wenn der Wind mehr aus Norden weht.
Auch hier gibt es ein Leuchtfeuer auf dem Westzipfel von Cayo de Agua (Blz. 9 s 10 sm – unsicher). Als wir dort waren, arbeitete es nicht. Der Turm ist ca. 20 m hoch und rot-weiß beringt. Von einem Ankerplatz in Lee der Insel kann man einen Weg ins Innere des Archipels und nach Puerto El Roque nehmen, wobei man gegen den Wind aufkreuzen oder motoren muß. Das ist ein Nachteil, denn von Osten aus kann man alle Inseln auf Kursen vor dem Wind oder raumschots erreichen.

El Gran Roque

Lage und Umgebung

El Gran Roque erstreckt sich über eine Länge von 1,8 Seemeilen von Nordwest nach Südost und

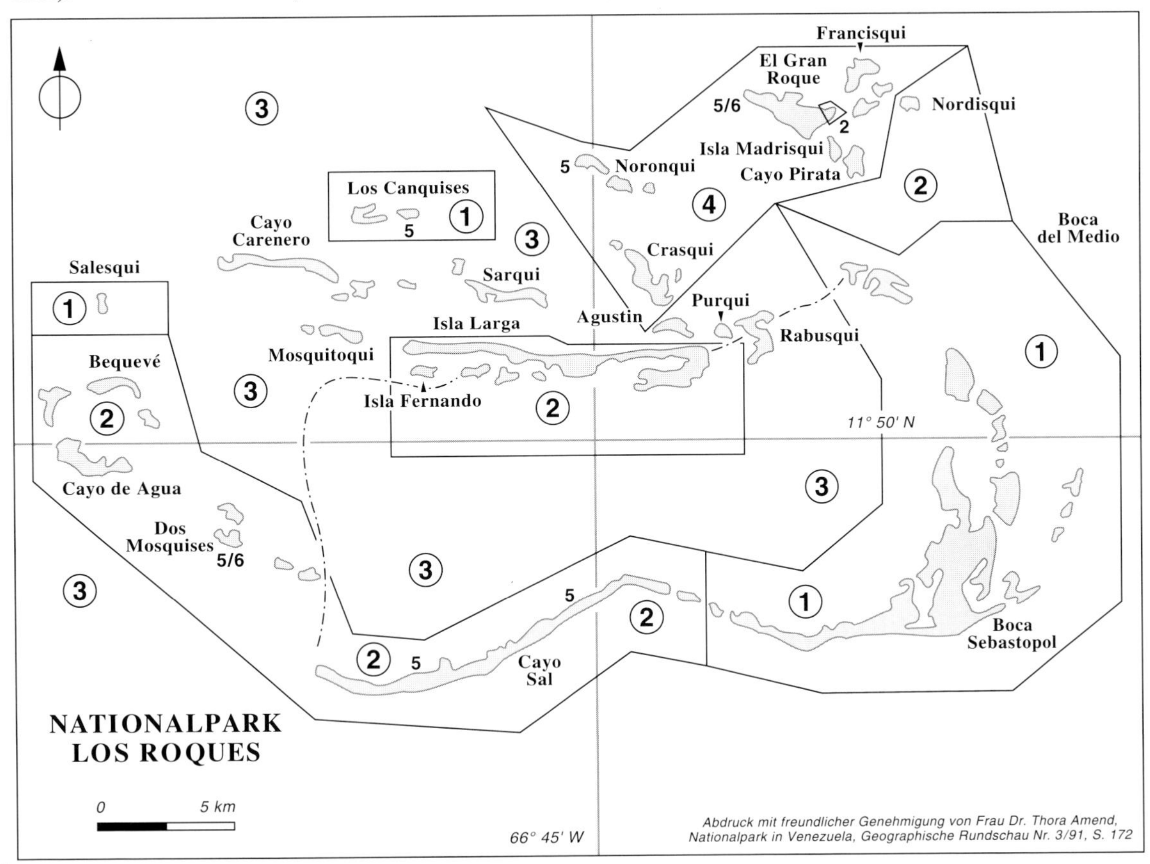

1 strenge Schutzzone / 2 Wildniszone mit beschränktem Zugang / 3 Naturzone mit repräsentativem Charakter / 4 Tourismuszone / 5 Zone von historisch-kultureller Bedeutung / 6 Servicezone mit Infrastruktureinheiten.

mißt an ihrer breitesten Stelle im Südosten 0,5 sm. Dort ist die Insel aber auch flach. Die höchsten weithin sichtbaren Erhebungen und Landmarken für die Ansteuerung aus der Ferne sind im Nordwesten, wo man eine Dreiergruppe kahler Berge findet. Die höchste Erhebung mißt 127 m.

Das aktuelle Leuchtfeuer der Hauptinsel El Gran Roque steht 6 kbl OSO-lich von seiner westlichen Extremität (Blz. 10 s 15 sm) auf einem schwarzen 10 m hohen Eisengerüst. (Seine Lage in der Imray D 22 ist falsch.) Von den zwei weiteren Leuchttürmen ist der eine nie in Betrieb gewesen, weil sich nach seiner Fertigstellung herausstellte, daß er im Wind zu stark schwankte. Er steht wiederum 6 kbl O-lich des aktuellen Leuchtfeuers. Der andere ist der historische, alte Leuchtturm. Er ist außer Dienst gestellt und ein vielbesuchtes Baudenkmal. Die Roqueños leben alle hier in dem Ort, der auch „Puerto El Roque" oder ganz einfach „El Pueblo" genannt wird.

Fast die Hälfte der luft- und lichtdurchfluteten Häuser ist von reichen Caraquenos aufgekauft und renoviert worden. Sie kommen am Wochenende mit kleinen Privatflugzeugen auf die Insel. Auch Tagestouristen werden für einen Ausflug von Aerotuy oder Cave eingeflogen. Einige umgebaute Häuser werden als „Posadas Turisticas" (Pensionen) vermietet und bieten Individualtouristen gegen viel Geld das einfache Leben mit Ventilator und Vollpension.

Das Dorf strahlt eine friedliche Ruhe aus. Es ist buchstäblich auf Sand gebaut, keine Straße ist ge-

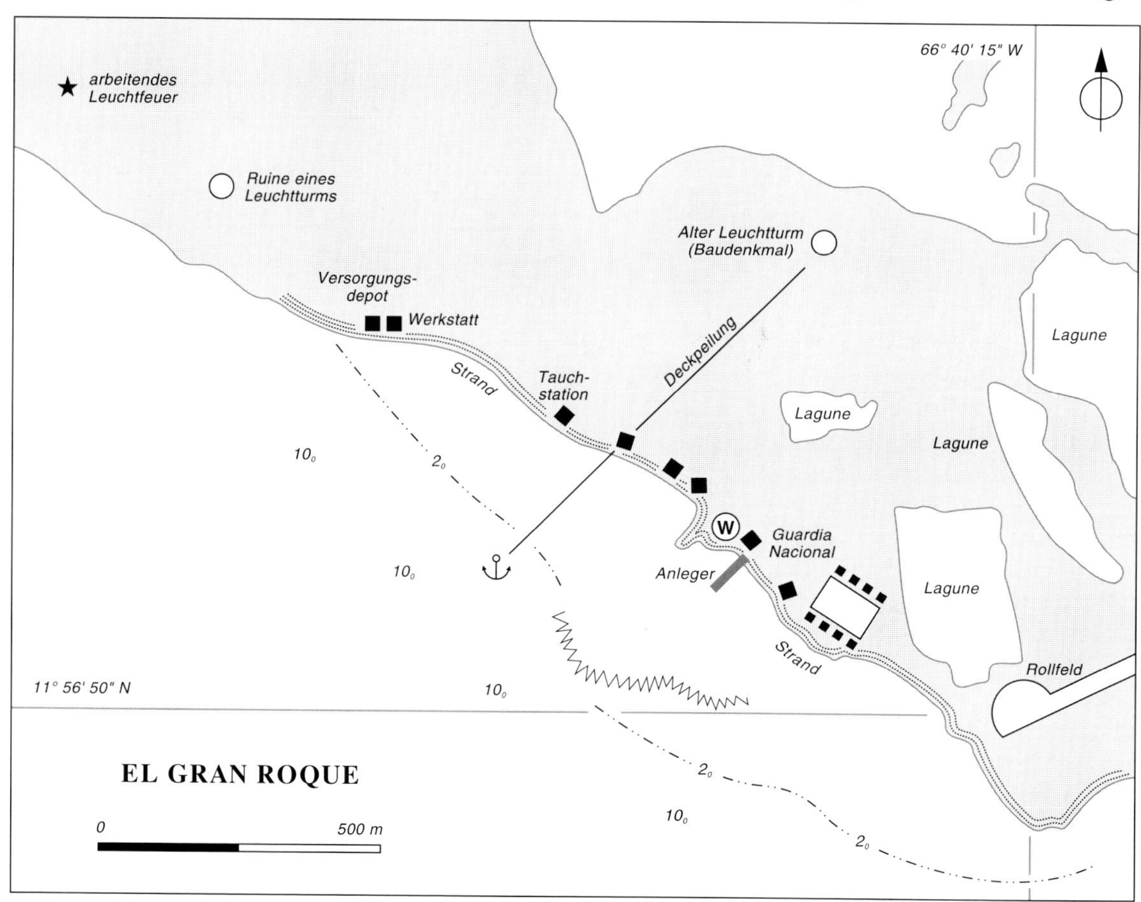

pflastert. Eine Atmosphäre von Müßiggang liegt zwischen den bunten Häusern.
Am Rande der Plaza Bolivar hat man eine Fläche für Festveranstaltungen betoniert. Am Wochenende wird hier zum Tanz aufgespielt. Zwei Straßen weiter liegt die Dorfschule und daneben eine medizinische Hilfsstation, in die im Notfall eine kundige Señora gerufen wird.
Direkt am Strand, eingerahmt von prächtiger Bougainvillea, blickt eine kleine Kapelle aufs Meer. Abends kann man hier im warmen Sand sitzen und den Möwen und Pelikanen zuschauen, die sich zu Hunderten gemeinsam ins Meer stürzen, um einen Fischschwarm zu jagen.

Ankerplätze

Position am Ankerplatz: 11°57′12″N / 066°40′53″W

Der Ankerplatz liegt westlich des Ortes Puerto El Roque auf ca. 3,5 m Tiefe. Vom Ankerplatz bringt man die Ruine des alten Leuchtturms und ein igluartiges Gebäude am Strand in Deckung. Jeder Vorstoß über die Linie der Deckpeilung hinaus in Richtung auf den Ort bringt das Schiff näher an die dem Ort vorgelagerte Untiefe, deshalb sorgfältig loten. Das Wasser ist klar und der Boden gut sichtbar. Er besteht aus gut haltendem Sand.
Bei südöstlichen Winden kann der Platz ziemlich ungemütlich sein. Das Dingi kann man am Steg festmachen oder besser vor der Kapelle anlanden. Die Überfahrt im Dingi gegen den Wind ist immer eine „Spritztour“.

Service und Versorgung

Lebensmittel bekommt man bei Agosto in einem kleinen Laden westlich des Spielplatzes. Leider gibt es hier kein Obst oder Gemüse. Ein kleines Angebot hat auch Doña Carmen in dem blauen Haus an der Plaza Bolivar. Die Fischer kaufen in der Cooperativa. Gemüse und Obst bringt ein Versorgungsschiff zweimal wöchentlich auf die Insel. Es heißt „Cayo Norte“ und kann auf UKW-Kanal 16 angerufen werden. Wasser kann man von der Meerwasserentsalzungsanlage erhalten. Es muß dann in Kanistern zum Boot befördert werden. Uns hat Andres von der „Posada Bora del Mar“, wo wir einige Male gut gegessen haben, das Wasser in seinem Fischerboot in großen Kanistern gegen ein Trinkgeld angeliefert.
Eine weitere Meerwasserentsalzungsanlage gibt es auf Crasqui, wo eine Ferienanlage in der Entstehung ist. Eine Notration kann man vielleicht in der Forschungsstation auf Dos Mosquises erhalten. Sonst muß man, wie die Fischer es tun, in einem Erdloch auf Cayo de Agua Wasser schöpfen.
Die größeren Transportschiffe, die vor den Ranchos ankern, um die Fänge in ihren Kühlraum zu übernehmen, bringen Lebensmittel meist von Margarita.
Es ist ratsam, sich gut zu verproviantieren, bevor man die Roques oder Aves anläuft.

Isla Madrisqui (Namusqui)

Karten: Imray D 22
Nur durch einen ca. 0,5 sm breiten Kanal von El Gran Roque getrennt, liegt im SO die Insel Madrisqui, die auch Namusqui heißt. Es gibt einige Ferienhäuser und einen überdachten Stellplatz für Motorboote. Treibstoff für den Außenborder gab es aber nicht zu kaufen. Es gibt eine Meerwasserentsalzungsanlage.
Die Insel ist schon vom Ankerplatz vor El Gran Roque leicht auszumachen, kann aber nicht direkt angesteuert werden, da die Untiefe südlich von El Gran Roque dazwischen liegt.
Wenn man sich von Lee an die Insel herantastet, findet man gut haltenden Ankergrund auf 3–4 m Tiefe. Danach steigt der Grund schnell an. Nach vereinzelten Korallenköpfen ist Ausschau zu halten.
Mit dem Dingi kann man überall am Sandstrand anlanden. Im Norden gibt es Riffe, im Osten säumen hohe Mangroven das Ufer.

Cayo Pirata

Karten: Imray D 22, DMA 24444, BA 1966, 1480, 1523
Position: 11°56′22″N / 066°39′30″W

Die Insel Cayo Pirata liegt südöstlich von Isla Madrisqui und ist mit ihr durch eine schmale 0,5 m hohe Sandbarre verbunden. Im Süden dieses Sandstreifens kann man auf 3 m Tiefe ankern, dabei auf vereinzelte Korallenköpfe und Seegrasfelder achten.

Obwohl es hier stark weht, ist der Ankerplatz sehr ruhig.

Das Dingi kann überall am Strand angelandet werden. Vergessen Sie nicht, es gegen Wind und steigendes Wasser zu sichern.

Der Platz südlich der Barre ist besonders hübsch, weil er den Blick auf die Bucht nördlich der Sandbank und den Fischerort im Ostteil der Bucht freigibt. Wenn Sie in der Bucht nördlich der Sandbarre zwischen den beiden Inseln Madrisqui und Cayo Pirata ankern wollen, finden Sie Schutz hinter dem Riff, das sich im Norden von Cayo Pirata nach Westen erstreckt. Am besten bringen Sie eine Leine zum Fischerort und einen Anker im tiefen Wasser aus. Große Wassertiefen (5 m) findet man noch in unmittelbarer Strandnähe. Im Südosten wird das Wasser schnell seicht. Wenn

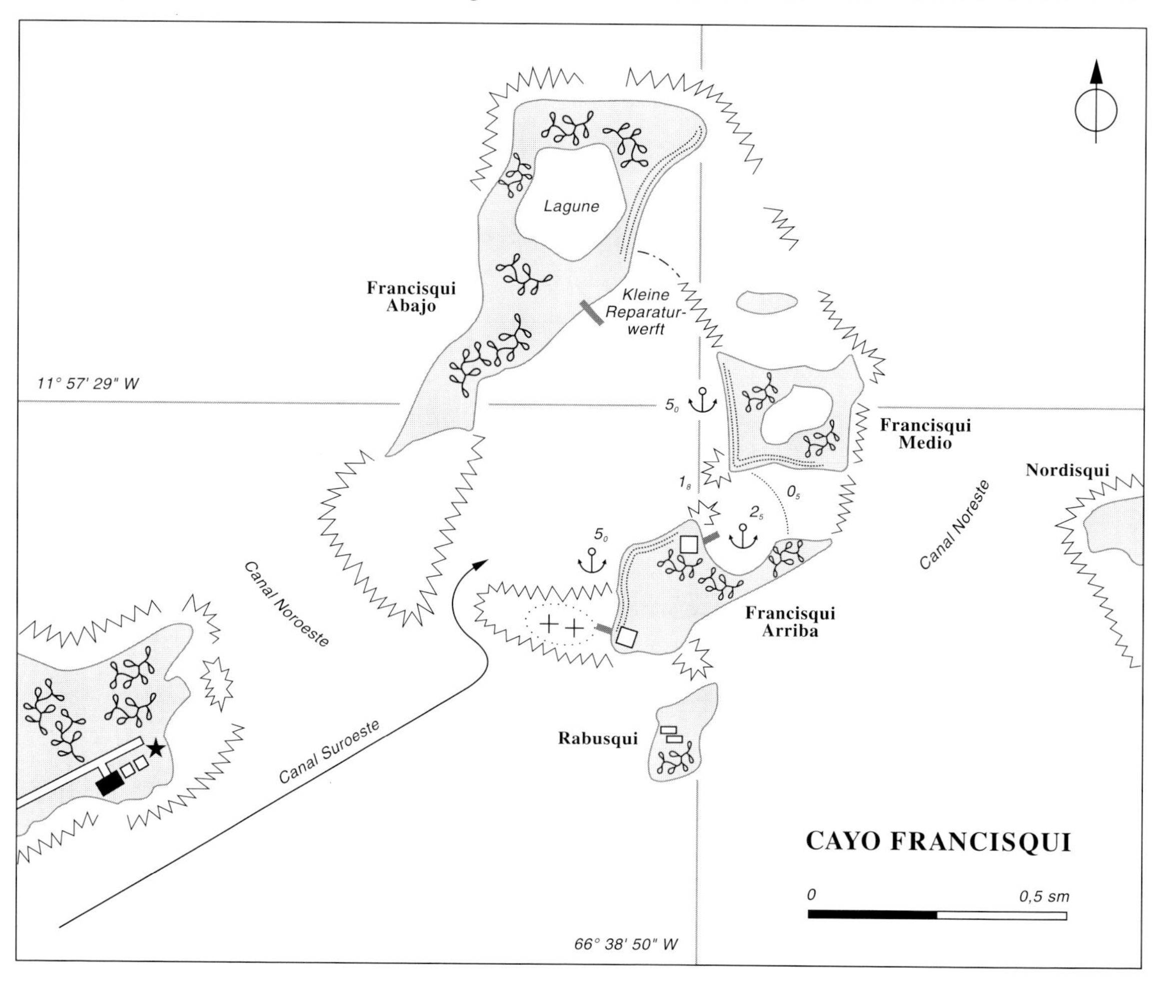

der kleine Naturhafen mit vielen Fischerbooten gefüllt ist, sind Segler nicht sehr willkommen.

Cayo Francisqui

Position: 11°57′29″N / 066°38′50″W

Lage und Umgebung

Dies ist ein ausgezeichneter Ankerplatz, der uns sehr gefallen hat. Cayo Francisqui besteht aus einer Gruppe von vier Inseln und Riffen im Nordosten von El Gran Roque, die einen natürlichen Hafen bilden.
In seinem Inneren ist man geschützt gegen alle vorherrschenden Winde, kein Schwell findet hinein, so daß man absolut ruhig liegt. Der Platz ist deshalb bei Seglern beliebt und wird auch von Fischern bei schlechtem Wetter aufgesucht.
Auch Motorboote aus La Guaira finden sich hier, und täglich kommen Ausflugsboote mit Tagestouristen, die aber nach 16 Uhr die Strände wieder verlassen. Dann haben Sie die schönen Nachmittags- und Abendstunden und den Sonnenuntergang vor der Kulisse von El Gran Roque für sich allein.

Ansteuerung

Es ist schwierig, den Kurs für die Ansteuerung durch die Einfahrt in der Karte abzusetzen, da der Maßstab des vorhandenen Kartenmaterials unzureichend ist, je nach Tidenstand ein unkalkulierbarer Strom setzt und die Riffe nicht völlig zutreffend kartographiert sind. Wir sind der Ansicht, daß die Einfahrt nur bei hoch- oder im Westen stehender Sonne befahren werden sollte, da man unbedingt nach Sicht navigieren muß.
Wir haben Cayo Francisqui von El Gran Roque kommend durch den Canal Suroeste angesteuert. Dabei erscheint Francisqui Arriba anfangs mit Rabusqui verbunden. Bei gutem Licht wird durch das Glas zunächst das Riff südlich von Francisqui Abajo sichtbar. Wir sind ihm nach Osten ausgewichen, indem wir auf ein weißes Ferienhaus im Süden von Francisqui Arriba zuhielten. Von hier erstreckt sich ein Riff westwärts. An ihm entlang sind wir nach Westen gefahren und an seinem Ende nach Norden in die Lagune eingeschwenkt. In der Einfahrt haben wir eine Tiefe von 4 m gelotet. Die Einfahrt ist eng. Im Inneren der Lagune gibt es eine Untiefe, die an ihrer hellgrünen Farbe leicht erkennbar ist.

Blick auf Isla Rabusqui von Francisqui Arriba aus gesehen.

Ankerplätze

Gute Ankerplätze gibt es westlich von Francisqui Medio, das nicht so stark von Tagestouristen besucht wird, weil die Insel weniger Sandstrand hat. Dafür ist sie sehr hübsch: Der Boden ist mit allerlei zum Teil duftenden Pflanzen bedeckt, hochwachsende Mangroven geben Schatten und die Trümmerfelder der Korallen im Osten überraschen mit interessanten Fundstücken.
Ein Riff verbindet im Osten Francisqui Medio und Francisqui Arriba. An seiner Innenseite gibt es ein türkisfarbenes Wasserbecken, das zum Baden und Schwimmen einlädt.
Zwischen Francisqui Medio und Francisqui Arriba gibt es im Westen ein Riff mit einer sehr engen Durchfahrt. Wir loteten hier eine Tiefe von 1,80 m bei Nippniedrigwasser. Nachdem man die Durchfahrt passiert hat, fallen die Tiefen auf 2,8 m im Südteil der inneren Lagune ab. Hier haben Dauerlieger an Mangroven festgemacht. Wen es an diesen anheimelnden Ort zieht, der sollte ein Dingi als Lotsenboot vorausschicken.
Viele liegen in Lee von Francisqui Arriba. Dort kann man sehr nah an das Ufer heran und den Anker am Strand vergraben. Der Strand von Francisqui Arriba ist zuweilen sehr belebt, weil hier die Tagestouristen anlanden und unter Sonnendächern den Tag verbringen.
Abweisender wirkt Francisqui Abajo an der Westseite des Naturhafens. Es gibt keine Sandstrände. Im Norden bedecken graue Korallentrümmer wellenförmig den Boden. Ein dichter Mangrovensaum umschließt eine rot leuchtende Lagune mit einem Sandstrand im Süden. Der Boden ist mit Kriechpflanzen und Gestrüpp bedeckt, und der Besucher scheucht Scharen sehr unterschiedlicher Vögel auf. Ein alter Mann betreibt eine kleine Reparaturwerft für Fischerboote.

Noronqui Arriba

Position am Ankerplatz: 11°55′42″N / 066°44′02″W

Lage und Umgebung

Noronqui liegt ca. 3,5 sm WSW von Puerto El Roque. Es stellt einen Archipel von drei Inseln und Riffen dar. Sie umschließen einen sehr hübschen und geschützten Ankerplatz vor der imponierenden Kulisse der Berge von El Gran Roque. Manche Segler halten ihn für den schönsten Ankerplatz in der gesamten östlichen Karibik.

Ansteuerung

Es gibt eine Passage von Osten durch das Riff. Wir haben versucht, die Durchfahrt mit dem Dingi bei unruhiger See auszuloten und eine Tiefe von 4 m vorgefunden. Aber wir können uns nicht dafür verbürgen, daß diese Tiefe durchgehend ist. Es gibt Segelanweisungen, die von nur 1,8 m sprechen. Unsichere Einfahrten bei Gegenlicht und brechender See sollten Sie immer vermeiden.
Wir empfehlen die westliche Einfahrt zwischen Noronqui Abajo und Noronqui del Medio; dazu muß man Noronqui Ariba und Noronqui del Medio im Süden passieren. Ein Riff zwischen diesen beiden Inseln gibt zwar den Blick frei auf den Ankerplatz im Inneren der Lagune, hat aber keine Durchfahrt. Hier lasse man sich nicht täuschen.
Später kann man auf das Wrack eines Kriegsschiffes zuhalten, das im Norden von Noronqui Abajo auf ein Riff gelaufen ist. Wenn man nach Osten in die Einfahrt einschwenkt, ist darauf zu achten, daß man die Sonne hochstehend oder im Rücken hat, denn der Rest ist reine Sichtnavigation. In der Mitte des Archipels liegt ein Riff, das an seiner braunen Farbe bei guten Lichtverhältnissen leicht erkennbar ist und das man an Backbord passiert. Ein weiteres Riff erstreckt sich von der Südostekke von Noronqui del Medio nordwestwärts ca. 2,5 Kabellängen weit ins Fahrwasser. Es ist an seiner braunen Farbe und bösartig wirkenden, herausragenden Korallenköpfen leicht auszumachen. Es gibt ein weiteres Flach mit 2,5 m Wasser darüber, das aber für die meisten Yachten ungefährlich und bei entsprechendem Licht gut erkennbar ist.

Ankerplätze

Das Wasser im Bassin ist dunkelblau und meist tiefer als 10m. Zum Ufer hin nimmt die Tiefe schnell ab, bleibt aber bis fast zum Strand knietief. Hier ist das Wasser hellgrün. Da das Wasser sehr ruhig ist, kann man bei Niedrigwasser nahezu auflaufen und den Anker zum Ufer hin im seichten Wasser eingraben. Mit einem Heckanker kann es dann keine Probleme geben.
Riff und Inseln schützen den Ankerplatz vollständig, kein Schwell kann hineinlaufen, und die Nachtruhe ist sicher, auch wenn es in den Wanten pfeift.
Das Dingi findet einen sicheren Platz auf dem weichen, weißen Sandstrand. Im Osten hat das Meer einen Wall von Korallentrümmern aufgeworfen, in denen es sich lohnt, nach Fundstücken zu suchen.

Crasqui

Position: 11°53′18″N / 066°43′42″W
Crasqui bietet zwei Ankerplätze auf seiner Westseite. Zwischen Crasqui und der im Nordwesten vorgelagerten kleinen Insel gibt es keine Durchfahrt. Das Wasser ist hier nur ca. 0,5m tief. Die kleine vorgelagerte Insel ist ohne Bewuchs, in der Sonne weiß leuchtend und etwa 1,5m hoch. Eine weitere untiefe Stelle erstreckt sich nach NW und ist an der dunkelbraunen Farbe erkennbar. Zwei niedrige, breit ausladende Mangrovenbüsche markieren den Norden von Crasqui.
Ein Ankerplatz liegt etwa auf halbem Wege zum Südzipfel vor einem Rancho. Man tastet sich an den Strand heran, bis man auf geeigneter Tiefe den Anker fallen läßt. An Land sieht man schuppenartige Holzgebäude, die zu einer noch unfertigen Ferienanlage gehören. In ihnen sind eine Bar, Toiletten, Stromgeneratoren und eine Wasserentsalzungsanlage untergebracht, die schon jetzt das Rancho als auch Segler mit Wasser versorgt. Die „Ferienhäuser“ bestehen aus Lattengerüsten, die mit orangefarbenem Stoff bespannt sind. In einigem Abstand darüber ist eine weiße Zeltbahn als Dach gespannt.
Die Baustelle war auch nachts hell erleuchtet und bildete in stockdunkler Nacht eine gute Marke für eine Ankerpeilung auf umliegenden Ankerplätzen.
Im Süden gibt es einen weiteren Ankerplatz vor einem Rancho. Dieser Platz ist im Osten durch eine sich weit nach Süden erstreckende Sandbank geschützt, über der bei HW etwa 0,5m Wasser stehen. An diesem Platz versammeln sich vorwiegend Segler. Das Wasser ist sehr ruhig, ohne Schwell. Das Dingi kann man überall am Strand anlanden. Das Rancho hat eine kleine Kapelle. Fisch wird zu festen Preisen verkauft. Die Preise sind an den Hütten angeschlagen, was eine Kuriosität ist.

Agustin

Position am Ankerplatz: 11°52′17″N / 066°43′30″W
Südlich von Crasqui liegt Agustin mit einem Ankerplatz im Süden.

Ansteuerung

Wer die Insel von Crasqui aus ansteuert, muß das sich weit nach Westen ausdehnende Riff beachten. Auf diesem Riff ist eine Insel mit Bergen von Botutomuscheln, westlich von ihr liegt eine Sandbank, die bei HW gerade eben über die Wasseroberfläche ragt und bei Vormittagssonne als weißer Fleck sichtbar ist. Wir haben dem Westzipfel von Agustin eine knappe Seemeile Raum gegeben, bevor wir das Riff gerundet und nach Osten zugehalten haben. Südlich des Riffs ist das Wasser 13–18m tief.

Ankerplatz

Ein Ankerplatz befindet sich vor dem Fischercamp in einer engen Nische, die von Riffen gebildet wird, die sich westlich und östlich des Camps

nach Süden erstrecken. Der Raum, der zum Ankern zur Verfügung steht, ist begrenzt, erst recht, wenn noch ein Fischtransporter ankert. Man liegt für die Fischer zwangsläufig im Fahrwasser und wird von den Wellen der vorbeifahrenden Lanchas geschüttelt. Sonst ist der Ankerplatz ruhig. Der Boden besteht aus gut haltendem Sand.
Mit dem Dingi kann man am Strand anlanden oder an einem kurzen Steg festmachen.
Schöne Ausblicke auf Crasqui und El Gran Roque hat man, wenn man zur Nordwestseite durch eine reizvolle Landschaft mit Mangroven, Kriechpflanzen und rot leuchtenden Salzlaken spaziert. Vom Westzipfel der Insel kann man durch das seichte Wasser über die Sandbank zu den vorgelagerten Inseln wandern.
Es gibt auch eine Zufahrt von Osten. Dabei muß man dem Riff im Osten der Insel weit nach Süden ausweichen. Sichtnavigation ist unerläßlich.

Purqui

Position am Ankerplatz: 11°52′36″N / 066°41′47″W
In der Seekarte ist ein Ankerplatz im Südwesten von Rabusqui eingezeichnet. Fischer haben uns aber davon abgeraten, dort einen Ankerplatz zu suchen, weil das Gebiet zu seicht für eine tiefgehende Yacht ist. Wir haben auch keine Passage zwischen dem Riff im Osten von Isla Larga und Purqui gefunden.
In Lee von Purqui könnte es einen Ankerplatz geben, den wir aber nicht aufgesucht haben.
Wir haben auf 3 m Tiefe N-lich des Riffs geankert, das Rabusqui und Purqui durchgehend verbindet und dabei einen Bogen nach S beschreibt. Die Darstellung in der englischen Sportbootkarte stimmt mit unserer Beobachtung nicht überein. Auch die Passage durch das Riff nach S haben wir nicht entdecken können. Der Ankerplatz ist unruhig und von den Ufern beider Inseln weit entfernt. Auf Purqui gibt es ein Fischercamp. Die Insel Purqui ist im Osten wegen vorgelagerter Korallenriffe mit dem Dingi nicht zugänglich; nur am Nordwestzipfel konnten wir mit dem Dingi landen. Die Zufahrt zum Westufer wird durch den Riffgürtel von Rabusqui verwehrt. Es würde sich lohnen, eine Dingi-Passage zu finden, denn vor dem Westufer breitet sich eine abwechslungsreiche Landschaft aus.

Sarqui

Position am Ankerplatz: 11°54′06″N / 066°48′16″W
Sarqui liegt etwa 8 sm südwestlich von El Gran Roque. Die Passage führt zwischen Noronqui im Norden und Crasqui im Süden hindurch. Aus östlicher Richtung kommend, hebt sich Sarqui aus

Ankerplatz zwischen Purqui und Rabusqui in den Los Roques.

größerer Entfernung schlecht von den dahinterliegenden Inseln ab.
Die Ansteuerung ist einfach und gefahrlos. Das sich nach Westen erstreckende Riff im Norden liegt teilweise deutlich trocken, und das untiefe Wasser ist leicht erkennbar. Im Nordosten findet man einen guten Ankerplatz. Der Grund steigt zum Ufer hin langsam an. In geringer Entfernung zum Strand hat man bei NW noch 2,5 m Tiefe. Der Grund besteht aus hartem Sand und ist im klaren Wasser gut zu sehen. Vereinzelt bedeckt Seegras den Boden. Man liegt in Lee, von Sarqui geschützt, und das Wasser ist sehr ruhig.
Dem Strand ist teilweise korallener Fels vorgelagert. Für das Dingi muß man eine Zufahrt suchen. Der Strand selbst hat einen schmalen Streifen feinen Sand, in den man beim Gehen knöcheltief einsinkt.
Die Vielfalt an Vögeln ist bemerkenswert. Es ist ein spannendes Schauspiel, den Pelikanen und Möwen bei der Jagd nach Fischen zuzuschauen. Das Riff im Nordwesten bildet ein seichtes Bekken, in dem sich für Schnorchler eine Wunderwelt bunter Fische auftut.

Isla Fernando

Position am Ankerplatz: 11°51′36″N / 066°48′57″W
Isla Fernando liegt südöstlich des Westendes der Isla Larga. Der Grund in der Passage zwischen Isla Larga im Osten und Mosquitoqui im Westen steigt auf 3 m an. Die Westausläufer des Riffs von Isla Larga sind bei hochstehender Sonne gut zu erkennen. Man rundet es und hält auf Isla Fernando zu. Dabei erfordert ein Riff, das sich vom Westende von Isla Larga nach Süden erstreckt Aufmerksamkeit. Es ist in der englischen Sportbootkarte nicht vermerkt, aber an seiner Farbe gut auszumachen. Der Kanal, der nach Isla Fernando führt, ist mit 10–15 m Tiefe tiefer als die Karte zeigt. Deutlich springt das Riff im Westen von Isla Fernando ins Auge.
Der Grund vor dem Fischercamp steigt erst allmählich und nachdem er 5 m Tiefe erreicht hat, plötzlich an. Das Wasser ist hier sehr ruhig, und mit dem Dingi kann man am Strand leicht anlanden.

Los Canquises

Position: 11°55′N / 066°50′W
Los Canquises gehören zur Zone 1, d.h. zu einer strengen Naturschutzzone. Ankern für Segler ist hier verboten.

Cayo Carenero

Position am Ankerplatz: 11°53′03″N / 066°50′39″W
Cayo Carenero ist ein Archipel, das aus drei Inseln und Riffen besteht, die die Inseln miteinander verbinden. Im Norden liegt die lange und schmale Insel Carenero. Das Eiland im Osten wird von den Fischern Refugio Carenero genannt. Die englische Sportbootkarte nennt die Insel Cayo Remanso. Unter diesem Namen ist sie den Fischern unbekannt. Die Insel im Südwesten heißt Felipe. Ein Ranchero gibt es auf Carenero im Norden und eine Hütte auf Refugio Carenero.
Refugio Carenero und Felipe bilden die Boca Carenero, die zu Recht ein beliebter Ankerplatz für Fischerboote und Segelyachten ist. Nach Süden ist die Bucht offen. Bei durchziehenden Tiefs kann der hier einfallende Wind sehr stark sein. Winddrehungen nach West machen es nötig, daß man rechtzeitig einen zweiten Anker im tieferen Wasser nach Westen hin ausbringt, da man sonst unweigerlich auf den Strand von Refugio Carenero getrieben wird.
Die Einfahrt in die Boca Carenero erfolgt aus Südwest. Von Osten kommend, wird die Einfahrt erst sichtbar, wenn man die Südspitze von Refugio Carenero passiert hat. Bei Annäherung aus südöstlicher Richtung gibt die Boca im Norden den Blick frei auf das Riff und drei Palmen am Ostende von Carenero. Die Riffeinfahrt erfordert gutes Licht. Sie ist etwa 3 m tief.

Im Inneren der Bucht findet man Tiefen von 6 m, die zum Strand hin allmählich abnehmen. Man ankert vor dem Sandstrand im Osten auf geeigneter Tiefe über gut haltendem Sandgrund in klarem Wasser.
Der flache Sandstrand ist mit dem Dingi leicht zu erreichen.
Ein weiterer Ankerplatz liegt etwas weiter nördlich des Muschelberges in einer mangrovenumsäumten Einbuchtung. Hier gibt es keine Landemöglichkeit für das Dingi.
Eine weitere Zufahrt nach Norden wird durch eine Sandbarre mit Korallenfeldern zwischen dem Nordzipfel von Felipe und Refugio Carenero versperrt. Diese Barre hat an ihrer tiefsten Stelle 1,3 m Wasser. Zu den Ufern nehmen die Tiefen schnell auf 0,3 m ab. Nur sehr flachgehende Boote können hier mit größter Vorsicht passieren, am besten, wenn sie ein Dingi vorausschicken. Das große im Norden liegende Becken hat Tiefen von 6 m.
Die Imray D 22 gibt einen weiteren Ankerplatz in

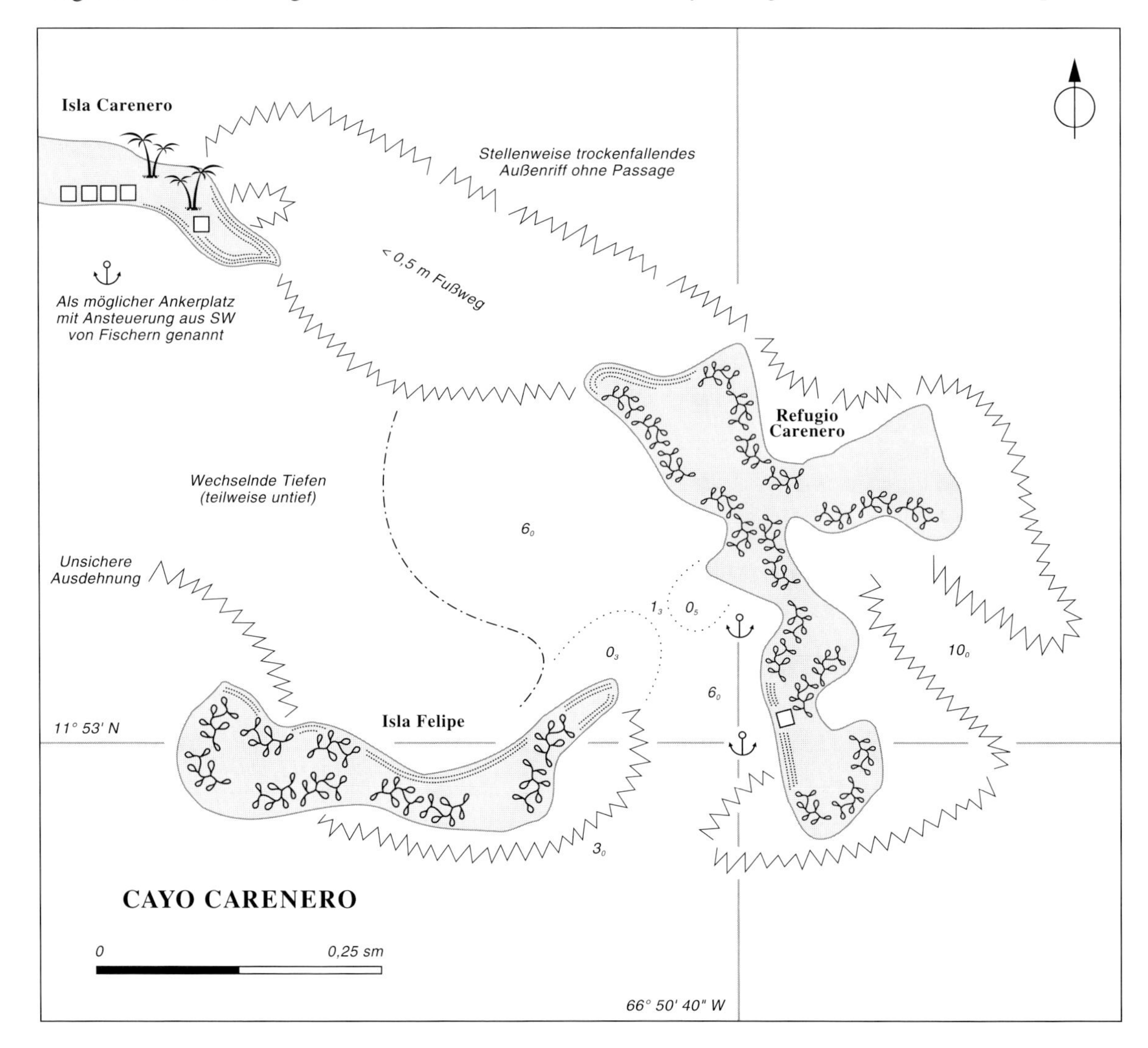

einer Riffeinbuchtung östlich von Refugio Carenero an. Wir haben diesen Platz mit dem Dingi besucht. Nach unserer Meinung eignet er sich nicht als Ankerplatz.

Dos Mosquises

Position am Ankerplatz: 11°48′12″N / 066°53′30″W
Der Name hat nichts mit Mosquito zu tun, es gibt hier auch keine. Der Ursprung des Namens ist „Domus Key", und noch heute heißt die nördliche der beiden Inseln Domusqui Norte, während die südliche Domusqui Sur heißt. Domusqui Norte wird auch Tres Palmeras genannt wegen der drei windzerzausten Palmen auf der Insel.
Wenn die Ansteuerung aus Norden – etwa von Carenero aus – erfolgt, ist den Untiefen westlich von Mosquitoqui ausreichend Raum zu geben. Der Weg führt dann durch eine Rinne tiefen Wassers (15–20 m) nach Süden. Aber auch am westlichen Rand findet man noch wenigstens 3 m Wasser. Bei Südkurs wird erst aus ca. 1 sm Entfernung sichtbar, daß es sich um zwei Inseln handelt, während die drei Palmen auf der Nordinsel schon aus 5 sm Distanz zu erkennen sind. Diese Insel ist flach, mit einem langen Sandstrand und wenigen Mangrovensträuchern.
Das Riff östlich der beiden Inseln läßt sich leicht ausmachen. Man kann an seinem Rand entlangsegeln und hält sich dabei frei von dem Riff nördlich von Isla Pelona. Die Passage zwischen diesen Riffen ist teilweise nur 2,5 m, meist aber 5 m tief.
Die südliche Insel, Domusqui Sur, hat einen dichteren Bestand an Mangroven und niedrigen Palmen. Auffallend sind gut ein Dutzend niedriger Gebäude, die zu einer Forschungsstation gehören. Der Südspitze von Domusqui Sur ist ein Riff vorgelagert, das in seiner Richtung dem Uferverlauf folgt. Nachdem man die Südspitze gerundet hat, kann man unter einem rwK von 45°–55° auf die Palmengruppe auf der Nordinsel zuhalten.
Ankern kann man vor den Palmen oder dem Ranchero westlich davon auf gut haltendem Grund. Wenn Sie sich für die Forschungsstation interessieren, müssen Sie vom Kurs auf die Palmengruppe abweichen und unter einem MgK von ca. 90° auf einen zweistöckigen Bootsunterstand mit auffallend rotem Wellblechdach am Ostende der Siedlung zuhalten. Dort können Sie auf 3,5 m Tiefe einen Ankerplatz auf Sandgrund in klarem Wasser finden. Das Dingi kann man an einem Steg festbinden.
An Land befindet sich die FCLR (Fundacion Cientifica Los Roques) mit Hauptsitz in Caracas. Die Wissenschaftler beschäftigen sich mit der Erforschung der Fauna und Flora und deren Erhalt sowie mit der Siedlungsgeschichte des Archipels. Die Insel hat eine kleine Landebahn für Privatmaschinen. Für Schnorchler lohnen die Riffe im Süden und Osten einen Besuch.

Cayo de Agua

Position: 11°49′36″N / 066°56′59″W
Die beiden Inseln dieses Namens sind die westlichsten im Archipel von Los Roques. Cayo de Agua ist mit seinem nordwestlichen Teil Cayo Oeste durch eine schmale, bei Niedrigwasser trockenfallende Sandbarre verbunden. Zwischen dem Ausgangspunkt dieser Sandbarre auf Cayo de Agua und einem etwas südlicher liegenden Riff gibt es einen Ankerplatz vor einer weißen Sanddüne von ca. 6 m Höhe. Das macht nachdenklich. Der Zufahrtswinkel ist durch das Riff im Süden und Korallenflecken im Norden begrenzt. Ein rwK von 90° und sorgfältiges Navigieren nach Sicht bringen Sie an den Ankerplatz.
Wir haben auf 3 m Tiefe über gut haltendem Sand geankert und die Nähe von Korallenköpfen vermieden. Es empfiehlt sich, einen Heckanker auszubringen oder für eine Winddrehung genügend Raum zum Schwojen einzukalkulieren.
Der beste Landeplatz für das Dingi ist der flache Strand am Beginn der Sandbank. An anderen Stellen ist der Strand sehr steil, und man muß das Dingi weit hinaufzerren, um es vor den Wellen zu sichern.

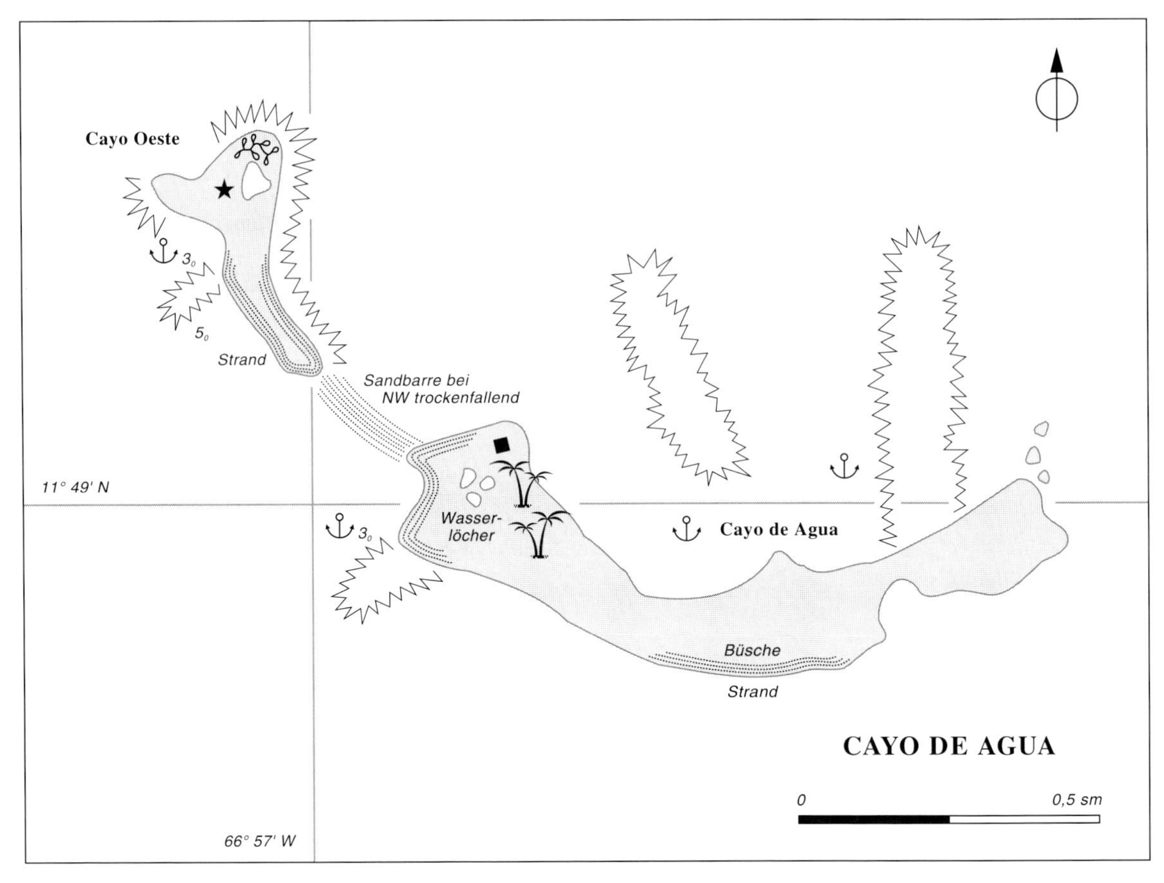

Ein weiterer Ankerplatz liegt westlich von Cayo Oeste, unterhalb des Westausläufers der Insel, auf dem ein Leuchtturm steht, und nördlich eines Riffs. Doch erschien uns dieser Ankerplatz noch unruhiger als der erstbeschriebene.

Cayo Oeste hat einen wunderschönen rot-weißen neueren Leuchtturm von ca. 20 m Höhe. Das wichtige Leuchtfeuer hat folgende Kennung: Blz. 9 s 10 sm (unsicher). Wir konnten das nicht kontrollieren, denn das Feuer arbeitete nicht.

Cayo de Agua hat tatsächlich Wasser, wie sein Name verspricht. An der Nordseite führt ein Weg zu einer Dattelpalmen-Oase. Am Wegrand finden sich versandete Wasserlöcher. 1993 fanden wir noch einige Wasserlöcher mit Wasser unterschiedlicher Qualität. Zwei geheimnisvolle Gräber an der Westseite und ein verlassener Ranchero im Norden lassen vermuten, daß die Insel früher bewohnt war.

Am Strand vor der Sandbarre haben sich Scharen von Pelikanen und Möwen niedergelassen. Das Wasser ist kristallklar und zeigt die ganze grünblaue Skala. Herrliche, riesige Geweihkorallen wachsen zwischen den Inseln und erfordern selbst beim Dingifahren größte Vorsicht.

Die kleinere Insel, Cayo Oeste, ist ein Paradies der Einsamkeit. Wir versanken knöcheltief im pulverigen Sand und beobachteten Vögel beim Nisten. Die Riffe an der Ostseite sind für den Schnorchler gut zugänglich, flach und haben ruhiges Wasser. Beeindruckend sind die Mondnächte, wenn der Strand weiß leuchtet vor tiefblauem, sternenübersätem Himmel, und der Grund durch das grüne Wasser hindurch sichtbar wird. Fast

Westende von Cayo de Agua mit Blick von Cayo Oeste aus.

jede Nacht gibt es ein faszinierendes Schauspiel, wenn im Süden das Wetterleuchten die Wolkentürme blitzartig erhellt.

Islas Las Aves

Karten: Imray D 22, DMA 1480, 1466, 2441

Lage und Umgebung

Dieser Archipel wird von zwei Gruppen von Korallenbänken gebildet. Im Osten – ca. 30 sm von Cayo de Agua entfernt – liegt die erste Gruppe, die Aves de Barlovento. Ca. 11 sm weiter westlich liegt die zweite Gruppe, die Aves de Sotavento. „Aves" bedeutet Vögel, „barlovento" heißt luvseitig, „sotavento" leeseitig.

Ave de Barlovento

Karte: Imray D 22

Lage und Umgebung

Ave de Barlovento bildet einen nach Osten geschlossenen Halbkreis von etwa 5 sm Durchmesser. Von den drei größeren Cays, die etwas länger als 1 sm sind, liegen zwei im Süden: Ave Grande Oeste und Ave Grande Este sowie Tesoro im Südwesten.
Die Ost- und Nordseite des Archipels besteht aus einem z. T. trockenfallenden Riffs mit einem inneren und einem äußeren Gürtel, an dem sich die See schwer bricht. Ave Grande ist mit sehr hohen Mangrovenbäumen bewachsen. Sie schützen die Ankerplätze in Lee vor den starken Passatwinden.

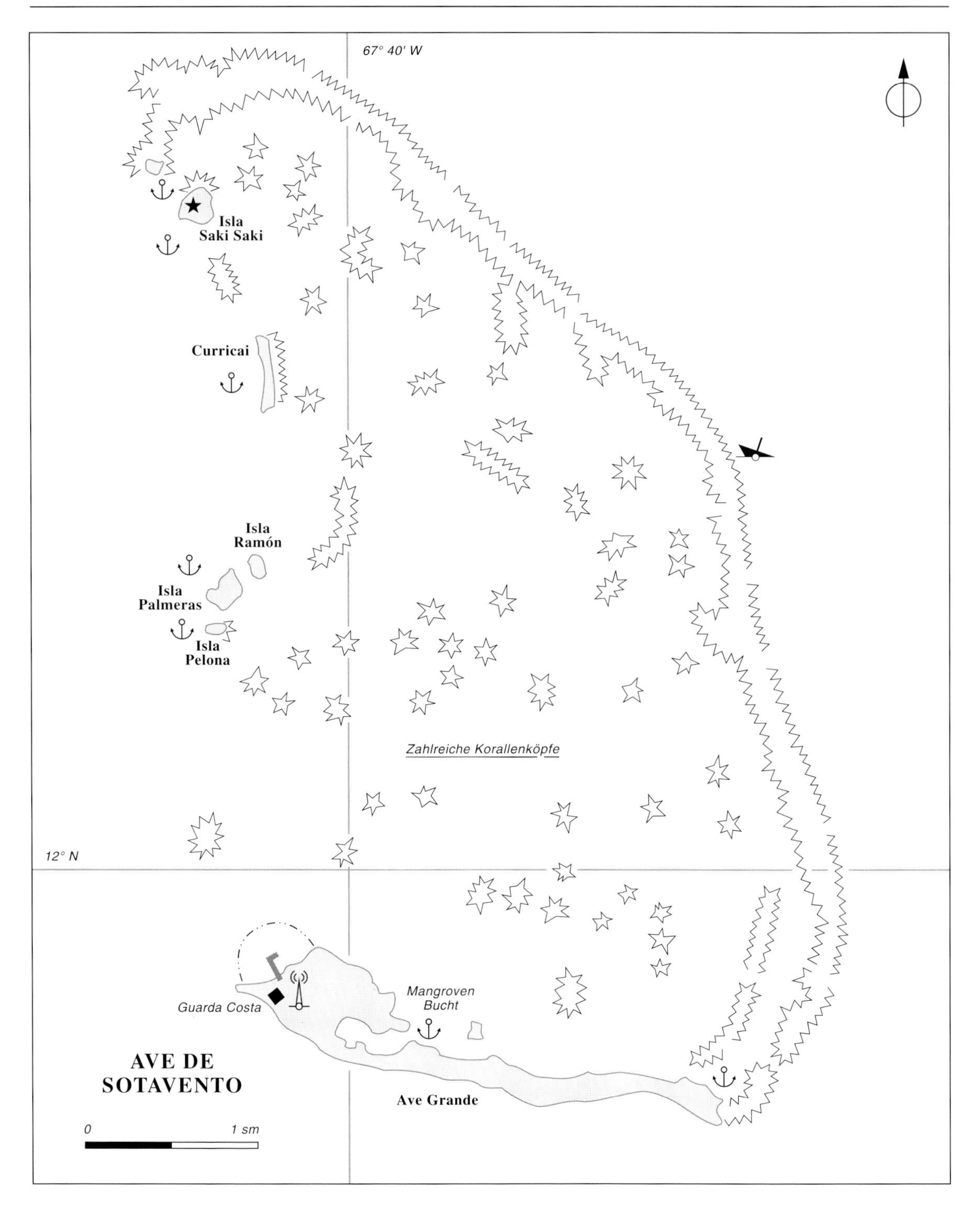
67° 40' W
Isla
Saki Saki
Curricai
Isla
Ramón
Isla
Palmeras
Isla
Pelona
Zahlreiche Korallenköpfe
12° N
Guarda Costa
Mangroven
Bucht
AVE DE
SOTAVENTO
Ave Grande
0
1 sm

In der Nähe der Westhuk von Ave Grande steht ein Leuchtfeuer auf einem rot-weiß gestreiften Metallgerüst von ca. 18 m Höhe (Blz. 8 s 12 sm).

Ansteuerung

Die Ansteuerung erfolgt meist vom Los Roques Archipel vor dem Wind. Ave Grande ist bei der Ansteuerung aus südöstlicher Richtung (rwK 295° von Cayo de Agua) aus ca. 8 sm Entfernung bei guter Sicht auszumachen. Der Leuchtturm wird bei etwa 4,5 sm Abstand sichtbar und wirkt aus dieser Distanz ohne Verbindung zur Insel. Die Ansteuerung aus Ost oder Nordost ist wegen der gefährlichen Riffe zu vermeiden.
Am Ostende von Ave Grande liegt das Wrack

Mangroven im Osten der Leuchtturmbucht von Ave Grande.

eines Seglers, und im März '93 lief hier der kanadische Segler JEMSA II auf. In dreiwöchiger Arbeit konnte der Segler über das Riff nach innen freigeschleppt werden.
Nachdem man an der Südseite von Ave Grande westwärts gesegelt ist und die Westhuk passiert hat, fährt man nach Norden ins Innere des Archipels ein und hat mehrere Ankermöglichkeiten.

Ave Grande

Position am Ankerplatz der Leuchtturmbucht:
11°56′40″N / 067°26′21″W

Leuchtturmbucht (A)
Der Ankerplatz in der mangrovenumsäumten Bucht östlich des Leuchtturms ist der ruhigste, sicherste und vermutlich schönste Ankerplatz des Archipels.
An ihrem Westende, wo der Mangrovensaum beginnt, reicht ein Riff weiter nach Norden, als die Seekarten zeigen. Bei gutem Licht ist es leicht auszumachen. Man kann dem Nordufer von Ave Grande nach Sicht navigierend folgen, um dem Riff auszuweichen und dann in die Bucht einzuschwenken. Die Bucht ist im Norden ebenfalls durch ein Riff abgeschirmt. Ankergrund kann zwischen 10 und 4 m auf gut haltendem Grund gefunden werden, danach steigt der Boden schnell an. Das Wasser ist wegen der nahen Mangroven etwas trübe, weshalb der Anker schnorchelnd nicht kontrolliert werden kann. Auch bei sehr starkem Wind liegt man im Schutze der Mangroven sehr ruhig. Fischer bezeichnen den Ankerplatz als den sichersten im gesamten Archipel.

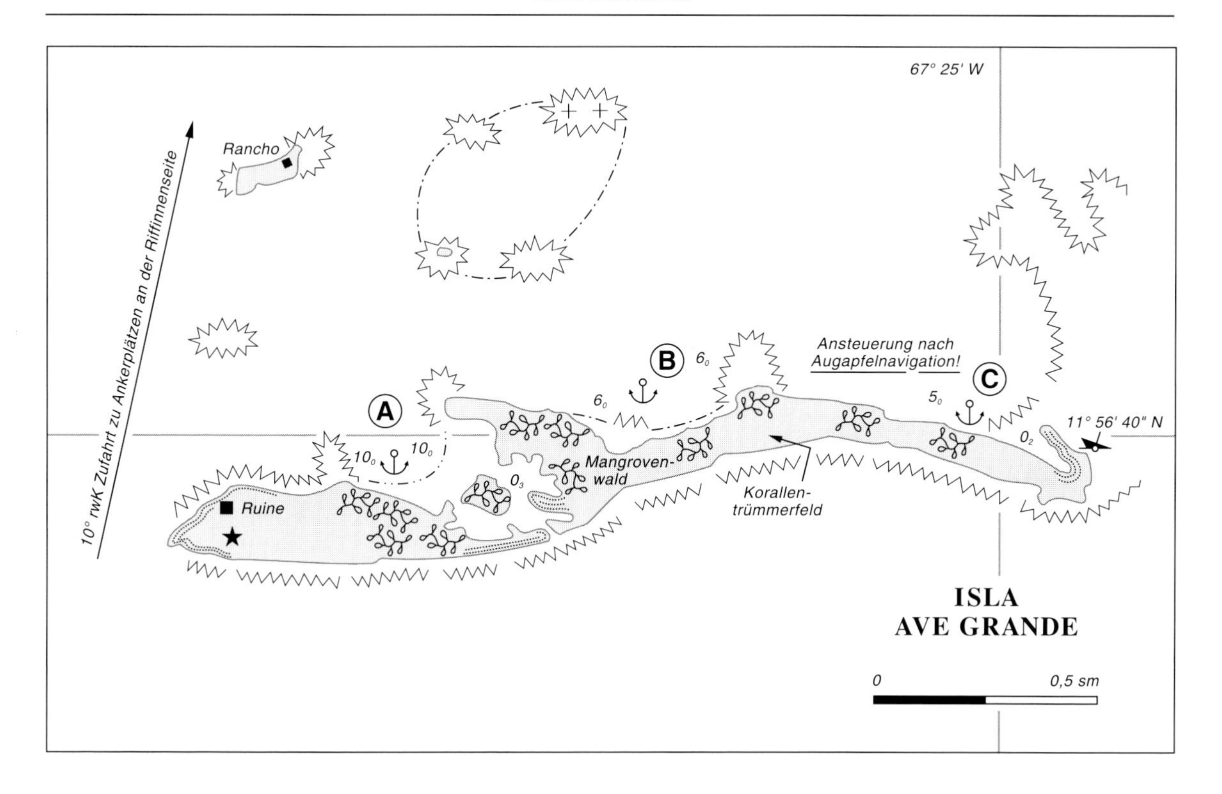

Sobald der Anker in der Leuchtturmbucht gefallen ist, weiß man, warum die Inseln „Las Aves" heißen. In den mehrere Meter hohen Mangroven nisten Tölpel, Fregattvögel, Pelikane, Möwen und Reiher. Vom Ankerplatz aus gibt es drei Eingänge in die große Lagune, die man bequem mit dem Dingi befahren kann. Die westliche Einfahrt hat am Eingang eine Sandbarre, die man bei NW besser mit hochgeklapptem Außenborder paddelnd überquert.
Die vielen Vögel sind nicht scheu; sie lassen sich vom Dingi nicht aufschrecken und recken neugierig die Hälse nach den Besuchern.
Am Westende von Ave Grande gibt es keine Mangroven. Hier nisten die Bodenbrüter. Man landet mit dem Dingi am besten westlich einer Hausruine an einem herrlichen Sandstrand. Hier kann man sich in völliger Abgeschiedenheit im warmen, flachen, türkisfarbenen Wasser baden und wie die einzigen Bewohner des Paradieses fühlen.
Von der Hausruine führt ein Weg zu mehreren Wasserlöchern. Der rostige Leuchtturm kann bestiegen werden. Er beschert von seiner Höhe aus einen schönen Blick über die Inseln.
Die große Zahl von Vögeln auf Las Aves beeinträchtigt den Fischreichtum offenbar nicht. Selten haben wir so viele große Fische gesehen wie im klaren Wasser am Rand der Inseln und an den Riffen.

Nordküste (B)
Ein weiterer Ankerplatz liegt östlich der Leuchtturmbucht an der Nordküste von Ave Grande vor einem dichten Mangrovenwald mit winzigen Landeplätzen für das Dingi am Ufer. Um dorthin zu gelangen, muß man das Riff im Nordosten der Leuchtturmbucht in ausreichendem Abstand passieren, ohne dabei aber den im Norden liegenden Riffen zu nahe zu kommen. Auf 6 m Tiefe findet man genug Platz zum Schwojen. Die Einsamkeit

ist hier größer als der Komfort bei Winden aus dem nördlichen Quadranten.

Ostküste (C)

Die Imray D 22 weist einen Ankerplatz in einer Bucht am Ostende von Barlovento aus. Dieser Ankerplatz existiert nicht. Außerhalb dieser Bucht kann aber ein sehr ruhiger Ankerplatz gefunden werden, der ebenfalls eingezeichnet ist. Die Ansteuerung ist reine Sichtnavigation. Wir fanden an dieser Stelle eine nie zuvor gesehene orangefarbene Tönung des Wassers und vermuteten eine algenbewachsene Untiefe. Das war ein Irrtum. Es gibt hier 3–4 m Tiefe zum Ankern.

Riffankerplatz

Für Einsamkeitsfanatiker gibt es Ankerplätze an der Innenseite des Riffs im Norden des Archipels von Ave de Barlovento. Einer dieser Plätze liegt in rwP 23° von der Leuchtturmbucht aus zwischen zwei kleinen Inseln. Der Ankergrund besteht aus gut haltendem Sand, und man liegt auf 4–6 m Tiefe in ruhigem Wasser, während die Brandung am Außenriff meterhoch spritzt.

Isla Tesoro

Position am Ankerplatz: 11°58′18″N / 067°28′24″W

Weitere relativ sichere Ankerplätze findet man in Lee von Isla Tesoro.

Hier suchen auch große Thunfischfänger Zuflucht, wenn unruhige See den Fang unmöglich macht. An der Nordwesthuk reicht ein Riff weiter nordwärts als die Seekarten zeigen.

Die Bucht im Westen der Insel ist nach Norden

Isla Tesoro, Vogelparadies in den Aves de Barlovento.

und Nordosten offen. Selbst bei östlichen Winden steht noch starker Schwell hinein und macht das Liegen ungemütlich. Vor dem Ufer liegen unregelmäßig weit nach Nordwesten hinausragend zum Teil trockenfallende Riffe, die beim Ankern 2–3 Kabellängen Abstand zum Ufer erfordern. In diesem Abstand kann man auf ca. 6 m Tiefe über Sandgrund ankern.
Etwa 0,5 sm weiter nördlich liegen zwei kleine Inseln, die aus Korallentrümmern bestehen, verbunden und umgeben von einem Riff. Die Inseln tragen Stangen, die den Fischern als Richtzeichen dienen.
Dem Südosten sind Riffe vorgelagert, die nach innen flache aufgewärmte Pools bilden und die nach außen steil abfallen. Für Schnorchler und Taucher bieten die Riffe um Isla Tesoro viel Abwechslung. Die Insel ist auch ein Brutplatz für Bodenbrüter.
Die Imray D 22 zeigt einen Ankerplatz im Osten von Isla Tesoro, in Lee zweier Inselchen. Diesen Platz können wir nicht empfehlen. Er bietet weder Schutz gegen Wind noch gegen Schwell und ist zwischen den Riffen enger als die Karte vermuten läßt. Ein abdriftendes Schiff säße in kürzester Zeit in Legerwall auf dem Riff.

Ave de Sotavento

Karten: Imray D 22, US 2441, BA 1966, 1480

Lage und Umgebung

Der Archipel von Ave de Sotavento liegt 15 sm von Ave de Barlovento entfernt. Von den vielen Schiffen, die auf das Riff im Osten aufgelaufen sind, wird das Wrack eines Tankers, der am Horizont vorbeizufahren scheint, früh sichtbar.
Obwohl die Südküste von Ave Grande de Sotavento rein ist, haben wir uns dennoch freigehalten, weil die Tiefen zum Ufer schnell abnehmen und sich eine unangenehme See bilden kann. Auf der Westhuk von Ave Grande werden das ,,Modulo", ein igluartiges Gebäude mit Beflaggung, Zelte und ein Sendemast sichtbar.
Die helle Farbe des Wassers mahnt, die Westhuk in ausreichendem Abstand zu runden. An der Nordwestseite werden in einer kleinen, flachen Bucht zwei Anlegestege sichtbar.
Die Bucht und ein seichter Ausläufer nach NW eignen sich jedoch nicht als Ankerplatz, da man hier weniger als 2 m Wasser antrifft.

Ankerplätze im Osten

An der Nordseite von Ave Grande gibt es in ca. 1 sm Entfernung östlich der Westhuk einen Ankerplatz in einer Bucht, die in der Imray D22 als ,,Mangrove Bay" bezeichnet ist.
Weiter östlich gibt es im Schutze des Innenriffs Ankerplätze mit ruhigem Wasser.
Bei den starken Passatwinden, die hier wehen, ist eine starke und zuverlässige Maschine zum Befahren der engen Riffpassagen unerläßlich.

Isla Palmeras

Position am Ankerplatz: 12°01′36″N / 067°40′58″W
Ein beliebter Ankerplatz befindet sich im Westen dieser Insel vor einem weißen Sandstrand mit drei Palmen im Hintergrund, die der Insel den Namen gaben. In der Imray-Karte D22 wird die Insel ,,Round Island" genannt. Nördlich und südlich des Strandes gibt es ein Riff. Der Anker muß hier wie an allen anderen Plätzen auf guten Halt geprüft werden, da die Sanddecke oft nur dünn ist. Es gibt etwas Schwell am Ankerplatz.
Einen weiteren Ankerplatz gibt es eine knappe Kabellänge weiter südlich. Von hier aus landet man mit dem Dingi im Südwesten der Insel an, bei der Durchfahrt zur südlicheren Insel Isla Pelona. Fischer ankern in der Passage zwischen Isla Palmeras und Isla Ramon im Osten, doch scheint dieser malerische Platz für Segelyachten nicht tief genug zu sein.
Isla Palmeras liegt eingetaucht in herrlich türkisfarbenes Wasser. Die namengebenden Palmen stehen weithin sichtbar, windgeschüttelt auf der

Mitte der Insel. Die kleine Oase besitzt ein Wasserloch, dessen Wasser allerdings nur zum Waschen geeignet ist.
Riesige Berge von Botutomuscheln stehen an der Luvseite, noch mehr auf der kleinen Insel Isla Ramon gegenüber.

Curricai

Position am Ankerplatz: 12°02′48″N / 067°40′39″W
Den ruhigsten Ankerplatz der Inseln (in der Imray-Karte „Long Island“ genannt) fanden wir in Lee von Curricai. Wir ankerten westlich einer Fischerhütte mit einem Riff im Süden, das sich nach SW ausdehnt, auf 3,5 m Tiefe. Der Anker findet guten Halt im Sand, aber es empfiehlt sich, seine Lage schnorchelnd zu überprüfen, da es eine Menge Korallen gibt. Man kann mit dem Dingi am Strand vor der Fischerhütte gut anlanden.
Im Norden gibt es ein weiteres Riff, das sich nach NW erstreckt. Diese beiden Riffe halten Schwell gut ab.
Es gibt weitere Ankermöglichkeiten nördlich der Fischerhütte, aber es ist auf Korallen zu achten, die sich an zwei Stellen westwärts erstrecken.

Saki-Saki

Position des Leuchtturms: 12°03′48″N / 067°40′54″W
Saki-Saki ist aus westlicher Richtung gefahrlos anzusteuern. Die Insel wird in der Imray-Karte D22 „Lighthouse Island“ genannt. Wir hielten auf das Leuchtfeuer zu und fanden in ca. 2 Kabellängen Abstand vom Ufer einen Ankerplatz auf 3 m Tiefe zwischen einem Riff im Norden und einem anderen im Süden, die sich beide nach Westen erstrecken. Das Boot lag hier sehr unruhig. Zuweilen gab es auch einen starken Strom, der Vorsicht beim Schwimmen gebot.
An der NW-Seite der Insel gibt es eine ruhigere Stelle mit einem flachen Sandstrand. Dort kann man mit dem Dingi gut anlanden.
Ein anderer Ankerplatz liegt im Nordwesten von Saki-Saki. Um ihn zu erreichen, muß man die Riffe im Süden der Insel von West nach Ost passieren und sich dann, die Riffe immer an Backbord lassend, nach Norden wenden. Im Norden der Insel wendet man sich wieder nach West und findet den Platz zwischen Saki-Saki im Südosten und der kleineren Insel im Nordwesten.
Die Ansteuerung erfordert konsequente Augapfelnavigation und kann nur bei guten Lichtverhältnissen unternommen werden. Eine zuverlässige Maschine ist bei starkem Wind und Strom unverzichtbar, und man sollte sich bei unklarer Wetterlage nicht in eine solche Falle begeben.

Formalitäten

Wir hatten vor, uns bei der Guarda Costa auf Ave Grande zu melden, aber sie kamen uns mit einem Besuch zuvor, als wir in Lee von Isla Palmeras lagen. Der Offizier und sein Adjutant, ein junger Arzt, trugen keine Uniform. Sie waren sehr zurückhaltend und überaus höflich. Nach der Kontrolle der Papiere und des Schiffes verabschiedeten sie sich mit guten Wünschen und dem Angebot, auf Anfrage einen Wetterbericht zu schicken.

Die ABC-Inseln

„Ein Stück Europa in der Karibik!“ denkt man unweigerlich bei dieser seltsamen Inselgruppe.
Die ABC-Inseln sind sehr europäisch und sehr karibisch zugleich. Die gepflegte Architektur, die Eleganz der Geschäfte, die Toleranz dem anderen gegenüber scheinen direkt aus Amsterdam importiert. Das alles wird eingerahmt von leuchtend blauem und türkisgrünem Meer, durchsetzt mit karibischer Farbenpracht, lateinamerikanischen Klängen und dem Lebensstil in diesem Teil der Welt: „Easy-going“.
Die Inselbewohner stammen aus allen Ecken der Welt. Vierzig verschiedene Nationalitäten sollen sich in diesem Schmelztigel zusammengefunden haben. Kurios ist auch die Sprache. Obwohl Holländisch die offizielle Sprache ist und auch von jedem beherrscht wird, ist „Papiamento“ die Lingua franca, mit der man sich auf den ABCs verständigt.
Der Sprach-Cocktail ist die Muttersprache aller Schichten der Bevölkerung geworden, ein einzigartiges Phänomen in der Karibik, wo das Creole in der Regel nur von den unteren sozialen Schichten gesprochen wird.
Die drei Inseln sind sehr verschieden hinsichtlich der Landschaft, der Wirtschaftsstruktur und des Entwicklungsstandes. Bonaire ist gemächlich und eher provinziell, Curaçao ein geschäftiges Handelszentrum und Aruba ein Mekka des internationalen Tourismus. Gemeinsam haben sie die immer strahlende Sonne.

Geschichte

Curaçao und Aruba wurden 1499 von Alonso de Ojeda, Bonaire wahrscheinlich von Amerigo Vespucci entdeckt. Die wirklichen ersten Entdecker waren zu diesem Zeitpunkt von der Bühne der Geschichte bereits abgetreten. Sie kamen vor 4500 Jahren von Venezuela nach Curaçao und lebten als Halbnomaden hauptsächlich von den Früchten des Meeres. Tausend Jahre später zogen sie nach Bonaire. Das zwei Jahrtausende lang unbewohnte Curaçao wurde um das Jahr 500 zum zweitenmal von Indianern entdeckt und besiedelt. Die von den Arawaks abstammenden, friedfertigen Caiquetios kamen aus Nordwest-Venezuela. Sie wohnten in Pfahlbauten, lebten von der Jagd und vom Fischfang, kultivierten aber auch Mais und Maniok, produzierten Gebrauchskeramik und Schmuck und trieben Handel mit den Bewohnern der venezolanischen Küste.
Die Spanier betrachteten die Inseln als vollkommen nutzlos. Sie wurden 1513 zu „Islas Inutiles“ erklärt. Zwei Jahre später wurde die gesamte indianische Bevölkerung nach dem nützlicheren Hispaniola zwangsumgesiedelt, um dort in den Kupferminen zu arbeiten. Da Curaçao fast menschenleer war, war es für die Niederländer ein Leichtes, sie 1634 zu erobern. Die verbliebenen Indios wurden nach Venezuela gebracht, da man sie für potentielle Spione hielt. 1795 wurden auf Curaçao nur noch fünf Vollblutindios gezählt. Auf den Nachbarinseln dagegen bewahrten sie ihre Identität bis zum Ende des 19. Jahrhunderts. Heute haben sie sich weitgehend mit dem Rest der Bevölkerung vermischt.
Der erste Inselgouverneur war Peter Stuyvesant, der später nach Nieuw Amsterdam, das spätere New York, ging. Sein nach einem Seegefecht mit den Portugiesen amputiertes rechtes Bein wurde auf dem Monte Verde-Friedhof auf Curaçao begraben. Curaçao entwickelte sich dank des natürlichen Hafens Schottegat bald zu einem wichtigen Handelszentrum. Die holländischen Flüchtlinge aus Brasilien brachten Zuckerrohr mit, aber das trockene Klima eignete sich besser für den Anbau von Zitrusfrüchten. Curaçao wurde mehrmals von England erobert, Bonaire von französischen und britischen Piraten heimgesucht. Die Toleranz der Niederländer hatte eine große Einwanderungswelle zur Folge. Die Inseln nahmen verfolgte

Katholiken, Juden, Protestanten und Moslems auf und boten auch amerikanischen Rebellen aus Nord- und Südamerika Zuflucht. Auch Simon Bolivar versteckte sich hier während seines Befreiungskampfes.
Die Wirtschaft basierte auf Handel, Schiffbau, Phosphat- und Salzgewinnung. Nach der Entdekkung von Öl in Venezuela errichtete Shell Raffinerien auf Curaçao und Aruba. Es begann eine erneute Einwanderungswelle. Während der Besatzung der Niederlande im Zweiten Weltkrieg zogen viele Firmen in die Antillen und trugen so zu einem weiteren Aufschwung bei.
Während des Zweiten Weltkrieges lieferten sich deutsche und amerikanische U-Boote einige Seegefechte vor den Inseln. Wracks aus diesem Krieg sind heute Tauchattraktionen Curaçaos.
Bald nach dem Krieg regten sich Bestrebungen nach Unabhängigkeit. 1954 erhielten die ABC-Inseln und die ebenfalls niederländischen Karibik-Inseln Sint Maarten, Sint Eustatius und Saba den Status eines selbständigen Teiles des Königreiches der Niederlande mit Selbstverwaltung. Seit 1986 gehört Aruba nicht mehr zu dieser Gruppe. Seitdem besteht das Königreich aus drei Teilen: den Niederlanden, Aruba und den Niederländischen Antillen mit der Hauptstadt Willemstad. In Curaçao gibt es eine starke Bewegung für Autonomie. Der separate Status ist eines der Hauptthemen der Politik.
Die Niederländischen Antillen haben ihre eigene Flagge. Auf einer weißen Fläche mit einem blauen Streifen, der das Meer symbolisiert, leuchten seit 1986 nur noch fünf Sterne: die fünf Inseln der Gruppe. Mit dieser Flagge kann man sich monatelang auf Bonaire und Curaçao aufhalten, ohne Schwierigkeiten zu bekommen. Das gleiche gilt für die Flagge der Niederlande oder für die von Curaçao: Horizontal verlaufen auf ihr drei unterschiedlich breite Streifen: Blau für den Himmel, Gelb für die Sonne und Blau für das Meer. In der oberen linken Ecke stehen zwei Sterne: der große für Curaçao, der kleine für die Nachbarinsel Klein Curaçao. Die fünf Spitzen der Sterne verweisen auf die bunte Zusammensetzung der Bevölkerung aus allen fünf Kontinenten, und die weiße Farbe der Sterne steht für Frieden und Glück dieser kosmopolitischen Insel.

Die Küche der ABC-Inseln

In den Geschäften findet man Waren aus den Niederlanden, den USA und Venezuela. Die Küche – ,,Kuminda Krioyo" – besteht jedoch hauptsächlich aus einer Mischung aus karibischen und venezolanischen Gerichten, natürlich mit Anreicherungen aus aller Welt. Hinzu kommen die Spezialitäten der Inseln wie ,,Funchi" – ein mit Wasser, Salz und Butter gekochter Kloß aus Maismehl, der zu jedem Gericht als Beilage gereicht wird, oder das sehr aufwendige ,,Keshi Yena": Mit einer würzigen Mischung aus Fleisch, Gemüse, Kapern und Rosinen wird ein ausgehöhlter Edamer Käse gefüllt und im Ofen gebacken. In Willemstad hat sich eine Pizzeria-Kette davon zu einer köstlichen Curaçao-Pizza inspirieren lassen.

Zum Ausprobieren hier das Rezept für „Stoba di Carco"

,,Stoba" bedeutet Ragout, ,,Carco" ist die rosarote Riesenmuschel, englisch ,,Queen Conch", wissenschaftlich ,,Strombus gigas" genannt, die man in 5 bis 6 m tiefem Wasser findet oder bereits ausgelöst und schön verpackt in den Supermärkten der ABCs kaufen kann.
1 kg Carco-Fleisch
1/2 Tasse Essig
1 große Zwiebel
1 grüne Paprika, kleingeschnitten
2 große Tomaten, kleingeschnitten
2 Würfel Hühnersuppe,
in 1/2 Tasse Wasser aufgelöst
1 Spritzer Tabasco
1 EL körnige Würze
Die Conchs säubern, die ,,Zipfel" entfernen, häuten und mit einem Fleischklopfer heftig bearbeiten, bis sie sehr flach sind. Mit Essig einreiben

und in mundgerechte Bissen schneiden. Zwiebel und Paprika in Butter dünsten, restliche Zutaten hinzufügen und alles 20 Minuten kochen lassen. Conchs beigeben und 15 Minuten weiterkochen.
Carco läßt sich auch zu anderen köstlichen Gerichten verarbeiten. Man kann sie, gut flachgeklopft, paniert braten wie Wiener Schnitzel, als „Ceviche" einlegen oder in Ausbackteig frittieren.

Ausflüge

Das Faszinierendste an Bonaire sind zweifellos die bis zu 60 Meter Tiefe klaren, warmen und ruhigen Tauch- und Schnorchelgründe. Es empfiehlt sich, den überall erhältlichen „Marine Park Guide" von STINAPA, der Naturschutzbehörde, zu erwerben. Wer es schafft, sich den Verlockungen der Tiefe für einen Tag zu entziehen, sollte sich ein Auto mieten und in den Washington-Slagbaai-Nationalpark fahren. Auf dem Weg zum Park fährt man an dem pittoresken alten Sklavenwohnort Rincon vorbei und an der Boca Onima-Höhle mit ihren zinnoberroten, präkolumbianischen Felsinschriften.
Die Wege im Park sind allerdings staubig, heiß und ermüdend, so daß man unbedingt Pausen einlegen muß. Versorgungsmöglichkeiten gibt es nicht, also sollte man ein Picknick einplanen. Ein idealer Platz dafür ist das malerische Schnorchelparadies Playa Funchi, wo sich Leguane räkeln und die bunten Bonaire-Eidechsen sich am Picknick beteiligen.
Zum Schwimmen empfehlen wir die Bucht Boca Slagbaai. Auch hier läßt es sich gut schnorcheln und ausruhen. Der Platz wird häufiger besucht wegen seines Sandstrandes und wegen der hübschen wohlrestaurierten Häuser, früher ein Lagerhaus für Salz, eine Zollstation und weitere Gebäude, die als Schlachthof dienten. Slagbaai bedeutet „Schlachtbucht" und war im vergangenen Jahrhundert ein wichtiger Exporthafen.
In der Nähe der Salzanlagen im Süden der Insel stehen noch einige der winzigen Hütten, in denen die Sklaven zu zweit die Arbeitspausen verbrachten. Die Obelisken daneben dienten damals den Salztransportschiffen zur Orientierung.

Bonaire

Karte: NL 2212, BA 1414, Imray D 23

Lage und Umgebung

Wer nach einem Aufenthalt in der Einsamkeit der Roques und Aves Bonaire erreicht, glaubt sich auf einen anderen Planeten versetzt. Schmucke Häuschen mit roten Dächern und verspieltem Zierat wirken wie aus einem Kinderbaukasten gezaubert. Nach der Zeit in der reinen Natur stellt sich eine freudige Ahnung ein: Hier warten alle Segnungen der Zivilisation.
Die Attraktion der Insel sind ihre Tauchgründe. Unzählige Tauchstationen sind überall verstreut, und in der Tat ist Bonaire mit dem vorgelagerten Klein Bonaire einer der besten Tauchplätze der Welt. Das Wasser ist klar, und auch in großen Tie-

Auf der Reede vor Kralendijk auf Bonaire.

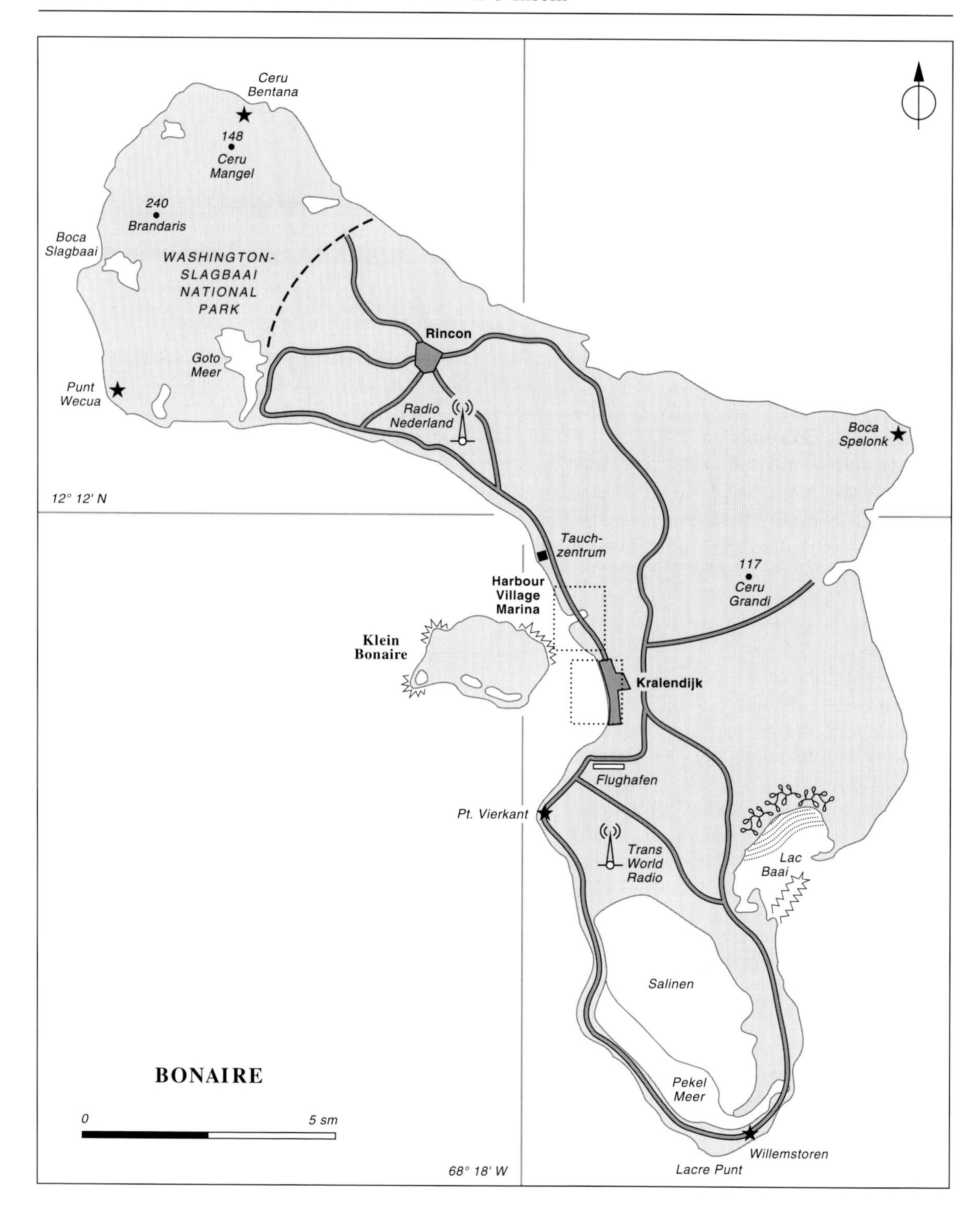
Ceru Bentana
148
Ceru Mangel
240
Brandaris
Boca Slagbaai
WASHINGTON-SLAGBAAI NATIONAL PARK
Goto Meer
Punt Wecua
Rincon
Radio Nederland
Boca Spelonk
12° 12' N
Tauch-zentrum
Harbour Village Marina
117
Ceru Grandi
Klein Bonaire
Kralendijk
Flughafen
Pt. Vierkant
Trans World Radio
Lac Baai
Salinen
Pekel Meer
Willemstoren
Lacre Punt
68° 18' W
BONAIRE
0
5 sm

fen ist Unterwasserfotografie möglich. Die beiden Inseln sind fast vollständig von Riffen umgeben, und die meisten sind leicht von Land oder mit dem Dingi zu erreichen.
Das Wahrzeichen Bonaires ist der Flamingo. Er ziert den Einreisestempel im Paß und die gepflasterten Gehwege in Kralendijk. Im Washington-Slagbaai-Nationalpark gibt es Stellen, wo man die anmutigen Vögel aus der Nähe beobachten kann, bevor sie sich zu ihrem allabendlichen Flug nach Venezuela aufmachen.
16 Echsenarten hat Bonaire aufzuweisen. Der allgegenwärtige blau und grün gefärbte Gecko ist eine Spezialität der ABCs. Leguane tummeln sich sogar in Kralendijk – unter Lebensgefahr, denn sie gelten als Leckerbissen.
Naturschutz wird in Bonaire sehr ernstgenommen. 1979 errichtete man den „Bonaire Marine Park“, um die empfindlichen Korallenriffe mit Tausenden von Fischarten zu schützen. Auch Schildkröten stehen unter Naturschutz. Hohe Geldstrafen drohen jedem, der Schildkröteneier wegnimmt. Selbst Kauf oder Verzehr sind hier strafbar.
Eine Spezialität der wüstenartigen Insel sind die waagerecht abknickend gewachsenen Baumkronen der windgebeugten Divi-Divi-Bäume und die mannshohen, teilweise von wilden Ziegen kahlgefressenen Kakteen mit klingenden Namen wie Kadushi, Yatu und Melon di Seru.
Älteste Zeichen der Besiedlung sind indianische Zeichnungen im Osten der Insel. Nach einem Jahrhundert spanischer Kolonisation eroberten die Holländer die Insel. Das Salz der Insel lockte sie – für die Konservierung von Fisch und damit für die Seefahrt lebenswichtig. In den Salinen der Insel arbeiteten Sklaven, deren armselige kleine Steinhütten noch heute im Süden der Insel stehen. Inzwischen finden sich in Bonaire neben 10000 Einwohnern 50000 Besucher. Es gilt als eines der drei besten Tauchgebiete der Welt. Besucher von den Nachbarinseln wählen Bonaire als Urlaubsort wegen seiner Ruhe und Beschaulichkeit. Der Tourismus macht Bonaire zu einer wohlhabenden Insel, ohne es durch Hochhäuser zu verschandeln. Die Architektur ist holländisch gepflegt, mit kleinen, ordentlichen Häusern, einigen gut erhaltenen Kolonialbauten und neueren Versuchen, diesen Stil beizubehalten.

Überfahrten

Die Überfahrt von Los Roques oder Las Aves nach Bonaire ist meist ein Vorwindkurs. Wenig Probleme gibt es, wenn der Wind aus SO kommt, was im Sommer häufig der Fall ist.
Lokale Wetterinformationen liefern die „Estacion Secundaria Guarda Costa“ Los Roques oder Ave de Sotavento bei Anruf auf Kanal 16, TWRB auf 800 kHz um 0719 und 0805 GZ oder die in der Frequenzliste aufgeführten Stationen.
Der Strom setzt in der Regel W-WNW mit 1–1,5 kn, wobei er auch völlig ausfallen kann.

Ansteuerung

Zwischen den Aves und Bonaire werden im Winter häufig Wale beobachtet. Bei einer Überfahrt segelten wir über eine Stunde lang in Begleitung von vier Walen, die paarweise im Abstand von etwa 15 m neben uns herschwammen. Faszination und Furcht hielten sich an Bord die Waage.
Die Südspitze Bonaires – Lacre Punt – liegt ungefähr 35 sm westlich von Ave de Sotavento auf 12°02′N / 068°15′W. Die Insel ist im Süden sandig, sehr niedrig und deshalb schwer auszumachen. Der Norden der Insel ist hügelig. Die höchste Erhebung der Insel, der 240 m hohe Brandaris, liegt im NW.
Wir sahen bei Ansteuerung aus Osten, von Ave de Sotavento kommend, den Ceru Grandi (117 m) bei bewölktem Himmel aus 8 sm Entfernung. Er liegt 10 sm nördlich von Lacre Punt. Machen Sie Ihre Peilungen, und lassen Sie sich nicht verleiten, den Kurs nach Norden zu verlegen. Der Leuchtturm bei Willemstoren ist bei bewölktem Himmel erst aus 3–4 sm Entfernung auszumachen. Er ist 27 m hoch und weiß-rot längsgestreift. Seine

Position ist 12°01′42″N / 068°14′06″W. Die Kennung ist: Blz. 9 s 13 sm. Das Wasser in Küstennähe ist tief und birgt keine Gefahren. Wenn der Wind nicht zu stark aus S weht, findet man an der Westküste ruhiges Wasser.
Eine Reihe hübscher, farbiger Feriensiedlungen begleitet den weiteren Weg nordwärts. Auffällige Landmarken sind:
– die Salzhügel etwa 4 sm nördlich von Lacre Punt,
– die 200 m hohen Radiomasten von Transworld Radio Bonaire, dem stärksten Sender in der Karibik (500 kW), dessen Wetterbericht wir noch auf Tobago empfangen konnten. Seine Position ist: 12°07′N / 068°17′W,
– das rote Dach auf dem gelben Turm der katholischen Kirche von Kralendijk auf Position: 12°09′12″N / 068°16′36″W.
Das niedrige Klein Bonaire hebt sich als eigenständige Insel erst spät von der dahinterliegenden westwärts schwenkenden Küste ab.
Die Tanks beim Goto-Ölterminal auf Position 12°13′N / 068°23′W sind vom Nordteil der Kralendijk-Reede aus erkennbar. Die wichtigsten Huken und Hafenanlagen der Insel sind gut befeuert.

Formalitäten

Nach Einlaufen in die niederländischen Hoheitsgewässer setzt man die gelbe Flagge. Man legt am besten am Nordpier vor Kralendijk an und meldet sich bei der Einwanderungsbehörde. Das Büro liegt in der ersten Etage der Polizeistation in der „Kaya Simon Bolivar“. Am Wochenende ist es geschlossen, dann übernimmt die Polizei im Erdgeschoß die Aufgaben. Die Beamten sind sehr freundlich, aber verärgert, wenn man sich ohne triftigen Grund nicht sofort meldet. Verständnis für einen Aufschub haben sie nur, wenn man mitten in der Nacht eingelaufen ist. Der Zoll ist anschließend aufzusuchen. Das Zollgebäude liegt unmittelbar an der Nordpier.
Wenn man gleich in die Marina fährt, kommen die Zollbeamten nach Information durch das Marinabüro oder nach Anruf auf Kanal 16 an Bord. Der Zoll nimmt Feuerwaffen und Harpunen gegen Quittung bis zur Ausreise in Verwahrung.
Bis zu zwei Monaten kann man sich ohne Visum auf der Insel aufhalten. Danach genügt eine 24-stündige Ausreise für einen erneuten Aufenthalt von zwei Monaten. Das Boot kann auf unbegrenzte Zeit bleiben.

Harbour Village Marina

Kralendijk, Bonaire N.A., P.O.Box 285
Telefon: 5997–8384, Fax: 5997-7506
Position am Liegeplatz: 12°09′48″N / 068°17′09″W
Harbour Village Marina nördlich von Kralendijk ist ein guter Platz, um nach einem längeren Aufenthalt in den Roques und Aves Wasser und Diesel zu bunkern, Schiff und Wäsche zu waschen, sich selbst mit Süßwasser zu duschen und den Appetit auf Obst, Gemüse, Fleisch und einer süßen Nachspeise an einem gepflegten Restauranttisch zu stillen.
Die Marina liegt in einer ehemaligen Lagune, die über einen Durchbruch mit dem Meer verbunden ist. Die Wassertiefen wurden mit Dynamit auf durchschnittlich 5–6 m gesprengt.
Im Norden der ehemaligen Lagune wurde das „Harbour Village Beach Resort“ errichtet, eine luxuriöse, geschmackvolle Ferienanlage mit dem besten Hotel-Restaurant der Insel. Segeln und Tauchen gehören zum Angebot.
Im Inneren der Lagune können Yachten bis 33 m Lüa vor dem Hotelkai an Mooringbojen festmachen.
Für US-$ bekommt man Zimmerservice auf dem Boot, und es stehen einem alle Hoteleinrichtungen zur Verfügung. Fernsehen, Telefon, Wasser und Strom werden extra abgerechnet.
Nicht so anspruchsvoll geht es an den anderen beiden Piers zu. Hier gibt es ca. 60 Liegeplätze. Der Pauschalpreis von 20 US-$ täglich, unabhängig von der Länge des Bootes, schließt den Gebrauch von Wasser, Strom (120 Volt), Toiletten

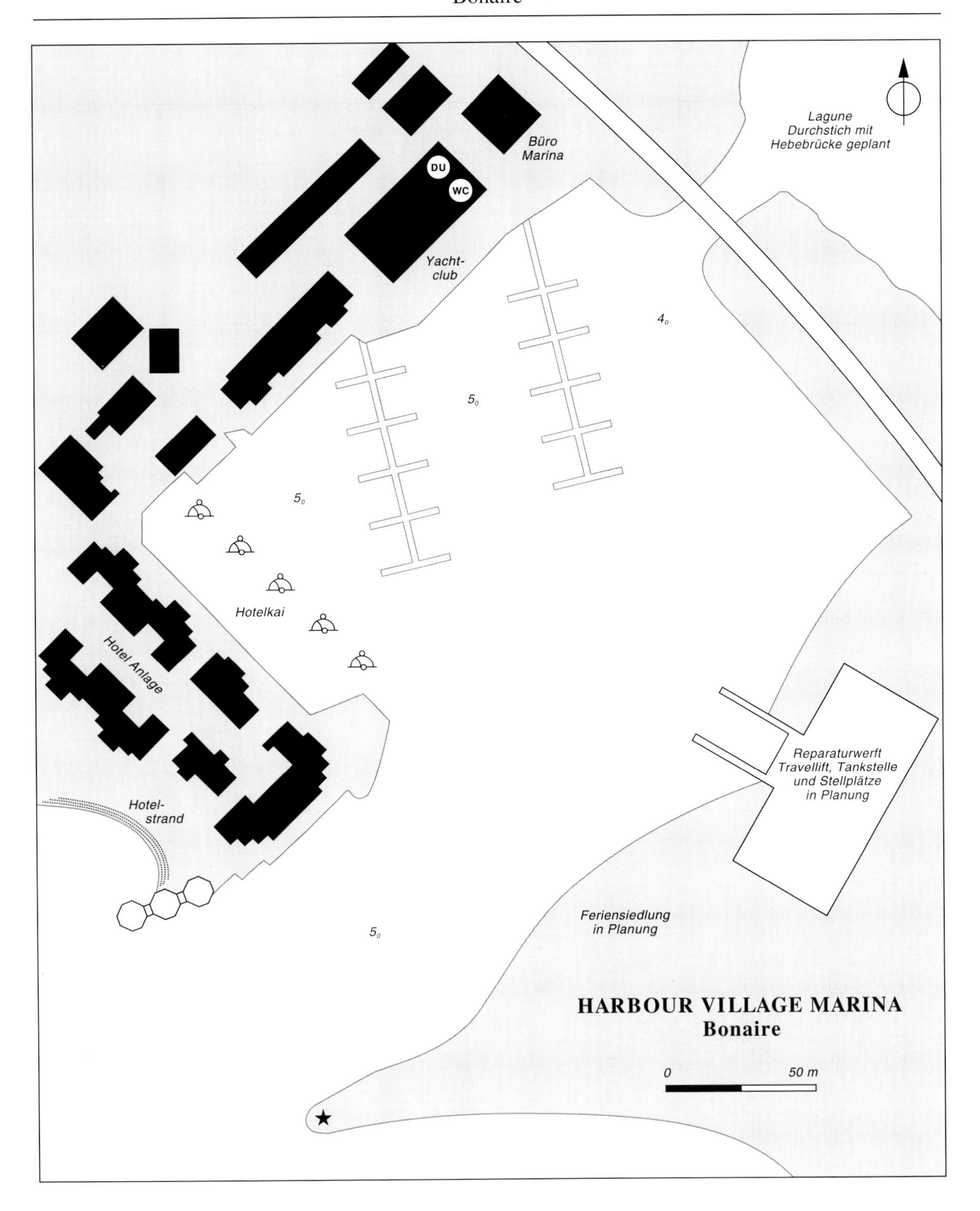
Lagune
Durchstich mit
Hebebrücke geplant
Büro
Marina
DU
WC
Yacht-
club
4
5
5
Hotelkai
Hotel Anlage
Hotel-
strand
Reparaturwerft
Travellift, Tankstelle
und Stellplätze
in Planung
Feriensiedlung
in Planung
5
HARBOUR VILLAGE MARINA
Bonaire
0
50 m

und sehr sauberen Duschen ein. Langzeitlieger erhalten beträchtliche Nachlässe.
Die Harbour Village Marina Bonaire hört auf UKW-Kanal 17. Der immer gutgelaunte Hafenmeister John Ben Boef ist beim Festmachen behilflich, aber er erwartet schon, daß Fender ausgebracht sind und Festmacher bereitliegen. Auf seinen Rat und seine Hilfe kann man immer zählen.
Das Marinabüro bietet Telefon- und Faxservice, vermittelt Kraftstoff, Eis, Gasflaschen, Wäschereinigung und Fachkräfte für Reparaturen.
Lebensmittel kann man in der Marina nicht kaufen. Ein Minimarkt ist geplant. Aber wenige Fußminuten weiter nördlich gibt es im Sand-Dollar Ferienkomplex einen kleinen und teuren Supermarkt. Weder das Marinabüro noch das Hotel wechseln Geld. Bei der Bezahlung werden US-$ oder Kreditkarten akzeptiert.
Den Weg in die Stadt legt man zu Fuß, mit dem Dingi oder per Anhalter zurück. ,,Hitch-hiking" ist hier die gebräuchliche Art der Fortbewegung, und kein Busunternehmen hat deshalb bisher den Mut zur Eröffnung einer Linie gefunden.
Es ist geplant, die Restlagune östlich der Straße ebenfalls zu einer Ferienanlage auszubauen und durch einen Kanal mit der Marina zu verbinden.
Die Hafeneinfahrt soll eine Befeuerung erhalten. An der Südseite soll der Lift für Yachten wiederhergestellt und ein Stellplatz geschaffen werden. Werkstätten und ein Laden für Zubehör sollen entstehen.

Reede vor Kralendijk

Karten: NL 2212, BA 1414
Position am Ankerplatz: zwischen 12°09′N bis 12°10′N / 068°17′W.
Außerhalb der Marina ist es nur erlaubt, zwischen Marina und Zollpier zu ankern, da die gesamte Küstenlinie einschließlich der von Klein Bonaire zum geschützten Gebiet ,,Marine Park" gehört. Mooringbojen, die an anderen Stellen ausgelegt sind, dienen dem Schutz der Korallen. Die Bojen sollen in der Regel nur von Tauchfahrzeugen, nicht länger als 2 Stunden und vor allem nicht über Nacht benutzt werden. Die Höchstgeschwindigkeit ist im Bereich von 75 m zum Ufer auf 10 km/h und im Zollgebiet auf 5 kn begrenzt.
Zwischen der Reihe der Segelboote und dem Ufer lockt ein ca. 50 Meter breiter türkisfarbener Wasserstreifen von unglaublicher Klarheit zum Schwimmen und Schnorcheln: Man ankert in ei-

Einfahrt der Harbour Village Marina.

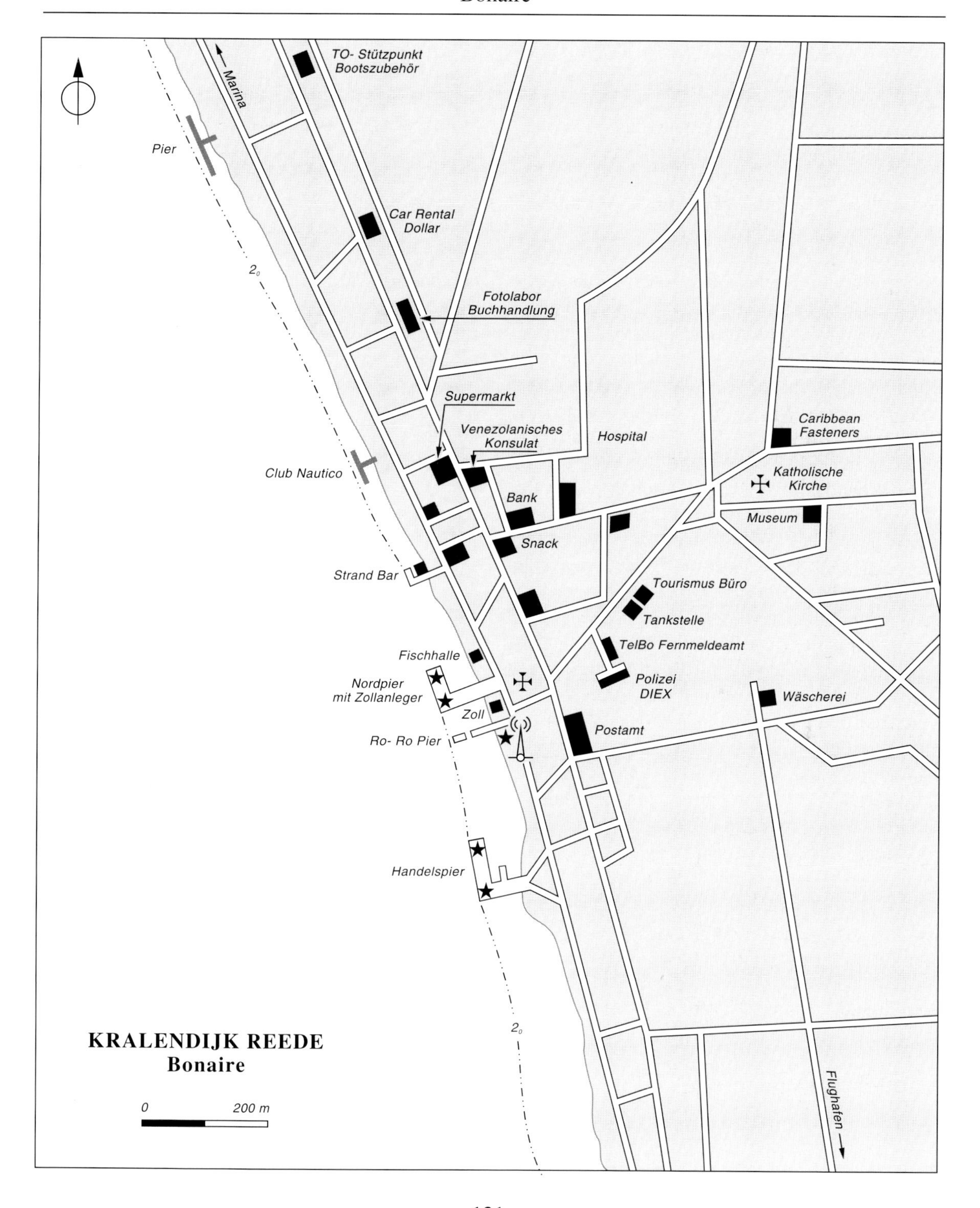

Marina
TO- Stützpunkt
Bootszubehör
Pier
Car Rental
Dollar
Fotolabor
Buchhandlung
Supermarkt
Venezolanisches
Konsulat
Hospital
Caribbean
Fasteners
Club Nautico
Katholische
Kirche
Bank
Museum
Snack
Strand Bar
Tourismus Büro
Tankstelle
TelBo Fernmeldeamt
Fischhalle
Nordpier
mit Zollanleger
Polizei
DIEX
Wäscherei
Zoll
Postamt
Ro- Ro Pier
Handelspier
KRALENDIJK REEDE
Bonaire
0
200 m
Flughafen

nem riesigen Privataquarium. Das Wasser ist absolut sauber, und kein Segler wagt es, auch nur den kleinsten Essensrest hineinzuwerfen.
Das Küstenschelf im Ankerbereich ist nur ca. 50 m breit mit Tiefen von 2–10 m. Danach fällt die Wassertiefe abrupt auf 80 m ab. Kräftiges Türkis und dunkles Blau bilden eine scharfe Grenzlinie an der Bruchkante.
Da der Ankergrund meist aus Korallentrümmern besteht und die Decke aus hartem Korallensand oft nur 40 cm und weniger beträgt, empfiehlt es sich, zwei Anker auszubringen und zu kontrollieren, ob sie sich gut eingegraben haben.
Einige Segler brachten noch einen dritten Anker vom Bug nach Westen aus, um sich gegen die Winde des „Reverse", der zwischen April und Oktober zwar selten, aber mit großer Heftigkeit überraschend auftreten kann, zu schützen. Kenner der Verhältnisse halten diese Maßnahme für absolut unzureichend. Die „Marine Park"-Verwaltung sieht diese Art des Ankerns ebenfalls ungern, da die noch intakten Korallen an der Seeseite der Küstenbank beschädigt werden.
Schutz vor dem „Reverse" bietet die Harbour Village Marina. Francisco, der Marinamanager, hat Fotos gestrandeter Yachten gemacht, die eindrucksvoll die Gefährlichkeit dieses Windes dokumentieren.
Auf der Reede von Kralendijk kann man bei schwachen Winden auch einen hin- und herlaufenden Strom beobachten. Deshalb muß genug Platz zum Schwojen gegeben werden.
Ankern vor dem Harbour Side Shopping Center oder Karel's Beach Bar bietet größte Nähe zum Städtchen aber auch Belästigung durch Schiffsverkehr zum Anleger und durch laute Musik am Wochenende. Das Dingi kann man am Steg von Karel's Bar festmachen, ohne Diebstahl befürchten zu müssen.

Club Nautico

Eine gute Kabellänge weiter nördlich befindet sich die Steganlage des Club Nautico. Dies ist eine massive hölzerne Anlage mit 10 Boxen. Das Heck kann am Steg, der Bug an Pollern festgemacht werden. Die Anlage gehört zu einer dahinterliegenden Wohnanlage. Dort muß um Erlaubnis zum Festmachen nachgefragt werden.
Die Preise sind mit denen in der Harbour Village Marina vergleichbar, aber die Bedingungen schlechter. Schwell macht den Platz unruhiger, es fehlen Toiletten und Duschen sowie der Service des dortigen Marinabüros. Die Wassertiefen betragen am Steg 2,2 m, an den Pollern 2,5 m.
Etwa 3 Kabellängen nördlich gibt es einen weiteren Steg, der öffentlich ist. An ihm machen Fischer- und Tauchboote fest. Der Zugang zum Steg hat ein Dach von auffällig roter Farbe. Die Tiefen betragen am Steg weniger als 2 m.
Der Steg ist nicht sehr empfehlenswert, aber in der Nähe ankernde Boote können hier ihr Dingi festmachen.

Port Bonaire

Position: 12°18′N / 068°36′W
Port Bonaire ist eine Ferienanlage 1,5 sm südlich von Kralendijk. Sie wurde an den Ufern einer Lagune gebaut, die durch einen schmalen Kanal mit dem Meer verbunden ist.
Wir würden diesen Platz nicht als Zufluchtsort bei einem Reverse wählen. Wir loteten zwar 2,5 m in der Einfahrt und später sogar 3–3,5 m. Aber in der Mitte des Kanals lagen einige Riffe. Die Ostseite war tiefer als die Westseite, aber an einigen Stellen auch nur 2 m tief. Die Tiefenangaben beziehen sich auf relativ schmale Rinnen, ausreichend Raum zum Schwojen vor Anker war nirgends. An Land gab es auch keine Festmachemöglichkeiten. Die Weiterfahrt auf dem Kanal wird durch die Brückendurchfahrtshöhe von ca. 3 m beschränkt.

Versorgung

Gegenüber dem öffentlichen Anlegesteg mit dem roten Dach liegt jenseits der Straße die Bonaire

Boating Company. Das kleine von den beiden Deutschen Marlis und Jerry geführte Unternehmen bietet außer Bootszubehör auch qualifizierte Hilfe bei Reparaturen.
Benzin und Diesel bekommt man bei der Tankstelle im Zentrum, Elektroartikel ebenfalls. Etwas außerhalb des Ortes in Richtung Rincon findet man die Eisenwarengeschäfte General Store, ACE und Caribbean Fasteners.
Die Maduro & Curiels Bank im Ortszentrum ist durchgehend geöffnet und gibt als einzige Bank in diesem Segelgebiet auch US-$ gegen VISA- und Mastercard. Fast überall akzeptiert man US-$ als Zahlungsmittel, man bekommt meist Naf als Wechselgeld zurück. Visa- und Mastercard werden überall genommen.
Das Telefonamt TELBO in der Kaya Simon Bolivar ist bis 22.30 Uhr, auch am Wochenende, geöffnet. Hier kann man auch Faxe senden und empfangen. Das Postamt, eine gute Adresse für postlagernde Briefsendungen, liegt an der Hauptstraße Kaya Grandi.
Wer seine Wäsche waschen lassen möchte, hat es nicht ganz leicht. Die einzige Wäscherei, die wir ausfindig machen konnten, ist teuer und liegt außerhalb des Ortes in Richtung Rincon; ein halbstündiger Fußmarsch. Man kann aber einen Ort verabreden, an den die Wäsche zurückgebracht wird.
In Kralendijk gibt es zwei große Supermärkte: Den größeren „Cultimara“ in der Kaya Gerharts hinter der Bäckerei und „Montecatini“, der bis in die Nacht und Sonntag morgens geöffnet ist. Fisch wird privat verkauft, u. a. in zwei kleinen Häusern an der Uferstraße oder manchmal in dem kleinen, klassizistisch anmutenden Pavillon in der Nähe des Regierungsgebäudes. Dort wird auch Obst und Gemüse angeboten, wenn es gerade aus Venezuela angeliefert worden ist.
Restaurants gibt es in Kralendijk, in den Hotels und Tauchzentren, die alle mit dem Dingi leicht zu erreichen sind. Die meisten haben Anlegemöglichkeiten. Ein gutes Restaurant ist das „Zeezicht“ gegenüber „Karel's“, preiswert und gut fanden wir das „Je Mar Health Shop“ in der Hauptstraße und die Chinesen aller Kategorien: vom Luxuslokal bis zum Takeaway.

Curaçao

Karten: NL 2213, Imray D 23, BA 1414
Position: Punt Kanon 12°02′48″N / 68°44′30″ W

Lage und Umgebung

Der Ursprung des Namens ist mit vielen Legenden verknüpft. Er könnte vom indianischen Wort für mächtig: Curacan oder vom portugiesischen Corauacu, was „Herz“ bedeutet, abstammen. Die vielleicht schönste Erklärung beruht auf einem Ereignis, das historisch dazwischen liegt. Bei einem kurzen Zwischenstopp auf der Insel ließ Amerigo Vespucci seine skorbutkranken Matrosen auf Curaçao zurück, damit sie dort in Ruhe sterben konnten. Zehn Monate später, als er dort wieder Proviant laden wollte, wurde er von seinen totgeglaubten Männern fröhlich begrüßt. Dieses Wunder veranlaßte ihn zu der Eintragung „Curaçao“ auf seiner Seekarte, vom portugiesischen Wort für „heilen“ abgeleitet.
Das Wunder, das Vespucci in seinem Reisebericht beschrieb, wurde erst 1747 aufgeklärt. Ein englischer Marinearzt gab den an Skorbut erkrankten Seeleuten kleine Limonen, die er aus den Beschreibungen Vespuccis kannte, und heilte sie. Erst 50 Jahre später zog die britische Admiralität daraus die Konsequenz und ordnete an, daß jeder Matrose täglich eine Limone zu bekommen habe. Seitdem werden die Briten in der Karibik „Limeys“ genannt.
Curaçao ist die größte und bedeutendste Insel der Niederländischen Antillen. In seine Südküste haben sich mehrere Buchten tiefe Einschnitte gegraben. Mit dem Schottegat besitzt die Insel einen der besten Häfen der Karibik. Das Dry Dock ist das größte und modernste der Region.

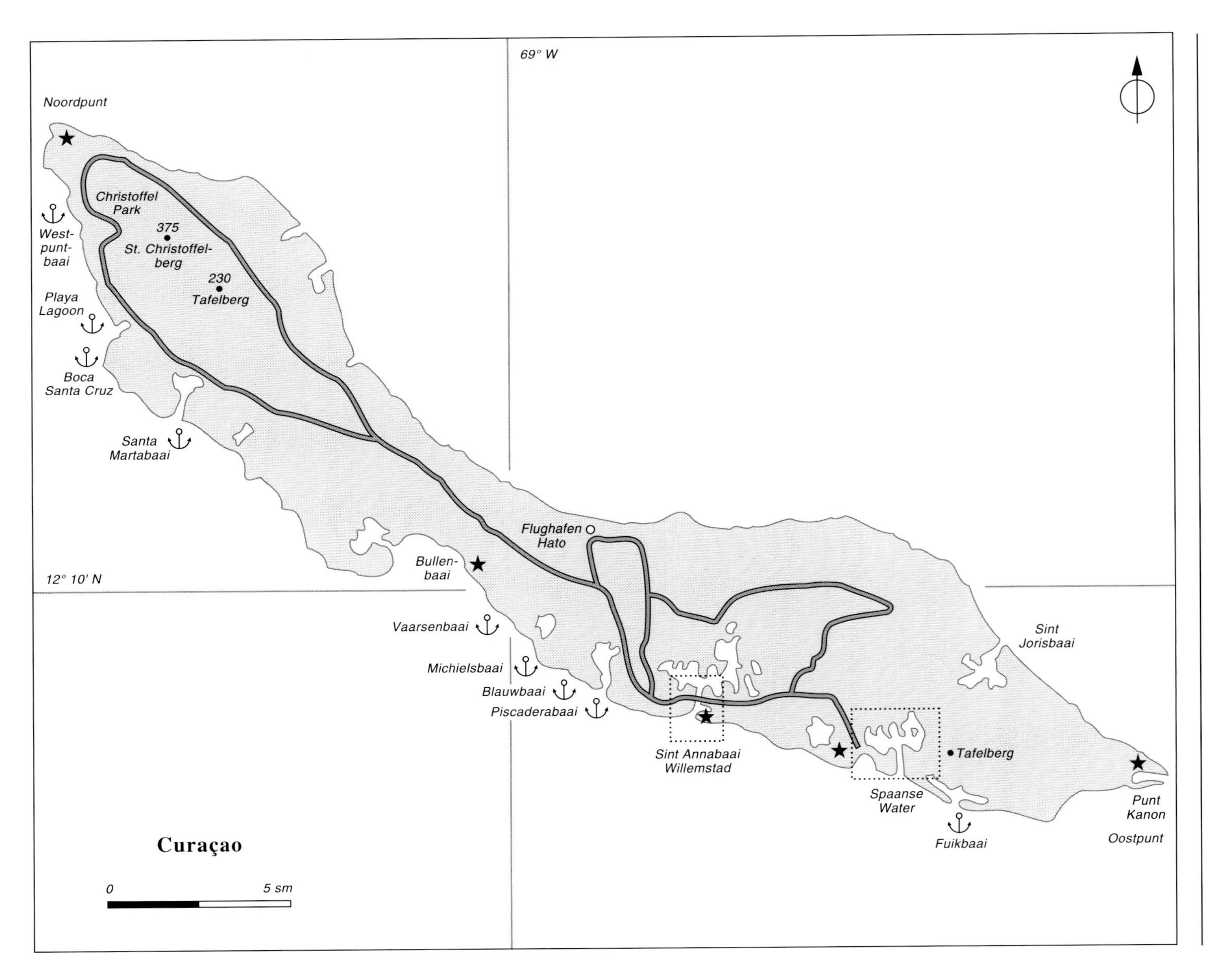
69° W
Noordpunt
Christoffel Park
375
St. Christoffel-berg
230
Tafelberg
West-punt-baai
Playa Lagoon
Boca Santa Cruz
Santa Martabaai
Flughafen Hato
Bullen-baai
12° 10' N
Vaarsenbaai
Michielsbaai
Blauwbaai
Piscaderabaai
Sint Annabaai
Willemstad
Sint Jorisbaai
Tafelberg
Spaanse Water
Fuikbaai
Punt Kanon
Oostpunt
Curaçao
0
5 sm

Obwohl der Ölterminal in Bullenbaai zu den weltgrößten gehört, merkt der Besucher nichts von Umweltverschmutzung. Die Passatwinde tragen Belästigungen jeder Art von der kleinen Insel schnell fort.
Die Liebenswürdigkeit der Insel zeigt sich am deutlichsten, wenn Öltanker und Ozeanriesen auf ihrem Weg in das Schottegat in die schmale Sint Annabaai einfahren: Wo in der Welt gibt es einen Hafen dieser Größenordnung, der eine schwimmende Brücke öffnen muß, um seine Besucher einzulassen?

Ansteuerung

Von Bonaire kommend, konnten wir bei dunstigem Wetter im Süden den Hügel von Santa Barbara erst aus 6 sm Entfernung zur Oostpunt ausmachen. Bei der weiteren Ansteuerung bemerkten wir einen starken nach NW setzenden Strom. Den Leuchtturm am Südostzipfel Curaçaos, Punt Kanon, konnten wir aus 4–3,5 sm Entfernung ausmachen. Der Leuchtturm ist rund, weiß mit roten Streifen und 12 m hoch. Er bildet eine gute Landmarke, wenn das flache Ufer bei starkem Seegang nicht mehr deutlich zu erkennen ist. Die Kennung: Blz. 4 s 8,5 sm.
Bei südlichem Wind steht oft starke Brandung gegen die Südwestküste. Dann kann der Strom mit einer Stärke von 2–3 kn nach W oder NW setzen. Zuweilen steht ein schwacher Strom ostwärts gegen den vorherrschenden Wind und erzeugt eine kurze steile See.
Der Weg zurück nach Bonaire ist ein langer Schlag hart am Wind bei oft ruppiger See und starkem ungünstig setzendem Strom.

Ankerplätze

Liegeplätze gibt es nur an der Westküste. Die etwa 30 sm lange Ostküste ist felsig und außer im Norden niedrig. Sie ist eine gefährliche Leeküste mit starker Brandung, die in sicherem Abstand passiert werden soll.

Willemstad

Karten: NL 2213
Position der Einfahrt: 12°06′13″N / 068°56′12″W
Die charmante Stadt schmückt sich mit einer fröhlichen tropischen Variation der holländischen Architektur des 17. und 18. Jahrhunderts, einmalig in der Karibik. Regierungsgebäude, Wohn- und Geschäftshäuser mit schön gestalteten Giebeln und hohen Satteldächern sind platzsparend aneinandergebaut.
Der beliebte Gouverneur Albert Kikert glaubte, seine Kopfschmerzen seien durch das blendende Weiß verursacht, in dem die damals gekalkten Häuser leuchteten. Er ordnete an, sämtliche Gebäude der Stadt mit Pastellfarben zu bemalen. Aus dieser Zeit hat sich das noch heute überall anzutreffende Gelb auf der Insel erhalten.
Die Stadt wird durch die Sint Annabaai zweigeteilt: Punda heißt der älteste Teil der Stadt, das Zentrum Willemstads. Hier stehen die herrschaftlichen Bauten, entlang der Handelskade an der Mündung der Baai und in der Breede Straat und Heeren Straat. Am Ende der Heeren Straat liegt der berühmte schwimmende Markt. Von Booten aus werden unter bunten Planen tropische Früchte, Wurzeln, Gewürze und Fisch verkauft.
Die gegenüberliegende Seite heißt Otrobanda, was sinnfällig „andere Seite“ bedeutet. Dieses nostalgische, attraktive Viertel ist in der Mitte des 18. Jh. entstanden, als es in Punda zu eng wurde.
Die drei Brücken Willemstads sind nach holländischen Königinnen benannt. Die kleinste ist die Wilhelminabrug zwischen Punda und dem schönen, leider verfallenden Wohnviertel Scharloo. Am stärksten wird das Stadtbild durch die riesige, die Sint Annabaai in weitem Bogen überspannende Koningin Julianabrug bestimmt. Als diese Brücke 1974 eröffnet wurde, konnte die schwimmende Koningin Emmabrug für den Autoverkehr gesperrt werden.
Diese berühmte Pontonbrücke ruht auf 15 Brük-

kenkähnen, die sie bis zu 30mal täglich nach Otrobanda und zurück transportieren und ist die größte Attraktion Curaçaos. Früher mußten Fußgänger für die Überquerung der Brücke Zoll bezahlen.

Ansteuerung

Die Einfahrt in die Sint Annabaai liegt ca. 13 sm von Punt Kanon oder 6 sm entfernt von Spaanse Water. Normalerweise hat man an der Westseite der Insel ruhiges Wasser. Bei SO-Wind läuft der Seegang aber an der Westküste entlang. Die Ansteuerung erfolgt in der Regel aus SO. Aus großer Entfernung sind die „Drie Gebroeders“, drei um 130 m hohe Berge zu erkennen, die etwa 2,5 sm NW-lich der Einfahrt liegen.
Eine andere gute Landmarke ist Fort Nassau mit der Signalstation (Position: 12°07′00″N / 068°55′48″W), das auf einem 68 m hohen Hügel an der NO-Seite von Sint Annabaai liegt und die Stadt überragt. Südlich des Forts kann man einen TV-Mast erkennen.
Gut sichtbar ist die Koningin Julianabrug, die die Sint Annabaai in 55 m Höhe überspannt.
Die beste Landmarke stellt das hohe Gebäude des Hotel Plaza dar, das auf dem Gelände des Waterforts unmittelbar die Osthuk der Einfahrt in die Sint Annabaai flankiert.
Etwa 1 sm WNW-lich der Einfahrt sind drei Schornsteine auszumachen, die zum Elektrizitätswerk gehören.
Die Küste ist rein; wir haben uns seewärts der 5 m Linie gehalten. Auf dem Wege liegt eine private Marina, die Zufahrt ist Yachten nicht gestattet.
Ungefähr 30 Minuten vor Ankunft in der Einfahrt

Penha-Handelshaus in Willemstad, Curaçao.

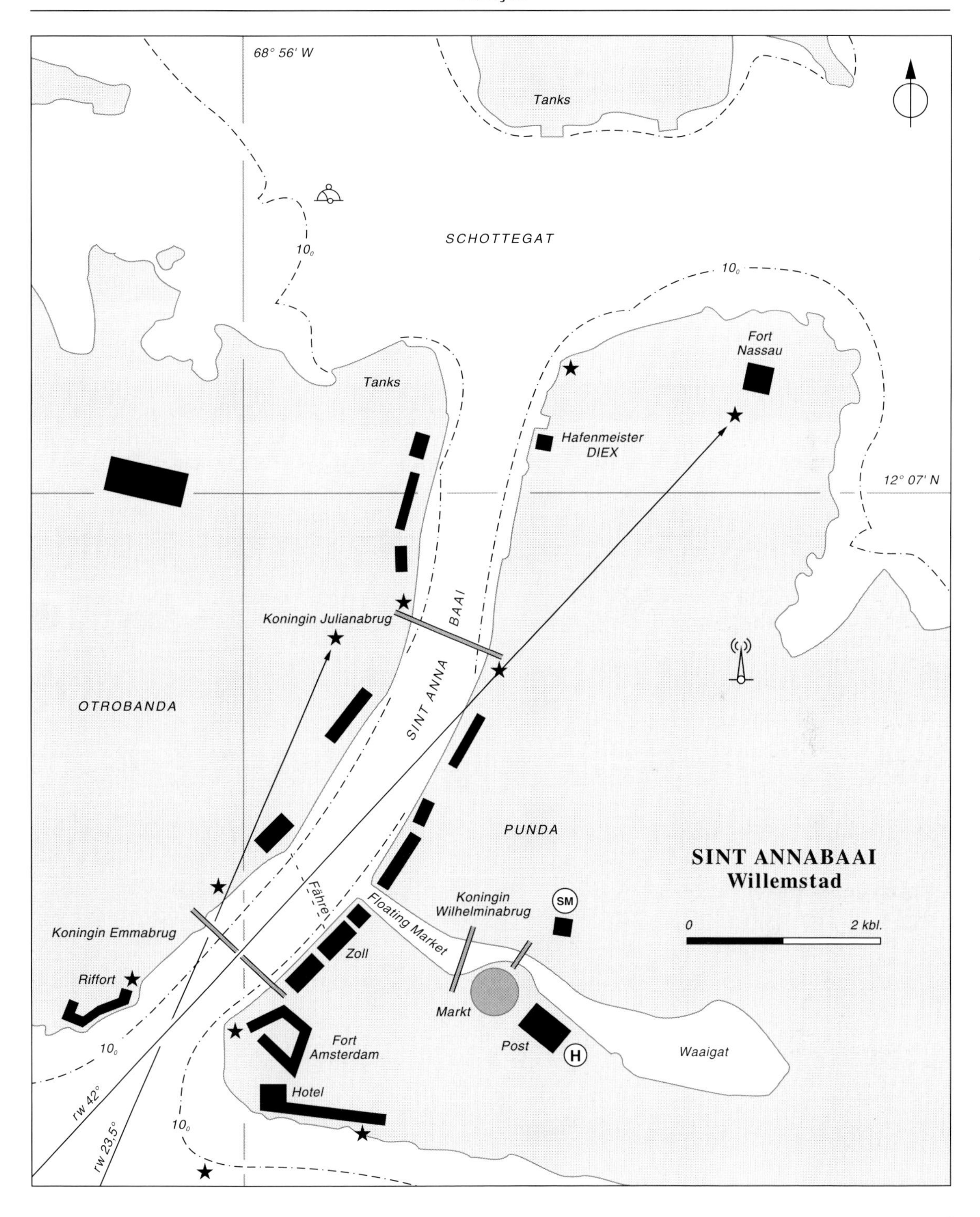

68° 56' W
Tanks
SCHOTTEGAT
10
Tanks
Fort Nassau
Hafenmeister DIEX
12° 07' N
Koningin Julianabrug
BAAI
SINT ANNA
OTROBANDA
PUNDA
SINT ANNABAAI
Willemstad
0
2 kbl.
Fähre
Floating Market
Koningin Wilhelminabrug
SM
Koningin Emmabrug
Zoll
Riffort
Markt
Fort Amsterdam
Post
H
Waaigat
Hotel
rw 42°
rw 23,5°

zur Sint Annabaai ruft man Fort Nassau auf UKW-Kanal 21 oder 16 an und teilt mit, daß man einlaufen möchte: um einzuklarieren, um ins Dry Dock zu fahren oder wegen eines Notfalls. Andere Gründe werden nicht anerkannt. Im Juli '93 trat eine neue Regelung in Kraft, nach der Zu- und Ausfahrt für Yachten und kleinere Fischereifahrzeuge nur zwischen 07.00 und 18.00 Uhr erfolgen darf. Fort Nassau erteilt Anweisungen für die Schiffahrt und veranlaßt die Öffnung der Brücke. Die Einfahrt zwischen den beiden Fahrwassertonnen ist tief. Bisweilen setzt ein starker Strom außerhalb der Einfahrt mit bis zu 3 kn WNW. Normalerweise hat er aber nur 0,5 kn Stärke. Ein Stromanzeiger im offenen Wasser in der Nähe der Einfahrt zeigt mit fünf übereinander angeordneten Lichtern verschiedener Farbe fortwährend Richtung und Stärke des Stroms an.

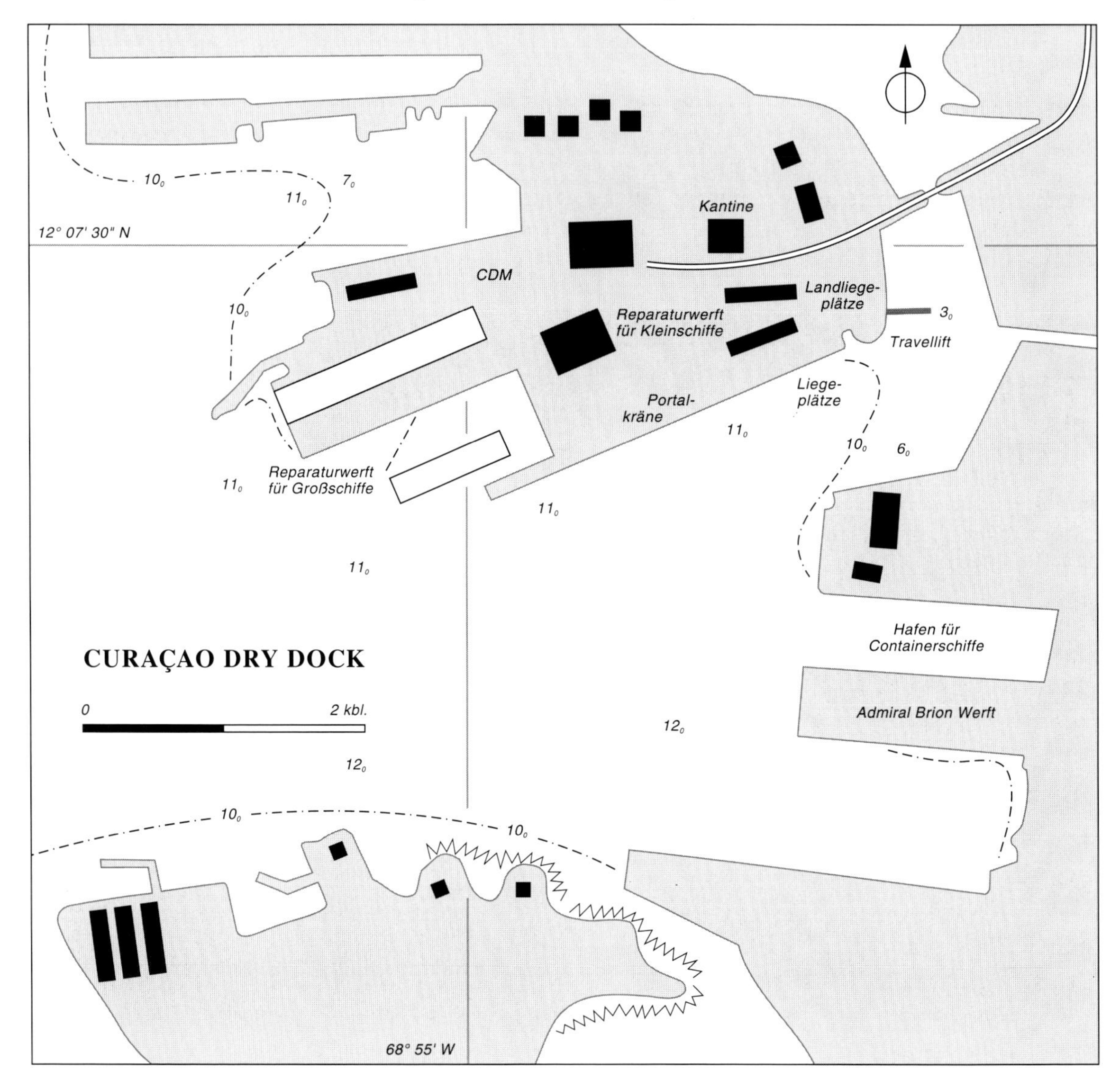

Folgende Kombinationen werden gezeigt:

Licht	Bedeutung
r w r gn	2.0 kn w
w r gn	1.5–2.0 kn w
r gn	1.0–1.5 kn w
gn	0.0–1.0 kn w
gn orange	0.0–1.0 kn o

Konnte die Öffnung der Brücke über UKW nicht erreicht werden, kann man mit einem Schallsignal von drei langen Tönen die Öffnung fordern und muß inzwischen im Vorhafen auf unruhigem Wasser seine Warterunden drehen.
Eine blaue Flagge am Fahnenmast der Brücke signalisiert, daß die Brücke innerhalb von 5 Minuten geöffnet wird. Die Öffnung erfolgt am Ostufer. Bei kleinen Fahrzeugen wird nur ein Teil der Durchfahrt geöffnet.
Die Ansteuerung ist nicht schwer, da zwei Richtfeuer und die Lichter in der Sint Annabaai die Navigation erleichtern.
Nachdem man die Koningin Emmabrug passiert hat, überqueren zwei Fähren in Höhe des Waaigats die Baai. Hier ist Vorsicht geboten.

Ankerplätze

Willemstad bietet Yachten eigentlich keine Anker- oder Liegeplätze. Die Kais an den Ufern von Sint Annabaai, der schmalen Durchfahrt in den Naturhafen Schottegat, sind der Großschiffahrt, den Bugsier- und Lotsenbooten und den Behördenfahrzeugen vorbehalten. Der Schwell, den vorbeifahrende Schiffe erzeugen, macht das Liegen hier unangenehm.
Die Einmündung ins Waaigat, an der Stb.-Seite des Durchfahrtkanals hinter der Koningin Em-

Blick von der Julianabrug auf Willemstad mit der Sint Annabaai.

mabrug wird von venezolanischen Fischerbooten des schwimmenden Marktes beansprucht. Für Yachten ist es hier nicht tief genug.
Etwa 2 kbl nördlich der Koningin Julianabrug liegt am Ostufer die Hafenverwaltung mit Polizei, Hafenkapitän und Einwanderungsbehörde. Hier kann man zur Abwicklung der Formalitäten längsseits gehen. In Ausnahmefällen wird ein längerer Aufenthalt gestattet.
Nach knapp 9 kbl mündet die Sint Annabaai in den Naturhafen Schottegat. Im Osten liegt das Dry Dock (Curaçao Dock Company Inc.). Die Reparaturwerft ist an ihren großen Kränen leicht zu erkennen.
Man kann im äußersten Nordosten des Reparaturkais festmachen. Dort befindet sich die Small Craft Yard (Position am Kai: 12°07′14″N / 068°54′51″W).
Man berät gern und hilft bei der Suche nach preiswerten Lösungen. Alle anfallenden Arbeiten an Stahl, Aluminium, Holz und Kunststoff werden von Fachkräften ausgeführt. Ein 60 t-Kran hebt Yachten aus dem Wasser und zieht Masten. Ein Travellift besorgt den Transport zu den Landstellplätzen. Zur Zeit kostet „Hauling out“ 1000 NAF Landliegeplätze kosten 200 NAF, unabhängig von der Größe. Diese Plätze sind sicher, da die Anlage sorgfältig bewacht wird.
Das Dry Dock bietet weit und breit den besten Service. Allerdings liegen die Preise auch weitaus höher als in Venezuela oder Trinidad. Das Industriegelände ist nicht schön, aber der Aufenthalt wird erträglich durch saubere Toiletten, Duschen und eine preiswerte Kantine. Strom (110/220 Volt) und Wasser sind in den Liegekosten inbegriffen. Telefonieren kann man vom Büro aus. Dort gilt immer: „Coffie is klaar“.
Es ist schwierig, nach Willemstad zu kommen. Bis zur Busstation am „Emancipatie Boulevard“ sind es staubige und heiße 15 Minuten. Ein Fahrplan ist nicht erkennbar. Manche Yachties mieten einen Leihwagen und bieten Mitfahrten und Besorgungen an.

Fuikbaai

Karten: NL 2213, 2715
Position (Einfahrt): 12°03′N / 068°50′W
5,5 sm westlich von Punt Kanon befindet sich der erste für Yachten taugliche Hafen, den der Hafenkapitän aber nur für Notfälle zuläßt. Man sollte ihn auch nicht als ersten Hafen wählen, da es hier keine öffentlichen Verkehrsmittel gibt.
Fuikbaai ist eine enge, von Ost nach West verlaufende Lagune. An der Nordseite der Lagune liegt Nieuwpoort, ein Verladehafen für Phosphat, das über eine Seilbahn von den Tagebauminen des Tafelbergs Santa Barbara hierherbefördert wird.
Eine deutliche Landmarke bei der Ansteuerung ist der Berg Santa Barbara, mit 196 m die höchste Erhebung im Südosten der Insel mit der Position 12°04′N / 068°50′W.
Auffällig ist weiter ein hoher, dunkler Schornstein, der sich 3 kbl NNW-lich der Einfahrt befindet.
Da die Einfahrt eng und erst aus der Nähe auszumachen ist, gibt es Leitbaken für die Ansteuerung, die nur bei Tage möglich ist. Die Baken sind rotweiß gestreift. Die Oberbake ist 10 m hoch und trägt ein rotes Dreieck, die Unterbake hat ein liegendes Kreuz als Toppzeichen. In Linie führen sie mit 27,5° durch die Einfahrt, in der starke Dünung stehen kann. Versatz durch Wind und Strom ist zu beachten. Bei der Ansteuerung passiert man zwei Bojen an der Ostseite des Kanals an Stb. und eine an der Westseite des Kanals an Bb. Hübsche Ankerplätze gibt es im Nordwesten der Lagune oder im Südosten südlich des Pelican Creek auf 7 m Tiefe und weniger. Größere Frachtschiffe bringen zuweilen zusätzliche Leinen nach Süden aus. Dann sind Zu- oder Ausfahrt unmöglich.
Es gibt keinerlei Versorgungsmöglichkeiten.

Spaanse Water

Karten: NL 2213, NL 2715
Position der Einfahrt: 12°03′N / 068°51′W
Die Einfahrt in den Naturhafen Spaanse Water be-

findet sich 1,5 sm NW-lich der Einfahrt in die Fuikbaai. Sie liegt zwischen Punta Sta. Barbara im Osten und Punta Caballero mit einer Anzahl Öltanks im Westen der Einfahrt. Wenn Sie von Osten kommend der Küste in geringem Abstand nach NW folgen, können Sie die Einfahrt leicht erkennen. Strandhütten stehen am Ostufer. Das Wasser ist bis zur Einfahrt überall tief. An der Engstelle der Einfahrt nimmt die Tiefe bis auf 6 m ab. An der Westseite gibt es eine Untiefe, die aber an der braunen Färbung gut zu erkennen ist.
Der nach Norden führende schmale Kanal hat im weiteren Verlauf Tiefen um 15 m mit einer untieferen Stelle von 6 m. An der Ostseite liegt der öffentliche Santa Barbara Strand. Er ist durch Schwimmbalken vom Fahrwasser abgetrennt. Diese Seite des Kanals ist für die Durchfahrt unproblematischer. Tonnen markieren die Untiefen. Für Gastyachten sind im Inneren von Spaanse Water vier Liegemöglichkeiten vorgesehen. Sie liegen alle im Westen des Naturhafens.

Ankerplatz CYC (1)
Dieser Ankerplatz liegt NW-lich des Einfahrtskanals in einer Bucht, die gebildet wird von Isla Grandi im Osten – mit den Steganlagen des Curaçao Yacht Clubs – und den Inselchen Willemberg, Penso und Meuwtje. Der Liegeplatz hat ruhiges Wasser, die Tiefen betragen hier 6 m, der Grund besteht aus gut haltendem Sand. Der CYC ist offen für Gäste. Etikette wird geschätzt.
An der Südseite der Insel hat der Club eine Station für Kraftstoff und Wasser. Die Wassertiefe ist hier geringer als 2 m. Es gibt von hier keine öffentliche Verkehrsmittel nach Willemstad.

Ankerplatz Salina (2)
Er liegt westlich der genannten drei Inselchen und südlich von Isla de Salina. Der Ankerplatz ist bei SO-lichem Wind stärkerem Schwell ausgesetzt.

Ankerplatz Kabrietenbaai (3)
Dies ist ein abgeschiedener Ankerplatz südlich der beiden oben beschriebenen Ankerplätze in der ca. 3,5 kbl tiefen Kabrietenbaai, westlich des 80 m hohen Kabrietenberges. Die Bucht hat sehr ruhiges Wasser, die Stärke des Passatwindes wird durch den Kabrietenberg abgeschwächt. Es gibt einen kleinen Strand im Süden der Bucht. Unschön ist der Blick auf die Öltanks im Süden und Osten, die nicht mehr benutzt werden.
Offensichtlich erwägt die Hafenverwaltung den Ausbau dieses Ankerplatzes.

Ankerplatz Sarifundy (4)
Dies ist der beliebteste und am meisten bevölkerte Ankerplatz in Spaanse Water. Er liegt westlich von Isla de Salina in der Brakkebaai. Tonnen begrenzen den Ankerplatz im Osten gegen eine schmale Fahrrinne, die unbedingt freibleiben muß, und im Westen gegen untiefes Wasser. Auch nördlich des Ankerplatzes ist es untief. Die Wassertiefe beträgt etwa 3 m über gut haltendem Sandgrund, der teilweise mit niedrigem Gras bewachsen ist. Für die Tide sind 0,3 m zu berücksichtigen. Das Wasser ist etwas trübe und der Anker muß auf guten Halt kontrolliert werden.
Der Ankerplatz ist bekannt unter dem Namen „Marina Sarifundy“, einer kleinen Basis, die Jos, Hanni und Lars Norlander am Ostufer der Bucht betreiben. Sie ist in einem grünen offenen Pavillon untergebracht, mit einem Dingisteg, neben einem auffälligen Nurdachhaus.
Der Platz hat Clubatmosphäre. Für 2 NAF Mitgliedsbeitrag pro Woche stehen dem Neuankömmling die Einrichtungen offen:
Seglerpost, Telefon und Fax, Postkarten, Briefmarken, Briefkasten, Toilette, Dusche, Waschmaschine, Müll- und Abfallentsorgung, Füllen von Gasflaschen, Buchtausch, Batterieladestation, Elektro- und Segelreparaturen, Leihwagen – auch halbtageweise.
Wer den Weg in die gutsortierten Ausrüstungsläden der Insel scheut, findet hier Farben und Arbeitsmaterial, Öl, Flaggen, Batterien, Filme und Nützliches aus der Fundgrube.
Bei längerer Abwesenheit des Skippers über-

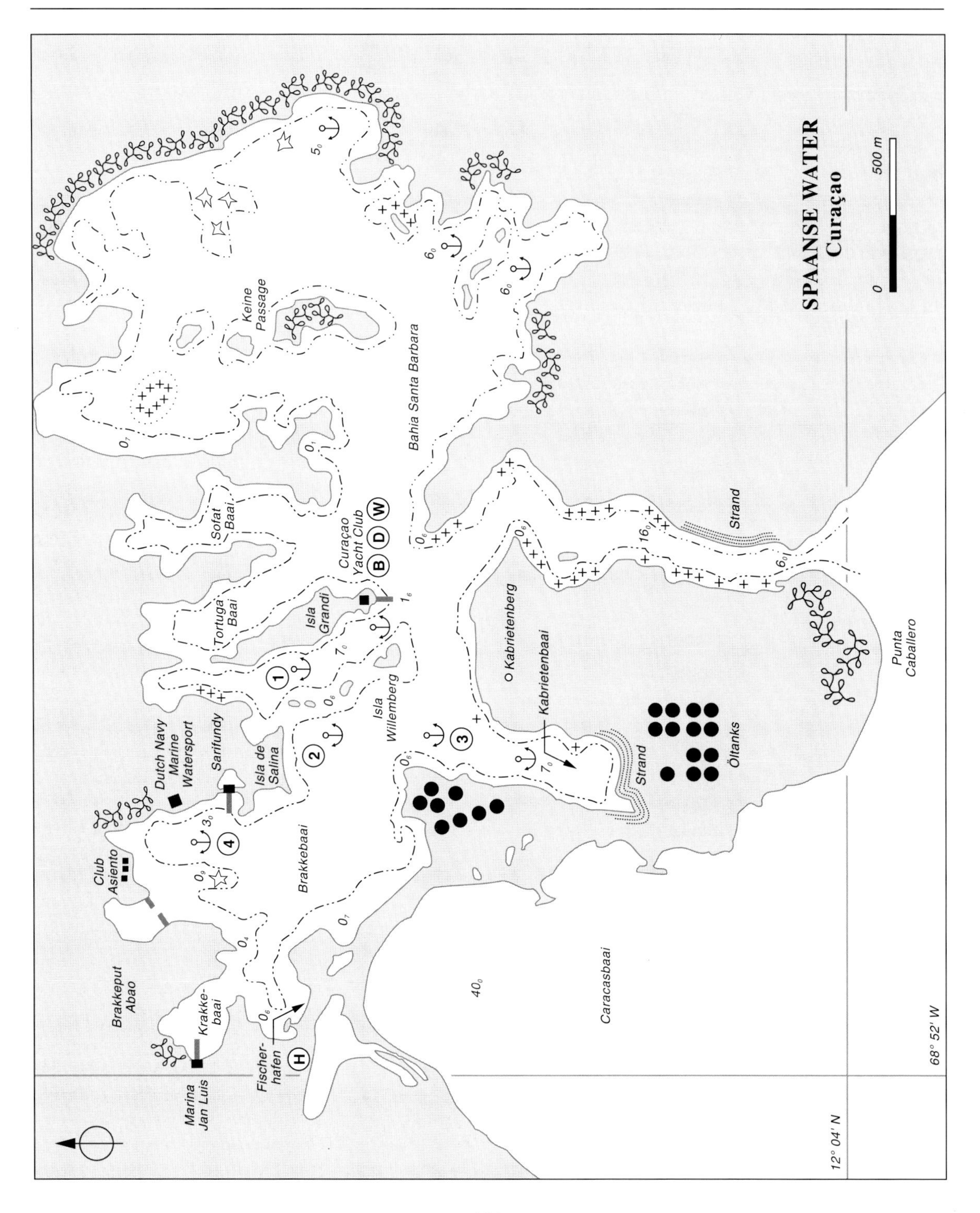
SPAANSE WATER
Curaçao
0
500 m
Keine Passage
Bahia Santa Barbara
Sofat Baai
Curaçao Yacht Club
Tortuga Baai
Isla Grandi
Isla Willemberg
Kabrietenberg
Kabrietenbaai
Strand
Öltanks
Strand
Punta Caballero
Dutch Navy Marine Watersport
Sarifundy
Isla de Salina
Club Asiento
Brakkebaai
Brakkeput Abao
Krakke-baai
Fischer-hafen
Marina Jan Luis
Caracasbaai
68° 52' W
12° 04' N

nimmt Lars auch die Aufsicht über ein Boot für 3 NAF pro Tag.
Sarifundy ist ständig hörbereit auf Kanal 72. Die Anschrift lautet: Jos Norlander, Brakkeput Ariba 5, Curaçao, Nederl. Antillen
Tel.: 00599-9-677643, Fax: 00599-9-674672
Um mit dem Bus nach Willemstad zu kommen, fährt man mit dem Dingi in die Krakebaai und macht in der Marina Jan Luis am Steg des Restaurants „Terrasse La Mer" fest. Der vorbeifahrende Bus hält auf Aufforderung und bringt Sie zur Endstation in der Nähe der Post.
Von dort kann man die Einwanderungsbehörde (Immigration), den Hafenmeister und das venezolanische Konsulat zu Fuß erreichen. Der Bus geht etwa jede Stunde.

Der Ostteil von Spaanse Water

Der Ostteil des Naturhafens heißt Bahia Santa Barbara. Die Ufer des gesamten Ost- und Südteils sowie die Inseln haben einen dichten Mangrovensaum. Beeindruckend ist der Blick auf den im Osten liegenden Tafelberg.
Ein Ausflug mit dem Dingi lohnt sich.

Caracasbaai

Position: 12°04'N / 068°52'W
Caracasbaai ist eine große nach Südwesten offene Bucht. Nur eine schmale, niedrige Landenge trennt sie von der Lagune Spaanse Water. Die Masten der ankernden Yachten sind über die Landenge hinweg sichtbar. Die Tanks im Osten der Bucht und Fort Beekenburg sind gute Landmarken.
Die Bucht kommt wegen der großen Wassertiefe und wegen des Schwells als Ankerplatz für Segelyachten nicht in Frage. Der Ostteil der Bucht gehört der Shell Curaçao. An verschiedenen Steigern machten noch vor wenigen Jahren Öltanker fest. Heute sind diese Aktivitäten nach Emmastad in den Schottegathafen verlegt, und an den Steigern machen Kreuzfahrtschiffe fest, die in Willemstad keinen Platz finden.

Marina Sarifundy ist der beliebteste Ankerplatz in Spaanse Water.

Piscaderabaai

Position (Einfahrt): 12°07′30″N / 068°58′12″W
Am Tage sind im Südosten des Eingangskanals das Golden Tulip Hotel und weiter südlich das neue Hotel Sonesta im Neokolonialstil mit niedrigen Bauten leicht zu erkennen. Man kann die Einfahrt mit rw 90° gefahrlos ansteuern und muß sich später von den Stränden an Stb. freihalten. Nachdem Sie die enge Einfahrt in die Bucht passiert haben, suchen Sie am Ostufer einen Platz, an dem Sie mit Heckanker und Bugleine ankern können. Auch hier ist der Tidenhub von 0,3 m zu beachten. Leinen von Fischerbooten bilden eine Gefahr für die eigene Schraube. Sie sollten sich erkundigen, ob der gewählte Ankerplatz nicht normalerweise von einem Fischerboot belegt ist. Ankern in der Mitte des Kanals ist verboten.
Der Wind weht beständig zwischen dem Veerisberg (132 m) und dem Zwarte Berg (138 m), manchmal bringt er auch den üblen Gestank der Raffinerien herüber. Dafür gibt es wenig Mücken und viel Abkühlung.
Man kann auch kostenpflichtig am Steg des Hotels Golden Tulip festmachen. Die Wassertiefe beträgt 7–10 m. Der Schwell ist hier manchmal stärker und das Cockpit ständig dem Blick neugieriger Hotelgäste ausgesetzt. Wirkliche Annehmlichkeiten sind Telefon und Fax in der Hotellobby, freie Duschen in Stegnähe, Happy Hour an der Bar und der Shuttle Service nach Willemstad und zurück. Aber in den Genuß dieser Annehmlichkeiten kann man sich auch nach einem Fußweg vom Ankerplatz zum Hotel versetzen.
Wasser kann man im Strandrestaurant „Awa di Playa“ kaufen und über einen Schlauch bunkern. Vorübergehend kann man Strom für Arbeiten bekommen. Hier gibt es auch Eis in Beuteln.
Das Restaurant ist einfach, hat Lokalkolorit und bietet guten frischen Fisch. Es gibt Toiletten und eine offene Dusche. 100 m weiter gibt es eine offene Stranddusche.
Zum Einkaufen kann man mit dem Taxi ins nahegelegene Einkaufszentrum Colon fahren, oder man benutzt den Bus für eine Fahrt nach Willemstad.
Einwanderungsbehörde und Hafenmeister haben den Ankerplatz akzeptiert. Der Zoll kommt nicht hierher. Die diesbezüglichen Formalitäten müssen vorher erledigt werden.

Blauwbaai

Es gibt einen schönen Strandankerplatz in der Südostecke der Bucht. Der Zugang von Land aus ist versperrt, da dort eine private Wohnanlage entsteht.

Michielsbaai

St. Michiel ist ein schöner Fischerort mit den Resten eines Forts. Die Koninklijke Marine hat hier ihre „Zweminrichtung Michielsbaai“. Nachdem wir uns angemeldet hatten, waren wir herzlich willkommene Gäste und konnten die Sanitäreinrichtungen, das preiswerte Restaurant und den Badesteg benutzen. Über einen Strand verfügt der Club nicht.
Yachten finden auf 6 m Tiefe sicheren Ankergrund. Die Fischer sind überaus freundlich, weisen einen sicheren Ankerplatz zu und verkaufen Fisch.
Jede Stunde fährt ein Bus nach Willemstad.

Vaarsenbaai

Die offene Bucht hat einen schönen Strand und guten Tagesankerplatz. Einheimische feiern in den Restaurants am Wochenende ihre Parties. Tauchschulen finden hier ein bevorzugtes Revier.

Bullenbaai

Die Bucht ist an der großen Ansammlung von Öltanks leicht zu erkennen. Vor der Bucht setzt starker Strom nach NW. In SO gibt es einen guten Ankerplatz, aber keinen Strand, keinerlei Versorgungsmöglichkeiten und keine Verkehrsverbindungen.

Sta. Martabaai

Wenn man von Süden kommt, erkennt man zunächst eine Reihe von palmwedelbedeckten Sonnendächern am Badestrand unterhalb des Coral Cliff Resorts.
Bald wird die Tauchstation sichtbar. Auf jeden Fall läßt man die rote Tonne, die vor der Tauchstation ausgelegt ist, an Bb. und hält sich in dem engen Kanal an der Ostseite. Die Tauchstation hat vor einer kräftigen Holzpier Mooringbojen ausgelegt. Hieran kann man eine Bugleine anstecken und eine Heckleine zur Pier ausbringen. Dabei hat man oft starken Wind aus dem Inneren der Bucht. Die Station ist von 09.30–18.30 Uhr besetzt.
Es gibt wohlschmeckendes Trinkwasser, das auch gebunkert werden kann. Elektrizität steht vorübergehend zur Verfügung.
Wer schwimmen und schnorcheln will, kann das am 100 m entfernten Strand tun. Dort befinden sich auch relativ saubere Toiletten und Duschen.
Leider hat der Platz auch Fehler: Es gibt außer einem Shuttle um 09.00 nach Willemstad und 15.00 zurück keine Fahrmöglichkeit, es sei denn, man mietet einen Lada an der Tauchstation.
Der Liegeplatz ist angenehm, aber nach 18.30 Uhr oder bei Abwesenheit der Crew nicht mehr sicher. Unser Schiff, das gegen Bezahlung dort mehrere Monate gelegen hatte, wurde von einigen dort liegenden Charteryachten als Ersatzteillager benutzt.

Boca Sta. Cruz

Dieser sichere und hübsche Ankerplatz ist ein enger Einschnitt in der Küste mit wenig Raum. Es gibt hier einen vorzüglichen Strand. Wegen des begrenzten Raumes empfiehlt sich die Verwendung von Bug- und Heckanker.

Playa Lagoon

Die hübsche enge Bucht hat einen kleinen Sandstrand mit Schattendächern. Es gibt eine winzige Bar und eine kleine Basis für Fischer. Bei östlichem Wind bietet die Bucht einen ruhigen Ankerplatz.

Westpuntbaai

Westpuntbaai ist der nordwestlichste Ankerplatz der Insel. Die weiträumige, von Klippen gesäumte Bucht hat drei Strände: Playa Kalki im Norden, Playa di Pescador im Osten und Playa Forti im Süden.
Vor dem schmalen Sandstrand von Playa di Pescador, westlich der Kirche San Pedro, gibt es einen guten Ankerplatz auf 5–10 m Tiefe und gut haltendem Sandgrund. Der Wind weht hier weniger stark, da hohe Klippen hinter dem Strand den Platz abdecken. Es gibt einen Steg, an dem man das Dingi festmachen kann. Einfache und preiswerte Bars offerieren „Local Food“. Kanister kann man hier mit Wasser füllen. Primitive Duschen sind kostenlos.
Das Dorf Westpunt hat eine Busverbindung nach Willemstad, Grundnahrungsmittel und Fisch sind erhältlich.

Service und Versorgung

Es gibt in Curaçao eine Handvoll Bootsausrüster und Händler. Hier die Auflistung wichtiger Adressen:
Marine Coast Master, Caracasbaaiweg 202
Großes und gutes Sortiment mit Antriebsteilen, Kühlaggregaten, Riggzubehör u. v. m., Vetus-Repräsentant
Spanish Water Marine, Caracasbaaiweg 177
Spezialisiert auf Außenbordmotoren
Curaçao Boat Center, Caracasbaaiweg 227
Innenbordmotorenreparatur und Mercury-Händler
Marine Technical Trading, Brakkeput Ariba 23
Iemke Liburg, Tel.: 00599-9-6738 90
Fax: 00599-9-677224
vermittelt konkurrenzlos günstig Reparaturteile, Zubehör, Dingis, laufendes und stehendes Gut, Farben

Eisenwaren- und Werkzeughändler gibt es in großer Zahl. Große Auswahl bietet:
Caribbean Fasteners, Schouburgsweg (Hafenviertel Zeelandia)
Seekarten kann man im ersten Stock der Hafenmeisterei in der Sint Annabaai kaufen.
Neben dem Markt am Waaigatplein befindet sich das Postamt, das auch einen Schalter für postlagernde Briefe hat.
Geld wechseln mit Kreditkarte haben wir noch nie schneller erlebt als bei den Filialen der Maduro & Curiels Bank: im Zentrum an der Plaza Jojo Correa, in den Waterfort Arches, in Salinja und im Zuikertuntje. Die Filialen sind durchgehend bis 15.30 Uhr geöffnet.
Benzin und Diesel bekommt man an Tankstellen.
Kopien von Karten macht das Xerox-Zentrum am Schottegatweg Ost (Ring). Eisenwarengeschäfte gibt es im Ortsteil Zeelandia.
Ein großes Einkaufszentrum ist das Zuikertuntje außerhalb der Stadt mit einem riesigen Supermarkt, einem kleinen Buchladen und einer Snackbar mit kostenlosem Kaffee. Im Nebengebäude gibt es eine Wäscherei, eine Bank und mehrere Boutiquen.
Im Zentrum Punda läßt es sich zwar gut „shoppen", aber weniger gut versorgen. Frisches bekommt man sehr gut im großen Rundgebäude neben der Post, dem „Marshe", oder am schwimmenden Markt. In der Nähe der Wilhelmina Brükke gibt es einen kleinen Supermarkt, größere gibt es außerhalb der Stadt.
Restaurants gibt es in großer Zahl und Vielfalt. Eines der besten ist das im Fort Nassau, mit einem herrlichen Blick auf die Stadt.
Die berühmte Spezialität Curaçaos, das köstliche „Keshi Yena", haben wir im Restaurant Playa Forti kennengelernt. Das Lokal ist einfach, aber seine Lage hoch über dem Meer einzigartig.

Sehenswürdigkeiten

Die interessanteste Sehenswürdigkeit ist die Hauptstadt selbst. Am besten stattet man dem „Tourist Office" an den Waterfort Arches einen Besuch ab.
Wer in eigener Regie die Stadt kennenlernen will, kann sich an der vorgeschlagenen Route im „Curaçao Holiday" orientieren. Ein „Muß" ist ein Gang über die schwimmende Brücke, eine Freifahrt mit der Fähre, wenn die Brücke offen ist.
Den pittoresken schwimmenden Markt und die berühmte Mikve-Israel-Emanuel Synagoge von 1732 sollte man unbedingt besuchen.
Für die Erkundung der Provinz sollte man sich ein Auto mieten. Die wunderschön restaurierten Landhäuser sind fast alle zu besichtigen.
Im Süden der Insel gibt es einige hübsche Strände, besonders im westlichen Teil. Der Nordwesten ist der landschaftlich reizvollere. Hier liegen die wilden Felsbuchten der Boca Tabla mit der Höhle, die wie ein großartiges Naturtheater gestaltet ist, und der Christoffelpark mit seinen seltenen Orchideen, seinen Akazien und Aloen.

Aruba

Karten: NL 2211, DMA 24463, I D 23 NL 2715
Position: Punt Basora 12°25′N / 069°52′W (Südzipfel)

Lage und Umgebung

Aruba wird von Yachten weniger besucht als die beiden anderen Inseln. Aber Segler auf dem Wege nach Cartagena/Kolumbien und weiter zum Panamakanal machen hier zuweilen einen Stopp, obwohl die Versorgungs- und Reparaturmöglichkeiten schlechter sind als auf Curaçao.
Punt Basora im Süden von Aruba liegt 42 sm von Noordpunt auf Curaçao entfernt. Die Insel hat spärliche Vegetation, niedrige Hügel mit einigen Bergspitzen. Die felsige NO-Küste der Insel ist schweren Brechern ausgesetzt und sollte gemieden werden. Der niedrigen SW-Küste sind zuweilen Riffe vorgelagert, die teilweise mit Mangroven bewachsen sind und Lagunen abgrenzen.

Ansteuerung

Die Überfahrt nach Aruba kann ein sehr schöner Törn sein. Wir empfehlen, von Piscaderabaai aus aufzubrechen, da die Bucht einen leichten Ausgang bei Nacht hat. Der westsetzende Strom hilft mit einer Stärke von 1 kn. Er kann an den Kaps Stärken bis 3 kn erreichen. Es wird berichtet, daß der Strom in der Zeit von Oktober bis Dezember in Zeiten schwacher Passatwinde oder westlicher Winde bis zu 2 kn ostwärts setzen kann. Dann gibt es eine kurze und steile See.

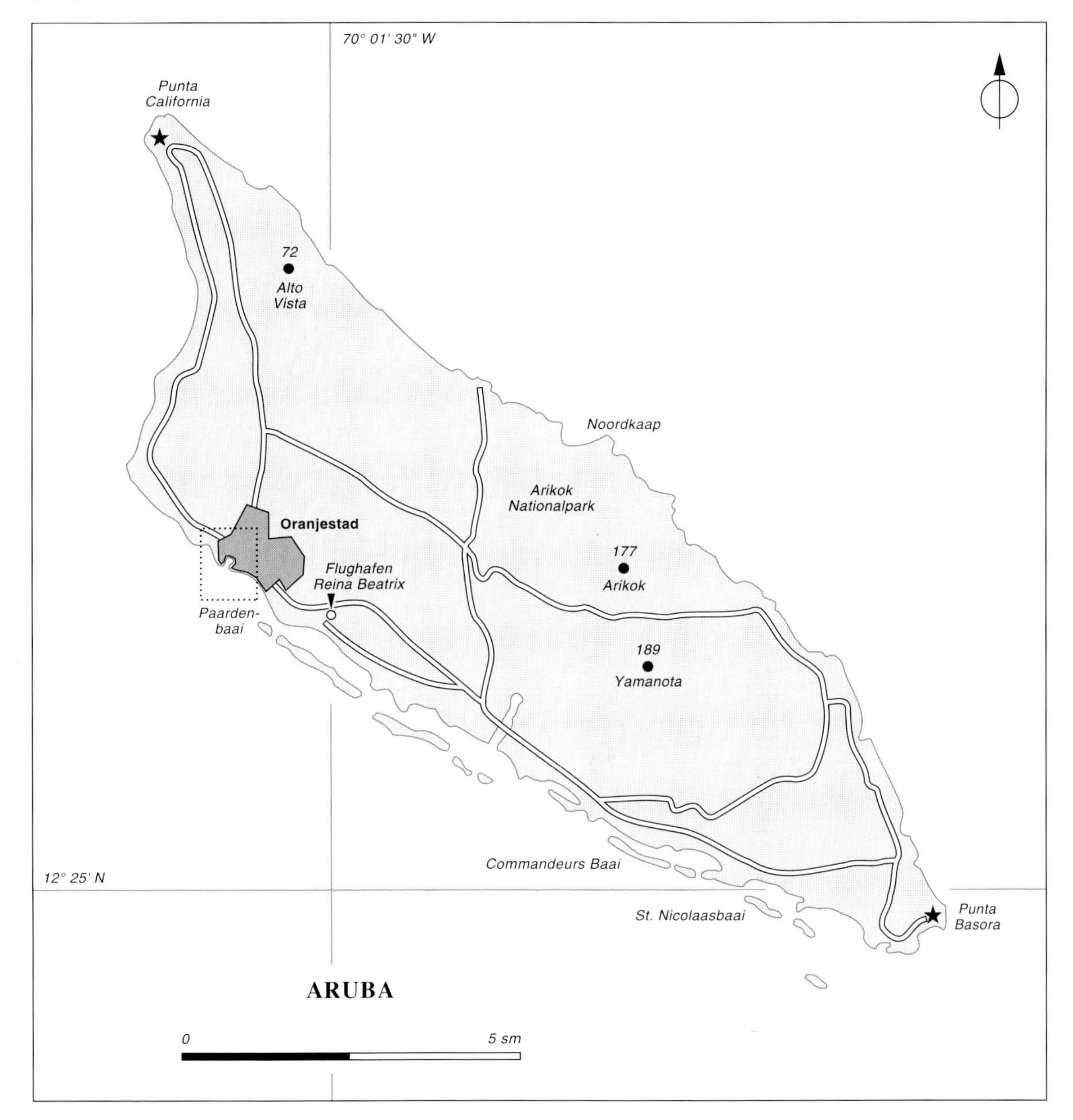

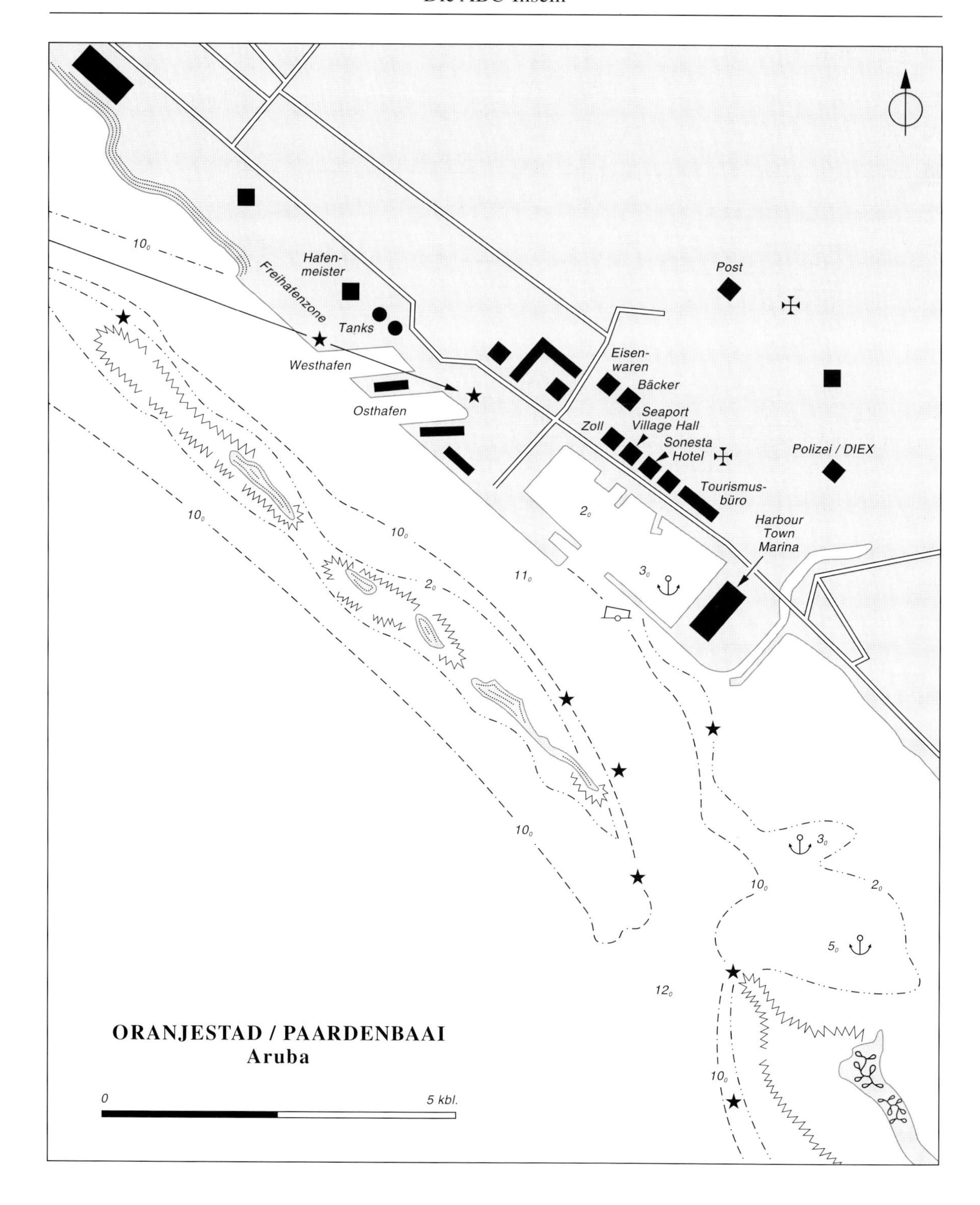
Hafen-
meister
Freihafenzone
Tanks
Westhafen
Osthafen
Post
Eisen-
waren
Bäcker
Seaport
Village Hall
Zoll
Sonesta
Hotel
Polizei / DIEX
Tourismus-
büro
Harbour
Town
Marina
10
2
11
3
5
12
ORANJESTAD / PAARDENBAAI
Aruba
0
5 kbl.

Typische Häuser auf Aruba.

Das Leuchtfeuer von Punt Basora arbeitet. Die SW-Küste ist sehr industriell. Die Ölraffinerien sind in Produktion und blasen stinkenden Qualm ab. Auf den Handelshafen folgt Sint Nicolaas. Danach ein großer, stinkender Müllplatz. Nichts wie weiter!

Pardenbaai

Position am Ankerplatz: 12°30′45″N / 070°02′00″W
Benutzen Sie die Südeinfahrt nach Oranjestad, passieren Sie die Harbour Town Marina und fahren dann zum Westhaven. Zoll und Einwanderung verlangen, daß Sie für eine mögliche Inspektion und Waffenübergabe hier festmachen. Die Beamten kommen zum Boot. Sie sind sehr höflich. Fahren Sie dann zurück zu dem Ankerplatz, der zwischen der Südeinfahrt und dem Flughafen liegt. Dort finden Sie auf 3–5 m gut haltenden Ankergrund.
Ein oder zwei Boote können auch mit Bug- und Heckanker innerhalb des Marinabassins ankern. In der Marina kostet der Platz pro Tag und Fuß 1 US-$. Wasser und Strom (110/220 Volt) sind frei. Bei der Einfahrt in die Marina sollten Sie den Hafenmeister auf UKW-Kanal 11 oder 16 anrufen.
Jeder andere Ankerplatz nördlich von Oranjestad ist sehr unruhig. Dasselbe gilt für den ganzen Rest der Küste.
Aruba ist eine verhältnismäßig niedrige Insel und gibt deshalb ungefähr denselben Windschutz wie die Aves. Von unserem Ankerplatz aus war es ein schneller Ritt in die Stadt, aber eine nasse Heimfahrt. Ein Dingianleger ist im Marinabassin. Wir ketteten das Dingi an und benutzten einen Heckanker.
Die nächtliche Ansteuerung dieses Ankerplatzes ist möglich, seitdem alle Navigationslichter arbeiten, aber nicht empfehlenswert. Wir erforschten mit dem Dingi den Bereich im SO von unserem Ankerplatz innerhalb des Riffs. Das Wasser war überall sehr klar und mindestens 3 m tief.

Versorgung

Zum Ausklarieren gehen Sie zur Polizeistation, wo sich auch die Einwanderungsbehörde befindet. In Fußgängerreichweite vom Dingianleger sind zwei gute Eisenwarenläden ohne Bootszubehör, drei Lebensmittelläden, eine Wäscherei und ein Radiogeschäft.
Yachten können nur in Curaçao oder Venezuela aus dem Wasser geholt werden.

Ausflüge

Der National Park, die Indianerhöhlen, Strände oder Tauchgründe sind mit Bussen oder Leihwagen leicht erreichbar. Die Fluggesellschaft KLM bietet einen guten Linienservice nach Nord- und Südamerika und Europa.
Zusammengefaßt: Aruba ist eine von amerikanischen Touristen vielbesuchte Insel, sehr freundlich, aber nicht auf Yachten eingestellt. Die Preise sind ein wenig höher als auf Curaçao, aber die Auswahl ist groß. Währung ist der Aruba Guilder. 1 US-$ entspricht etwa 1.75 AFL. Wie auf den anderen Inseln spricht man Niederländisch, Papiamento, Englisch und Spanisch.
Aruba ist ein guter Platz, geeignetes Wetter abzuwarten und den Trip nach Westen um einen Tag abzukürzen. Die Insel ist einen Besuch wert.
Aruba liegt am Rand des Hurrikangürtels.

Die venezolanische Küste [von West nach Ost]

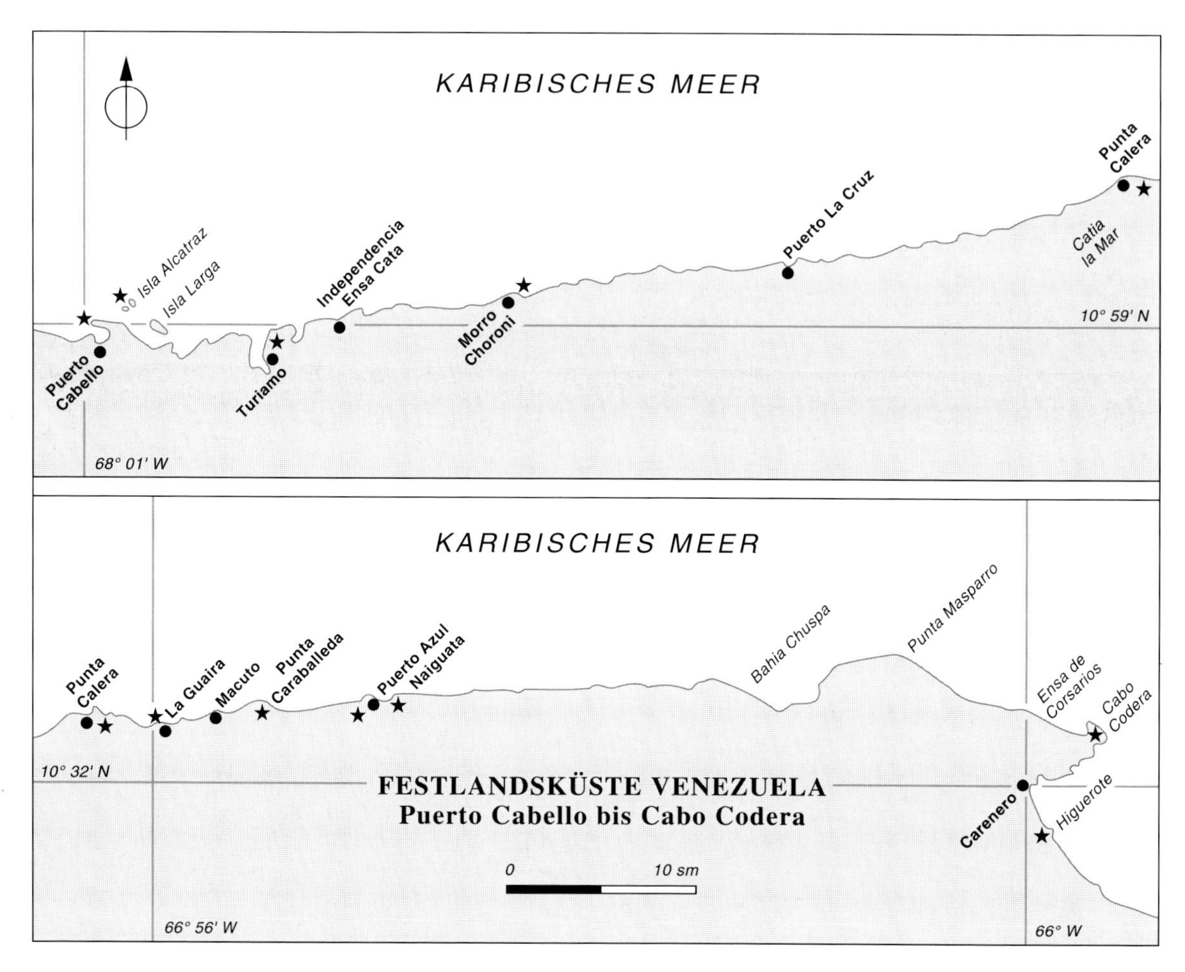

Von Puerto Cabello bis Cabo Codera

Karten: Imray D 21
Die knapp 120 sm lange Küste zwischen Puerto Cabello (10°29′N / 68°00′W) und Cabo Codera (10°35′N / 66°03′W) verläuft in OW-licher Richtung. Sie besteht größtenteils aus steil abfallenden Felsen, vereinzelt unterbrochen von kleinen Sand- oder Steinstränden. Ein schmaler Gebirgsrücken begleitet die Küste. Landeinwärts steigen die Berge auf über 2000 m an. Der deutlich auszumachende Küstenstrich besitzt jedoch nur wenige auffällige Landmarken für die Navigation.
Auf dem Teilstück von Puerto Caraballeda bis Cabo Codera sind der Küste Klippen vorgelagert, die meist dicht unter Land liegen.

Cabo Codera aus NO.

Puerto Cabello

Karten: Imray D 21
Position: 10°29′N / 068°00′W

Lage und Umgebung

Puerto Cabello ist die größte Hafenstadt Venezuelas. Entsprechend lebhaft geht es hier zu, auch nachts in der Rotlichtzone, die man als Fremder unbedingt meiden sollte.
Wahrscheinlich setzten deutsche Abenteuerer im 16. Jahrhundert hier ihren Fuß an Land, um von Coro aus in mehreren Expeditionen nach dem sagenhaften El Dorado zu suchen. An diesen Expeditionen beteiligten sich auch Philipp von Hutten, der Vetter des bekannten Dichters und Humanisten Ulrich von Hutten, und Bartolomäus Welser, der Sohn eines der mächtigsten Männer jener Zeit. Deutsche waren eine kurze Zeit Gouverneure und Generalkapitäne von Venezuela. Ihre Herrschaft war nicht weniger grausam und blutig als die der Spanier. Das wirtschaftliche Engagement des Bankhauses Welser in Venezuela brachte nicht den erhofften Gewinn. Für Hutten und Bartolomäus Welser fand das Abenteuer ein grausames Ende: Sie wurden enthauptet.
Von wirtschaftlichen Interessen bestimmt war auch der zweite deutsche Auftritt in Venezuela. Im Jahre 1902 ankerten deutsche Kriegsschiffe im Hafen von Puerto Cabello. Der Verfall der Kaffee- und Zuckerrohrpreise hatte Venezuela in eine schwere wirtschaftliche und politische Krise gestürzt, der Schuldendienst geriet ins Stocken. Die Anwesenheit der Kriegsschiffe sollte Venezuela zwingen, die Auslandsschulden gegenüber deutschen Banken und Firmen zu tilgen. Kaiser Wilhelm nahm eine Rauferei zwischen Hafenarbeitern und preußischen Offizieren zum Anlaß, das Fort von den Bordkanonen seiner Schiffe in Trümmer legen zu lassen.
Puerto Cabello hat wenig Besucher, deshalb ist die Stadt nicht so herausgeputzt wie andere touristische Metropolen. Schön ist ein Spaziergang durch die gut erhaltene Altstadt oder ein Blick vom Fort Solano herab auf den Hafen.

Ansteuerung

Die Ansteuerung von Puerto Cabello erfolgt meist aus Nord, z. B. von Bonaire. Der vorherrschende Ostwind nimmt 20 sm vor der Küste deutlich ab. Das hohe Küstengebirge wird wegen des Dunstes erst spät sichtbar. Zuerst erblickt man zwei weiße hohe Kamine mit weißen Rauchfahnen. Sie liegen ca. 7 sm westlich des Hafens. Bei klarem Wetter kann auch Fortin Solano (10°27′42″N / 068°01′06″W) aus 20 sm Entfernung ausgemacht werden, ein kreisförmiges Gebäude mit zwei Türmen in 180 m Höhe. Aus geringerer Entfernung dient der 29 m hohe, viereckige, rot-weiß gestreifte Leuchtturm von Punta Brava, 0,5 sm NNO-lich der Hafeneinfahrt, als gute Landmarke.

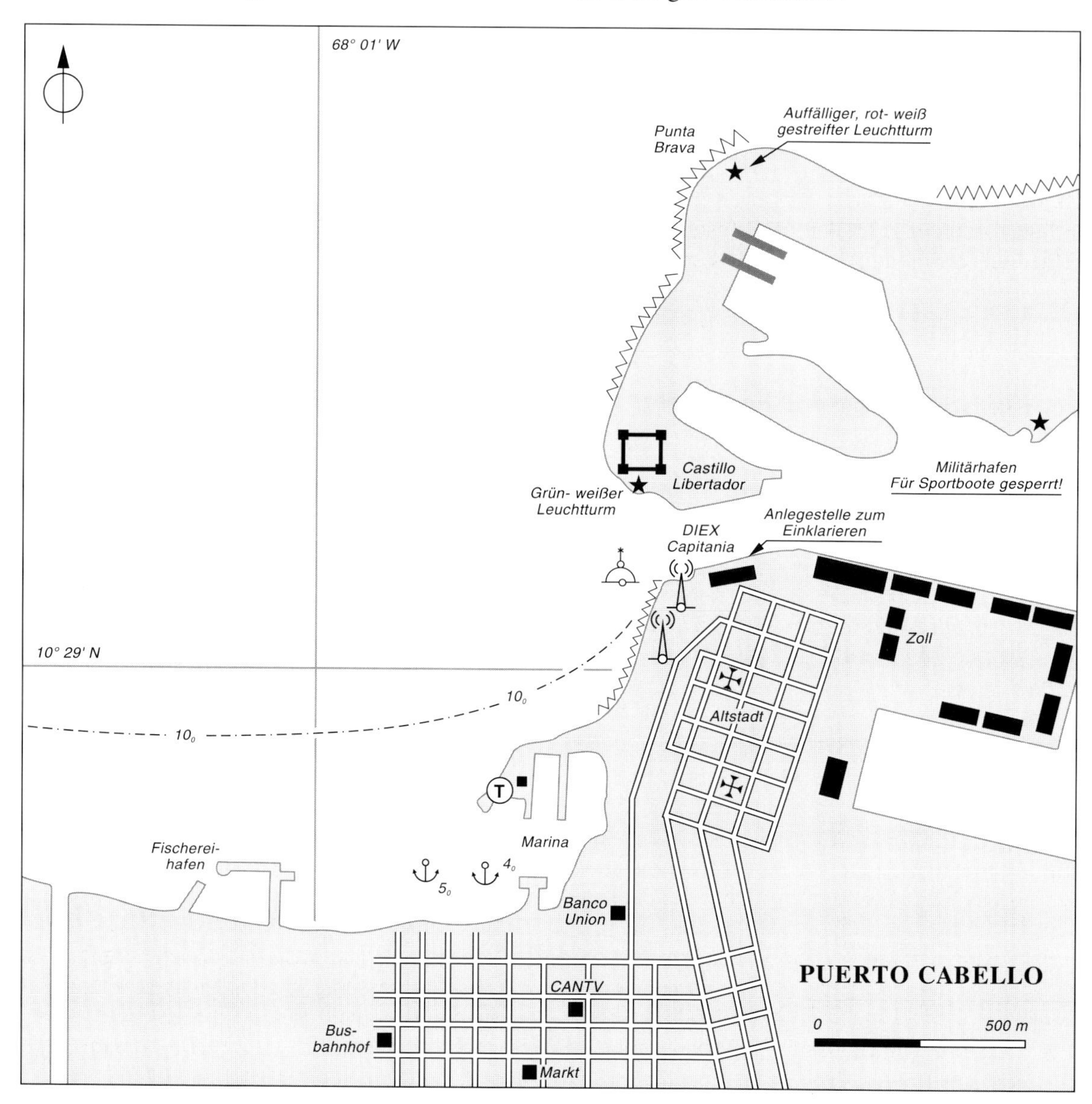

Bei Dunkelheit sind die beleuchteten Türme des Kraftwerks westlich von Puerto Cabello aus 20 sm Entfernung sichtbar. Das Feuer von Fort Solano hat eine Tragweite von 18 sm. Über 15 sm Distanz kann man auch das Leuchtfeuer von Punta Brava (Kennung: Blz. 8 s 30 m 15 sm) ausmachen.

Formalitäten

Wenn man von einer der ABC-Inseln kommt, muß für jedes Crewmitglied ein Visum, für das Schiff eine Zarpe/Cruising Permit und die Kopie eines Faxes oder Telegramms an die Hafenmeisterei in Puerto Cabello vorgelegt werden. Alle diese Unterlagen sind auf jeder der ABC-Inseln zu unterschiedlichen Bedingungen und Kosten zu erwerben. Bevor man in der Marina festmacht, muß man bei der Hafenmeisterei längsseits gehen. Diese befindet sich an der Steuerbordseite der Einfahrt in den Handels- und Marinehafen, der für die Sportschiffahrt gesperrt ist. Die Einfahrt ist flankiert vom Castillo Libertador (10°29′06″N / 068°00′42″W), einem grün-weißen Leuchtturm (Blz. gn. 7 s) im Norden und einer roten Tonne (Blz. r.) im Süden. Die Mole ist sehr hoch, eventuell kann man an einem Schlepper festmachen. Schiffspapiere, Crewliste und Pässe werden abgegeben, und man muß warten. Manchmal kommen die Behörden an Bord. Das Einklarieren ist kostenlos.

Liegeplatz

Karte: Imray D 21
Position: 10°28′36″N / 068°00′42″W
Die Marina liegt S-lich der Einfahrt. Die Ankunft sollte über UKW-Kanal 71 angekündigt werden. Die Tiefen betragen in der Marina um 4 m. Der Ankergrund besteht aus gut haltendem Schlick und Sand. Man legt nach Anweisung des Personals mit dem Heck am Steg an, nachdem man den Buganker ausgebracht hat. Die Marina ist zum Land hin abgezäunt und bei Tag und Nacht bewacht, was aber hier nicht zur Sorglosigkeit verführen sollte. Man kann auch vor der Marina auf ca. 5 m Tiefe ankern. Dann hat man allerdings keine Bewachung und ist dem Schwell aus N ausgesetzt.
Die Liegeplatzgebühren sind mit ca. DM 10,– für 40 Fuß sehr maßvoll. Freundlichkeit und Hilfsbereitschaft zeichnen alle Angestellten der Marina aus.

Service und Versorgung

Wasser und Strom (110/220 V) gibt es am Steg. Die Tankstation liegt an der Marina-Einfahrt. Duschen und Toiletten sind vorhanden. Wegen Reparaturen spreche man einen der ständig auf den Stegen herumlaufenden Mechaniker an. Nachmittags trifft man hier oder im Marinabüro Marianella Rojas, die gut Englisch spricht, äußerst freundlich ist und einem gegen Bezahlung vieles abnimmt: Sie organisiert den Travellift im Marinehafen, besorgt kompetente Handwerker, vermittelt Reise- und Flugbuchungen, schafft Kontakte zu Ärzten oder zum Krankenhaus, erledigt Behördengänge und ist eine unermeßliche Informationsquelle. In der Stadt gibt es keine Yachtausrüster aber Elektro-/Elektronikgeschäfte und einige gute Eisenwarenläden, u. a. Torni Puerto. Lebensmittel sind sehr billig und überall zu haben, am bequemsten bei CADA. Nach Großeinkäufen empfiehlt sich ein preiswertes Taxi für die Rückfahrt zur Marina. Lohnend in jeder Hinsicht ist ein Besuch des Marktes, der freitags stattfindet.
Die Post (Ipostel) liegt an der Plaza Bolivar, das Telefonamt (CANTV) an der Kreuzung Calle Urdaneta/Calle Santa Barbara. Repräsentant für Master- und Visacard ist die Banco Union im Hochhaus. Es gibt eine Reihe guter Restaurants im Zentrum. Gegenüber der Marina liegt das empfehlenswerte Restaurant „Golfo Caribe". Es gibt Flüge nach Caracas, eine Eisenbahnverbindung nach Barquisimento und Busse nach Coro und Valencia. Im Industriegebiet von Valencia kann man bei der Firma Armeo Ketten feuerverzinken lassen.

Wie bei alten Karawansereien hat sich um den Busbahnhof herum ein riesiges Einkaufszentrum gebildet.

Puerto Turiamo

Position: 10°27′N / 067°51′W
Der große und vorzüglich geschützte Hafen befindet sich leider in einem Sperrgebiet. Die Einfahrt in den Hafen ist außer in Notfällen strikt verboten.

Puerto de Ocumare

Position: 10°29′N / 067°46′W
Puerto de Ocumare ist wegen seiner schönen Strände ein beliebtes Ausflugsziel für Sportboote. Segler finden nur im NO der weiten, offenen Bucht einen Ankerplatz bei sehr ruhigem Wetter. Es gibt Straßen zu den Orten Independencia im Scheitelpunkt der Bucht und zu Ocumare de la Costa, der ca. 4 km S-lich liegt. Von hier gibt es Verbindungen nach Puerto Cabello.

Ensenada de Cata

Position: 10°30′N / 067°44′W
Zwischen Puerto de Ocumare und Ensenada de Cata liegt ein auffälliges Felskap. Wenn man es passiert hat, öffnet sich die Bucht Ensenada Cata. Sie hat eine Kreisform mit einem Durchmesser von etwa 0,5 sm. Im NO der Bucht gibt es einen ruhigen Ankerplatz auf 5 m Tiefe über sandigem Grund. Der Süden der Bucht hat einen schönen Sandstand.

Puerto La Cruz

Karten: Imray D 21
Position: 10°33′N / 067°21′W
Der etwa 24 sm lange Küstenabschnitt zwischen Ensenada de Cata und Puerto La Cruz besteht aus Felshängen mit vereinzelten Stränden und flachen Tälern, die man an den Kokospalmen erkennen kann, von denen sie eingefaßt sind. Eine besonders herausragende Landmarke ist das Kap Morro Choroni (10°31′ / 067°36′W). Es hat die Gestalt eines Zuckerhutes, ist etwa 75 m hoch und schon aus 10 sm Entfernung zu erkennen.
Puerto La Cruz ist nur ein etwa 400 m breiter und 500 m tiefer, schmaler Einschnitt in der gleichförmig aussehenden Küste. Die Einfahrt ist aus größerer Entfernung nur sehr schwer auszumachen. Die innere Bucht ist von Kokospalmen gesäumt. Im Winter steht Schwell hinein, und es ist fraglich, ob man hier bei starken NO-lichen Winden Schutz findet. Im Scheitel der Bucht mündet ein Fluß ein. Große Tiefen bis nahe ans Ufer machen Buganker und Heckleine zum Land erforderlich.

Punta Calera / Playa Grande Yacht Club

Karten: Imray D 21
Position (Punta Calera):
10°37′06″N / 067°00′54″W
Der Yachthafen Playa Grande liegt im Schutz von Punta Calera und etwa 5 sm W-lich des Hafens von La Guaira. Die private Club-Marina ist durch zwei Wellenbrecher gut geschützt. Die Einfahrt hat etwa 4 m Tiefe. Ein Liegeplatz kann, soweit überhaupt vorhanden, nur am N-lichen Steg in einer der äußersten Boxen gefunden werden. Selbst dort blieben wir mit 1,9 m Tiefgang bei Niedrigwasser im modrigen Boden stecken. Jede Box hat Wasser- und Stromanschluß. Festmachen kann man auch an der O-Seite des Hafens, an der sich auch die Tankstation befindet. Im Inneren des Hafens ist kein Platz zum Ankern. Für Katamarane bietet der Hafen keine Liegemöglichkeit. Möglicherweise kann aber im Vorhafen geankert werden.
Die sanitären Einrichtungen sind ausgezeichnet. Während der Nacht gibt es zuweilen kein Wasser. Der Club hat ein sehr hübsches Restaurant mit Seeblick und einen Swimmingpool mit Bar. Telefonieren kann man an Kartentelefonen. Eine

Benzinstation gibt es an der O-Seite der Marina. Das Gelände ist nach außen völlig abgeschlossen und auch innen rund um die Uhr bewacht.
Darüber hinaus gibt es keine Service- oder Versorgungsmöglichkeiten. Luxuriöse Appartementhäuser und gepflegte Gärten finden sich an den Berghängen im Süden der Anlage. Auch die Marina und die dort liegenden Motoryachten lassen keinen Zweifel, daß dies ein Treffpunkt sehr wohlhabender Caraqueños ist. Wir wurden mit äußerster Freundlichkeit von Kapitän Sr. Zambrano aufgenommen und verabschiedet. Wir halten es aber für unbedingt angebracht, daß man sich in Kleidung und Verhalten den Standards des Clubs anpaßt, dessen Gast man ist, will man nicht Ablehnung riskieren.
Der Charme der Marina wird durch die Tatsache gemindert, daß sie in der Einflugschneise des frequentierten Flughafens Maiquetia liegt, der nur 4 km entfernt ist.

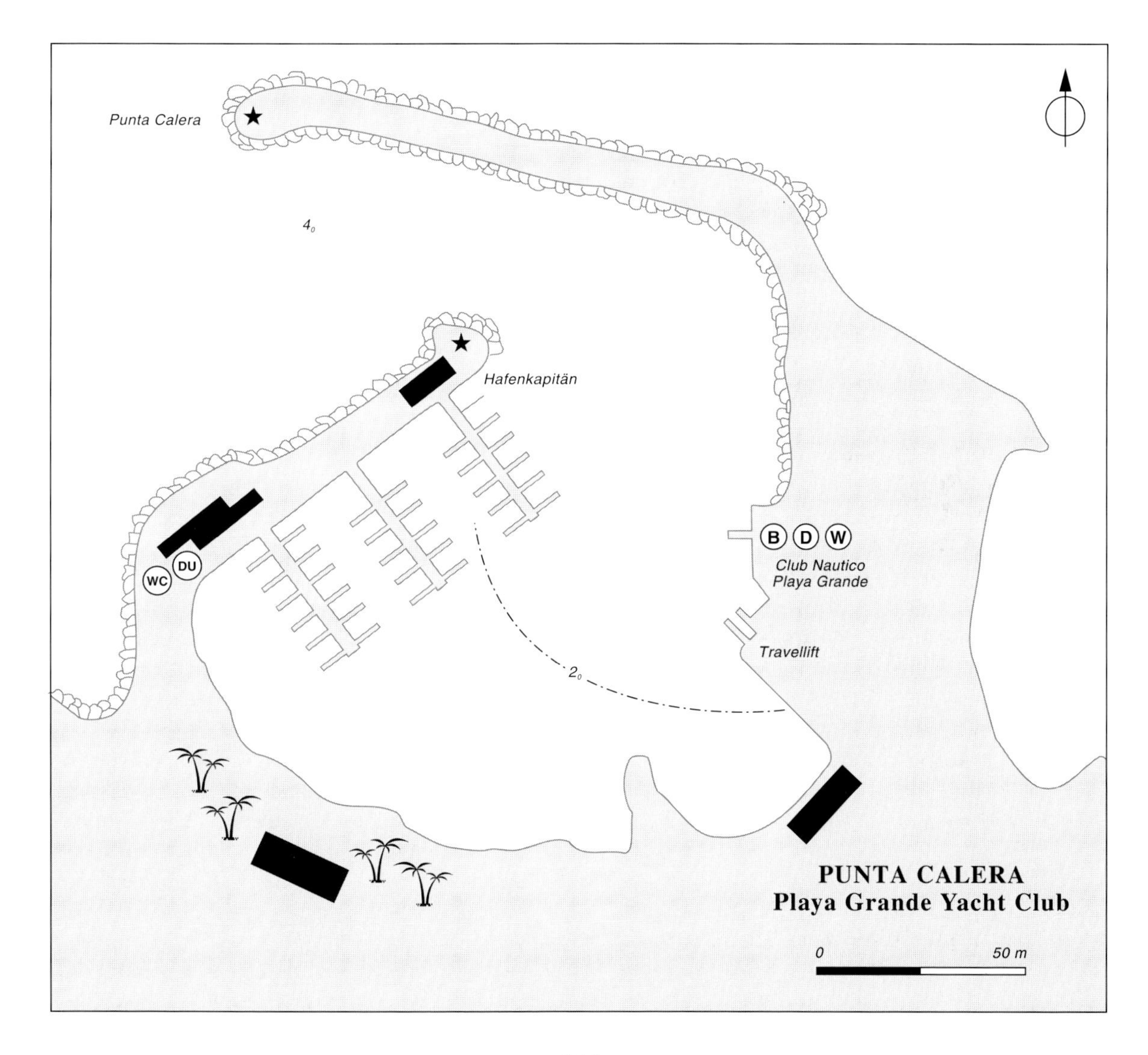

Formalitäten

Anmeldung beim Hafenkapitän mit Schiffspapieren, dem Durchschlag einer Crewliste und den Pässen ist notwendig. Alle Einklarierungsformalitäten für den Bundesstaat Caracas müssen in La Guaira erledigt werden, wobei es eventuell möglich ist, das Schiff in der Marina zu lassen, wenn man nicht direkt aus dem Ausland kommt.

Ansteuerung

Die Einfahrt in die Marina Playa Grande ist am Tag an den beiden Wellenbrechern, die den Sporthafen einschließen, gut zu erkennen. Das gilt auch bei Dunkelheit; denn die Köpfe der Wellenbrecher sind befeuert. Allerdings stimmten die Angaben in den nautischen Unterlagen nicht mit unseren Beobachtungen überein: Das Feuer auf dem Kopf der Nordmole der Einfahrt (Blz. gn. 6 s 9 m 11 sm) war erst aus wesentlich geringerer Entfernung zu erkennen. Die Farbe erschien uns weiß. Das rote Licht an der Stb.-Seite der Einfahrt schien nur sehr schwach rot und war erst unmittelbar vor der Einfahrt zu sehen.

Puerto La Guaira

Karten: Imray D 21 (mit Detailplan)
Position: 10°36′30″N / 066°57′06″W (Einfahrt)

Lage und Umgebung

Puerto La Guaira ist der Güterumschlagplatz für die 13 km entfernte Hauptstadt Caracas und der wichtigste Hafen Venezuelas. Es ist ein künstlicher Hafen. Erst 1891 wurde der erste Wellenbrecher aufgeworfen.

Liegeplatz

Puerto La Guaira ist für Yachten nicht attraktiv. Der Hafen hat keine Liegeplätze für Sportboote und erst recht keinen darüber hinausgehenden Service. Wenn man die Yacht nicht in der Marina Playa Grande bzw. Macuto-Sheraton/Marina Mar (s. Punta Calera) oder Punta Caraballeda zum Einklarieren zurücklassen will, oder wenn die Behörden verlangen, daß die Yacht im Hafen festgemacht wird, kann man vielleicht neben einem Fischkutter im SW-Teil des Hafens längsseits gehen. Dieser Teil des Hafens heißt „Vidal Diaz Soriano“. Schmutz, Lärm, Hitze, Belästigung und Gefährdung sind hier nicht zu vermeiden. Über die Gefährdung des Hafens durch Roller und Fallwinde (Calderetas) wurde eingangs berichtet.
DIEX und Guardia Nacional sind an der Pier für die Kreuzfahrtschiffe, Hafenmeister und Zoll weiter westlich zu finden.
Der Ort La Guaira, am Fuße eines steil abfallenden Gebirges gelegen, bietet gute Einkaufsmöglichkeiten. Es gibt einen CADA Supermarkt in der Nähe. Der Ort ist von der Hauptpier aus nach kurzem Fußweg über die vielbefahrene autobahnähnliche Küstenstraße schnell erreicht. Gas gibt es bei Vengas in Catia Mar.

Ansteuerung

Von Punta Calera bis zur Einfahrt von Puerto La Guaira sind es nur etwa 3,5 sm. Bei der Ansteuerung von Westen passiert man Cabo Blanco. Auf halbem Wege dorthin erblickt man das Flugfeuer des Internationalen Flughafens „Maiquetia“, das bei Dunkelheit eine gute Navigationshilfe darstellt (Blz. 10 s 142 m 15 sm). Die Rollbahn selbst ist hinter niedrigen Hügeln verborgen und öffnet sich zum Meer erst hinter Cabo Blanco. Wenn man Cabo Blanco passiert hat, kann man die Molen, Hafenanlagen, Lagerschuppen und Schiffe erkennen. Die Südmole N-lich von Punta Maiquetia trägt auf ihrem Kopf ein Leuchtfeuer mit der Kennung: Blz. r. 3 s 7 m 3 sm, das Feuer am Kopf der Nordmole hat die Kennung: Blz. gn. 3,7 s 10 m 4 sm.
Für die Ansteuerung bei Dunkelheit aus N hat das Hauptfeuer am Fuß der Nordmole Bedeutung.

Seine Kennung ist: Blz. 8 s 64 m 11 sm. Nachts ist auch das Scheinwerferlicht der Kraftfahrzeuge auf der immer stark befahrenen Straße zwischen La Guaira und Caracas von weitem zu sehen. Auch das beschriebene Flugfeuer kommt früh in Sicht.
Am Tag bei dunst- und wolkenfreiem Wetter stellt der sich unmittelbar hinter der Küste aufsteigende Gebirgsrücken, die Silla de Caracas, mit dem etwa 2150 m hohen Pico de Avila eine unverwechselbare Landmarke dar. Beim Näherkommen sind die den Berg erklimmende Stadt, die Lagerschuppen des Hafens und die Flughafenanlagen Ansteuerungshilfen.

Sehenswürdigkeiten

Eine Fahrt in das nahegelegene Caracas ist ein absolutes Muß, aber die sollte man lieber von einem der anderen Häfen in der Region aus unternehmen. Wir empfehlen, sich dafür einen Reiseführer anzuschaffen.

Punta Caraballeda

Karten: Imray D 21 (mit Hafenplan)
Position: 10°37′N / 066°51′W
Etwa 6 sm O-lich von Puerto La Guaira liegt die Punta Caraballeda. Es ist der nächstmögliche Ankerplatz auf der 52 sm langen Strecke zwischen Puerto La Guaira und Cabo Codera, deren Verlauf durch steile Felsküsten charakterisiert ist. Punta Caraballeda ist eine der wenigen hervorspringenden Huken auf diesem Weg. Auffällige Landmarken am Tag sind das Hotel Melia mit rotem Dach und auffälliger Kuppel und das größere, weiße Hotel Macuto-Sheraton. Bei Dunkelheit ist das Feuer auf dem großen Wellenbrecher eine Navigationshilfe (Blz. 5 s 7 m 8 sm). Es gibt hier zwei Liegemöglichkeiten.

Caraballeda Yacht Club

Im Westen führt ein schmaler Kanal mit 3–4 m Wassertiefe in eine Lagune, an deren Rändern sich die Steganlagen und Gebäude des nicht-öffentlichen Club Nautico de Caraballeda befinden. Am besten ist es, seine Ankunft zeitig anzumelden, denn die Stege sind meist belegt. Man kann sich glücklich schätzen, wenn man einen Liegeplatz bekommt, denn der Club hat einige Vorzüge: Die Anlage ist sehr sicher, es gibt saubere Toiletten und Duschen, Wasser und Strom, gute Diesel- und Elektromechaniker, ein Restaurant und eine Tankstation. Die Gebühren sind allerdings hoch.

Marina Mar oder Marina Macuto-Sheraton

Dies ist eine öffentliche Marina unmittelbar W-lich des Wellenbrechers, die alle Annehmlichkeiten bietet, aber ebenfalls meist belegt ist. Diesel muß im Caraballeda Y. C. gebunkert werden.
Falls alle Liegeplätze belegt sind, bleibt die Möglichkeit, im Vorhafen zu ankern. Dieser Platz ist aber wegen des Schwells und des Motorbootverkehrs sehr unangenehm und dazu bei Winden aus dem Westsektor gefährlich. Deshalb ist ein zweiter Anker zu empfehlen.

Service und Versorgung

Telefongespräche ins Ausland lassen sich am besten aus den Luxushotels Melia und Sheraton führen. Geldumtausch ist in den Hotels ebenfalls möglich.
Lebensmittel gibt es in einem nahegelegenen Einkaufszentrum und entlang des ganzen Weges nach La Guaira.
Busverbindungen bestehen sowohl zu dem 35 km entfernten Caracas als auch nach La Guaira (ca. 15 Minuten) und Macuto. Die Haltestelle ist am Ausgang der Marina. Taxen stehen vor den Hotels.

Puerto Azul – Naiguata

Karten: Imray D 21 (mit Hafenplan)
Position des Hauptfeuers: 10°37′20″N / 066°44′45″W

Ansteuerung

Punta Naiguata liegt 6 sm O-lich von Punta Caraballeda und stellt einen niedrigen Landvorsprung dar. Auffallend ist ein Komplex von sechs etwa 45 m hohen Hochhäusern, ferner die roten Klippen ein wenig östlich der Huk, auf denen das Dorf Naiguata steht. Diese Felsen sind bei Tag und Nacht infolge der Beleuchtung des Ortes eine gute Navigationshilfe.
Von Norden kommend, bildet der auffällige Pico Naiguata mit 3021 m eine Landmarke. Er ist der höchste Berg des Küstengebirges.

Liegeplätze

Die Einfahrt in die Marina des Club Nautico Puerto Azul zwischen zwei Wellenbrechern ist leicht auszumachen. Bei Nacht zeigen Lichter auf den Wellenbrechern und Leuchtfeuer den Weg. Der Club gilt als einer der elegantesten in der ganzen Karibik. Bis zum Zeitpunkt der Drucklegung gab es jedoch für Nichtclubmitglieder keine Möglichkeit, einen Liegeplatz in der Marina zu bekommen. Nicht etwa Überfüllung wird als Grund genannt, sondern das unangemessene Benehmen vieler Gäste. Ankern im Vorhafen ist ungemütlich und bei W-lichen Winden gefährlich. Will man an Land gelangen, darf man das Dingi innerhalb des Marinageländes nicht festmachen und dieses auch nicht betreten. Lediglich das Tanken am Dock im Westen des N-lichen Wellenbrechers ist mit Erlaubnis des Hafenkapitäns gestattet.

Service und Versorgung

Die Marina verfügt über Kräne, Reparaturwerkstätten, Handwerker und Zubehörläden. Die Liegeplätze haben Wasser und Stromanschluß. Es gibt vorbildliche Sanitäreinrichtungen, Restaurant, Bar und einen clubeigenen Strand. All diese Einrichtungen stehen ausschließlich den Clubmitgliedern zur Verfügung.
Nahrungsmittel sind im Ort Naiguata erhältlich, aber es lohnt sich, zum Einkaufen mit dem Bus nach Macuto oder La Guaira zu fahren.
Es gibt auch Schnellbus-Verbindungen nach Caracas oder zum Flughafen Maiquetia.

Ensa de Corsarios (Puerto Francés)

Karten: Imray D 21
Position: 10°35′00″N / 066°04′30″W
Auf den etwa 40 sm zwischen Puerto Azul und Cabo Codera gibt es keinen sicheren Ankerplatz. Es gibt nur wenige auffällige, aus der Küstenlinie hervorspringende Huken. Das Küstengebirge ist zwischen 2500–3000 m hoch, seine Hänge, die unmittelbar vom Strand aufsteigen, sind mit üppiger tropischer Vegetation bewachsen.
Ensa de Corsarios ist eine offene Bucht im NW von Cabo Codera. Sie ist im Scheitel niedrig und sandig, mit gefährlichen Felsen an ihrem westlichen Rand, die bis zu 1,5 kbl nach NNO reichen. In O ist sie durch ein langes, 260 m hohes Vorgebirge geschützt, das zu den Rändern steil abfällt. Im NW endet das Gebirge in einer Huk, vor der eine von Vogelkot geweißte Klippe liegt. Steuern Sie den Scheitel der Bucht im SO an und ankern Sie auf 3–4 m Tiefe über gut haltendem Sandgrund. Bringen Sie einen zweiten Anker nach W aus, da der Wind gelegentlich aus dieser Richtung kommt. An Wochenenden ankern hier viele Motoryachten aus Carenero. Die Bewohner von Higuerote kommen per Auto und bevölkern fröhlich lärmend die weißen Strände.

Von Cabo Codera bis El Morro de Barcelona

Karten: Imray D 13
Zwischen Cabo Codera und El Morro de Barcelona ändert sich der Charakter der Küste völlig. Der größte Teil der etwa 90 sm langen Küste ist

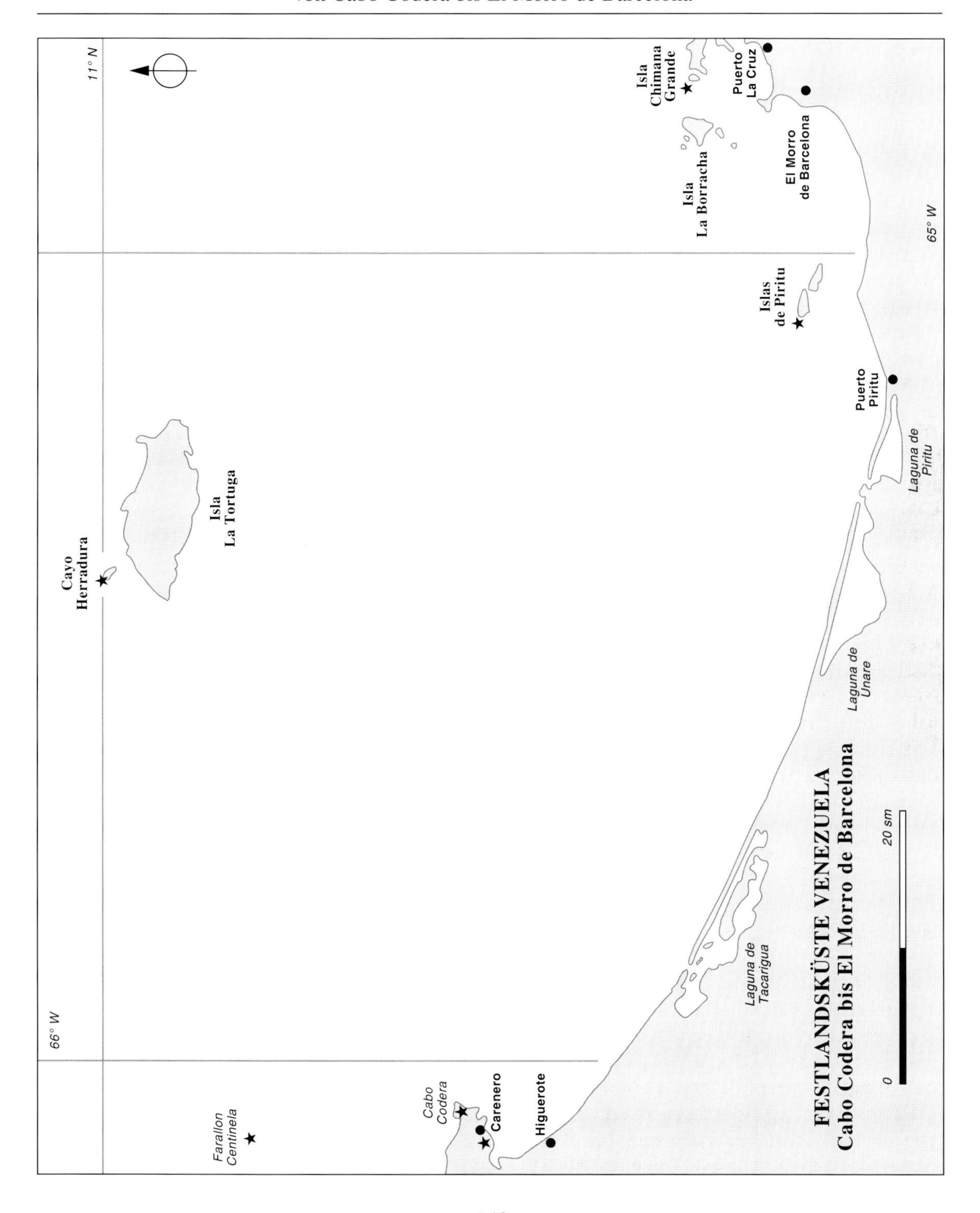
FESTLANDSKÜSTE VENEZUELA
Cabo Codera bis El Morro de Barcelona
0
20 sm
11° N
66° W
65° W
Isla Chimana Grande
Puerto La Cruz
El Morro de Barcelona
Isla La Borracha
Islas de Piritu
Puerto Piritu
Laguna de Piritu
Laguna de Unare
Laguna de Tacarigua
Isla La Tortuga
Cayo Herradura
Farallon Centinela
Cabo Codera
Carenero
Higuerote

niedrig, flach und sumpfig. Viele Flüsse münden ein, aber ihre Mündungen sind durch Sandbarren versperrt. Die Berge treten weit zurück ins Landesinnere. Auffällig ist einzig der Cerro de Unare, der 4 sm WSW von Punta Unare liegt (10°06′N / 065°12′W). Der Berg ist um 550 m hoch und wirkt von See aus wie ein felsiger Küstenvorsprung. Da die Küste dem Passatwind zugewandt ist, heißt der Landstrich „Barlovento", Luvküste. Bei stärkerem Wind empfiehlt es sich, der Küste fernzubleiben, da sich auf der geringen Wassertiefe die See schwer bricht. Es gibt außer in Carenero und in Lee der Islas de Piritu keine Ankerplätze.

Das Klima im Barlovento ist feuchtheiß und eignet sich hervorragend für den Anbau von Kakao. Die niedrigen Kakaobäume mit ihren violetten Früchten ducken sich unter breitblättrigen Bananenstauden und weit höheren Bäumen, die üppig mit Lianen, Farnen und Orchideen behängt sind. Die afrikanischen Sklaven, die früher auf den Plantagen arbeiteten, blieben nach Abschaffung der Sklaverei hier, und ihre Nachkommen prägen noch heute das Erscheinungsbild und die Kultur dieser Gegend. Am 24. Juni, bei der „Fiesta de San Juan", meint man beim Klang der Trommeln ein afrikanisches Fest zu erleben. Das in der Nähe von Carenero gelegene Dorf Birongo ist für seine Magier berühmt.

Puerto Carenero

Karten: Imray D 13

Lage und Umgebung

Der winzige Ort Carenero liegt im Süden der langgestreckten Bucht. Hier haben sich vier Yachthäfen angesiedelt. Carenero ist ein berühmtes Zentrum des Wassersports und dient den Caraqueños als Hausrevier für ihre Motorboote.

Die Bucht bildet Lagunen, die weitverzweigt und dicht mit Mangroven bestanden sind. Das Wasser bei den Mangroven ist absolut ruhig, solange keine Motorboote vorbeisausen. Wie immer in der Nähe von Mangroven ist es trübgrün. In der Nacht phosphoresziert es. Wegen der hohen Luftfeuchtigkeit und der Windstille gibt es hier leider viele Mücken in Gestalt der besonders unangenehmen, winzigen „Jejenes". Wer dagegen gefeit ist, kann in Ruhe die Schönheiten dieses Platzes genießen, z.B. mit dem Dingi die Lagune erforschen oder das Gewässer in Richtung Higuerote befahren.

Ansteuerung

Die wichtigste Landmarke für die Ansteuerung von Puerto Carenero ist Cabo Codera – ein nach NO vorspringendes 260 m hohes Gebirge mit steil abfallenden Hängen. Es liegt etwa 83 sm von El Morro de Barcelona, 42 sm von Tortuga und 55 sm von La Guaira entfernt.

Es ist bei Ansteuerung aus allen Richtungen gut zu erkennen. Wir konnten es von Tortuga kommend aus 20 sm Entfernung ausmachen. Es kann im Abstand von 2 kbl sicher passiert werden.

In den Seekarten und Verzeichnissen hat das Leuchtfeuer von Cabo Codera die Kennung: Blz. 6 s 267 m 15 sm. Es soll seit einiger Zeit nur noch ein rotes Festfeuer zeigen. Aber auch dieses haben wir bei einer nächtlichen Passage nicht erkennen können. Den Feuerträger, ein schwarzes Stahlgerüst, kann man am Tage aus 6 sm Entfernung ausmachen.

Wenn man der Küste in SW-Richtung folgt, sieht man die Mangrovenausläufer einer Lagune in etwa 2 sm Entfernung. Bis zu diesem Punkt ist das hügelige Ufer dicht bewachsen, nur unterbrochen von kleinen Stränden.

Südöstlich der Lagune finden sich die Mooringbojen eines Ölterminals. Von hier führen Unterwasserleitungen zur Küste zu einem Feld von elf weißen Öltanks, das bei Dunkelheit ein helles gelbes, weithin sichtbares Licht ausstrahlt. Auch das Mooringgebiet ist durch Leuchttonnen gekennzeichnet. Wir haben das Tonnenfeld östlich umfahren.

Aber auch die Passage zwischen der Küste und

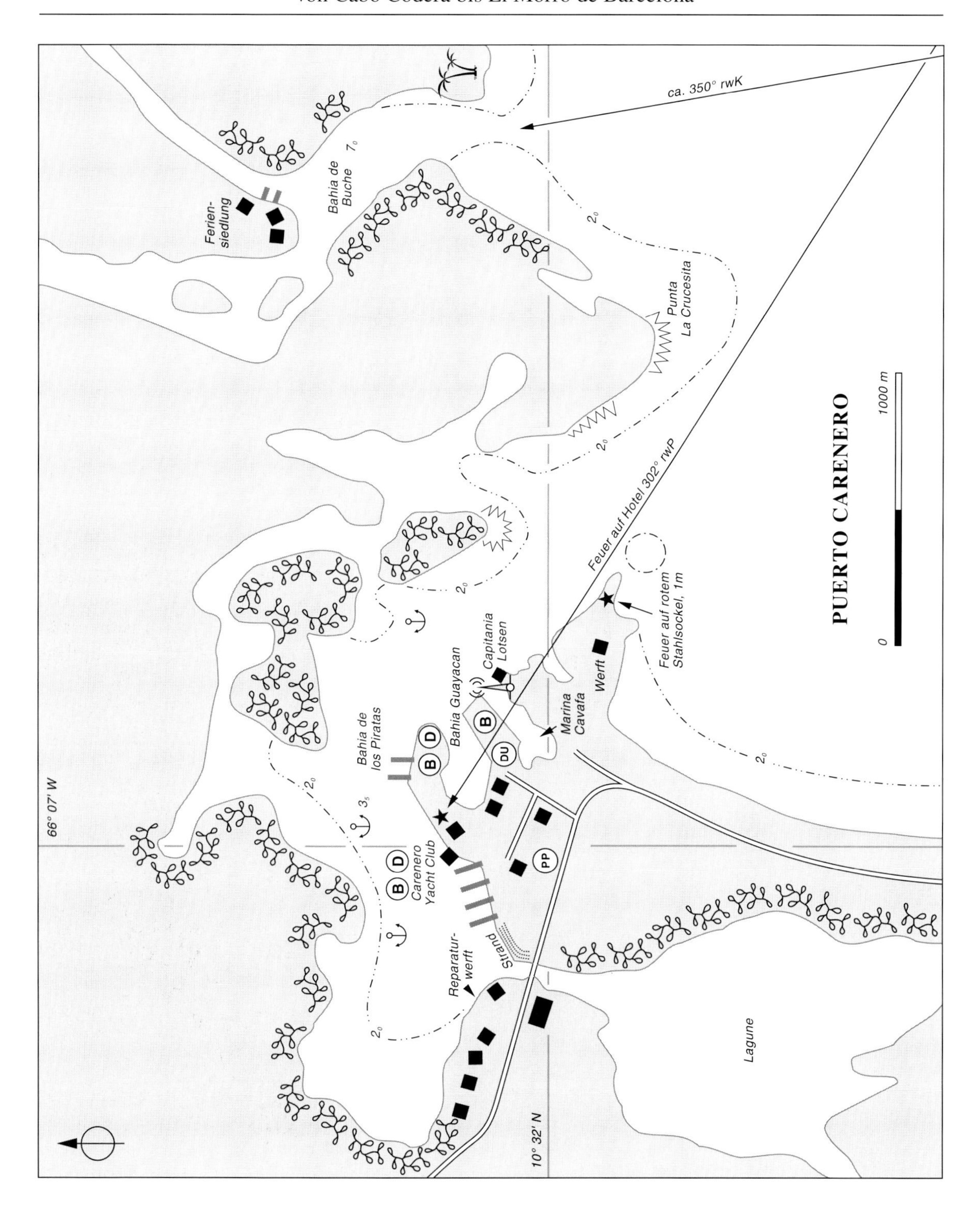
ca. 350° rwK
Bahia de Buche
Ferien-
siedlung
Punta
La Crucesita
PUERTO CARENERO
0
1000 m
Feuer auf Hotel 302° rwP
Feuer auf rotem
Stahlsockel, 1m
Capitania
Lotsen
Bahia Guayacan
Marina
Cavafa
Werft
Bahia de
los Piratas
66° 07' W
Carenero
Yacht Club
Reparatur-
werft
Strand
Lagune
10° 32' N

dem Tonnenfeld ist möglich. In der Imray D 13 sind die Öltanks fälschlicherweise nördlich der Lagune eingezeichnet. Es schließt sich ein öffentlicher Badestrand an.
Die Einfahrt in die Bade- und Ankerbucht Bahia de Buche peilt man rechtweisend unter 350°.
Die Einfahrt in die Mangroven- und Ankerbucht von Puerto Carenero erfordert Wachsamkeit. Sie ist etwa 350 m breit und wird von Punta La Crucesita im Osten und einem Riff im Westen gebildet, das sich von der Westküste nach Osten erstreckt.
Etwa 2 kbl S-lich von Punta La Crucesita liegt eine rote unbefeuerte Kugeltonne, die die gefährliche Untiefe Bajo La Crucesita markiert.
Wenn man die Tonne passiert hat, führt der rwK 315° sicher ins Innere des Hafens. Benutzt man das Feuer auf dem 20stöckigen Hotelgebäude des Yachtclubs Bahia de los Piratas (Kennung: Blk. r. 2 s) zur Ansteuerung, führt ein rwK von 302° ebenfalls an der Untiefe südlich von Punta la Crucesita vorbei, aber auf das Riff im Westen zu. Deshalb muß man zeitig auf 315° ändern.

Ankerplätze

Lagune

Position am Ankerplatz: 10°32′28″N / 066°06′50″W

Der innere Hafen bietet eine Fülle von Ankermöglichkeiten an seiner Ost- und Nordseite vor den Mangroven. Der modrige Grund bietet schlechten Halt, aber weder Wind noch Wellen machen das Ankern problematisch.
Mit dem Dingi kann man nur in der kleinen Bucht Bahia Guayacan vor dem Restaurant Cavafa anle-

Ankerplatz in Puerto Carenero.

gen, es dort an der Mole festmachen und für Besorgungen gefahrlos zurücklassen.

Carenero Yacht Club

Der Club liegt im SW des Hafens vor der Straßenbrücke. Er hat ein Tankdock, an dem Diesel, Benzin und Wasser gebunkert werden können. An den Stegen liegen auch Segelboote. Der Club ist privat und gewährt keinerlei Gastfreundschaft. Es wird weder ein Liegeplatz angeboten noch die Benutzung der Clubeinrichtungen oder das Betreten des Geländes auf dem Wege in den Ort erlaubt. Manager und Clubmitglieder gaben schlechte Erfahrungen mit dem Benehmen einiger Fahrtensegler als Begründung an. Die Haltung solcher Clubs steht im Gegensatz zu der überaus großen Gastfreundschaft, Hilfsbereitschaft und Herzlichkeit der meisten Venezolaner.

Club Bahia de los Piratas

Dieser Club ist der östliche Nachbar des Carenero Yacht Club und wetteifert mit diesem um Exklusivität. Dennoch steht die Tankstelle an der Nordseite der Bahia Guayacan auch Nichtmitgliedern offen.

Marina Cavafa

Die öffentliche Marina Cavafa liegt im Süden der Bahia Guayacan. Sie hat überdachte Landstellplätze für Motorboote. Die Tankstelle führt nur Benzin. Sie ist für tiefgehende Boote ohnehin nicht erreichbar.
Die Marina hat ein bescheidenes Angebot, aber äußerst hilfsbereite und freundliche Angestellte. Die Atmosphäre ist beinahe familiär. Es gibt nur offene Duschen und einfache Toiletten, aber ein helles, kühles, offenes Restaurant mit einer reichhaltigen und preiswerten Karte. Hier kann man auch Eis in Beuteln erhalten.
Der Liegeplatz gegenüber der Hafenmeisterei und der Lotsenstation, am Eingang eines verlandeten Bassins, hat 2,2–2,5 m Tiefe, was für die meisten Boote gerade ausreicht. Die Tiefe nimmt zur Mole weiter ab, so haben wir mit Heckanker und Bugleinen festgemacht. Da der modrige Grund schlechten Halt bietet, haben wir den Plattenanker weit nach achtern ausgebracht und mit einer Boje für andere und zur Kontrolle kenntlich gemacht.
Am Tage und besonders an Wochenenden liegt man wegen des Wellengangs, den die vorüberfahrenden Schnellboote verursachen, etwas unruhig. Nachts schreckt man zuweilen durch das Geheul eines ausfahrenden Lotsenbootes auf.
Der Platz hat Wasser- und Stromanschluß. Es gibt Müllcontainer. Ein Wachmann patrouilliert.

Service und Versorgung

Puerto Carenero ist kein Einklarierungshafen. Er darf deshalb nur von Schiffen mit gültiger Zarpe angelaufen werden. Kontrollen fanden bei uns nicht statt.
Astilleros de Higuerote ist eine Reparaturwerft am Westeingang in den Hafen. Es gibt einen 50-t-Travellift, mit dem auch Segelboote aus dem Wasser geholt werden können.
Eine weitere, billigere kleine Reparaturwerft liegt im NW des Hafens unmittelbar vor der Straßenbrücke.
Versorgungsmöglichkeiten für Kraftstoff und Wasser werden bei den Beschreibungen der Marinas genannt.
Eine Werkstatt für Außenbordmotoren gibt es gegenüber Cavafa.
Professionelle Fiberglasarbeiten und Lackierungen führt Tecno Fibra La Naval gegenüber Carrasco aus.
Carrasco liegt gleich neben Cavafa und ist eine Anlage mit Schwimmbad und Restaurant. Maria Esperanza Carrasco, die für Venezuela die Weltmeisterschaft im Wasserski gewann, führt das Centro Nautico Carrasco (CNC). In diesem Geschäft gibt es Bootszubehör, das auf die Bedürfnisse der Motorbootfahrer zugeschnitten ist.
Das Restaurant ist bekannt für seine Qualität und von weitem als kleiner Leuchtturm zu erkennen. Das Schwimmbad kann man gegen einen einma-

ligen Eintritt einen Tag lang benutzen. Den besten Service gibt es hier jedoch kostenlos: wunderbar saubere Duschen neben dem Aufgang zu Swimmingpool und Restaurant.
Zum Telefonieren geht man die Straße hinter den Marinas hoch zum „Zentrum". Dort hängt das offensichtlich einzige Telefon des Dorfes an der Wand eines Wohnhauses. Auslandsgespräche sind von diesem Apparat jedenfalls unmöglich.
Im Ort gibt es kleine Lebensmittelgeschäfte mit sehr bescheidenem Angebot. Zum Einkaufen fährt man am besten mit dem PP von der Plaza Bolivar aus nach Higuerote.

Higuerote

Position: 10°29′N / 066°06′W
Der kleine Hafen dieses Ortes, ca. 3 sm südlich von Carenero, an der Mündung des Flusses Curiepe, kann nicht von tiefgehenden Segelbooten angelaufen werden. Das innere Becken ist weniger als 1 m tief. Wir fanden hier nur kleinere Fischerboote. Außerhalb des Beckens gibt es keinen Schutz. Die Reede könnte nur bei absolut ruhigem Wetter benutzt werden. Zusammen mit Carenero entwickelt sich Higuerote zu einem attraktiven Touristenort.
Nach Higuerote fährt man daher besser mit PPs von der Plaza Bolivar in Carenero. Sie fahren über die langgezogene Küstenstraße an dem stark besuchten Strand entlang bis zum Fluß.
Einkaufen kann man hier ausgezeichnet. Vermutlich ist die ungewöhnlich große Anzahl der Geschäfte auf die große Zahl der Venezolaner zurückzuführen, die in Carenero ihr Boot liegen haben. Supermärkte gibt es nicht, dafür einige gute Bäckereien, ein Delikatessengeschäft, einen gutsortierten Gemüsemarkt und einen herrlichen Fischmarkt.
Die Märkte liegen zu beiden Seiten des Flusses. Auch hier kann man von den Kartentelefonen kein Auslandsgespräch führen.

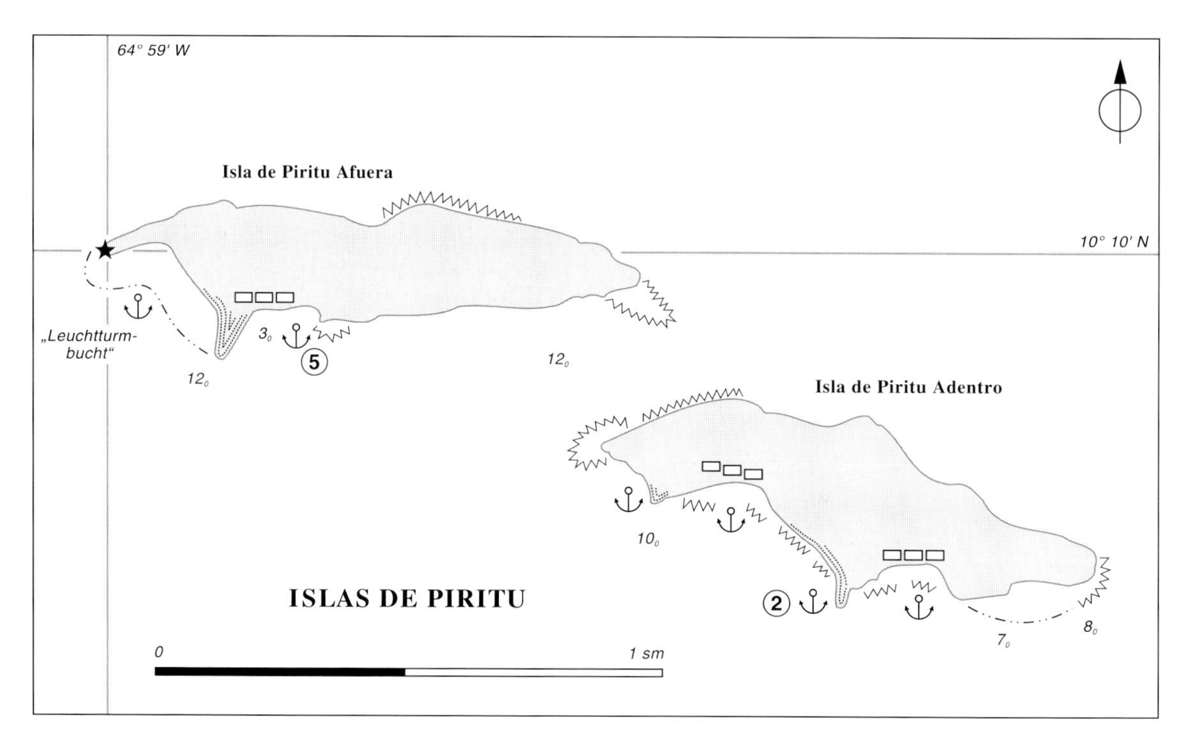

Islas de Piritu

Karten: Imray D 13
Position für Piritu Adentro: 10°09,00′N / 064°55,00′W
für Piritu Afuera: 10°10,00′N / 064°57,00′W

Lage und Umgebung

Islas de Piritu sind zwei kleine Inseln wenig mehr als 70 sm östlich von Puerto Carenero oder Cabo Codera. Die Inseln liegen nur 13 sm westlich von Morro de Barcelona entfernt, dessen Erhebung von hier gut auszumachen ist. Vom Festland sind sie 3,5 sm entfernt. Sie bieten Ankerplätze für die einzige Stoppmöglichkeit zwischen Puerto Carenero oder Ensa de Corsarios (Puerto Frances) und Morro de Barcelona/Puerto La Cruz (ca. 95 sm). Die beiden Inseln sind flach, sandig und mit wenigen Mangroven, niedrigem Strauchwerk und Kakteen bewachsen. An einigen Stellen säumen Riffe die Ufer. Zwischen der äußeren (Afuera) und der mittleren (Adentro) Insel gibt es einen Kanal von etwa 250 m Breite und 9 m Tiefe.

Ansteuerung

Die Inseln sind aus allen Himmelsrichtungen schlecht auszumachen, da sie sehr niedrig sind. Wenn man von Westen kommt, bildet sich der rotweiß gestreifte Leuchtturm im Westen von Piritu Afuera am deutlichsten ab. Er steht auf: 10°10′N / 064°59′W, seine Kennung ist: Blz. 10s 15m 11 sm. Die Ansteuerung bei Nacht sollte man vermeiden.

Ankerplatz vor Piritu Adentro.

Wenn man von El Morro de Barcelona aus O kommt, umrundet man am besten das SW-Kap von Piritu Adentro und segelt in Lee der Insel nach Piritu Afuera. Dabei passiert man eine Reihe von Ankerplätzen in Lee von Piritu Adentro auf 10–12 m tiefem Wasser. Vor den wunderschönen weißen Sandstränden liegt ein schmaler Saum von Korallen. An seinem Rand fällt der Grund steil ab. Ankerplatz 2 erschien uns besonders angenehm. Es gab hier bei NO-Wind keinerlei Schwell.

Ankerplatz 5

Piritu Afuera hat im Süden eine Landzunge, die in einer schmalen Sandspitze endet. Östlich dieser Landzunge gibt es einen Ankerplatz auf 3 m Tiefe. Im Osten dieses Ankerplatzes liegt ein Riff, dessen südlichste Ausdehnung von Fischern durch Stöcke markiert worden ist.
Mit dem Dingi kann man im Westteil der Bucht vor zwei Schutzdächern gut landen.
Am Tag und besonders bei Nacht, wenn die Lichter des Ölterminals herüberleuchten, kann man Puerto José erkennen, eine der bedeutendsten Anlagen für Flüssiggas in Venezuela, die 1985 eingeweiht wurde.
Die von uns so genannte „Leuchtturmbucht" im Westen von Piritu Afuera hat einen besonders schönen Strand, der mit Büschen, Manzanillabäumen und einigen Palmen bewachsen ist. Man muß sich sehr vorsichtig in die Bucht hineintasten, da es hier schon in einiger Entfernung vom Ufer untief ist. Beim Landausflug sollte man der Versuchung widerstehen, unter einem der Manzanillabäume Schatten zu suchen. Diese Bäume sondern eine giftige Flüssigkeit ab.

El Morro de Barcelona

Position: 10°13′N / 064°43′W
Dies ist eine schmale Erhebung von 172 m Höhe und 1 sm Länge in NS-Ausdehnung. Sie ist mit dem Festland durch eine enge, flache Landbrücke verbunden, die künstlich aufgeschüttet wurde. Die Hänge im Norden sind steil. Im Westen gibt es einen Unterwasserfelsen, der etwa 0,5 sm vor der Küste liegt. Im SW von El Morro liegt die Marina Inbuca, auch Marina Club Nautico de Lecherias genannt. Die Marina ist unter den Liege- und Ankerplätzen von Puerto La Cruz beschrieben.
Die Ansteuerung von den Islas de Piritu aus ist einfach, da El Morro bereits von dort gut auszumachen ist.

Bahia de Pozuelos mit Puerto La Cruz und vorgelagerten Inseln

Karte: Imray D 131

Lage und Umgebung

An der malerischen, weit geschwungenen riesigen Bucht von Pozuelos liegt der für Segler in vielerlei Hinsicht attraktivste Ort Venezuelas, Puerto La Cruz. Yachten aus aller Welt verbringen hier die Hurrikan-Saison, hier trifft man sich, und hier wird gesellschaftliches Leben gepflegt. Man liegt sowohl auf Reede als auch in der Marina Paseo Colon direkt vor dem Zentrum des Ortes. Hier gab es die erste Marina im östlichen Venezuela, und hier gibt es auch die älteste Infrastruktur. Einen bequemeren Ort für Versorgung und Service gibt es in Venezuela nicht.
Puerto La Cruz ist ein junger Ort. Er entstand aus vereinzelten Churuatas (palmbedeckte Unterstände) an der Playa von Pozuelos. Wie diese Churuatas aussahen, kann man übrigens noch heute ganz in der Nähe sehen: Auf dem Weg nach El Morro gibt es ein Restaurant, und auf der gegenüberliegenden Insel Chimana Segunda hat Inparques etliche Churuatas zum Sonnenschutz der Strandbesucher aufgestellt.
Aus den Churuatas wurden Ranchos. Später

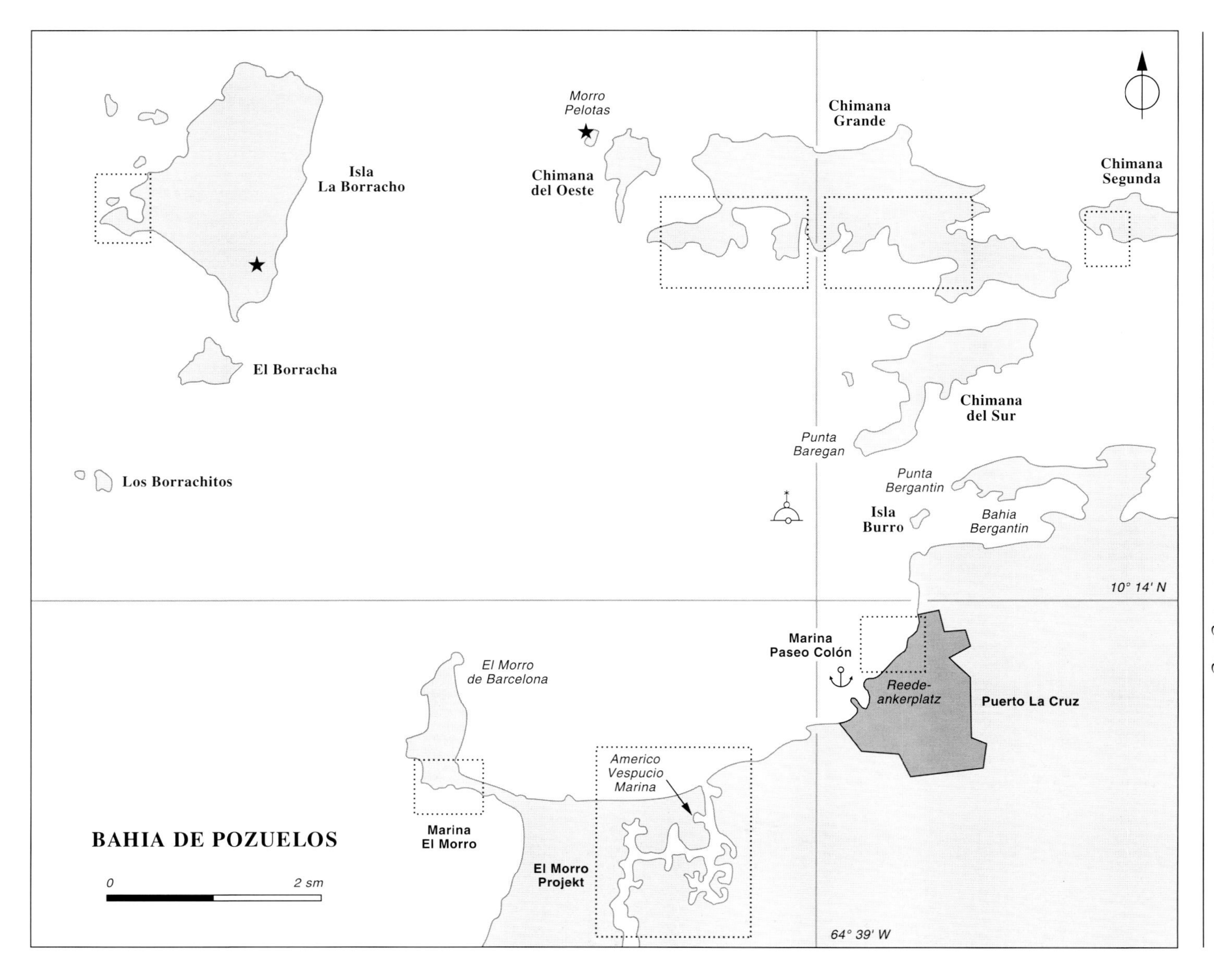
Chimana Segunda
Chimana del Sur
Chimana Grande
Chimana del Oeste
Morro Pelotas
Isla La Borracho
El Borracha
Los Borrachitos
Punta Bergantin
Bahia Bergantin
Isla Burro
Punta Baregan
10° 14' N
64° 39' W
Puerto La Cruz
Reede-ankerplatz
Marina Paseo Colón
Americo Vespucio Marina
El Morro Projekt
El Morro de Barcelona
Marina El Morro
BAHIA DE POZUELOS
0
2 sm

wuchs der Ort mit Steinhäusern ins Land hinein. Die Bevölkerung bezog ihr Trinkwasser von einer Quelle, über der ein wundertätiges hölzernes Kreuz stand. So wurde aus dem Hafen von Pozuelos 1868 „Hafen des Kreuzes".
1937 wurde in den Savannen im Süden Öl entdeckt. Eine Pipeline wurde zum Meer gelegt und im Osten des Ortes ein Ölhafen gebaut. Für Puerto La Cruz begann eine rasante Entwicklung. Die Quelle des Kreuzes wurde zugeschüttet. Heute liegt sie unter der schattigen Plaza Bolívar. Das Kreuz steht in der Kirche am Ende der Calle Bolívar.
Puerto La Cruz ist nach Margarita das beliebteste Ferienzentrum Venezuelas. Es ist jedoch bei weitem nicht so touristisch geprägt. Es gibt nur drei große Hotels im Ort. Der internationale Flughafen Barcelona ist weit entfernt. Wer mit einem Charterflugzeug kommend auf eigene Faust vom Flughafen in die Stadt will, ist absolut verlassen. Nichts ist hier für eine solche Ausnahme vorbereitet. Man muß sich schon zum nahegelegenen nationalen Flughafen begeben, um an ein Taxi oder ein Mietauto zu kommen.
Die Strände in der Nähe von Puerto La Cruz sind die berühmtesten Venezuelas. Die Lage des Ortes an der Bucht von Pozuelos ist vollkommen. Wie eine Perlenkette schmiegen sich die Häuser des Paseo Colon ans Ufer. Eine Reihe von Palmen trennt die Promenade vom Wasser.
Aber zum Leben erwacht der Paseo erst am Abend. Dann breiten unzählige fliegende Händler ihre Waren aus. Neben der sich träge vorwärtsbewegenden Menschenmenge schieben sich im Schrittempo die Autos voran. Taschendiebe haben in diesem Gedränge ein leichtes Geschäft.
Tagsüber, wenn der Paseo menschenleer ist, spielt sich das quirlige Leben zwei Parallelstraßen weiter, in der Calle Libertad, ab. Die Einkaufstraße versetzt auch Nicht-Venezolaner in einen Kaufrausch. Wer bestimmte Artikel sucht, muß in die Nebenstraßen ausweichen, die oft auf eine Warengruppe spezialisiert sind. Im allgemeinen gilt die Regel: Je weiter vom Paseo Colón entfernt, desto preiswerter das Angebot. Beim Flanieren durch die weniger frequentierten Straßen kann man außerdem allerlei Interessantes entdecken.

Ansteuerung

Bei Ansteuerung von Westen aus der Richtung Cabo Codera ist der Gipfel auf Isla La Borracha eine gute Navigationshilfe, lange bevor Morro de Barcelona auszumachen ist. Wegen der beschriebenen Untiefe zwischen El Borracho und Los Borrachitos (10°15′N / 064°46′W) sollte man Los Borrachitos südlich passieren.
Die Ansteuerung der Bahia de Pozuelos aus Nord erfolgt zwischen Isla La Borracha im Westen und Isla Morro Pelotas im Osten. Der 376 m hohe Gipfel von Isla La Borracha ist am Tag eine gute Landmarke. Bei Dunkelheit erfüllt das Leuchtfeuer von Morro Pelotas (Kennung: Blz (2) 12 s 76 m 20 sm) diese Aufgabe. Man muß vorsichtig sein, denn die Einfahrt wird auch von Tankern auf dem Wege von und zu den Ölterminals in der Bahia Bergantin befahren.
Aus nördlicher Richtung sieht man zuerst das Hotel Rasil, das höchste Gebäude im Westen der Stadt. Der Ankerplatz auf der Reede liegt östlich des Hotels vor dem Torre de Oriente, einem hohen grau-roten Gebäude, dessen oberen Stockwerke breiter sind als die unteren.
Später wird im äußersten Westen der Stadt das breit ausladende, trapezförmige Hotel Melia sichtbar, unterhalb dessen die Marina Paseo Colon liegt, leicht erkennbar an den Masten der darin liegenden Yachten.
Die Einfahrt in die Marina Americo Vespucio oder zum Centro Marino Oriente im Ferienkomplex El Morro de Puerto La Cruz liegt westlich des Hotels Rasil zwischen drei Wohntürmen sowie den roten Dächern einer Ferienbungalow-Anlage.
Die Marina Club Nautico El Morro de Lecherias, die auch „Marina Imbucca" genannt wird, liegt noch westlich von El Morro de Barcelona. Dieser Berg hebt sich als Landmarke gut vor dem dahinterliegenden Flachland ab. Die Marina liegt au-

ßerhalb der Bahia de Pozuelos in der Bahia de Barcelona.
Aus Osten kommend, wird man den Kanal zwischen Isla Chimana del Sur und dem Festland wählen. Die Öffnung ist erst spät zu erkennen. Vorsicht ist geboten, denn hier verkehren die schnellaufenden Fähren zwischen Puerto La Cruz und Isla Margarita.

Formalitäten

Puerto la Cruz ist Port of Entry für den Bundesstaat Anzoátegui. Leider ist das Einklarieren hier sehr umständlich, da die einzelnen Behörden an verschiedenen Orten liegen: die Capitania in der Nähe der Fähranlegestelle, der Zoll (Aduana) in La Guanta und die Einwanderungsbehörde (DIEX) neuerdings in Barcelona. Mehrere Agenten konkurrieren darum, den Yachties diese Umstände abzunehmen: Carlos Diaz von Shore Connection, Carmen und Beau von Dockside und Marisol, die auf einer Art Veranda vor ihrem Reisebüro auf dem Paseo Colón residiert.

Ankerplätze

Reede

Position am Ankerplatz: 10°13′33″N / 064°38′19″W
Direkt gegenüber dem Zentrum, vor dem öffentlichen Badestrand, ankern in der Hurrikansaison bis zu 40 Schiffe. Da der Wind in der Bucht von morgens W über mittags N auf nachmittags NO–O dreht, muß man genügend Platz zum Schwojen geben. Ankern Sie auf 4 m Tiefe über gut haltendem Schlickgrund. Im Winter kann der Platz sehr ungemütlich sein.
Fast alle Besorgungen lassen sich von hier aus gut organisieren. Das Dingi setzt man vor dem Restaurant „Fuente de Mar“ auf den Strand und sichert es gut. Eis und Wasser bekommt man im Restaurant, einem Treffpunkt der Segler. Supermercado Veracruz liefert Lebensmittel zu günstigen Preisen bis zum Dingi.

Marina Paseo Colón

Anschrift: Paseo Colón, Puerto La Cruz, Edo. Anzoátegui, Venezuela
Tel. 081-69 15 17, Fax 69 15 16
UKW-Kanal 16 oder 71
Position am Liegeplatz: 10°13′42″N / 064°38′06″W
Die Marina liegt neben dem Hotel Melía, am Ende des Paseo Colón. Sie ist bei allen Winden ausgezeichnet geschützt. Hier liegt man am bequemsten in Puerto la Cruz. Leider ist die Marina von Motorbooten stark belegt und bietet nur für 10 Yachten Platz. Frühzeitige Anmeldung empfiehlt sich. Man macht mit Buganker an der Pier fest. Ein Tidenhub von ca. 40 cm ist zu beachten.
An Land wurden Stellplätze für kleinere Motorboote angelegt. Der Gabelstapler, der die Boote transportiert, hat die Wege auf dem Gelände leider stark verschmutzt. Die Sicherheit in dieser Marina ist jedoch unübertroffen: Sie ist Tag und Nacht streng bewacht. Dieser Vorzug und die unmittelbare Nähe zum Zentrum erlauben der Marinaleitung, Preise zu verlangen, die dem sonstigen Zustand der Anlage nicht angemessen sind.
Die einfachen Duschen und Toiletten lassen einiges zu wünschen übrig, da sie selten gereinigt werden und oft nicht funktionieren. Außer einer Tankstelle für Benzin und Diesel sowie Eisverkauf gibt es keinerlei Service.
Diese Versorgungslücke wird teilweise von Manuel und José gefüllt, die miteinander um die Aufträge der Yachties konkurrieren. Beide sprechen gut Englisch und besorgen fast alles: vom Wein bis zum Handwerker. Manuel bringt verrostete Ankerketten zum Galvanisieren nach Caracas. Er betreut auch die übrigen Marinas in der Umgebung.
Im nahegelegenen Hotel Meliá bekommt man die englischsprachige Tageszeitung und Telefonkarten. Man kann hier klimatisiert telefonieren und faxen, oder sich mit einem reichhaltigen Frühstück vom Buffet verwöhnen. Yachties in gepflegter Kleidung wird auch der Zugang zum Pool nicht verwehrt. Im Erdgeschoß gibt es wunderba-

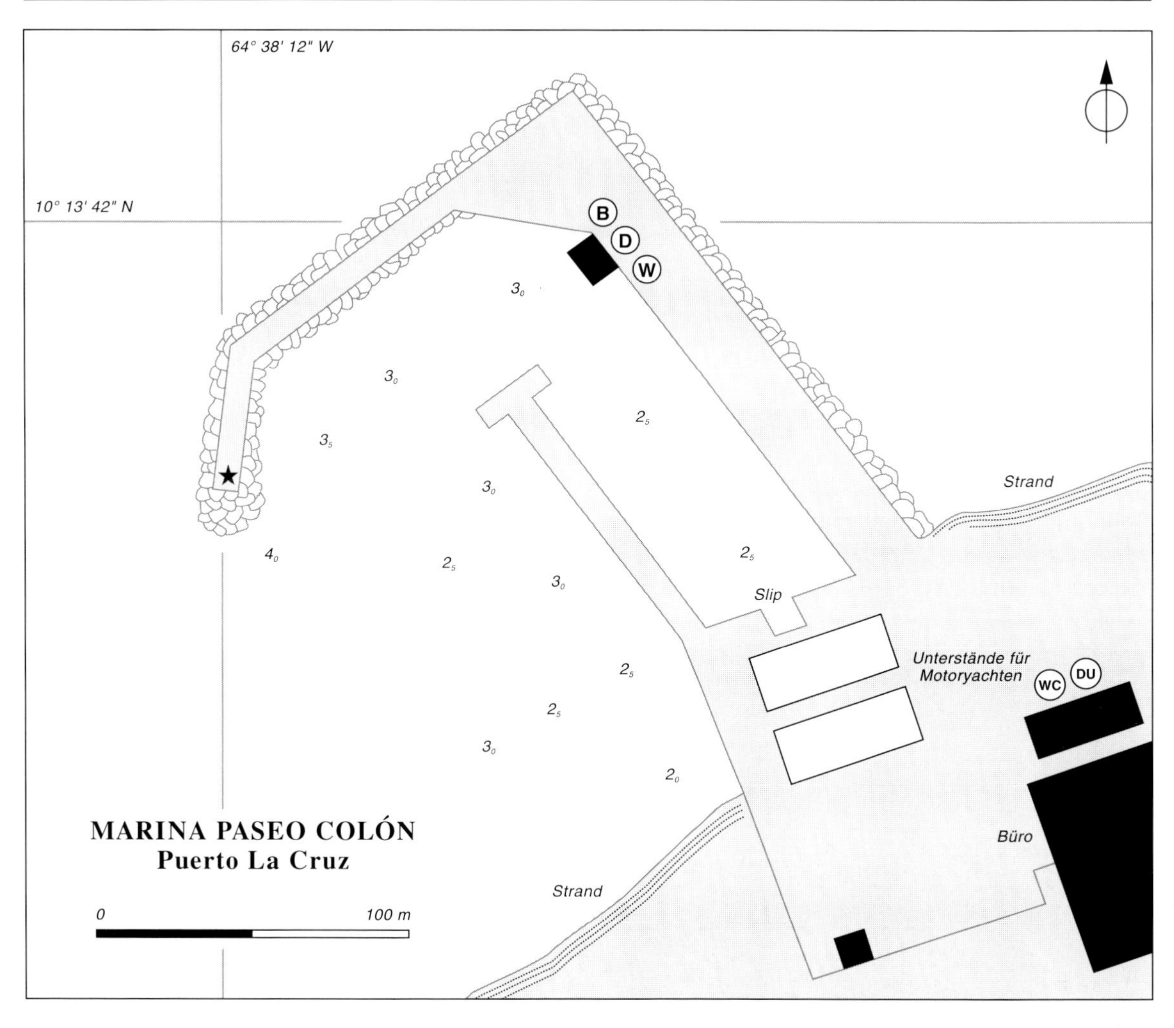

re Duschen, die eigentlich für Hotelgäste vorgesehen sind.

Service und Versorgung

Lebensmittel kauft man am besten bei CADA, Fleisch bekommt man frischer bei den Metzgern Fricap in der Calle Guaraguao oder beim weiter entfernten Rey am Crucero/Vistamar. Frisches Brot findet man in der Panaderia Rinasciente in der C. Bolívar, gleichzeitig ein beliebtes Tagescafe. Eine weitere Bäckerei, auch mit Café und dazu frisch ausgepreßten Fruchtsäften, gibt es an der Plaza Bolíar. Die beste Panaderia liegt etwas abseits vom Zentrum, nicht weit von CADA. Exquisitecas Triangulo ist gleichzeitig ein Delikatessengeschäft mit gutem Wurst- und Käseangebot. Lieferung ans Boot bietet Supermercado Veracruz an. Der Inhaber spricht gut Englisch und nimmt auch über Kanal 77 Bestellungen an.

Der Markt liegt für Fußgänger ungünstig. Er ist erreichbar mit dem PP nach Barcelona, mit der Linie „Intercomunal". Da dies nicht immer deutlich ausgeschildert ist, fragt man vorsichtshalber den Fahrer nach dem „Mercado". Der Fischmarkt liegt direkt am Strand weiter westlich. Eis be-

kommt man preiswert in der C. Carabobo, 100 m von der Marina Paseo Colón entfernt, in dem Spirituosenladen.
Die Restaurants am Paseo Colón locken mit ihrer Lage, sind aber nicht immer die besten. Uns gefiel die Casa Pueblo in der C. Carabobo mit ihrem liebevoll eingerichteten Innenhof. Empfehlenswert sind auch Bocadillo in der C. Bolivar für Fleischgerichte, Big Garden für Meerestiere und Bucanero an der Plaza Bolívar.

Weitere nützliche Adressen

Yachtzubehör
Xanadu Marine: C. Miranda und Guaraguao. Bei John und Patty bekommt man außer Bootszubehör, elektronischen Geräten und den bewährten Caribe-Dingis wertvolle Ratschläge und Informationen. Patty, die Inhaberin, organisiert einen wöchentlichen Segelfrauentreff ,,Ladie's Lunch" und hat für Segler einen äußerst hilfreichen Stadtplan gezeichnet, der im Geschäft kostenlos zu haben ist.
Manuel Boat Service MBS, Tel./Fax: 05881-674204 oder UKW-Kanal 77
Caribbean Sports: Av. Municipal Nähe C. Flores
M. Y. S: C. Guaraguao
Marine Shop: Marina Americo Vespucio
The Marine Collection: Marina El Morro, UKW-Kanal 78

Eisenwarengeschäfte
Comercial la Fuente: C. Ravel Nähe C. Arismendi
Agencia Americas: C. Ravel Nähe Arismendi
Jusenior: C. Bolivar, gegenüber Banco Union

Marina Paseo Colón, Puerto La Cruz mit Blick auf die Isla La Borracha.

Materiales Don Pepe: 5 de Julio Nähe Av. Constitucion
Tornillas & Valvulas: C. Concordia (rostfreie Schrauben u. Dichtungen)

Elektrik/Elektronik
Enrique Marino: C. Miranda (Anlasser)
Casa Amarillo: Av. 5 de Julio und C. Freites (Drähte und Kabel)
Talles Elect. Tony: C. Democracia (Elektronik)
Electronica Digital: C. Esperanza 84 (Elektronik)

Motoren: Teile und Service
Antonio de Silva (ADS): Paseo Miranda 17/18 (Mechaniker)
Taller Ole Hendriksen: Av. Intercomunal, Bus Richtung Barcelona, Dieseleinspritzpumpen
Diesel Repuestos: C. Bella Vista 76 (Perkins)
Nauti Norca: gegenüber der Marina El Morro, UKW-Kanal 78, Dieselreparaturen

Handwerker
Tres Rs.: C. Luisa Caceres (Metallbearbeitung)
Brasil: UKW-Kanal 77 (Kühlanlagen)
Milton Barry: C. Simon Rodriguez 48 (Metallarbeiten)
Dreammaker, Dennis und Linda: UKW-Kanal 77 (Segelmacher)
Kostan Sails: C. Libertad 98 (Segelmacher)

Wäschereien
KCM (Key Ci eM): UKW-Kanal 71 (Wenn Sabine nicht gerade auf einem Segeltörn ist, ist dies die bequemste Wäscherei, denn sie holt und bringt die Wäsche.)
Lavenderia: Av. Miranda, südl. Xanadu
Lavanderia Margarita: C. Bolivar 160, westlich der Plaza Bolivar

Agenten
Shore Connection: C. Guaraguao zwischen C. Buroz und C. Guamache, UKW-Kanal 77 (Carlos Diaz bietet auch Fax-Service: 081-69 19 45)
Marisol: Expedition Tours, Paseo Colón neben dem Hotel Riviera, Kanal 77
Dockside: Carmen und Beau Buchanan, UKW-Kanal 77

Geldwechsel
Oficambio Oriente: C. Maneiro 17
Viajes Venezuela: Reisebüro mit Wechselstube neben dem Hotel Riviera am Paseo Colón
Oficambio Oriente: Im Hotel Rasil am Paseo Colón
Banco Union: gegenüber CANTV, C. Libertad
Banco de Maracaibo: Paseo Colón
Banco Consolidado: Av. 5 de Julio

Seekarten (Kopien)
Commercial Stop: Av. Municipal, neben VIASA, östl. Maxy's (hat Kopien vorrätig)
Papeleria El Globo: C. Flores und C. Guaraguao
Xerox Centro Fotocopiado: Vistamar, mit PP nach Barcelona erreichbar (stellen Kopien her)

CANTV und IPOSTEL
C. Freites zwischen C. Bolivar und C. Libertad. Bei der Post kann man faxen. Telefonkarten werden vor dem CANTV verkauft.

Lebensmittel
CADA: Ecke Paseo Colón und C. Buroz
CADA: Av. Municipal, Nähe Maxy's
Automercado Veracruz: C. Sucre, nicht weit vom Paseo Colón
Exquisitecas Triangulo: Av. 5 de Julio, Nähe CADA
La Guaica: Av. Principal de Lecherias, UKW-Kanal 71, Tel. 81 23 45 (liefert auch sonntags)

El Morro de Puerto La Cruz

Lage und Umgebung

Der Complejo Turistico El Morro liegt im flachen und niedrigen W von Puerto La Cruz und ist mit 800 Hektar das größte Freizeitzentrum Lateinamerikas. Aquavilla wird nach dem Vorbild von Port Grimaud gebaut: 20 km Kanalstraßen sind aus den Salinen El Morros ausgebaggert worden. Es gibt inzwischen Hotels, Marinas, Häuschen in allen möglichen Formen und Farben, Appartementanlagen, einen Golfplatz, Geschäfte, Restaurants und eine syrische Diskothek, die um Mitternacht mit dem Programm beginnt und das Schlafen unmöglich macht, wenn man in einer dieser Marinas liegt.

Ansteuerung der Einfahrt

Position: 10°12′22″N / 064°40′14″W
Die unbefeuerte Einfahrt in die Marina liegt am Westende eines etwa 5 kbl langen Wellenbrechers zwischen den auffallenden roten Dächern einer Bungalowanlage im Westen und den niedrigen Schuppen des Fährterminals in der Nähe der drei Hochhausblocks im Osten. Die Einfahrt hat in ihrer Mitte etwa 4 m Wassertiefe, zum Strand nehmen die Tiefen schnell ab. Halten Sie sich daher dichter unter dem Wellenbrecher. Warnung! Das gefährlichste Hindernis stellt ein Felsen dar, der unmittelbar hinter der Einfahrt in die Marina Americo Vespucio in der Mitte des Kanals auf ca. 2 m Tiefe liegt. Er ist nicht markiert. Er liegt keinesfalls an der Stelle, wo reklametragende Ballons verankert sind. Fahren Sie hier vorsichtig.

Centro Marino de Oriente (CMO)

Postadresse: Centro Marino de Oriente,
Apartado Postal 4906, Puerto La Cruz.
Tel. 081-692621, Fax 692021
Diese Marina und Werftanlage befindet sich auf der Ostseite des Kanals, ca. 2 kbl südlich der Einfahrt, deutlich gekennzeichnet durch den Schriftzug CMO am Marinagebäude.
Man liegt in der Marina mit dem Bug an einer Mooringboje und mit dem Heck zur Pier auf 3,5 m Tiefe. Der Hafenmeister ist beim Festmachen behilflich. Es empfiehlt sich die Anmeldung über UKW-Kanal 80.
Wer zuverlässige und effektive Dienstleistungen oder Reparaturen benötigt und Kosten nicht zu scheuen braucht, sollte hierher kommen. Hier werden sämtliche Arbeiten nach einer festgelegten Preisliste ausgeführt. Der Travellift kann bis zu 70 Tonnen bewegen. Nur hier können Sandstrahlarbeiten ausgeführt werden. Am teuren Liegeplatz (ca. 30,– DM) werden Wasser und Strom extra berechnet. Die Marina ist gut bewacht; die Landstellplätze sind besonders gesichert.

Service und Versorgung

In dieser Marina wird einem alles geboten. Man kann Reisen buchen, Einklarierung oder Visumverlängerung besorgen lassen. Es gibt Fax- und Telefonmöglichkeiten, Waschmaschinen, Kurierservice, Fotokopierer, Schließfächer und Buchtausch. Neben dem Café mit Fernsehen liegen die sauberen Duschen.
Um in die Stadt zu kommen, nimmt man am besten den PP direkt vor dem Eingang. Er hält in Puerto La Cruz in der Nähe der Kirche. Um zurückzufahren, muß man auf die Richtung Oropeza Castillo achten. Die Fahrt kostet ca. 0,20 DM. Einkaufsmöglichkeiten gibt es auch entlang der Straße, so daß man nicht bis Puerto La Cruz fahren muß. Es gibt auch die Möglichkeit, sich von Automercado Veracruz oder von La Guaica versorgen zu lassen (vgl. oben).
Von abendlichen Ausflügen in das angrenzende Armenviertel ist abzuraten.

Marina Americo Vespucio

Adresse: Avenida Americo Vespucio,
El Morro, Puerto La Cruz, Tel.: 81–815694
Die Marina liegt am Hauptkanal direkt gegenüber CMO. Man macht römisch-katholisch fest. Der Grund im Kanal besteht an dieser Stelle aus sehr schlecht haltendem Schlamm. Da es keine Bojen gibt, muß ein schwerer Anker weit zur Mitte hin ausgebracht und auf sicheren Halt überprüft werden. Das Heck muß gut von der Spundwand frei-

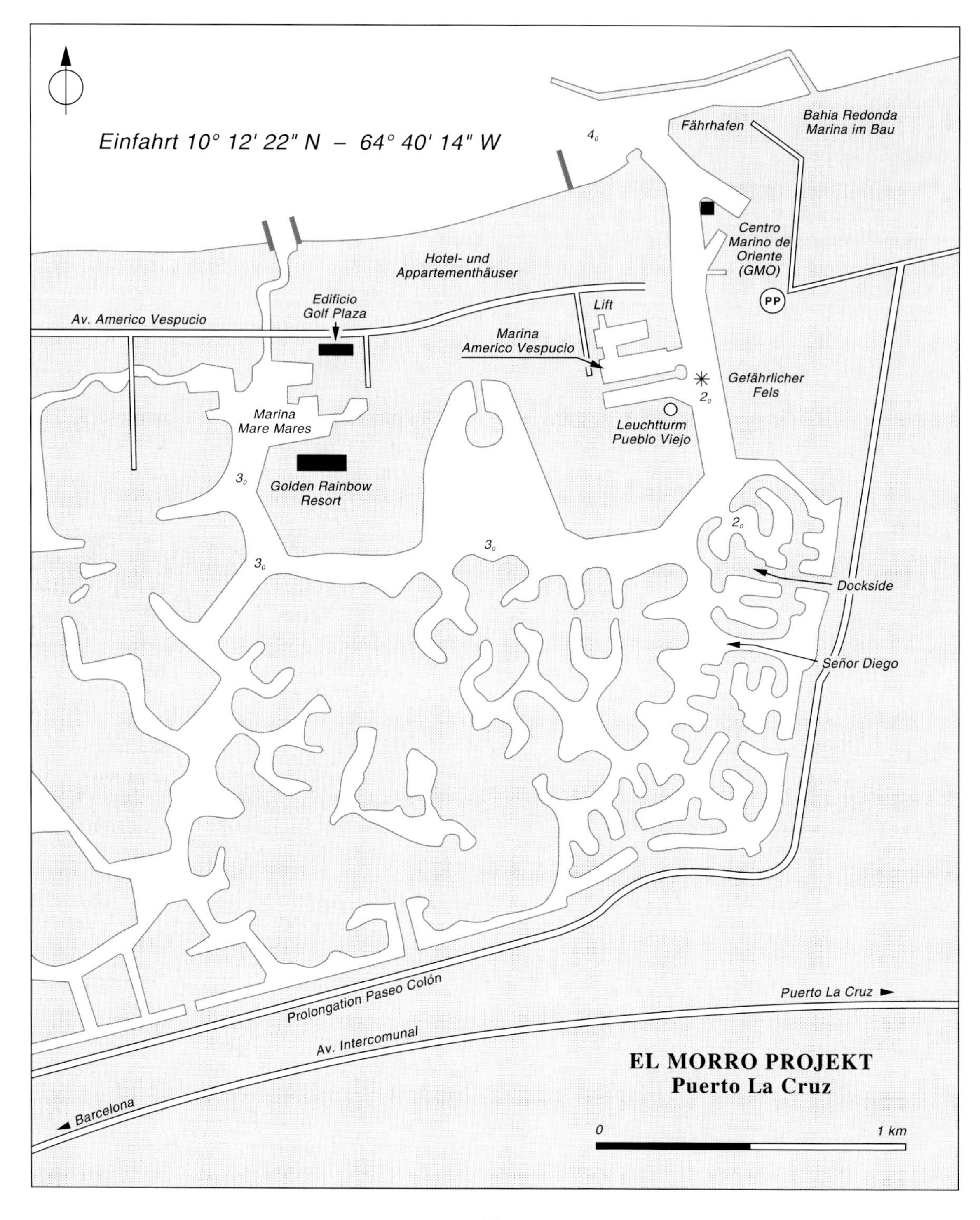
Einfahrt 10° 12' 22" N – 64° 40' 14" W
Fährhafen
Bahia Redonda
Marina im Bau
Centro
Marino de
Oriente
(GMO)
PP
Hotel- und
Appartementhäuser
Edificio
Golf Plaza
Av. Americo Vespucio
Lift
Marina
Americo Vespucio
Gefährlicher
Fels
Marina
Mare Mares
Leuchtturm
Pueblo Viejo
Golden Rainbow
Resort
Dockside
Señor Diego
Prolongation Paseo Colón
Puerto La Cruz
Av. Intercomunal
Barcelona
EL MORRO PROJEKT
Puerto La Cruz
0
1 km

bleiben, da die vorbeifahrenden Motorboote erheblichen Schwell verursachen. Die Liegeplätze haben Wasser und Strom.
Die Liegeplätze unter schattenspendenden Palmen werden gern zu Reparaturen genutzt, wozu an Land genug Platz ist.
Die Atmosphäre in dieser Marina ist freundlich und locker. Schnell ergeben sich Kontakte zu Nachbarn.
Die Preise sind sehr günstig, wenn man länger als einen Monat bleibt, unverhältnismäßig teuer bei Kurzaufenthalten: 7,–DM pro Fuß monatlich, 0,70DM pro Fuß täglich. Wasser und Strom (110 und 220 Volt) sind eingeschlossen.
Kanalaufwärts liegt hinter den Liegeplätzen die Einfahrt in ein Hafenbecken mit Travellift und Stellplätzen an Land für ca. 15 Schiffe. Man muß mit Victor, der sehr gut Englisch spricht, einen Termin für das Herausheben und den Beginn der Arbeiten vereinbaren. Es gibt keine Sandstrahlbehandlung. Man hat sich auf Reinigung und Anstrich des Unterwasserschiffes, auf Osmosebehandlung, Kunststoffreparaturen und Lackierung spezialisiert. Absprachen werden zuverlässig eingehalten und die Arbeiten zügig und professionell ausgeführt.
Für Lift, Reinigen, einen Anstrich und fünf Tage Liegezeit an Land zahlt man mit Strom und Wasser ca. 10DM pro Fuß. Hinzu kommen die Materialkosten.

Service und Versorgung

Es gibt hier ein kleines Lebensmittelgeschäft, einen Laden mit Yachtzubehör und ein Café-Restaurant, das auch gerne von CMO-Liegern be-

Blick vom CMO auf die Marina Americo Vespucio.

sucht wird. Es gibt auch eine Tauchstation, die Flaschen füllt und Ausrüstung verleiht, und ein kleines Reisebüro.
Diesel und Benzin gibt es vor der Einfahrt in den Kanal an der Südseite des Wellenbrechers gegenüber der Anlegestelle der Fähre Gran Cacique. Faxen kann man vom Büro des Tauchgeschäftes Horisub. Von den öffentlichen Telefonen aus kann man nur nationale Gespräche führen, für internationale fährt man zum CMO hinüber über den Kanal oder zum Hotel Doral Beach.
In der riesigen Hotelanlage Doral Beach bekommt man eine gute Übersichtskarte über das ganze Gebiet, Postkarten und Briefmarken und kann Geld wechseln.
Im Edificio Golf Plaza, schräg gegenüber dem Hotel, gibt es ebenfalls eine Wechselstube, eine Apotheke mit Kopiergerät und ein italienisches Restaurant mit Delikatessengeschäft. Ein weiteres Restaurant ist am Golfplatz. Für kleine Mahlzeiten ist das Marina Café die beste Adresse.
Wer mit dem Lebensmittelangebot des Marina-Mini Market nicht zufrieden ist, kann sich von La Guaica versorgen lassen oder mit dem PP am Ausgang der Marina zum Crucero/Vistamar fahren, wo es eine Menge guter Läden gibt.
In die Stadt kommt man am schnellsten mit der kleinen Fähre, die „Mi Segundo Amor" heißt und bis ca. 19 Uhr ständig zwischen Americo Vespucio und CMO hin- und herpendelt, wenn sie genügend Passagiere hat und es nicht gerade Mittagszeit ist. Dann genießt der Bootsführer die Wonnen der Hängematte in seiner verfallenen Hütte an der Anlegestelle.

Dockside/Marina Casas Bote

Adresse: Lanchalanda, Marina Casas Bote,
Nucloe A, Puerto La Cruz
Tel. und Fax 081-814346
Die zweite Einfahrt auf der Ostseite des Kanals führt in ein Becken mit den Liegeplätzen von Dockside. Die kleine Marina von Beau Buchanan ist ein preiswerter Liegeplatz im Inneren von El Morro. Beau vermietet 12 Liegeplätze für $40 pro Woche, unabhängig von der Größe des Bootes. Es gibt Strom, Wasser und eine Toilette. Ehefrau Carmen erledigt die Klarierungsformalitäten.

Marina Mare Mares

Av. Americo Vespucio, Complejo Turistico El
Morro, Puerto La Cruz
Tel. 081-811011, Fax: 814561
UKW-Kanal 71
Wenn man dem Kanal in Ost-Westrichtung weiter bis zum Ende folgt, teilt er sich in einen SW- und einen N-Arm. Letzterer führt in die Laguna Mar. In ihrem NO-lichen Teil liegt das Golden Rainbow Mare Mares Resort. Diese Hotelanlage bietet den luxuriösesten Liegeplatz. Der kleine Hafen liegt direkt an der Hotelanlage mit wunderbarem Swimmingpool, mehreren Restaurants, einer Wäscherei und den saubersten Duschen in Puerto La Cruz. Der Clou ist, daß man sich hier wie ein Hotelgast auf seinem eigenen Boot verwöhnen lassen kann. Ein hoteleigener Shuttle-Bus fährt zweimal täglich in die Stadt und zurück.

Marina Club Nautico El Morro de Lecherias

Marina Imbuca
Avenida Principal de Lecherias, Barcelona,
Edo. Anzoategui
Tel. 081-810332, Fax 815776, UKW-Kanal 23
Position am Liegeplatz: 10°12′10″N /
064°42′20″W
Die preiswerte Marina liegt im Westen von El Morro de Barcelona und den Stränden von Lecherias. Sie ist am weitesten vom Ortszentrum entfernt. Man macht römisch-katholisch an der Mole fest oder ankert im Hafenbecken. Der Ostteil des Hafenbeckens ist flach. Hier haben die Liegeplätze keinen Stromanschluß. Die Marina wird wegen ihrer niedrigen Preise gern von Dauerliegern besucht. Die Sicherheit für die Boote scheint nicht

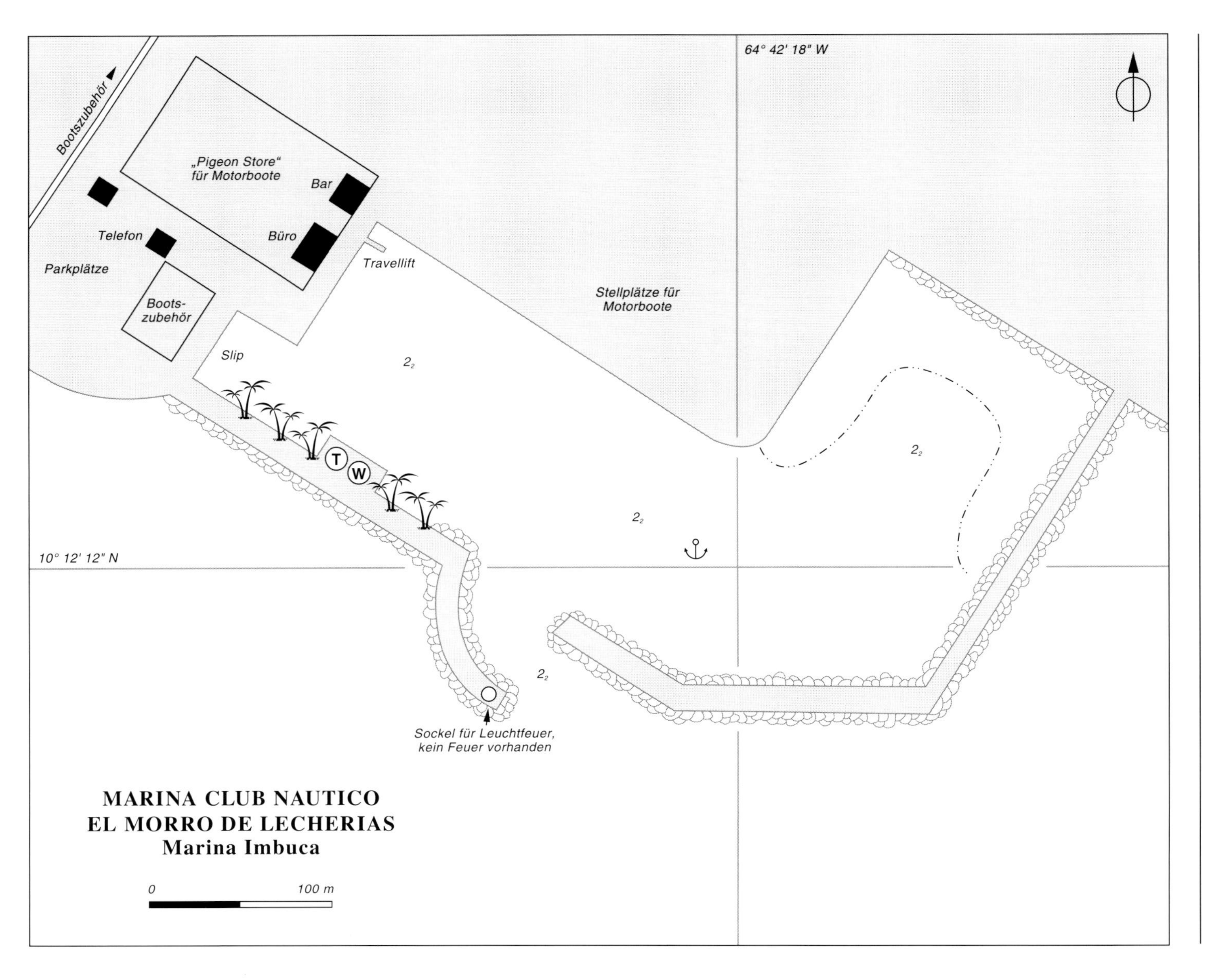
Bootszubehör
„Pigeon Store“ für Motorboote
Bar
Telefon
Büro
Parkplätze
Travellift
Stellplätze für Motorboote
Boots-zubehör
Slip
64° 42' 18" W
T
W
10° 12' 12" N
Sockel für Leuchtfeuer, kein Feuer vorhanden
MARINA CLUB NAUTICO
EL MORRO DE LECHERIAS
Marina Imbuca
0
100 m

unbedingt gewährleistet, da die Kontrollen am Eingang nicht sehr streng sind.

Ansteuerung

Bei der Ansteuerung der Marina aus nördlicher Richtung stellen vier nur bei Niedrigwasser deutlich trockengefallene Felsen an der westlichsten Spitze von Morro de Barcelona eine Gefahr dar. Die Einfahrt in die Marina ist befeuert. Wir empfehlen, die Mitte von Einfahrt und Kanal zu benutzen.

Service und Versorgung

Die meisten Liegeplätze haben Wasser- und Stromanschluß. Benzin, Diesel und Eis bietet die Tankstelle am Wellenbrecher. Toiletten und Duschen waren während unseres Aufenthalts zerstört und ohne Wasser. Das Restaurant war nicht geöffnet. Ein beliebtes Restaurant ist La Churuata auf dem Final de L'Avenida Principal de Lecherias.
Gegenüber dem Marinaausgang befinden sich einige gutsortierte Zubehörgeschäfte, die auch in kurzer Zeit Ersatzteile aus den Staaten beschaffen können. Nauti Norca macht auch Dieselreparaturen.
Ein Kartentelefon gibt es am Ausgang der Marina, ein Postamt in der Nähe der Polizeipräfektur (10 Minuten Fußweg). Von dort fahren PPs nach Vistamar, wo man gut einkaufen kann oder mit einem PP ins Zentrum von Puerto La Cruz fährt. Auch entlang der Avenida Principal de Lechería gibt es einige Geschäfte.
An der Nordseite des Isthmus liegen die vielbesuchten Sandstrände von Lecheria.

Die vorgelagerten Inseln

Isla La Borracha

Position des Leuchtfeuers 10°7′12″N / 064°4′18″W
Wenn man sich aus West oder Nord der Bahia de Pozuelos mit Morro de Barcelona und Puerto La Cruz nähert, ist die 376 m hohe Insel La Borracha („betrunkene Frau“) die erste weithin sichtbare Landmarke. Die Nord- und Ostküste der Insel ist von schmalen Flachs umgeben. Im Nordwesten liegen zwei kleine Inseln. Im Süden liegt bei Punta Reina eine Sandbank, die sich nach SSW in Richtung El Borracho erstreckt.
Zwischen El Borracho (Der Betrunkene) und Los Borrachitos (Die betrunkenen Kleinen) soll es einen Felsen geben, der 1–2 m unter Wasser liegen soll. Wir haben ihn nicht gefunden. Keiner der befragten Fischer kannte ihn.
Der Ankerplatz vor der Insel Isla La Borracha wird meist aus dem 8 sm entfernten Puerto La Cruz angesteuert. Dann kann die Passage zwischen Isla La Borracha und El Borracho benutzt werden. Sie ist in der Mitte tief genug, das klare Wasser läßt Untiefen leicht erkennen.
Im Westen der Insel gibt es eine wunderschöne Bucht, die von steil abfallenden Klippen gebildet wird, in die sich das Wasser in Höhe des Meeresspiegels etwa 5 m tief eingefressen hat. Im SO der Bucht treten die Klippen zurück, und über einen niedrigen Strand hinweg erblickt man in der Ferne Puerto La Cruz. Einige Palmen und Fischerhütten sowie ein Restaurant stehen am Strand.
Die Einfahrt ist über 20 m tief. Der Ankerplatz ist über 8–3 m Tiefe vor dem Strand auf gut haltendem Sand. Da die Ränder der Bucht im Scheitel mit Korallen übersät sind, kann man nur in der Mitte ankern. Dabei muß ein gut sichtbarer Fels an Backbord bleiben. Das Wasser ist so klar, daß man sich einen sicheren Ankerplatz „ausgucken“ kann. Da wenig Platz zum Schwojen ist und die Winde in diesem Kessel stark und umlaufend sein können, empfiehlt es sich, einen Heckanker auszubringen. Bei NW-Winden kann die Bucht auch zu einer Falle werden.
Bei Dunkelheit, wenn die Vampire ausfliegen, wird sie mit Sicherheit unheimlich. Man glaubt die hohen Töne, mit denen sie sich orientieren, zu hören und sie zuweilen vorbeihuschen zu sehen. Hier wurden Segler von Vampirfledermäusen während des Schlafs gebissen. Die Tiere narkotisieren die

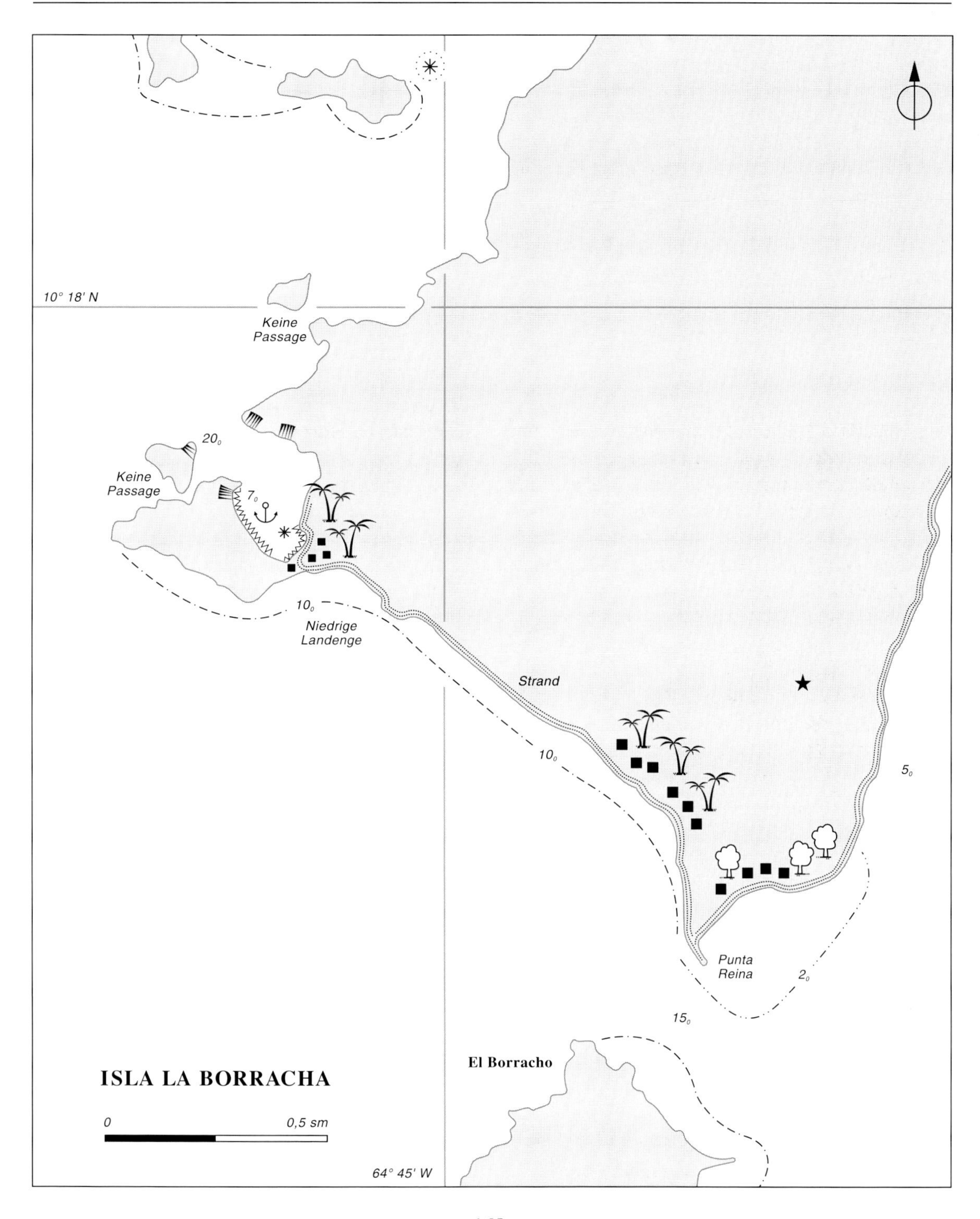
10° 18' N
Keine
Passage
20
Keine
Passage
7
10
Niedrige
Landenge
Strand
10
5
Punta
Reina
2
15
El Borracho
ISLA LA BORRACHA
0
0,5 sm
64° 45' W

Bißstellen mit Speichel, so daß die Schläfer nichts spüren. Wir setzten ein Ankerlicht und verhängten die Öffnungen mit Netzen. Da es uns aber an all den anderen Mitteln wie Knoblauch, Kruzifixen und Holzpflöcken fehlte, fanden wir erst gegen Morgen Schlaf. Gesundheitsbehörden in Puerto La Cruz fangen vorsorglich jeden Monat einige Vampire ein und untersuchen sie auf Tollwut. Seit langem sind die Vampire frei von dieser Krankheit. Für den anderen Fall liegen Impfstoffe bereit.

Isla Chimana Grande

Karten: Imray D 131, DMA 1498
Die große Insel ist nur 4 sm von Puerto La Cruz entfernt und schirmt Bahia de Pozuelos nach N und NO ab. Mit ihren 248 m Höhe ist sie ebenfalls eine gute Landmarke bei der Ansteuerung aus Nord. Chimana Grande bietet eine Fülle guter Ankerplätze, deren Reiz an Wochenenden durch Wasserskifahrer und Wave Runner sehr gemindert wird. Wir beschreiben die Ankerplätze in der Reihenfolge von West nach Ost.

Bahia del Oeste A
Zwischen Chimana del Oeste und Chimana Grande befindet sich ein Becken, das im äußersten Osten vor dem mit Palmenblättern gedeckten Gebäude der Parkverwaltung einen vorzüglichen Ankerplatz über 5 m Sandgrund bietet. Die Ansteuerung erfolgt am besten aus Süd.

Bahia Puinare B
Position 10°17′10″N / 64°40′05″W
Dies ist eine Bucht mit einem flachen Strand und zwei vorgelagerten kleinen Inseln im SW von Chimana Grande. Der Badestrand ist eine der vorbildlichen Einrichtungen von Inparques mit Strandhütten, einem Restaurant und Sanitäreinrichtungen. An Wochenenden machen am Steg Boote mit Badegästen fest, und vor dem Strand liegen Motorboote und zuweilen auch Segler. Der Platz ist durch den Fährverkehr sehr unruhig. In der Woche kann es hier sehr angenehm sein.
Die Bucht wird bei der Ansteuerung aus Puerto La Cruz wegen der Abdeckung durch die Inseln erst spät sichtbar. Wegen der Absperrung eines Schwimmgebietes muß man auf 8–10 m Tiefe ankern. Es sind auch einige Mooringbojen ausgelegt. Das Dingi kann man am Steg festmachen.

Bahia Grande C
Position am Ankerplatz: 10°17′29″N / 064°39′30″W
Die große Bucht ist nur nach Süden durch eine schmale Einfahrt offen, so daß nie Schwell hineindringt. Sie ist umgeben von Hügeln, deren kahle, felsige Hänge teilweise über 100 m aufsteigen. Winddrehungen und starke Fallwinde sind hier häufig. Deshalb sind ein Heckanker oder ein großer Schwojkreis nötig. Mangroven wachsen am West- und Ostende der Bucht. Am Nordufer gibt es einen kleinen Sandstrand, schön gelegen, aber leider etwas verschmutzt. Östlich von diesem Strand liegt am Nordufer eine Untiefe mit 2 m Wasser darüber. Ein Ankerplatz empfiehlt sich im Nordosten der Bucht auf ca. 5 m Tiefe in ausreichendem Abstand von den Mangroven, vor denen das Wasser sehr flach ist. Das Südostufer ist flach und von Korallen durchsetzt. Dieses Gebiet ist an seiner dunklen Farbe zu erkennen. Aber auch im tieferen Wasser kommen vereinzelte Korallen vor, deren Köpfe bis nahe an die Wasseroberfläche reichen.
Ein enger Kanal, kaum breit genug für ein Dingi, führt durch die Mangroven in die nächste Bucht, eine spannende Expedition mit dem Beiboot.

Ankerplatz D
Im Eingang beträgt die Wassertiefe etwa 5 m. An den Rändern und im Norden der Bucht ist das Wasser flach. Tasten Sie sich vorsichtig hinein und ankern sie dann auf etwa 4 m Tiefe über Schlickgrund. Da kaum Platz für mehr als ein Boot ist, haben Sie gute Chancen ungestört zu bleiben. Die hohen Hügel sind mit losem Felsschutt bedeckt, die Uferränder mit Mangroven bewachsen.

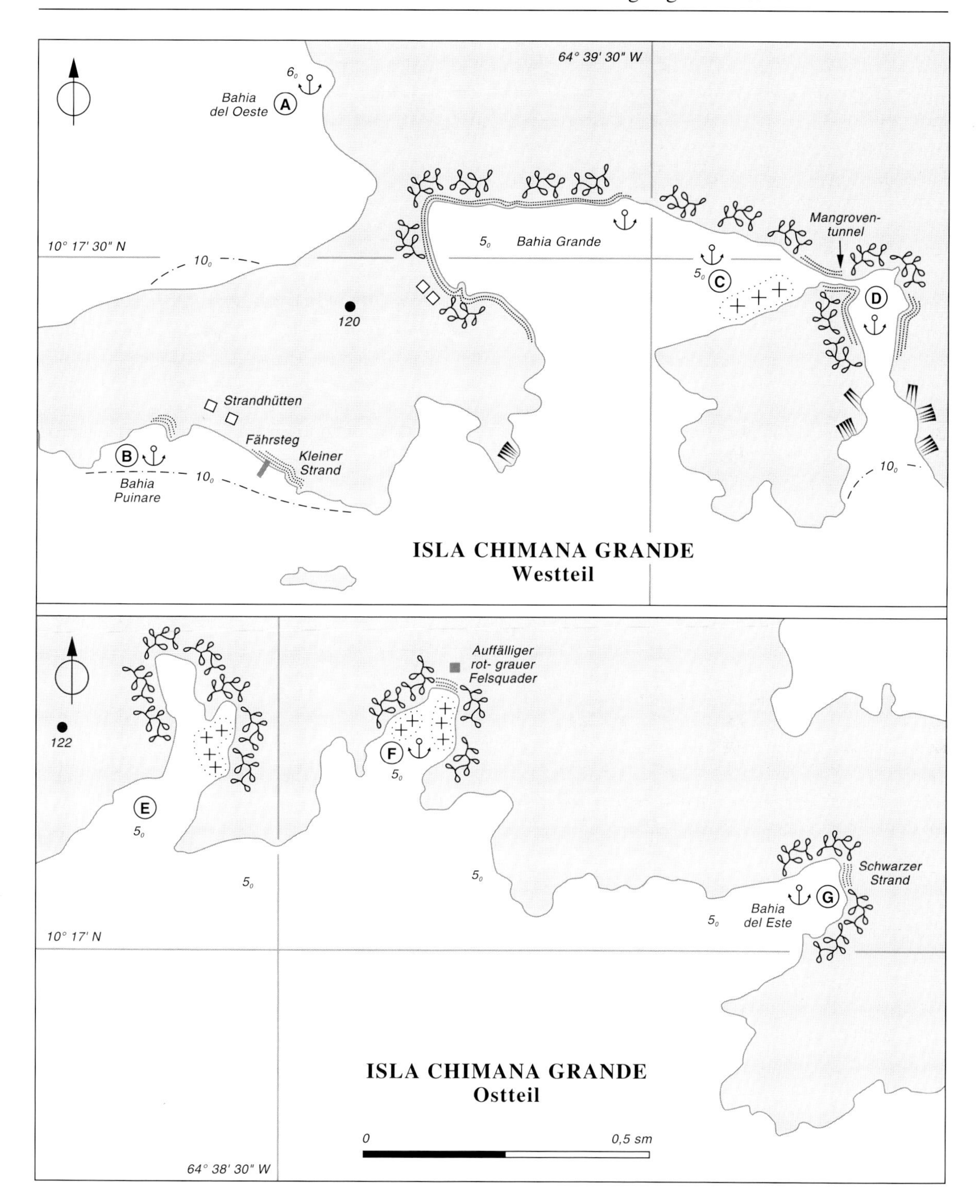

64° 39' 30" W
Bahia del Oeste
A
10° 17' 30" N
Bahia Grande
Mangroven-tunnel
C
D
120
Strandhütten
Fährsteg
Kleiner Strand
B
Bahia Puinare
ISLA CHIMANA GRANDE
Westteil
Auffälliger rot- grauer Felsquader
122
E
F
Schwarzer Strand
Bahia del Este
G
10° 17' N
ISLA CHIMANA GRANDE
Ostteil
0
0,5 sm
64° 38' 30" W

Ankerplatz E

Dieser Platz gefiel uns wegen des üppigen Mangrovenwachstums sehr gut, und er wirkte geschützt. Die Imray D 131 verzeichnet hier auch einen Ankerplatz. Wir bemerkten aber an der Ostseite ein dichtes Korallenfeld. Die Einfahrt sollte daher nur bei gutem Licht gewagt werden.

Echobucht F

Position am Ankerplatz: 10°17′18″N / 064°38′18″W

Im trüben Wasser muß vorsichtig navigiert werden.

In der Nordostecke der Bucht gibt es einen Ankerplatz über 5 m Tiefe in einer rwP 325° zu einem auffälligen, großen Felsblock auf dem Strand. Wir empfehlen dringend, eine Leine zum Land auszubringen, denn der Wind dreht ständig, und der Schwojkreis ist wegen der Korallen am Nordwest- und Südostufer klein. Die Bucht ist zwischen unbewachsenen grauen, schräg geschichteten Felshügeln eingeschlossen. Laute Stimmen werden durch Echos reflektiert.

Bahia del Este G

Wild zerklüfteter Fels und schmale Mangrovengürtel säumen die Bucht. Flaches Schwemmland bildet das Ostufer. Ankern Sie auf 6 m Tiefe mit einer Heckleine zum Strand. Korallenköpfe haben wir nicht entdeckt. Der Ankerplatz war während der Nacht sehr ruhig. Gegen Morgen vertrieben uns dichte Schwärme von „Jejenes“.

Isla Chimana Segunda

Position am Ankerplatz: 10°17′24″N / 064°36′17″W

Die Insel liegt nur 4 kbl östlich von Chimana Grande. Sie ist 114 m hoch. Die karge Vegetation besteht hauptsächlich aus Säulenkakteen. An ihren Rändern hat die Insel tiefes Wasser. Lediglich im Osten erstreckt sich ein Flach. Auch NNW der Insel Quirica wird ein Fels erwähnt. Es empfiehlt sich wegen der navigatorischen Unsicherheiten, die Passage im Osten von Chimana Segunda nicht zu benutzen.

Ankerplatz Bahia El Faro

Es gibt nur einen Ankerplatz im Südwesten der Insel. Die Bucht wird von einem Leuchtturm beherrscht, der auf einem Hügel steht. Er ist rotweiß gestreift und eine gute Landmarke. Das Feuer hat die Kennung: Blz. 10 s 48 m 10 sm. Die Westseite der Einfahrt wird markiert durch eine senkrecht abfallende rote Bruchkante in Form eines gleichschenkligen, stumpfen Dreiecks.

Im Norden der Bucht liegt eine hübsche Strandanlage von Inparques mit Strandhütten und einem Restaurant. Die Badezone ist durch Bojen abgegrenzt. Es gibt einen Schwimmsteg, an dem die vielen Fährboote mit Badegästen aus Puerto La Cruz anlegen. Da auch hier die Winde umlaufend sind und die Anker ausbrechen und slippen können, empfiehlt es sich, eine der Mooringbojen in der Mitte des Beckens zu benutzen.

Die westlichen Bojen liegen zu nah am Ufer. Nach

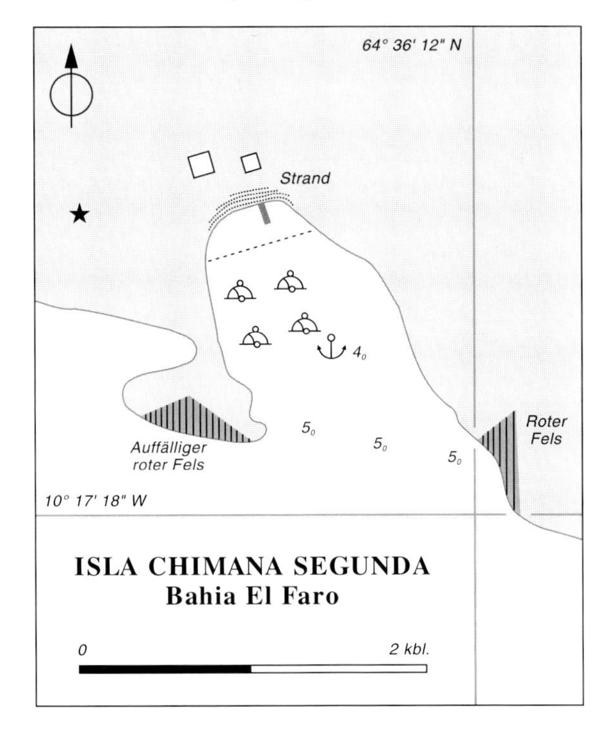

ISLA CHIMANA SEGUNDA
Bahia El Faro

Ankerplatz Bahia El Faro, Chimana Segunda.

der Karte würde man die Bucht für sehr geeignet halten, aber bei unserem Besuch stand erheblicher Schwell hinein. Nahezu unerträglich wird es am Wochenende, wenn Ausflügler mit ihren Schnellbooten das Wasser in der Bucht aufwühlen.
Die Insel erlaubt nur kleine, aber lohnende Ausflüge: Hinter dem Restaurant steigt sanft ein breiter, rotsandiger Hügel an, der mit Säulenkakteen bewachsen ist. Darüber führt ein Pfad zum zerklüfteten Nordufer, an dem sich donnernd die Brandung bricht. Einen lohnenden Ausblick nach anstrengendem Aufstieg hat man auch vom Leuchtturm.

Von Puerto La Cruz bis Mochima

Karten: Imray D 131, DMA 24435, 24433

Lage und Umgebung

Dieser Teil der Küste, zumindest bis Puerto Mochima, bietet die meisten Ankerplätze in geschützten Buchten oder in Lee der vorgelagerten Inseln. Das Küstengebirge ist weniger hoch als zwischen Cabo Codera und Puerto Cabello, und die Hänge fallen sanft ab. Bruchkanten sind rot und stehen in einem starken Kontrast zu den üppig begrünten Hängen. Die mit Palmen bestandenen Sandstrände zwischen Puerto La Cruz und Cumana gehören zu den schönsten an der venezolanischen Küste.

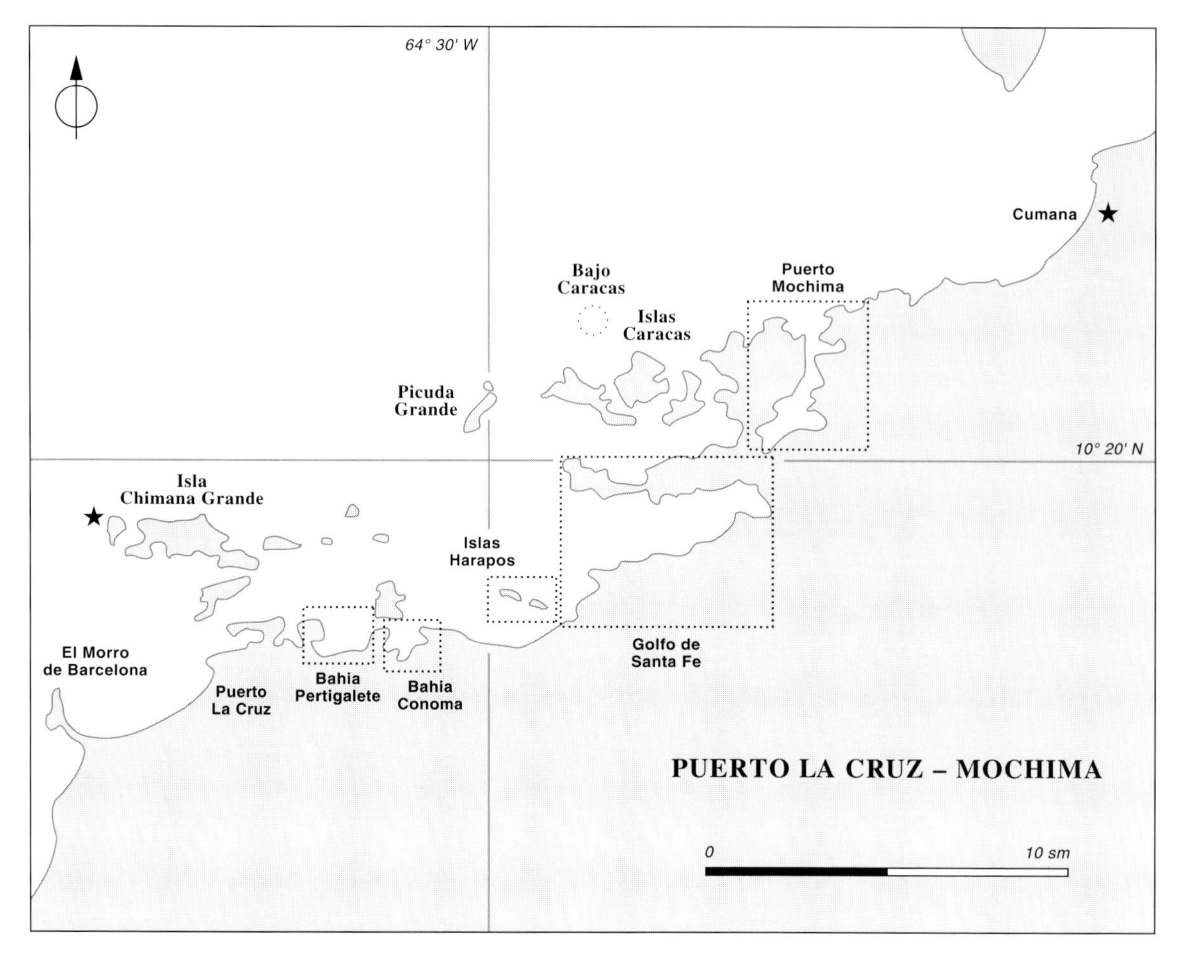

Der Passatwind-Einfluß ist gering. Die Windstärken sind meist niedrig, und der Motor wird unverzichtbar, wenn man es eilig hat.

Bahia Guanta

Karte: Imray D 131, DMA 24435
Position der Einfahrt: 10°15′30″N / 064°35′42″W

Bahia Guanta ist der Haupthandelshafen für den Güterumschlag mit Barcelona und dem Bundesstaat Anzoátegui. Er ist für den Sportsegler uninteressant, mit Ausnahme der Tatsache, daß sich hier der Zoll befindet, den man aber besser von Puerto La Cruz aus aufsuchen kann.

Bahia Pertigalete

Karte: Imray D 131 mit Detailplan, DMA 24435
Position: (Punta Guanta) 10°15′24″N / 064°34′42″W
O-lich von Punta Guanta und nur 6 sm von Puerto La Cruz entfernt liegt Bahia Pertigalete. Wenn man von Puerto La Cruz kommt, nimmt man zuerst die graue Zementfabrik Mendoza im SO der Bucht und die dahinterliegenden abgeschürften Hänge wahr. Leider hat die Fabrik die unglaubli-

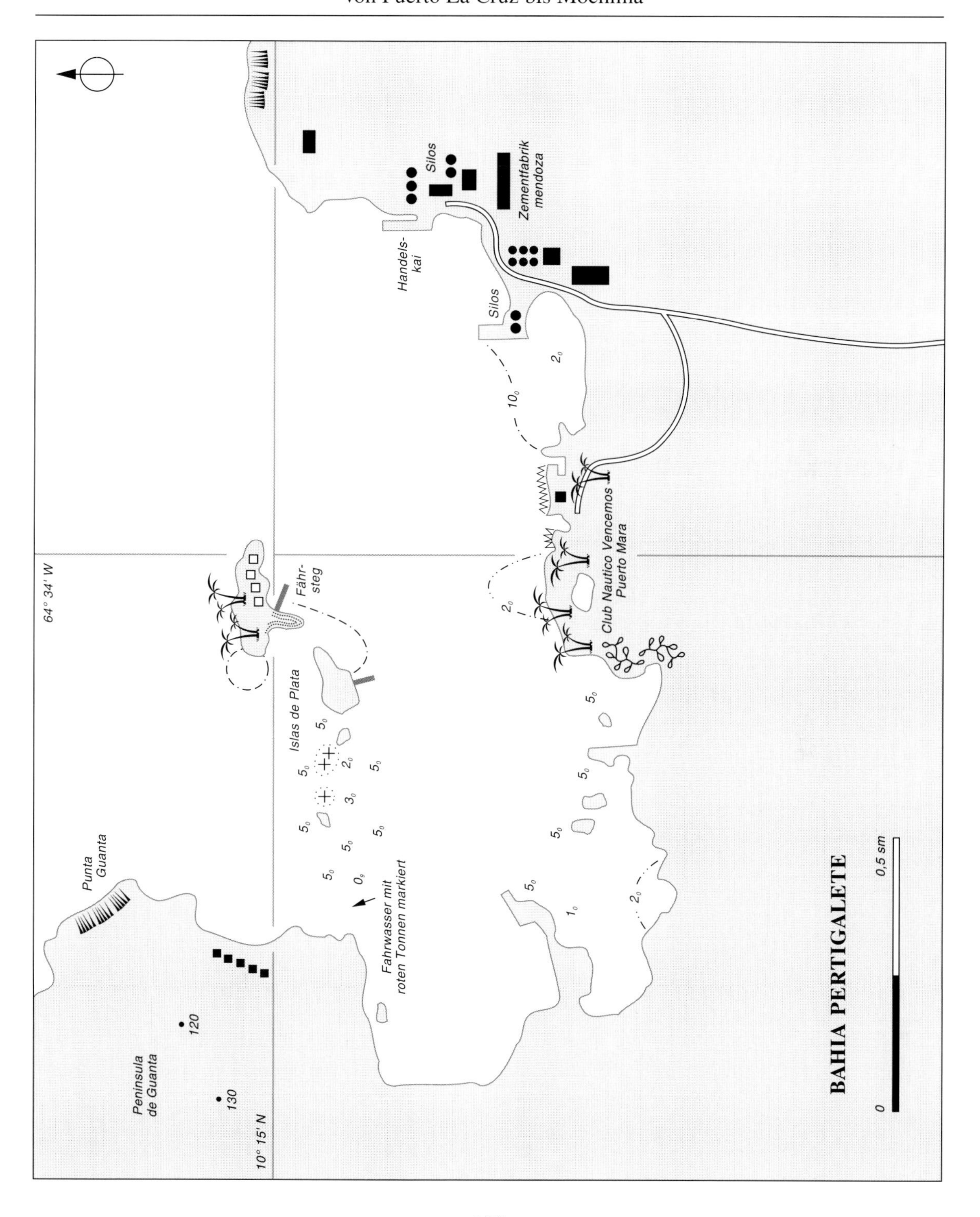

Silos
Zementfabrik mendoza
Handels-kai
Silos
Club Nautico Vencemos Puerto Mara
64° 34' W
Fähr-steg
Islas de Plata
Punta Guanta
Fahrwasser mit roten Tonnen markiert
Peninsula de Guanta
120
130
10° 15' N
BAHIA PERTIGALETE
0
0,5 sm

che Schönheit dieses Küstenabschnitts sehr beeinträchtigt. Sie ist aber der einzige Sündenfall an der Ostküste.

Ankerplätze

Im Inneren der Bucht liegen die beiden Inseln Islas de Plata. Im W der S-licheren Insel findet man einen Ankerplatz südlich des Riffs auf 3–4 m Tiefe. Wenn Schwell hineinsteht, ist der Ankerplatz sehr ungemütlich. Auf der Insel gibt es ein kleines Restaurant und einen Steg, an dem man das Dingi festmachen kann. Auf der größeren Insel im Norden hat Inparques einen hübschen Badestrand mit Restaurant, Strandhütten, Sanitäranlagen und Fährsteg, die ,,Playa Islas La Plata", eingerichtet, der am Wochenende stark besucht ist.

Ansteuerung

Die Ansteuerung des Ankerplatzes aus O ist unproblematisch. Wenn man aus NW kommt, muß man eine mit roten Tonnen bezeichnete Passage benutzen, um die Untiefe im W der Islas de Plata zu passieren. Die Untiefe ist mit Unter- und Überwasserklippen durchsetzt.
Im Süden der Bucht liegt der Club Nautico Vencemos Puerto Mara.

Bahia Conoma

Karten: Imray D 131, DMA 24435
Position der Einfahrt: 10°15′N / 064°32′W

Lage und Umgebung

Bahia Conoma ist eine Bucht im SO von Isla de Monos, 196 m hoch, steil und ohne Ankermöglichkeit, zwischen Punta Pertigalete im Westen und Punta El Escarpado im Osten. Im Süden erhebt sich etwa 2 sm landeinwärts der 1120 m hohe Rücken eines Berges. Am Süd- und Ostufer gibt es eine Reihe herrlicher Strände mit Palmenhainen. Die Hänge im Westen bedeckt der Abraum der Zementfabrik Mendoza. Fabrikgebäude und Schlote sind auffällige Landmarken. Eine gewaltige weiße Staubwolke liegt über dem gesamten Süden der Bucht.

Nordwest-Ankerplatz A

Dies ist eine kleine Bucht im äußersten NW von Bahia Conoma. Nach Norden bietet ein felsiger Ausläufer von Punta Pertigalete guten Schutz. Erst in unmittelbarer Nähe des Ufers nehmen die Wassertiefen schnell ab.
Man kann auf ca. 15 m Tiefe ankern und sich mit einer langen Leine nach West zu einer Mangrove auf 4 m Tiefe verholen.
Das Wasser in Ufernähe ist seicht und mit vielen Korallenköpfen durchsetzt. In einer schmalen, steinigen Strandnische haben Strömung und Wind riesige Mengen Müll angeschwemmt und aufgetürmt. Der Platz ist nicht schön, aber er ist sehr sicher.

Inselankerplatz B

Im SO liegt die kleine Insel Isla Conoma, aus zerklüftetem Gestein ohne Strand. Hohe Hartlaubsträucher winden sich aus Höhlen und Rissen. Wie Raubvogelhorste wirken zwei Fischerhütten, die sich im N und S in die Gesteinsspalten zwängen.
Von der Insel erstreckt sich eine Untiefe nach Osten und eine andere nach Westen zum Ufer hin. Die so gebildete kleine Bucht kann nur von S angelaufen werden. Die Tiefen in sicherem Abstand zum Ufer betragen 10 m. Es gibt wenig Platz zum Schwojen. Störend ist der Anblick eines Maschinenparks am Westufer.

Playa Conomita C

Der hübsche Strand im Süden der Bucht heißt Playa Conomita. Ein breiter Palmenhain säumt den Strand. Am Wochenende ist er mit Tagesurlaubern aus der Region überfüllt. Motorboote aus Puerto La Cruz ankern davor. Die Tiefen in Ufernähe sind groß, der Schwell im Winter ist oft so stark, daß es sehr unangenehm ist, hier zu liegen.

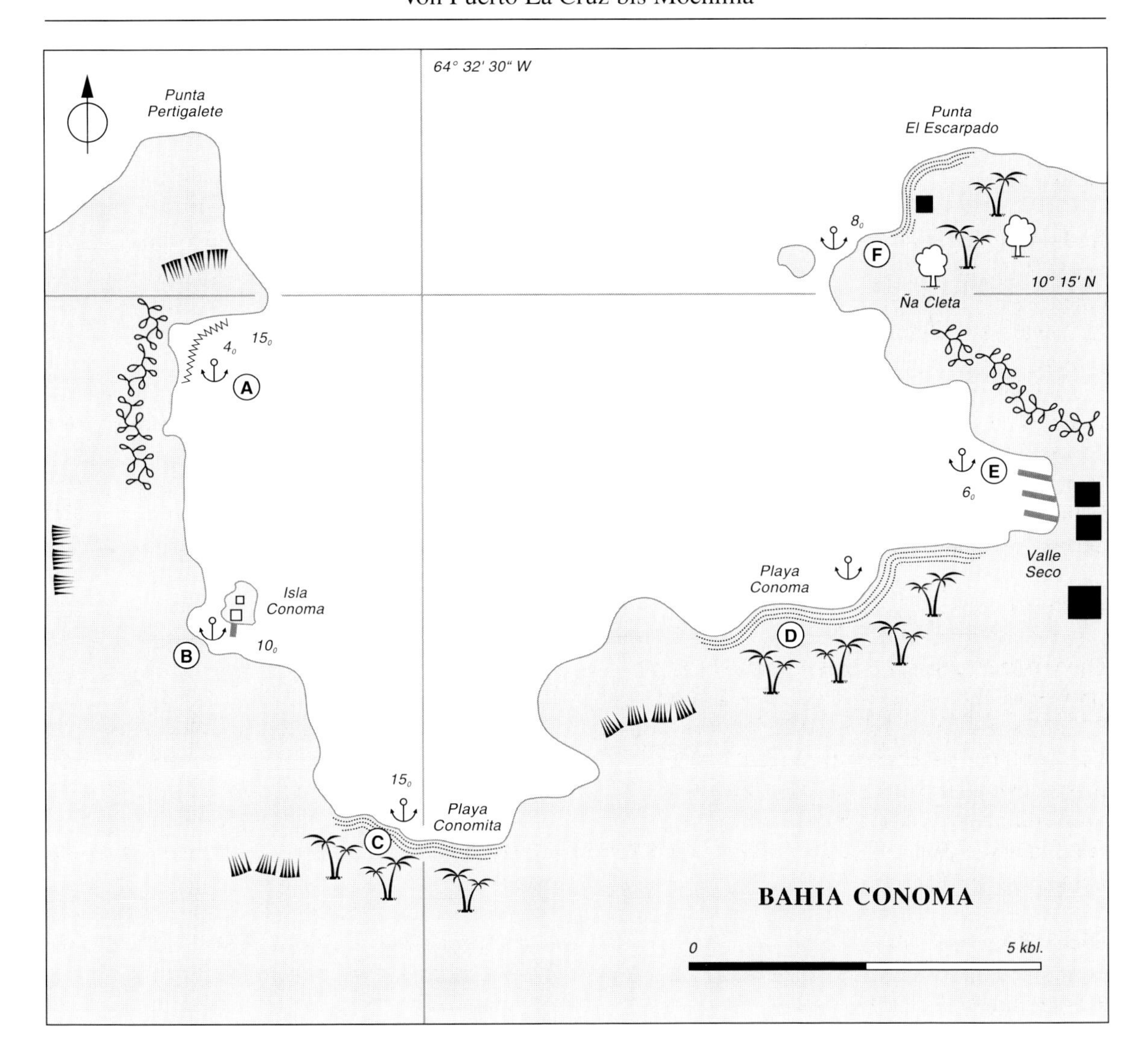

Playa Conoma D

Der Ankerplatz vor dem schönen Strand von Playa Conoma ist ebenfalls bei nördlichem Schwell nicht haltbar. Das Wasser ist sehr tief, und der Grund fällt steil ab.

Valle Seco E

Der Ort liegt im Osten der Bucht. Von hier bringen die Fischer Badegaste zu den Stränden im Süden und Ña Cleta im Norden, die von der Straße her nicht zugänglich sind. Das Wasser vor dem Ort ist sehr flach.

Wenn man nördlich des Ortes vor den Mangroven ankert und eine lange Leine zum Land ausbringt, stört man die Fischer am wenigsten. Dies ist der sicherste Platz in der Bucht.

Wasser und vielleicht Brot sind im Ort zu kaufen. An Wochenenden gibt es auch PPs nach Puerto La Cruz.

Bahia de Conoma, Blick auf Isla de Monos.

Ña Cleta F
Ña Cleta ist ein kleiner, sehr gepflegter Strand mit vielen schattenspendenden Bäumen und Sträuchern in einer schmalen Bucht im äußersten NO der Bahia Conoma. Es gibt ein kleines Restaurant, das nur am Wochenende bewirtschaftet ist. Der Schwell macht sich an diesem Ankerplatz weniger stark bemerkbar als vor den Stränden im Süden. Wegen der großen Tiefe muß auch hier eine lange Leine zum Land ausgebracht werden.

Bahia Harapos

Lage und Umgebung

O-lich von Isla de Monos zwischen Punta El Escarpado im Westen und Punta Cruz im Osten (auf der Imray D 131 „Punta Playa Colorada“) liegt die Bahia Harapos (in der Imray D 131 „Bahia de Arapo“ genannt). Die Bucht bildet einen etwa 5 sm weiten, nach N, O und W offenen Bogen. An ihrem Ufer findet sich eine Fülle vielbesuchter Badestrände.

Islas Harapos

Karten: Imray D 131, DMA 24433
Position des Ankerplatzes auf Harapo:
10°15′57″N / 064°29′16″W
Die Islas Harapos sind zwei schmale, nur etwa 12 m hohe Inseln, die im NO der Bucht etwa 1 sm vom Festland entfernt liegen. Die westliche der beiden Inseln heißt Harapo, die östliche Harapito. Sie sind durch ein Riff und eine flache Bank verbunden. Zwischen den Inseln liegt eine kleine Insel, gerade groß genug für ein kastellartiges wei-

ßes Ferienhaus und kleinen Strand. Von den so gebildeten Durchfahrten ist die westliche für Kielboote nicht passierbar. Die Korallenköpfe ragen teilweise bis an die Wasseroberfläche. Auch die östliche Durchfahrt ist für Kielboote nicht zu empfehlen aber selbst für Boote mit 2 m Tiefgang möglich, wenn man die Einfahrt im Süden zwischen den Untiefen findet und sich bei besten Licht- und Windverhältnissen etwa in der Mitte der Durchfahrt hält. Aber außer etwas Nervenkitzel bringt das weder Weg- noch Zeitgewinn, dafür die Gefahr von Grundberührung.
Die Bebauung stellt eine bunte Mischung aus Fischerhütten und teilweise aufwendigen Ferienhäusern dar.

Isla Harapo.

Vor dem Ufer der Insel Harapo beträgt die Tiefe ca. 5 m und verspricht gute Ankermöglichkeiten, ist aber durch Korallenköpfe gefährlich. Einen guten Ankerplatz findet man vor dem grünen Restaurant am Ufer. Am Wochenende wird man hier durch die Fährboote sehr gestört. Am Westende der Bucht gibt es einen Ankerplatz vor Strandhütten auf ca. 7 m Tiefe über gut haltendem Sandgrund. Eine Leine zum Land ist erforderlich, da der Wind im Laufe des Tages um 180° dreht. Bei Ansteuerung aus W sind die Klippen am Westzipfel von Harapo und die Untiefen im SO davon zu beachten. Das Wasser ist klar und schön zum Schnorcheln.
Ein weiterer Ankerplatz findet sich östlich des Fähranlegers vor Fischerhütten an einem auffälligen Palmenstrand. Auch hier empfiehlt sich eine lange Leine zum Land.
Harapito bietet in der Nähe des Westzipfels ebenfalls einen Ankerplatz gleich O-lich eines rotgeklinkerten Bungalows mit einem auffälligen langen Steg. Hier wie überall im S von Islas Harapos muß sorgfältig gelotet und nach Korallenköpfen Ausschau gehalten werden.
Versorgungsmöglichkeiten gibt es nicht. Im Restaurant der Anlage von Inparques kann man bis zum Spätnachmittag gut essen.

Strände und Ankerplätze in der Bahia Harapos von West nach Ost

Playa Harapito

Unmittelbar S-lich von Isla Harapo liegt die Playa Harapito. Der Platz ist nicht windgeschützt, es gibt im Winter unangenehmen Schwell, und der Grund fällt steil ab, so daß hier allenfalls ein Tagesankerplatz gefunden werden kann.
Der breite, feinsandige, palmengesäumte Strand von Playa Harapito zählt zu den berühmtesten Stränden Venezuelas und ist entsprechend beliebt. Es gibt ein Restaurant, Duschen und Toiletten.
Wir fanden den Ort nicht so schön wie seine eben-

so berühmte Schwester ,,Playa Colorada", da die Berge hier nicht bis nahe ans Ufer reichen und Parkplätze sowie die auf gleicher Höhe vorbeiführende Carretera nacional mit Tankstelle und Rasthäusern keine so bezaubernde Kulisse abgeben.

Playa Vallecito
Position: 10°15′03″N / 064°28′10″W
Playa Vallecito liegt SO-lich von Playa Harapito. Ein hellgrüner Palmensaum trennt den Strand von dem dunkelgrünen Hintergrund bewaldeter Hänge. Der hübsche Ort ist leider nur als Tagesankerplatz zu empfehlen.

Playa Colorada
Position von Punta Cruz:
10°15′30″N / 064°27′42″W
Die Playa Colorada liegt in einer mondsichelförmigen Bucht südlich von Punta Cruz, 0,5 sm NO-lich von Playa Vallecito und von diesem Strand durch einen Bergausläufer getrennt. Der Strand liegt 1 sm O-lich von Playa Harapito.
Playa Colorada ist der beliebteste und am meisten fotografierte Strand in Ost-Venezuela. Er ist in einen Hügeleinschnitt eingebettet und nach W offen. Den Namen Playa Colorada hat der Strand von der rötlichen Färbung seines Sandes und den roten Bruchkanten an seinen Flanken. Ein Palmengürtel grenzt den Strand zur Nationalstraße hin ab. Es gibt Restaurants und Kioske mit kleinen Leckereien. Fischerboote fahren von hier zu anderen, nur vom Wasser her zugänglichen Stränden in der Umgebung.
Vor dem Strand kann man auf 5 m Tiefe über gut haltendem Sand einen Ankerplatz finden in einer Entfernung, in der man von Schwimmern nicht belästigt wird. Bug- und Heckanker werden empfohlen.
Zwischen Punta Cruz im Süden und den beein-

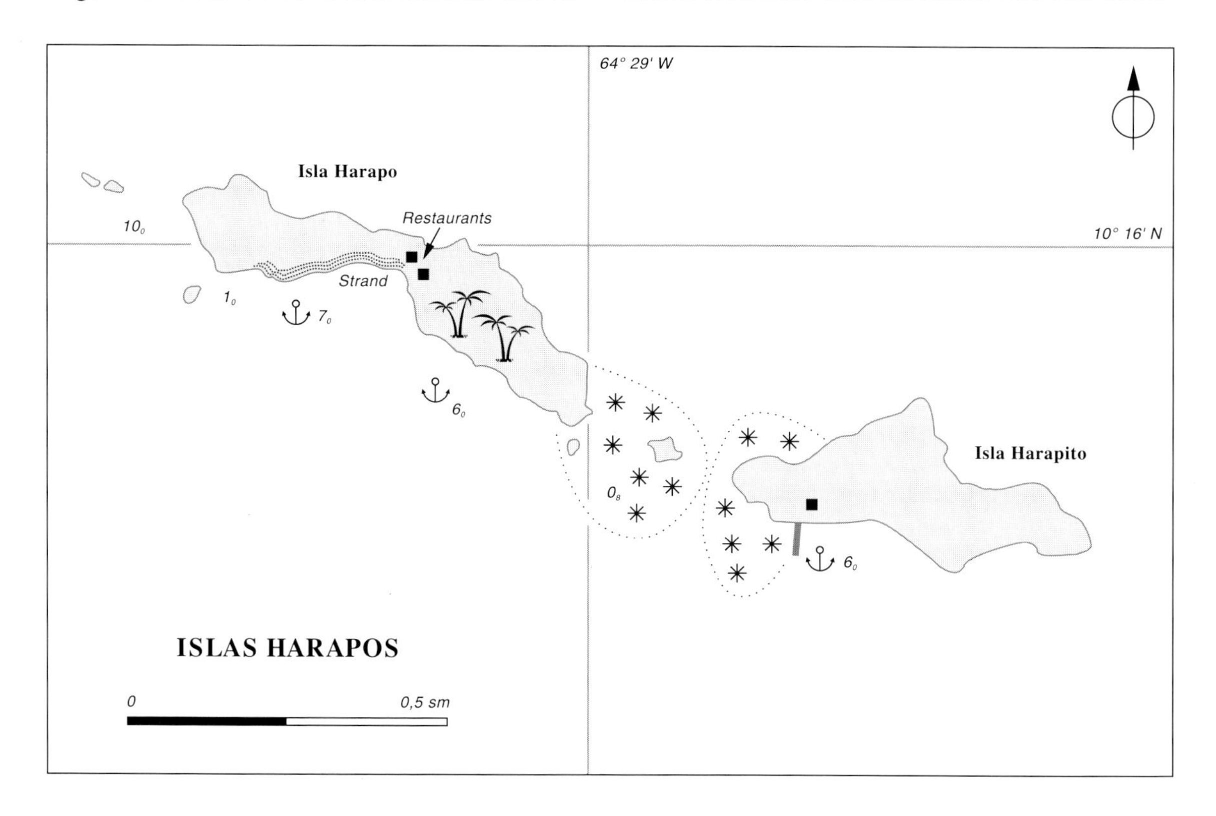

Karel's Beach Bar, Dingianleger vor dem Zentrum Kralendijks (o.), Ostteil von Spaanse Water, Curaçao.

Im Golf von Santa Fe (o.),
Ankerplatz im spiegelglatten Wasser von Toporo, Mochima.

Ensa San Francisco.

Blick auf den Ankerplatz im Süden des Pigeon Point Riffs, Tobago.

druckenden roten Klippen von Punta del Escarpado Rojo (auf der Imray D 131 ,,Punta Colorada"), etwa 1 sm weiter NNO-lich, befindet sich Bahia Cruz, eine Bucht, die wiederum in drei Einbuchtungen unterteilt ist. Jede dieser kleinen Buchten hat einen schönen Sandstrand vor der Kulisse von Palmen und grünen Hängen und bietet nach O geschützte Ankerplätze.

Los Hicacos
Position: 10°15′56″N / 064°26′58″W
Playa Los Hicacos ist die südlichste Einbuchtung. Hier hat die Universidad de Oriente von Cumaná eine Erholungsanlage. Da seit 1975 alle Strände nach venezolanischem Recht für jedermann zugänglich sind, können erfreulicherweise auch alle anderen dort anlanden.
Den Namen hat die Bucht von der am Ufer wachsenden Pflanze ,,Hicacos", aus der Marmelade hergestellt wird.
Den Huken der Bucht sind Klippen vorgelagert.

Ensa Santa Cruz
Ensa Santa Cruz ist die mittlere der drei Einbuchtungen. Wegen ihrer Öffnung nach Westen heißt sie romantischerweise auch ,,Playa de Crepusculo" (Abenddämmerung). Der rotgelbe Strand leuchtet vor dem Palmensaum. Im Norden der Bucht stehen Fischerhütten und oberhalb an den Hängen kleine Ferienbungalows, die den Häusern der Indianer des Orinocogebietes nachempfunden sind.
Die Nähe der Nationalstraße stört den paradiesischen Eindruck.
In ca. 30 m Entfernung zum Ufer ist es noch 10 m tief. Zum Ankern sollte man eine Leine zum Land ausbringen.

Playa de Caballos
Playa Caballo ist die nördlichste der drei Einbuchtungen unmittelbar S-lich der Punta del Escarpado Rojo. Der Name bedeutet ,,roter Steilhang". In der NO-Nische der Bucht kann man einen sehr sicheren Ankerplatz finden.

Golfo de Santa Fé

Karten: Imray D 131

Lage und Umgebung

Dies ist ein etwa 5,5 sm langer Einschnitt in WO-Richtung. Der Eingang in den Golf liegt zwischen Punta Peñas und Punta del Escarpado Rojo (10°16′48″N / 064°27′12″W) im Süden. An seinem Eingang ist der Golf 2 sm breit, er verjüngt sich an seinem Scheitel auf 1 sm.
S-lich von Punta Peñas gibt es in etwa 2 kbl Abstand zum Ufer einen Unterwasserfelsen. Sonst ist die Küste frei von Gefahren. Steil ansteigender Grund macht das Ankern im Golf schwierig. Meist empfiehlt es sich, mit dem Buganker in tieferem Wasser zu ankern und eine Leine zum Ufer auszubringen.
Die Berge und Hügel im Norden des Golfes sind kahl oder mit Kakteen und niedrigem Strauchwerk bewachsen, die Berge im Süden von üppig wuchernder Vegetation überzogen.
Selbst wenn ein starker Wind durch den Golf weht, bleibt Segeln beschaulich, da sich nie eine grobe See aufbaut.

Santa Fé
Position vor der Fischhalle: 10°17′12″N / 064°25′10″W
Das Fischerdorf Santa Fé liegt 2 sm O-lich von Punta del Escarpado Rojo (Punta Colorada) am W-lichen Rand einer Flußebene, die sich einige Meilen weit zwischen den Hügeln ins Inland erstreckt. Ein breiter weißer Sandstrand bildet das Ufer.
Von Punta Peñas aus steuert man Santa Fé unter rwK 125° an. Das Dorf ist aus 3 sm Entfernung gut auszumachen. Kurz vor dem Ort hält man auf einen auffälligen rot-weiß gestreiften Funkmast zu und ankert W-lich des Ortes auf 4 m Tiefe über sandigem Grund. Der Ankerplatz liegt in einer Bucht vor einem palmenbestandenen Strand, der Playa Cochaima heißt. Im Hintergrund stehen ei-

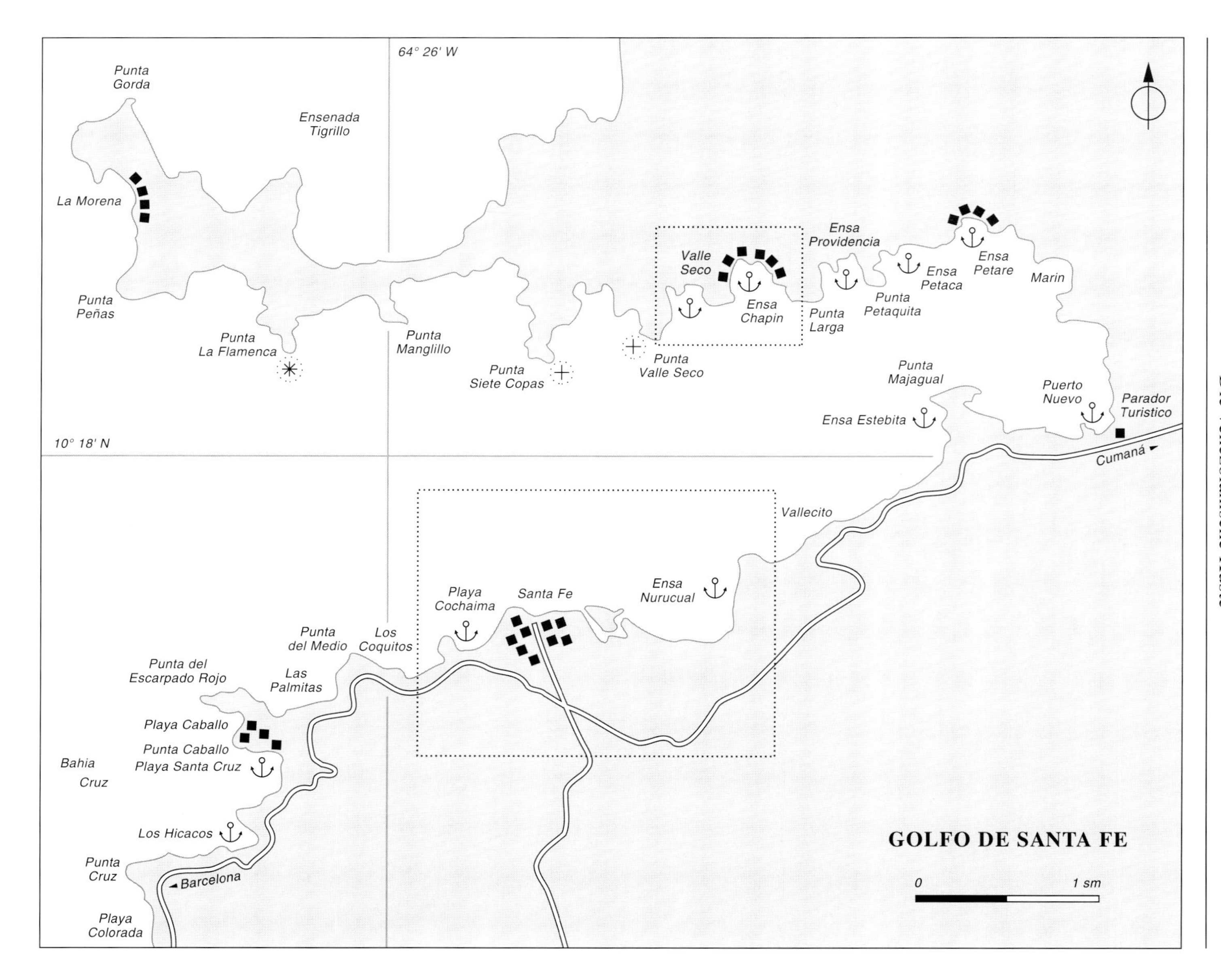
64° 26' W
Punta Gorda
Ensenada Tigrillo
La Morena
Punta Peñas
Punta La Flamenca
Punta Manglillo
Punta Siete Copas
Punta Valle Seco
Valle Seco
Ensa Chapin
Ensa Providencia
Punta Larga
Punta Petaquita
Ensa Petaca
Ensa Petare
Marin
Punta Majagual
Ensa Estebita
Puerto Nuevo
Parador Turistico
Cumaná
10° 18' N
Vallecito
Ensa Nurucual
Santa Fe
Playa Cochaima
Los Coquitos
Punta del Medio
Las Palmitas
Punta del Escarpado Rojo
Playa Caballo
Punta Caballo
Playa Santa Cruz
Bahia Cruz
Los Hicacos
Punta Cruz
Barcelona
Playa Colorada
GOLFO DE SANTA FE
0
1 sm

nige Ferienhäuser mit Restaurants. Bei der Ansteuerung muß man auf eine Untiefe achten, die sich vom O der Bucht, ungefähr vor dem Hotel „7 Delfines“, ca. 100 m nach NW erstreckt. Die Untiefe war in den Seekarten nicht vermerkt.
Der Leiter der Tauchstation des Hotels will die Untiefe mit einer Boje markieren.
Unmittelbar vor dem Ort steht am Ufer die Fischhalle. Davor beträgt die Tiefe 5 m. Aber die Stelle ist als Ankerplatz ungeeignet, da hier ein lebhafter Verkehr von Fischerbooten besteht. Wer Fotomotive sucht, sollte sich morgens mit dem Dingi unter die Boote mischen. Neben der Fischhalle gibt es eine Tankstelle, die aber nur Benzin und Öl anbietet. Diesel muß am Ausgang des Ortes an der Carretera gekauft und im Taxi herangeschafft werden.

Es gibt einen Gemüsemarkt, eine große Fischhalle, in der man vormittags deftig essen kann, einige bescheiden sortierte Lebensmittelgeschäfte und eine Bäckerei, in der man alles mögliche, auch Eis, aber kein Brot bekommt. Post und CANTV sind in Privathäusern an der Hauptstraße (Calle Municipal) untergebracht. Man muß danach fragen. Eine Bank gibt es nicht.
PPs fahren von der Hauptstraße am Dorfausgang nach Puerto La Cruz und Cumaná.

Ensa Nurucual

Karten: Imray D 131
Position am Ankerplatz: 10°17′02″N / 064°24′03″W
Die Bucht liegt etwa 0,5 sm östlich des Dorfes Santa Fé. Sie wird im Westen vom niedrigen Delta

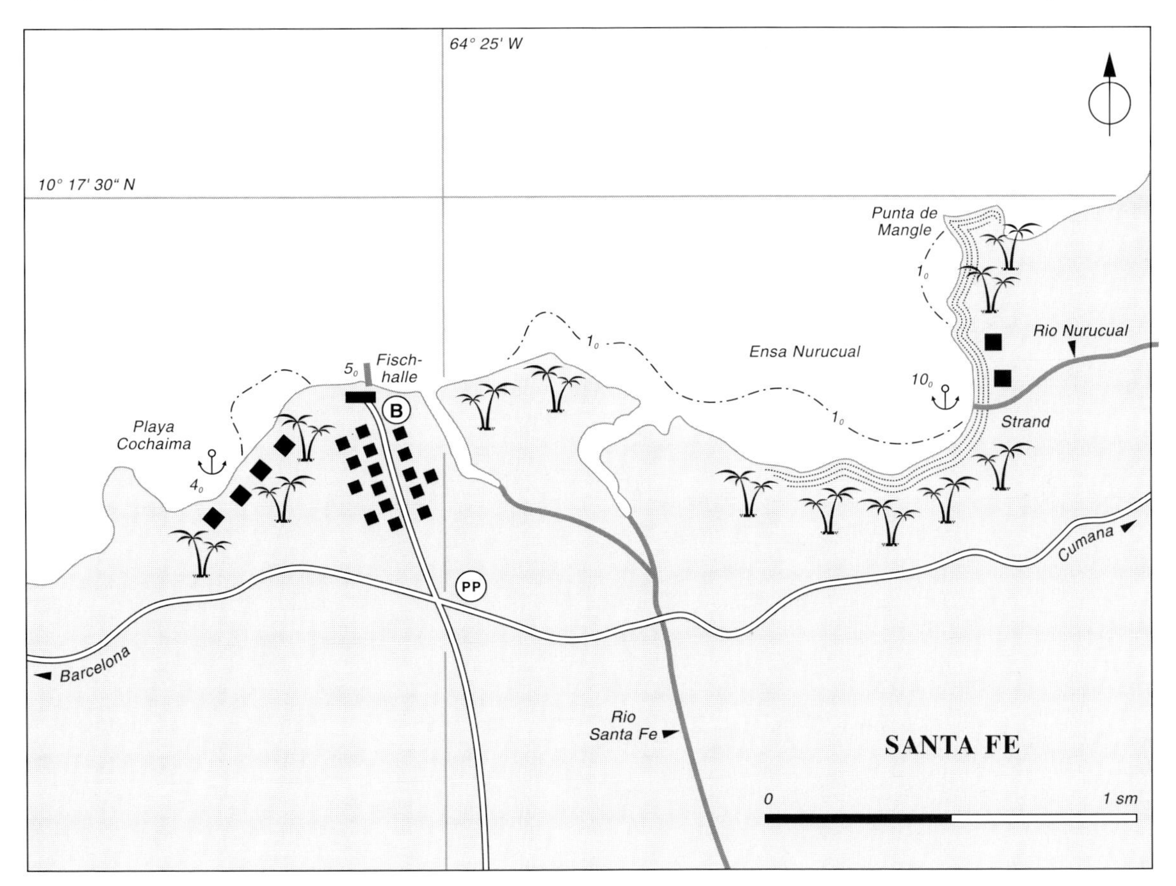

des Rio Santa Fé und im Osten von der Punta de Mangle begrenzt. Am Westeingang der Bucht gibt es eine Untiefe mit 1 m Wasser darüber. Hier mündet der Rio Santa Fé mit seinen Nebenarmen ein. Er trübt das Wasser und hat im Westen und Südwesten der Bucht soviel Schwemmsand abgelagert, daß die Bucht nicht einmal mit dem Dingi befahrbar ist. Ein in der Imray D 131 im SW vermerkter Ankerplatz existiert also nicht.
Im Osten der Bucht mündet der Rio Nurucual ein. Es gibt hier einen kleinen Sandstrand mit einer Handvoll Fischerhütten im Hintergrund. Einen Ankerplatz findet man nördlich der Einmündung des Rio Nurucual auf 7–10 m Tiefe über schlammigem Grund.

Ensa Estebita
Dies ist eine Bucht ca. 2,5 sm O-lich von Santa Fé, im W des steilen Landrückens von Punta Majagual (auf der Imray D 131 Punta Yaguaracual). Der kleine Fischerort Estaba im Süden hat keinerlei Versorgungsmöglichkeiten. Es gibt einen winzigen Strand, der zu der privaten Wohnanlage gehört. Der Platz ist zwar schattig, aber dennoch schwül, da jeder Windhauch abgeschirmt ist. Es gibt keinen unmittelbaren Zugang zur Straße.

Puerto Nuevo
Position am Ankerplatz: 10°18′58″N / 064°23′42″W
Diese Bucht liegt im äußersten SO des Golfes, im Osten begrenzt durch Mangrovensümpfe, in die sich der Rio Yaguaracual ergießt, im Westen von den Steilhängen der Punta Majagual. Östlich von Punta Majagual liegt eine kleine bewachsene Insel, die in der Seekarte nicht eingezeichnet ist. Die Passage zwischen dieser Insel und dem Festland ist nicht möglich. Im Süden hat sich das Restaurant „Parador Turistico“ zwischen die Mangroven gezwängt. Ein Ankerplatz findet sich auf 4 m Tiefe über weichem, schlammigen Grund. Obwohl es hier zumeist windstill ist, empfiehlt sich eine Heckleine zum Restaurant. Das Restaurant bietet kleine Gerichte und schließt gegen 17 Uhr. Unmittelbar hinter dem Restaurant führt die Nationalstraße Cumaná–Barcelona vorbei und stört durch den Lärm. Wendet man sich auf der Hauptstraße nach links, trifft man nach 50 m auf eine Bodega, in der man ein paar Grundnahrungsmittel und Bier kaufen kann.

Ostufer des Golfes
Das Ostufer bietet eine Fülle von mangrovenumsäumten Nischen. Von den Hängen der dahinterliegenden Hügel ergießt sich die Vielfalt tropischer Vegetation bis ans Wasser. Vogelgezwitscher erfüllt die Luft. Hier kann jeder etwas nach seinem Geschmack finden.

Ensa Petare
Position am Ankerplatz: 10°19′10″N / 064°22′38″W
Das Fischerdorf Petare liegt im NO-lichsten Teil des Golfes. Die Kulisse bilden bunte Häuser, und es gibt einen kleinen Strand mit Palmen. Auffallend ist die weiße Kirche neben einer Brücke, die ein Bachbett überspannt. Vor dem Ort kennzeichnen ankernde Fischerboote die Untiefe wie Markierungstonnen. Es gibt trotzdem genug Raum, um auf 5–10 m Tiefe zu ankern. Yachten sind hier selten und erwecken viel Neugier.

Ensa Petaca
Dies ist eine Bucht mit zwei Scheiteln westlich von Ensa Petare. Offensichtlich hat ein Brand die am Nordufer ohnehin spärliche Vegetation zerstört, was dem Ankerplatz jeden Charme nimmt.

Ensa Providencia
Diese Bucht liegt zwischen den hervortretenden Kaps Punta Petaquita im Osten und Punta Larga im Westen. Sie bietet in ihrer NO-Ecke einen sehr ruhigen Ankerplatz.

Ensa Chapín
Position des Ankerplatzes: 10°18′58″N / 064°23′54″W
Die Bucht liegt zwischen den Kaps Punta Larga

im Osten und Punta Chapin im Westen. Im Norden der Bucht gibt es einige Fischerhütten an einem schmalen Palmenstrand. Auffallend ist ein kleines weiß getünchtes Häuschen, Fischerboote liegen am Strand und ankern im Flachwasser. Zwei Bäche haben eine Barre vor ihren Mündungen angeschwemmt. Das untiefe Wasser ist an seiner Färbung deutlich zu erkennen. Es gibt genug Raum, um auf weniger als 10 m Tiefe zu ankern. Eine Leine zum Land sollte ausgebracht werden. Der Grund steigt zum Ufer schnell an. Bei der Wahl des Ankerplatzes und der Führung der Leinen muß man auf Korallen achten. Der Platz ist sehr ruhig. Angenehme Brisen aus NO vertreiben die Hitze.

Ensa Valle Seco

Position am Ankerplatz: 10°18′55″N / 064°24′14″W

Valle Seco (trockenes Tal) liegt zwischen Punta Chapin im Osten und Punta Valle Seco im Westen. Die reizvolle Bucht ist von üppiger Vegetation umrahmt.

Schwemmstoffe haben das Wasser im Norden der Bucht untief gemacht. Aber S-lich des Flachwassergebietes gibt es genügend Raum zum Ankern auf 10–4 m Tiefe über lehmigem Grund. Unmittelbar am O- und W-Ufer gibt es Korallen. Das Wasser ist in der Trockenzeit klar. Wir empfehlen, eine Heckleine auszubringen, da der Wind das Boot dreht. Böen aus N können sehr stark sein.

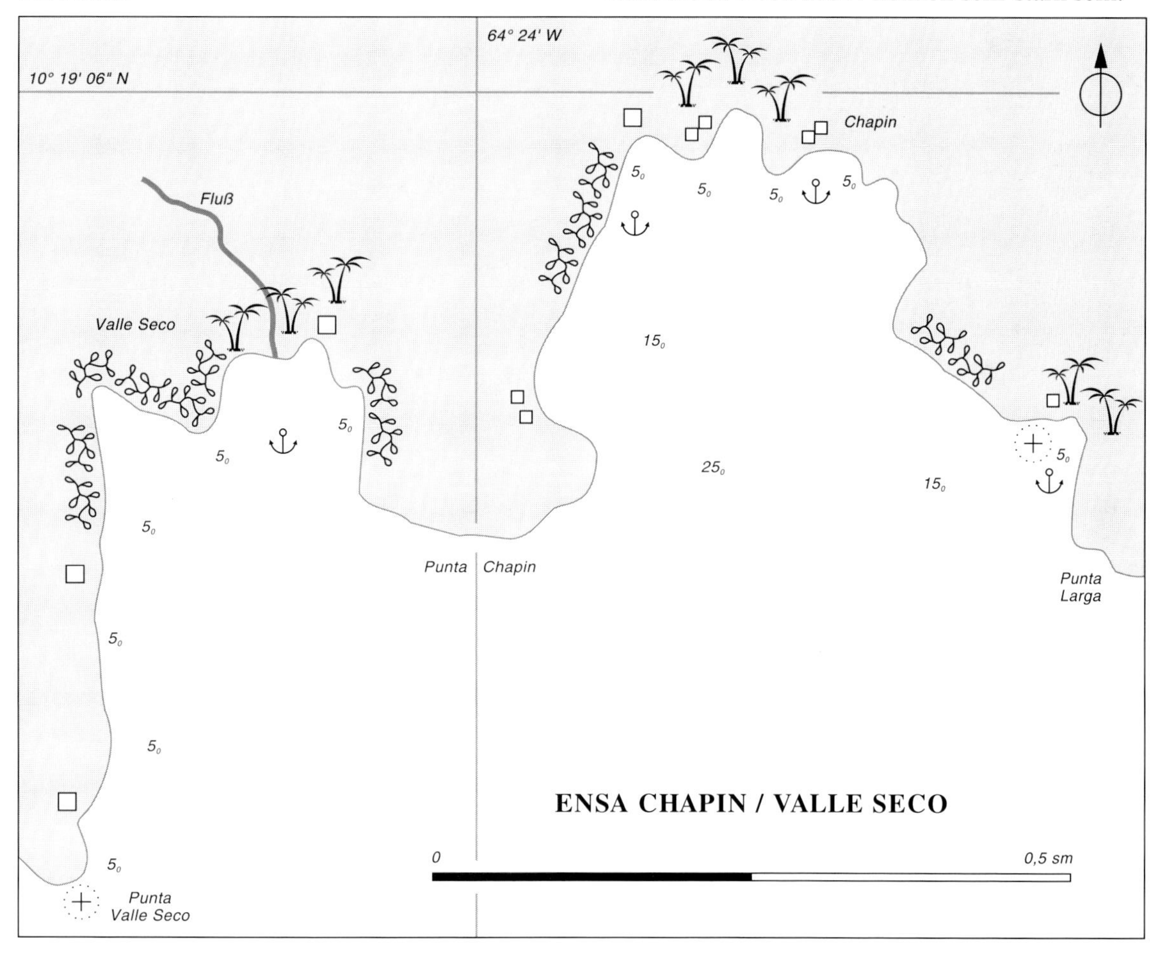

In der Ostecke der Bucht steht eine baufällige Hütte, in welcher der betagte Antonio Clemente Marin wohnt, der im Auftrag von Inparques, der Schutzbehörde des Nationalparks Mochima, den Strand sauberhält. Eine Ansiedlung, wie in der Imray D 131 vermerkt, gibt es nicht.
Auf dem Weg nach Westen bis Punta Peñas gibt es noch eine Reihe weiterer Buchten mit möglichen Ankerplätzen. Wenn man Punta Peñas auf dem Weg nach Norden in die Ensenada Tigrillo rundet, muß man sich von der Unterwasserklippe 2 kbl südlich des Kaps freihalten. Zwischen Punta Peñas im Süden und Punta Gorda im Norden liegt ein größeres Fischerdorf in der La Morena genannten Bucht.

Ensenada Tigrillo

Karten: Imray D 131, DMA 24433

Lage und Umgebung

Die Bucht Ensenada Tigrillo wird im Osten von der Halbinsel von Manare begrenzt, im Süden von der Halbinsel von Punta Gorda. Nach Westen ist sie offen, und im Norden wird sie durch die Inseln Picuda Grande, die beiden Caracas-Inseln und die Inseln Venados abgeschirmt. Der Passatwind ist hier nicht vorherrschend, und es baut sich keine hohe oder grobe See auf. Die Bucht wird gewöhnlich nur als geschützte Passage auf dem Wege nach Puerto La Cruz oder in anderer Richtung nach Mochima und Cumaná benutzt, obwohl ihr karger Reiz und stille Ankerplätze ein längeres Verweilen lohnen.

Ensa Varadero Oeste

Position: 10°20′48″N / 064°22′36″W
Dieser geschützte Ankerplatz liegt im SO der Bucht Ensenada Tigrillo. An dieser Stelle beträgt die Breite des schmalen Isthmus, der die Halbinsel von Manare mit dem Festland verbindet, nur etwa 1 kbl.

Ensenada Tigrillo Pequeña

Position am Ankerplatz: 10°22′07″N / 064°22′42″W
Für diese Einbuchtung, die an der Westküste der Halbinsel Manare liegt, fanden wir in den Karten keine Bezeichnung. Wir haben sie mit dem Zusatz „pequeña“ (klein) versehen. Das Ufer der Bucht verläuft von Punta Tigrillo im N etwa 1,5 sm nach SO und schwenkt dann etwas weniger als 1 sm weit nach W.
Die Bucht hat mehrere Ankerplätze. Ein schöner und ruhiger findet sich etwa 1,2 sm südlich von Punta Tigrillo im Süden eines winzigen Inselchens, das nur durch wenige Meter Wasser vom Festland getrennt ist. Das Inselchen ist auf der Imray D 131 nicht eingezeichnet. Hier kann man vor Buganker mit einer Heckleine zu einer Mangrove geschützt ankern. Der Ankerplatz hat klares Wasser und lädt zum Baden und Schnorcheln ein.

Caracas del Oeste

Position am Ankerplatz (C): 10°21′41″ / 064°26′36″W
Diese Insel liegt 1,2 sm O-lich von Picuda Grande. Die mit Kakteen und niedrigem Strauchwerk karg bewachsenen Hänge der 200 m hohen Insel haben im Sonnenlicht eine rötlich-graue Farbe.
Caracas del Oeste ist mit Caracas del Sur durch eine schmale, ca. 5 m hohe Landenge verbunden, die in der DMA 24433 noch nicht eingezeichnet ist und damals möglicherweise noch nicht bestanden hat.
Die Ansteuerung aus N erfordert Aufmerksamkeit, denn 1,5 sm NNO-lich von Punta Flaire, dem N-lichsten Punkt von Caracas del Oeste, liegt die Untiefe Bajo Caracas, ein gefährliches Riff von 0,5 sm Durchmesser. Auf dieser Untiefe gibt es Felsen, die bei Hochwasser unter der Meeresoberfläche verschwinden.
Im äußersten NW der Insel gibt es einen Ankerplatz (A), der außer nach Süden nach allen Seiten geschützt ist.
Im NO hat Caracas del Oeste schöne Strände (B), die aber nach NO und N offen sind und deshalb

nur Tagesankerplätze sein sollten. Dünen verraten, daß hier starker Schwell wirken kann.
Wirklich geschützte Ankerplätze gibt es nur in der Passage zwischen Caracas del Oeste und Caracas del Este. Einer dieser Ankerplätze (C) liegt im Scheitel eines tiefen Einschnittes, der von roten, bizarr geformten Bergen eingefaßt ist. Der Platz ist nach Osten und Süden geschützt. Säulenkakteen, niedrige Bäume und Gestrüpp bewachsen die Hänge. Das Wasser ist türkisblau und so klar, daß man selbst auf 8 m Tiefe bis zum Grund sehen kann. Die Tiefen nehmen von ca. 15 m im Eingang der Bucht allmählich ab. Ungefähr 30 m vom Ufer entfernt beträgt sie 2 m. Steil abfallende Felsen bilden das Südufer der Bucht. Dort gibt es einen schönen Korallengarten, in dem sich bunte Fische tummeln. Im Westen, im Scheitel der Bucht, gibt es einen Strand mit feinem, rötlich-gelben Sand.

Zwei weitere Ankerplätze (D und E) liegen im SO-Teil der Insel, N-lich der Landenge, die heute die Insel Caracas del Sur mit Caracas del Oeste verbindet. Die beiden Plätze sind landschaftlich weit weniger anziehend.

Caracas del Este

Position am Ankerplatz (F): 10°21′48″N / 064°26′06″W

Caracas del Este besitzt einen sehr geschützten Ankerplatz an seiner Westseite gegenüber dem zuvor beschriebenen Ankerplatz (C). Es ist einfach, in dem klaren Wasser auf 4–5 m Tiefe einen Ankerplatz über gut haltendem Sand und genügend Platz zum Schwojen zu finden. Reiche Vegetation reicht bis ans Ufer heran.
Das N-Ufer besteht aus Geröll, dahinter liegt eine ebene Fläche. Der Besucher scheucht Schwärme

Ankerplatz vor Caracas del Oeste, Blick auf Caracas del Este.

von Wellensittichen auf, deren Gefieder gelb-grün leuchtet. Wir halten diesen Platz für den schönsten auf den Inseln.
Einen weiteren Ankerplatz (G) gibt es in einer Bucht im Süden der Insel, N-lich des Ostzipfels von Caracas del Sur.

Bahia Manare
Karte: Imray D 131
Position am Ankerplatz im Ostteil: 10°23′30″N / 064°21′54″W

1,3 sm NO-lich von Punta Tigrillo, dem domartig erscheinenden Kap im NO der Ensenada Tigrillo, liegt die 0,8 sm breite Einfahrt in die Bahia Manare. Die Osthuk, Punta La Cruz, wird gebildet von etwa 50 m hohen auffälligen Klippen. In der Höhe sind sie mit Kakteen bewachsen. Ein etwa 6 m hoher bizarrer Fels, bevölkert mit Pelikanen, ist vorgelagert. Im Süden der Bucht gibt es schöne Strände unter einer rötlichen Klippe. Am Strand stehen Fischerhütten. Wegen der Öffnung nach Norden ist der Platz nicht sicher.

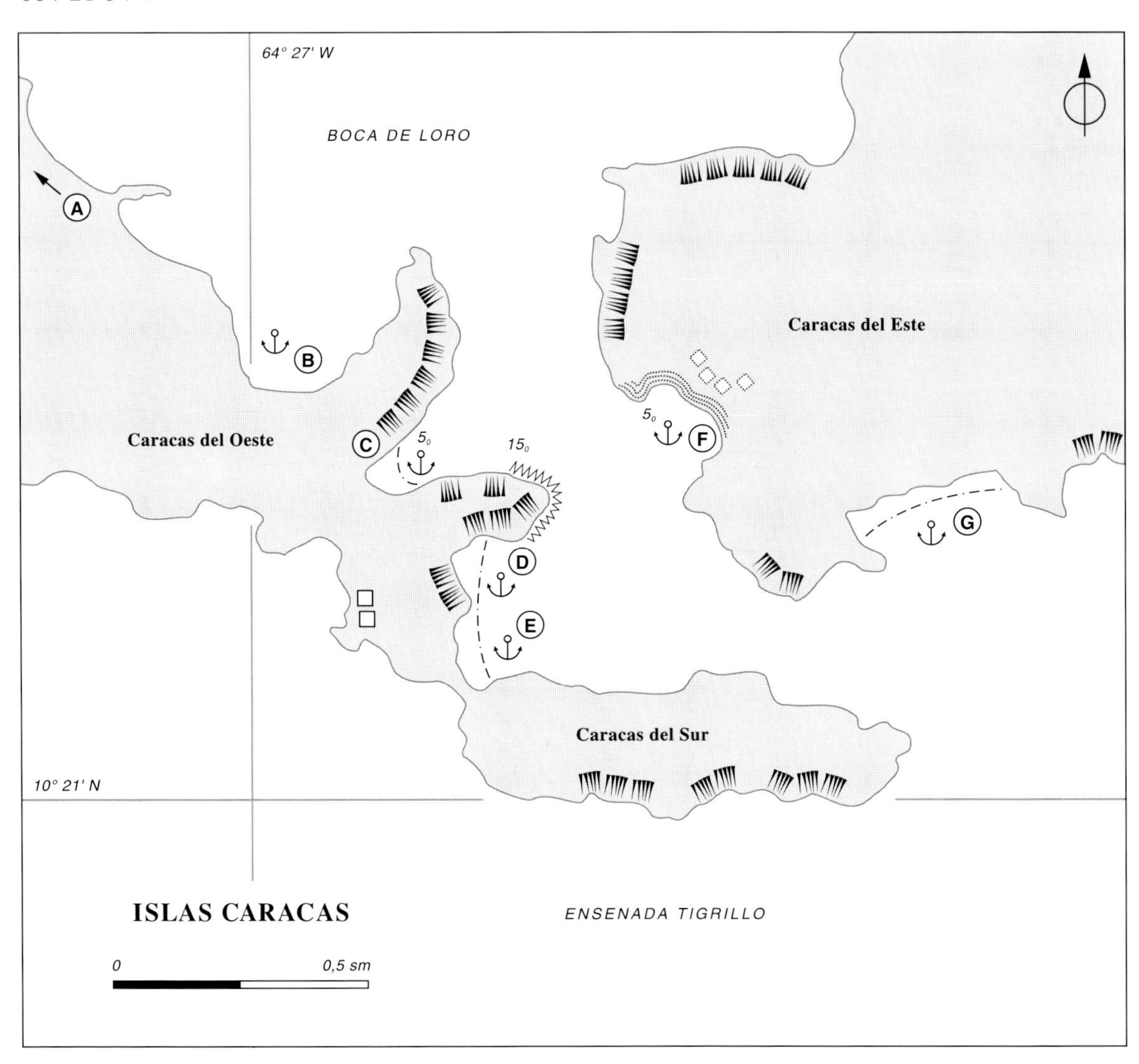

Ein sehr sicherer und hübscher Ankerplatz liegt im Ostzipfel der Bucht vor einem weißen Sandstrand auf 4 m Tiefe. Auch hier stehen einige Fischerhütten am Strand.

Puerto Mochima

Karten: Imray D 131
Position in der Einfahrt: 10°24′00″N / 064°20′30″W

Lage und Umgebung

Der 4 sm tiefe, unregelmäßige fjordartige Einschnitt in der Küste ist Bestandteil des Naturparks Mochima und eine der touristischen Hauptattraktionen des Bundesstaates Sucre. Die strengen Regelungen lenken den Touristenstrom an bestimmte Strände wie Playa Blanca und Playa Las Maritas N-lich der Ensa Matacual. Die Strände sind nur mit Booten der Kooperative von Mochima aus zu erreichen. Abends werden die Badegäste wieder abgeholt. Camping ist nicht erlaubt. Offiziell ist der Aufenthalt für Yachten auf 24 Stunden begrenzt. Längere Aufenthalte bedürfen der Genehmigung. Diese Regelung wird sehr großzügig gehandhabt. Wir appellieren an alle Besucher, die Bemühungen um die Erhaltung des Naturparks zu unterstützen, den Aufenthalt nicht auszudehnen, Wasser und Ufer nicht zu verschmutzen, damit noch viele andere die atemberaubende Schönheit dieses Paradieses genießen können.
Die fjordartige Bucht ist windgeschützt. Abgeschwächte Ostwinde schlafen im Lauf der Nacht ein. Es gibt aber auch böige Fallwinde. Morgens kommen schwache westliche Winde auf.
Drehender Wind und schwache Gezeitenströme machen beim Ankern eine Leine zu einer Mangrove empfehlenswert. Dazu ist in der Regel nicht viel Leine nötig, denn die Tiefen betragen oft in 10 m Abstand zu den Mangroven noch mehr als 5 m. Die Tiefen sind allgemein groß, dennoch ist Vorsicht in Ufernähe und an den Huken geboten.

Puerto Mochima mit Einfahrt im Norden.

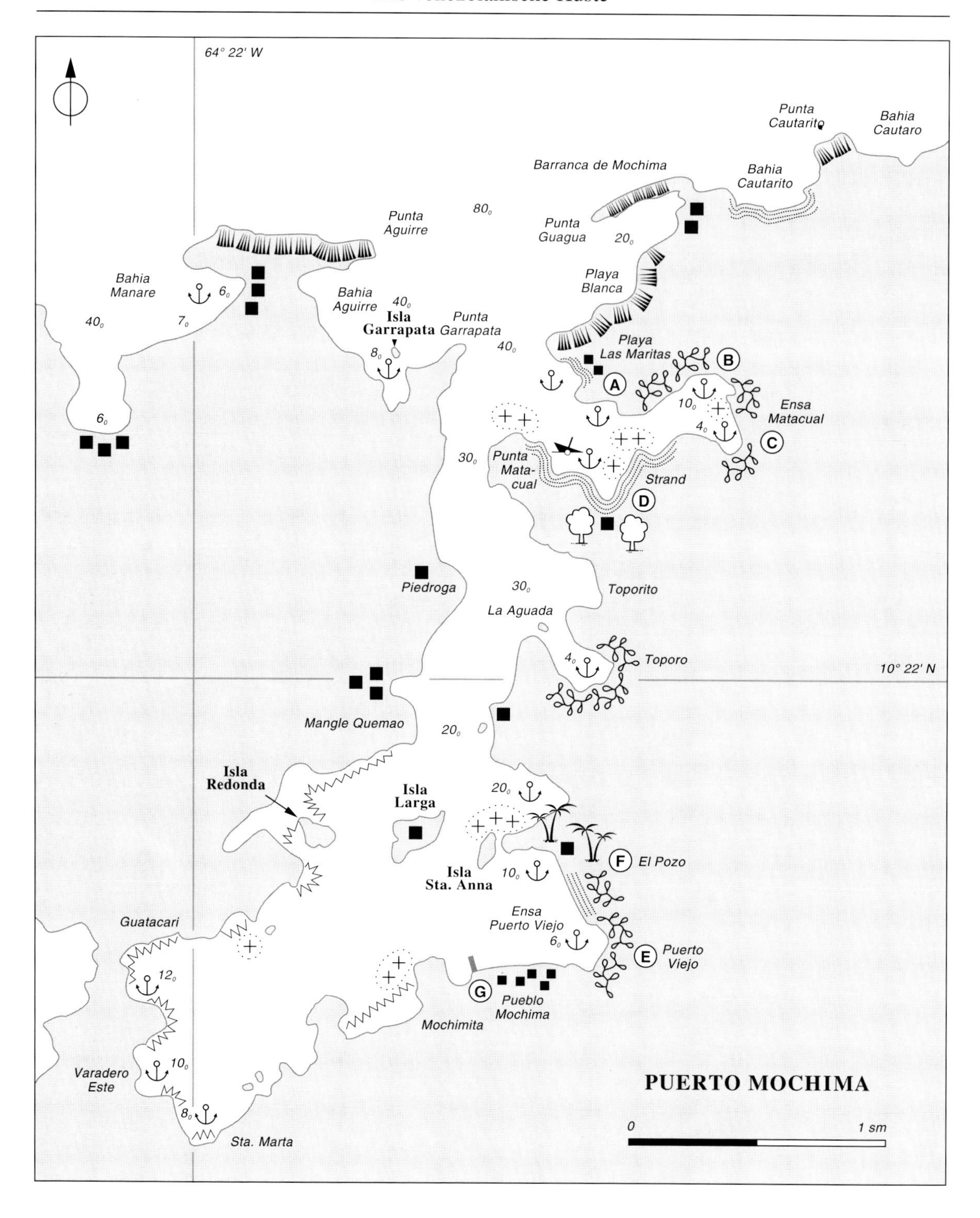
64° 22' W
Punta Cautarito
Bahia Cautaro
Barranca de Mochima
Bahia Cautarito
Punta Aguirre
80
Punta Guagua
20
Playa Blanca
Bahia Manare
6
Bahia Aguirre
40
40
7
Isla Garrapata
Punta Garrapata
40
8
Playa Las Maritas
A
B
10
Ensa Matacual
6
4
C
30
Punta Mata-cual
Strand
D
Piedroga
30
Toporito
La Aguada
4
Toporo
10° 22' N
Mangle Quemao
20
Isla Redonda
Isla Larga
20
Isla Sta. Anna
10
F
El Pozo
Guatacari
Ensa Puerto Viejo
6
E
Puerto Viejo
12
G
Pueblo Mochima
Mochimita
Varadero Este
10
8
Sta. Marta
PUERTO MOCHIMA
0
1 sm

Ansteuerung

Nur knapp 1 sm steil abfallender Felshänge trennt Puerto Mochima von Manare. Wenn man von Westen kommt, öffnet sich die Bucht, nachdem man die Klippen von Punta Aguirre im Westen passiert hat.
Die östliche Einfahrtshuk wird von den imponierenden roten Steilufern der Barranca de Mochima gebildet.
Wenn man in einem größeren Abstand zur Küste aus Osten kommt, ist die Einfahrt weitaus schwieriger zu erkennen, weil der unregelmäßige Verlauf der Ufer keinen Blick bis zum Scheitel der Bucht gestattet und sie sich deshalb von anderen Einbuchtungen an der Küste zunächst nicht unterscheidet.
Erst wenn man Barranca de Mochima passiert hat und den dahinterliegenden Sandstrand von Guagua in seiner ganzen Länge sehen kann, wird die Einfahrt frei.
Aus Norden kommend, ist der Cerro Escondido eine gute Landmarke. Der kegelförmige Berg ist 185 m hoch und liegt 5 sm S-lich von Barranca Mochima. Aus großer Entfernung kann man Radiomasten auf dem Berg erkennen.

Playa Guagua

In der N-lichsten Bucht, im Schutz von Barranca de Mochima, befindet sich die Verwaltung des Naturparks; sie hat einen sehr schönen Strand mit Restaurant und bunten Strandschirmen. Die Bucht bietet zwar einen guten Ankerplatz, aber die Zufahrt ist nicht gestattet.

Playa Las Maritas

Wenn man dem Ostufer nach Süden folgt, passiert man den schönen Strand Playa Blanca und gelangt nach Playa Las Maritas, einem tagsüber bevölkerten Strand mit Strandhütten und einem guten Restaurant. Hier findet man in ausreichendem Abstand zum Badestrand einen Ankerplatz auf 8 m Tiefe.

Ensa Matacual

Ensa Matacual ist ein tiefer Einschnitt nach Osten, der eine Reihe von Ankerplätzen aufweist.
Ankerplatz A liegt im NW des Einschnittes. Er ist nicht sonderlich attraktiv, bietet aber Schutz gegen Schwell. Der sandige Grund ist in 20 m Entfernung vom Ufer 4 m tief. Es gibt genug Platz zum Schwojen.
Platz B liegt im äußersten NO vor einem schmalen Mangrovengürtel. Man ankert auf 7 m Tiefe und bringt eine Leine zu einer Mangrove aus. Es gibt einen Durchstieg am Ufer zu einem Platz, der offensichtlich zum Grillen benutzt wird. Das Wasser ist klar und lädt zum Baden ein.
Ankerplatz C liegt im äußersten SO von Ensa Matacual. N-lich einer Bachmündung hat sich eine Untiefe gebildet. Hier beträgt die Wassertiefe weniger als 1 m. Im Abstand von 20 m zum Ufer kann man auf einer Tiefe von 4 m ankern und die Heckleine an einer Mangrove festmachen.
Ankerplatz D liegt in einer ausgeprägten Einbuchtung im SW von Ensa Matacual. Sie ist von zwei Hügeln eingerahmt. Am Scheitel der Einbuchtung stehen Bäume hinter einem schönen Sandstrand. Ein Weg führt zu einem weißen Haus. Am Eingang der Einbuchtung beträgt die Tiefe 10 m und nimmt dann kontinuierlich ab. Auf 3 m Tiefe findet man einen guten Ankerplatz über gut haltendem Sand und hat viel Raum zum Schwojen. Das Wasser ist klar und der Grund sichtbar.
Im Westen liegt ein Wrack vor dem Strand, dessen Holzspanten nur wenig über die Wasserfläche hinausragen. Eine angenagte Böschung läßt vermuten, daß Grundschwell hineinstehen kann.

La Aguada

Position am Ankerplatz: 10°22′04″N / 064°20′10″W
La Aguada teilt sich in zwei Buchten, von denen die nördlichere Toporito und die südlichere Toporo genannt wird.
Ein besonders schöner Ankerplatz inmitten grüner Hügel liegt im östlichsten Zipfel von Toporo. Hier ankert man auf 4 m Tiefe über bewachsenem

Grund mit einer Heckleine zu einer Mangrove. Ein kräftiger Mangrovengürtel trennt den flachen, roterdigen Strand vom Wasser.
Bei der Einfahrt in die Einbuchtung von Toporito hält man sich fern von beiden Ufern. Besonders an der südlichen Einfahrtshuk gibt es eine Untiefe etwa 100m vom Ufer entfernt. Im SO gibt es keine Riffe. Die Tiefe beträgt hier in einer Entfernung von 25m zum Ufer nur noch 2,2–1,6m.

Ensa Puerto Viejo

Position am Ankerplatz: 10°21′00″N / 064°20′30″W
In dieser Bucht gibt es mehrere Ankerplätze. Dicht am Ort Mochima, ruhig und geschützt, hat man einen Platz (E) im äußersten Osten der Bucht. Man ankert auf 6m Tiefe mit ausreichend Platz zum Schwojen.
Im Norden dieses Ankerplatzes gibt es einen Ort, den die Einheimischen El Pozo nennen. Hier findet man einen Ankerplatz (B) vor einem schönen palmenbestandenen Strand. Zwischen diesem und dem oben genannten Ankerplatz liegen in Ufernähe zwei Pontons, die aber leicht erkennbar sind.
Unmittelbar vor dem Ort Pueblo Mochima gibt es einen weiteren Ankerplatz (G). Der Grund steigt hier steil an, so daß man gezwungen ist, sehr nah an den Ort heranzufahren. Hinzu kommt, daß man den Verkehr der Fischerboote und Peñeros erheblich behindert und auch selbst gestört wird.
Der kleine Ort besteht aus zwei Parallelstraßen in der Länge des Ufers und macht einen freundlichen und sehr gepflegten Eindruck. Am Wochenende wogt hier der venezolanische Tourismus, und die Peñeros bringen die Ausflügler von der beschilderten Anlegestelle zu den Stränden im Norden. Nach 17 Uhr ist die Betriebsamkeit vorüber, und die Restaurants im Ort schließen.

Versorgung

An einer kleinen Pier im Westteil von Mochima gibt es zwei Zapfsäulen für Benzin. Die Tiefe beträgt hier aber nur 1 m, so daß die Zufahrt nur mit dem Dingi möglich ist. Stangen und Fahnen kennzeichnen die Untiefe. Diesel ist im Ort nicht zu bekommen. Es gibt zwei Lebensmittelgeschäfte. Das „Comercial Maria“ verkauft außer Grundnahrungsmitteln, verpacktem Brot, Wurst und Käse auch Souvenirs aller Art. Die „Empresa Bahia Mochima“ hortet in einem riesigen Kühlraum preiswerten Fisch und Eis. Im Laden erhält man Gemüse, Obst, Eier und Mineralwasser. Das Geschäft hat einen eigenen Anleger, so daß der Einkauf mit dem Dingi sehr bequem ist. Man kann die Wasserkanister hier im Dingi auffüllen. Wasser kann man auch an der Tankstelle und in jedem Restaurant erhalten.
Auch die drei Restaurants liegen so nah am Wasser, daß man das Dingi fast am Tischbein anbinden kann. Sie sind leider nur tagsüber geöffnet.
Eine Krankenschwester in einer kleinen Station (medicamentura) übernimmt die medizinische Notversorgung. Eine Post oder Telefonzellen findet man hier nicht, aber es gibt ein kleines CANTV-Büro mit Handvermittlung. Auch eine Bank oder Apotheke sucht man vergebens. Dafür muß man nach Cumaná fahren. PPs fahren zweimal täglich hin und zurück.

Weitere Ankerplätze

Puerto Mochima bietet noch eine Fülle weiterer Ankerplätze im Westen, die hier nicht beschrieben werden, wie Santa Marta, Varadero Este, Guatacari, Isla Redonda und Bahia Garrapata im Süden der größeren Bucht Bahia Aguirre.

Cumaná, der Golf von Cariaco und die Halbinsel von Araya

Karte: Imray D 12

Cumaná

Lage und Umgebung

Von See her gesehen macht die Stadt keinen sehr gewinnenden Eindruck. Puerto Sucre heißt der geschäftige Hafen Cumanás, Umschlagplatz für ein bedeutendes Handels- und Wirtschaftszentrum, schmutzig und laut wie die meisten Häfen dieser Art. Aber schon wenige Meilen südöstlich zeigt sich die Stadt als modernes Seebad mit langen, palmenbestandenen Stränden und vielsternigen Hotels.
Im Zentrum entfaltet sich der Charme der ältesten spanischen Stadtgründung auf dem amerikanischen Kontinent in schattigen Parks, in engen Gassen mit Häusern im Kolonialstil, auf den Plätzen mit den Kathedralen und entlang des Rio Manzanares. Vom Tourismus ist die Stadt unberührt geblieben.
Humboldt betrat hier zum erstenmal südamerikanischen Boden, und die Stadt hat auf ihn eine besondere Faszination ausgeübt. Cumaná ehrte sein Andenken, indem es eine bedeutende Avenida nach ihm benannte.
Cumaná ist die Geburtsstadt des Helden des Unabhängigkeitskrieges, Gran Mariscal de Ayacucho. Diesen Ehrentitel bekam General Antonio José Sucre, nachdem er die entscheidende

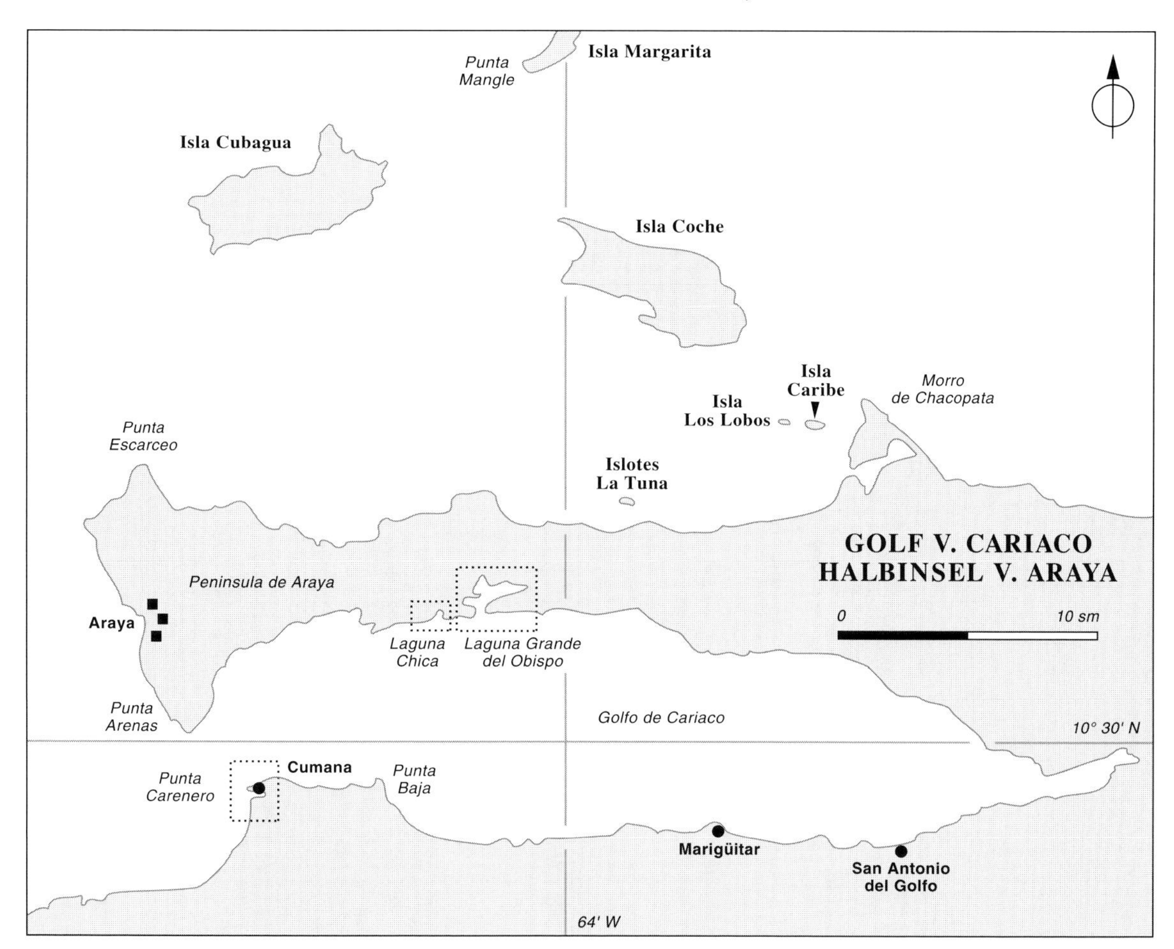

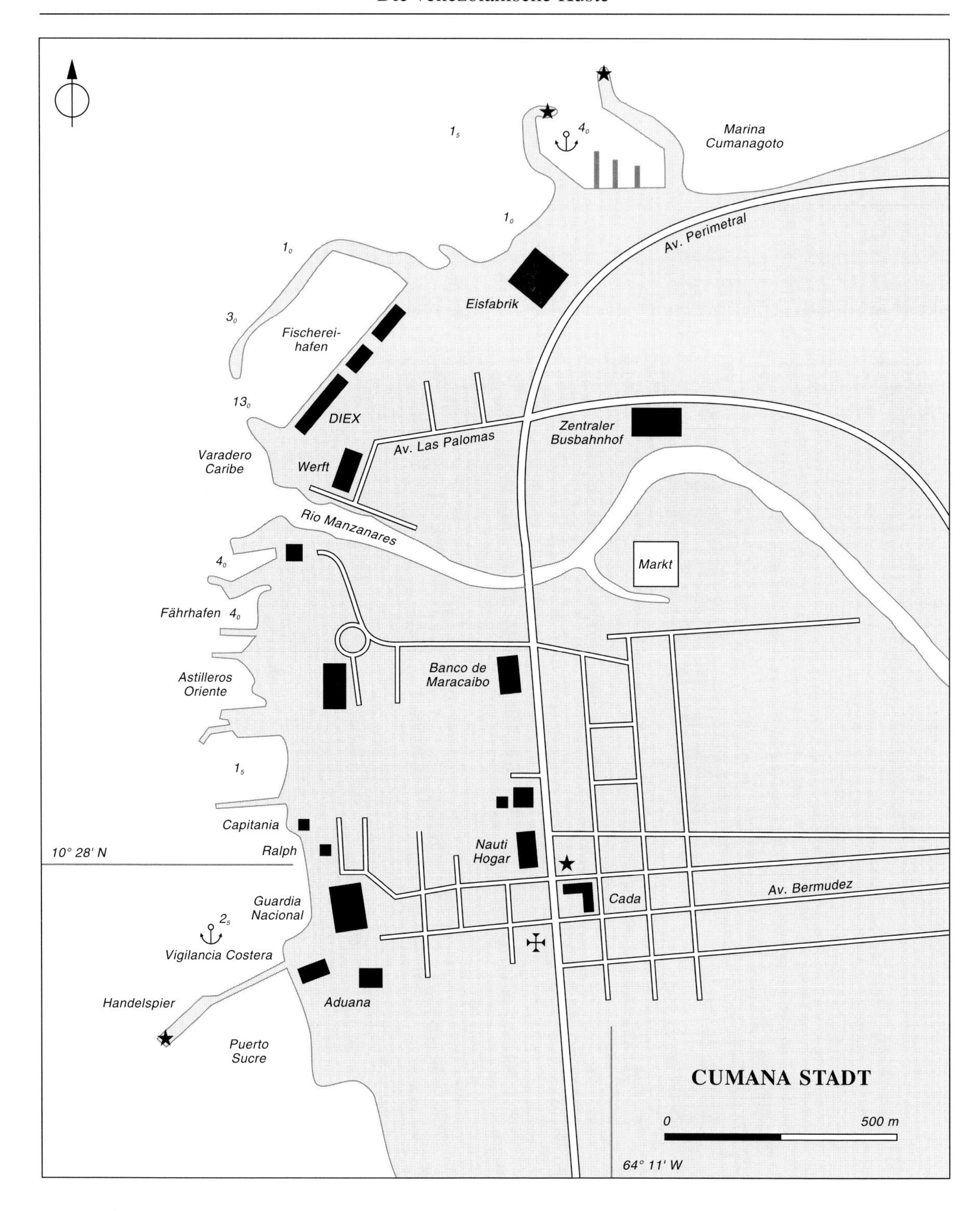

Marina
Cumanagoto
Av. Perimetral
Eisfabrik
Fischerei-
hafen
DIEX
Av. Las Palomas
Zentraler
Busbahnhof
Varadero
Caribe
Werft
Rio Manzanares
Markt
Fährhafen
Astilleros
Oriente
Banco de
Maracaibo
Capitania
Ralph
Nauti
Hogar
10° 28' N
Cada
Av. Bermudez
Guardia
Nacional
Vigilancia Costera
Handelspier
Aduana
Puerto
Sucre
CUMANA STADT
0
500 m
64° 11' W

Schlacht von Ayacucho gewonnen hatte, die zur Unabhängigkeit Perus führte.

Marina Cumanagoto

Adresse: Avenida Perimetral al Lado de Ensal, Cumaná, Fax 093-315023
Position am Liegeplatz: 10°28′42″N / 064°11′08″W
Für Segler, die Cumaná ansteuern, ist die Marina Cumanagoto eine gute Empfehlung, denn freundliches und hilfsbereites Personal, eine sichere Bewachung, ein geschützter Liegeplatz und eine Reihe weiterer Annehmlichkeiten sprechen für die Marina.

Ansteuerung

Die Ansteuerung aus dem Golf von Cariaco erfordert einen Abstand von gut einer halben Seemeile zur Küste.
Von Norden kommend, hält man zunächst auf die im Osten stehenden Hochhausblocks zu, später auf das östlichste der Hochhäuser. Wenn man von Westen kommt, steuert man zunächst auf das am weitesten im Norden stehende Hochhaus zu. Später wird weiter nördlich der Fischereihafen mit den Ladebäumen der Thunfischfängerboote sichtbar. Wenn man den Fischereihafen passiert hat, kann man die Hafenmolen der Marina Cumanagoto erkennen.
Bei der unmittelbaren Einfahrt in die Marina muß man äußerst vorsichtig sein, weil nur eine schmale Rinne tiefen Wassers ins Innere führt. Verantwortlich für die Versandung der Einfahrt ist die Strömung aus dem Golf. Die Einfahrt wird mit Sauggeräten immer wieder freigehalten.

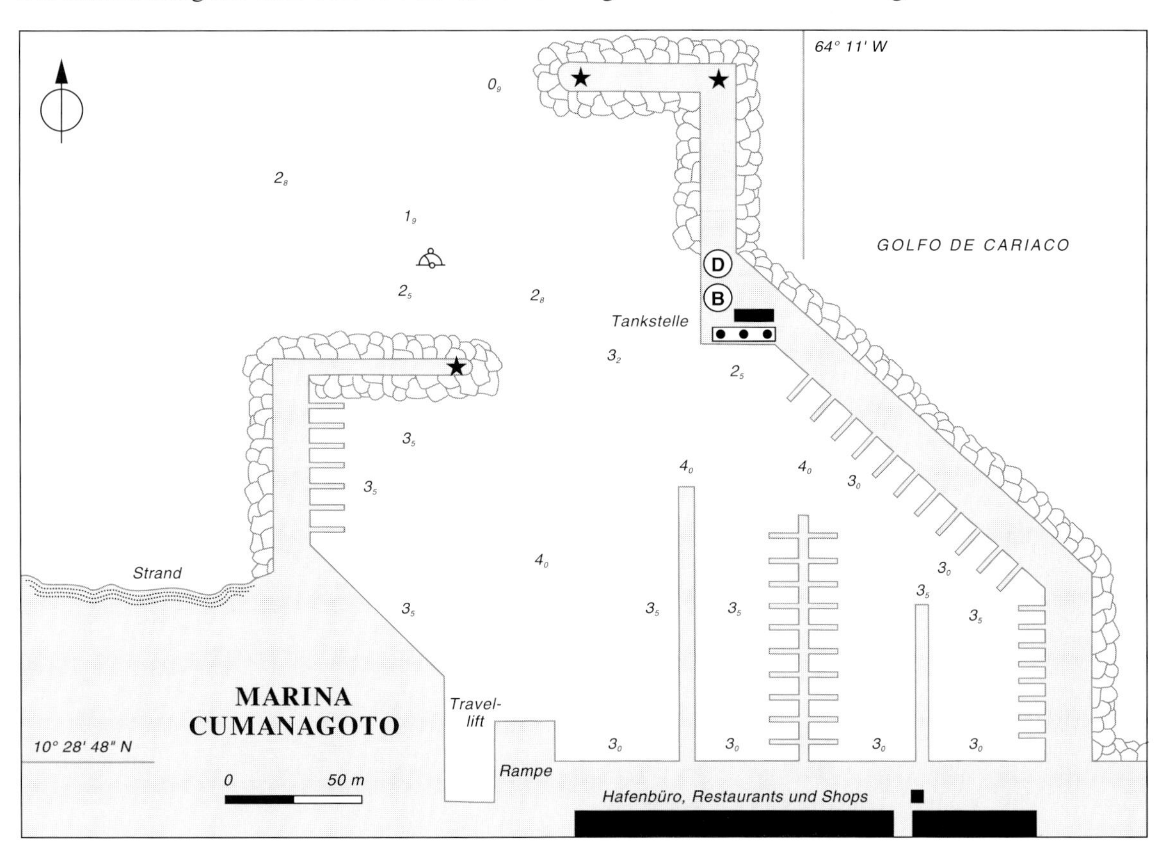

Cumaná, Marina Cumanagoto mit Halbinsel Araya im Hintergrund.

Bei unseren letzten Besuchen lagen in der Einfahrt eine grüne Tonne mit Fähnchen an der Bb.-Seite und eine weiße Kugeltonne an der Stb.-Seite. Steuern Sie die Passage zwischen den Tonnen an. Wir loteten bei Niedrigwasser 2,3 m an der flachsten Stelle der Passage. Der Tidenhub beträgt hier etwa 40 cm. Zur Bb.-Tonne hielten wir etwa 10 m Abstand. Sie stand auf nur 1,3 m Tiefe. Nordöstlich der Tonne nehmen die Tiefen schnell auf weniger als 1 m ab.

Die Angestellten der an der Ostseite der Marina liegenden Tankstelle lotsen einlaufende Schiffe notfalls mit Handzeichen in die sichere Rinne, besonders wenn die Ankunft über UKW-Kanal 16 angekündigt wurde. Eine Ansteuerung bei Nacht ist nicht zu empfehlen.

Liegeplätze

Innerhalb der Marina sind überall ausreichende Tiefen zwischen 3–4 m. Die Liegeplätze im Westen sind bei starkem Ostwind einem unangenehmen Schwell ausgesetzt.

Das Marinapersonal ist beim Festmachen behilflich. Es kann passieren, daß die Guardia Nacional das Boot kontrolliert und nach Waffen fragt.

Es gibt Wasser- und Stromanschlüsse (110/220 Volt).

Arbeiten am Steg sind wegen der Verschmutzung und Belästigung nicht erwünscht, können aber am Ende der Westmole durchgeführt werden.

Zum Service der Marina gehören: vorbildliche Duschen, ein gutes Restaurant, ein luftiges Café-Restaurant, öffentliche Telefone, ein Minimarkt, Eis und Propangas, ein Bootszubehörmarkt und eine Boutique, Fax- und Kopiermöglichkeit und eine Wäscherei. Taxen und Leihwagen können hier vermittelt werden, und Geldumtausch ist möglich.

Die Marina ist gut bewacht.

Puerto Sucre

Position: 10°28′N / 64°11′30″W (Reede)

Wer die Marina nicht aufsuchen möchte, kann nördlich der Handelspier im Puerto Sucre ankern.

Ansteuerung

Landmarken bei der Ansteuerung sind der Cerro Colorado, eine rotleuchtende Felswand südlich von Cumaná und die Zitadelle von San Antonio, die sich östlich von Cumaná auf einem Hügel in etwa 60 m Höhe befindet. Aus geringerer Entfernung ist das geschwungene Band einer Versicherungsreklame von „Seguros Progreso" auf einem Hochhaus im Hintergrund des Molenbeckens sichtbar.
Die Handelsmole hat zwar an ihrem Ende ein Leuchtfeuer (Kennung: Fl. 4 s 7 sm), aber die Ansteuerung bei Nacht ist nicht zu empfehlen, da dieses Feuer vor den vielen Lichtern der Stadt und der Fischereifahrzeuge nur schwer auszumachen ist.

Liegeplätze

Vom Molenkopf der Handelspier verläuft die 10-m-Linie nach Norden. Im Inneren des Molenbekkens nehmen die Tiefen zum Ufer hin rasch ab. Etwa 100 m vom Strand entfernt beträgt die Tiefe weniger als 2 m. Der Ankerplatz ist gegen Westwinde nicht geschützt und kann dann sehr ungemütlich werden.
Das Wasser ist schmutzig und verölt. Etwas südlich vom Ankerplatz werden Abwässer eingeleitet, und im Norden mündet der Rio Manzanares mit seinen braunen Fluten ein.
Wasser gibt es an der Pier. Es muß in Kanistern per Dingi transportiert werden. Zugang zu sanitären Einrichtungen gibt es nicht.

Formalitäten

Einklarierungsformalitäten sind in folgender Reihenfolge zu erledigen:
1. Stichprobenartige Kontrolle des Schiffes in der Marina durch einen Nationalgardisten.
2. Skipper stellt sich mit Crewliste im Marinabüro vor.
3. Falls das Schiff aus dem Ausland einläuft, wird zuerst die Einwanderungsbehörde (DIEX) aufgesucht.
4. Dann kommt der Besuch beim Hafenkapitän.
5. Zum Schluß wird der Zoll aufgesucht, dem man eine Crewliste vorlegt.

Ausklarierungsformalitäten:
1. Abmeldung mit Zielangabe im Marinabüro
2. Besuch des Zolls
3. Besuch des Hafenkapitäns

Die Einwanderungsbehörde befindet sich im Fischereihafen.
Der Hafenkapitän befindet sich am Trawlerterminal. Der Zoll hat seinen Sitz am Fuß der Handelspier am Ende der Avenida Bermudez. Gegenüber liegt das Gebäude der Guardia Nacional.

Service und Versorgung

Bootszubehör (incl. Farben):
Nauti Hogar an der Kreuzung der Avenida Perimetral mit der Av. Mariño. Eisenwarengeschäfte (Ferreterias) auf der Av. Bermudez zwischen der Avenida Perimetral und dem Hafen
Petroleum: Berta de Rodriguez, Calle las Tinasitas 189 im Barrio Puerto España
Gas: Distribuidora Jergas in der Calle Aracucho 15
Kopien angelieferter Seekarten in der Calle Carabobo
Segelanfertigung und Reparaturen, Biminis, Biegen und Schweißen von Alu und Niro, Drehen und Fräsen, Holzarbeiten, Bau von Dingis nach Maß, Fiberglasarbeiten in Polyester und Epoxy, Kühltechnik und Solaranlagen:
Ocean Sails Ralf Deseke, Calle El Salado 3–5.
Slippen, Anstriche, Reparaturen von Holz, Eisen- und Kunststoffrümpfen, Wellenanlagen:
1. Varadero Caribe, Hermanos Plaut (fließend Englisch sprechend)
2. Astilleros de Oriente

Beide Werften sind gut bewacht. In erster Linie sind sie auf Fischerei- und Berufsfahrzeuge eingerichtet, und die Anwesenheit während der Arbeiten ist empfehlenswert.
3. NAVIMCA, Calle de la Marina, Cumaná

Elektrik, Anlasser, Lichtmaschinen und Batterien: Electro Car, Calle Blanco Fombana 131. Der Besitzer Simon Ananjan spricht Englisch und ist überaus hilfsbereit.
Postamt (Ipostel): Calle Miranda in der Nähe der Kathedrale
Telefonzentrale (CANTV): Calle Montes, an der Bushaltestelle im Zentrum

Sehenswürdigkeiten

In der Stadt selbst sollte man nicht versäumen, am Spätnachmittag durch den gepflegten Parque Ayacucho mit seinen herrlichen tropischen Bäumen zu schlendern. Auch ein Besuch des Marktes ist ein Vergnügen. Man bekommt dort neben allen Lebensmitteln und Bekleidung auch die typischen Handarbeiten wie Körbe, Cuatros (die kleinen venezolanischen Mandolinen) und Hängematten aus Stoff (Hamacas) oder aus dem Geflecht der Morichepalme (Chinchorros). Für Kaffee und Zigarren ist Cumaná berühmt.
Die berühmteste Sehenswürdigkeit in der Nähe ist die Cueva de Guacharo, die auch Humboldt erforschte und deren Bewohner, die unentwegt schreienden Fettvögel, er eindrucksvoll beschrieb. Busse und PPs fahren dorthin. Will man nicht in Caripe übernachten, muß man sich nach Rückfahrzeiten erkundigen. Falls man ein Taxi vorzieht, sollte man den Weg über Cumanacoa und San Francisco wählen, er ist schneller und landschaftlich reizvoller.

Der Golf von Cariaco und seine Ankerplätze

Lage und Umgebung

Die Einfahrt des Golfes liegt zwischen Punta Arenas (10°30'N / 064°14'W) an der Südseite der Halbinsel von Araya und Punta Carenero auf dem Festland nur 1 sm nördlich von Puerto Sucre, dem Hafen von Cumaná. Die Ost-West-Ausdehnung des Golfs beträgt 30 sm, seine größte Breite von Nord nach Süd 8 sm.
Flachwasserzonen gibt es in SO und O von Punta Arenas mit größerer Ausdehnung, als die Karte zeigt. Auf der Südseite des Golfes erstrecken sich zwischen Punta Carenero und Punta Baja, das 4 sm weiter östlich liegt, Flachwasserzonen mit Tiefen von weniger als 2 Metern bis zu 0,5 sm seewärts.
Das Schiefergebirge der Halbinsel Araya im Norden des Golfes ist trocken, wüstenartig, der kahle Fels tritt überall zutage. Im Süden ragen grüne Gebirgshänge auf, die mit üppiger Vegetation bewachsen sind.
Die Südküste des Golfes sollte man einmal mit einem Mietwagen besuchen. Die Straße entlang der Küste gibt herrliche Blicke auf die vielen Buchten frei. Im Ort San Antonio del Golfo kann man köstlich zubereiteten Fisch oder die berühmten „Huevas de Lisa" (Fischeier) essen und in Cerezal jede Art von Körben kaufen. Vor den Orten im Meer sieht man überall Plattformen, an denen riesige Mengen von Muscheln gezüchtet werden. Im äußersten Osten befindet sich die sumpfige Laguna de Cariaco, in die der Rio Cariaco einmündet.
Wind kommt gewöhnlich erst am späten Vormittag aus NO–O auf. Bis zum Abend steigert er sich bis zu 25 kn, wobei sich nicht mehr als eine kurze See bildet, wie wir sie von großen Binnengewässern kennen. Aus der Fülle der Ankerplätze stellen wir nur eine Auswahl vor.

Navimca

Adresse: Navimca, Giorgio Neri, Astilleros
Direccion Calle La Marina – Caiguire –
Cumaná – Venezuela, Fax: 093/3190 64

Lage und Umgebung

Etwa 3 sm östlich der Marina Cumanagoto liegt die Reparaturwerft Navimca im Stadtteil Caiguire von Cumaná. Die Werft wird von dem Italiener

Giorgio Neri geleitet, der gut Englisch spricht. Nachdem früher Reparatur und Wartung von Fischereifahrzeugen die Existenzgrundlage bildeten, hat sich die Werft nun auf Yachten spezialisiert und ist wegen günstiger Preise und guter Arbeit ein guter Tip unter Seglern. Mit dem Travellift können 70t, mit dem Kran 20t gehoben werden. Alle Arbeiten können ausgeführt werden. Auch Langzeitlagerung ist auf dem gut bewachten Gelände möglich. Saubere Duschen und Toiletten, Fax und Postbox gehören zum Service.
Einen CADA-Supermarkt gibt es in der Nähe.

Ansteuerung

Die Zufahrt führt durch das oben beschriebene Flachwassergebiet. Zwei hier liegende Wracks sind eine eindringliche Warnung. Aber bei Anruf auf UKW-Kanal 16 wird man etwa 200 m vor dem Ufer von einem Lotsen abgeholt und durch einen engen Kanal zur Werft geleitet.

Marigüitar – Club Maigualida

Anschrift der Schweizer Zentrale: Maigualida Club, Lindenquai 10, CH-7000 Chur
Anschrift in Venezuela: Maigualida Club, Carretera Nacional
Sector La Chica, Marigüitar, Estado Sucre
Position: 10°27′N / 063°55′W

Lage und Umgebung

Zwischen dem Sandstrand und der Uferstraße liegt die gepflegte kleine, fast intime Ferienanlage. Die zweigeschossigen Reihenhäuser schlie-

Marigüitar, Liegeplatz im Club Maigualida.

ßen sich an eine Kokosplantage an. Ein hübsches, luftiges Restaurant mit kreolischer Küche steht auch Besuchern offen. Leider wird man während der Regenzeit von „Jejenes“ belästigt, diesen punktförmigen, kaum sichtbaren Insekten, deren Stiche noch nach Tagen jucken.
Die Anlage gehört einem schweizerisch-venezolanischen Konsortium und wird auch hauptsächlich von Schweizern besucht. Der Club bietet die zur Zeit einzige Möglichkeit, in Venezuela direkt Segelyachten zu chartern. Für die Zukunft ist der Bau einer Marina für 70–80 Schiffe geplant. Es soll Tank-, Reparatur- und Überholungsmöglichkeiten, aber keine Hebeanlagen und Landstellplätze geben.

Ansteuerung

Der Club Maigualida liegt in der Bucht La Chica. Der Osten der Bucht wird von der Punta Monte Christo gebildet. Diese niedrige mit Kokospalmen bestandene Landzunge hebt sich bei Ansteuerung aus West dunkel vor dem dahinterliegenden Bergland ab. Eine rote Abbruchkante markiert die Bucht im Südwesten. Beim Näherkommen werden die Ferienanlage und der Bootssteg, auf den man zuhalten soll, sichtbar. Im Osten der Bucht hat der Rio Marigüitar durch seine Ablagerungen eine untiefe Bank aufgeschwemmt.

Liegeplätze

Der Steg hat Wasser- und Stromanschluß. Hier können auch Gastschiffe mit Buganker festmachen. Preiswerter sind die Liegeplätze an den Mooringbojen, und Ankern ist kostenfrei. Die Punta Monte Christo schützt den Ankerplatz vor den teilweise sehr starken östlichen Winden.

Service und Versorgung

Zu den Serviceleistungen des Clubs gehören Duschen und Toiletten, Telefon und Fax, Geldwechsel, Vermittlung von Touren ins Landesinnere und zur Guacharohöhle. Zum Einkaufen geht man in den nahegelegenen Ort Marigüitar.
Im Zentrum gibt es mehrere Geschäfte auch für Obst und Gemüse. In der Bäckerei bekommt man auch Hühner, Eier, Wurst und Käse. Der Ort hat ein Bekleidungs- und Haushaltswarengeschäft, zwei Eisenwarengeschäfte, Fleischerei, Arzt und Apotheke. Die Licoreria Marigüitar verkauft neben Alkoholika auch Strohhüte und Cuatros, die kleinen vierseitigen Gitarren, für deren Herstellung Marigüitar bekannt ist. Am Ortsende gibt es einen Markt und die Fischfabrik Alimentos Margarita, die hauptsächlich Thunfischkonserven herstellt und etwa eintausend Arbeiter beschäftigt. Von Marigüitar aus fahren PPs nach Cumaná und von dort zurück vom Parque Ayacucho aus.

Laguna Grande del Obispo

Position der Einfahrt: 10°35′N / 64°03′W

Lage und Umgebung

Laguna Grande del Obispo ist eine stark gegliederte Bucht an der Nordküste des Golfs mit einem etwa 1 sm tiefen Einschnitt nach Norden und einem ca. 1,5 sm weiten Arm nach Osten.
In den vielen geschützten Buchten bietet die Lagune gute Ankerplätze. Sie ist ein Paradies für Ruhesuchende, eine stille, wüstenartige Landschaft. Die Hügel sind sanft geschwungen, spärlich bewachsen und leuchten in allen Rotschattierungen.

Ansteuerung

Die Einfahrt in die Lagune liegt 11,5 sm östlich von Punta Arenas im Norden des Golfs. Sie ist zwischen den felsigen Huken von Punta Infierno und Punta El Lance schwer auszumachen. Sowohl für die Einfahrt als auch für die Orientierung in der Lagune ist Tageslicht nötig. Wir empfehlen, die Mitte der Einfahrt anzusteuern, da den Huken

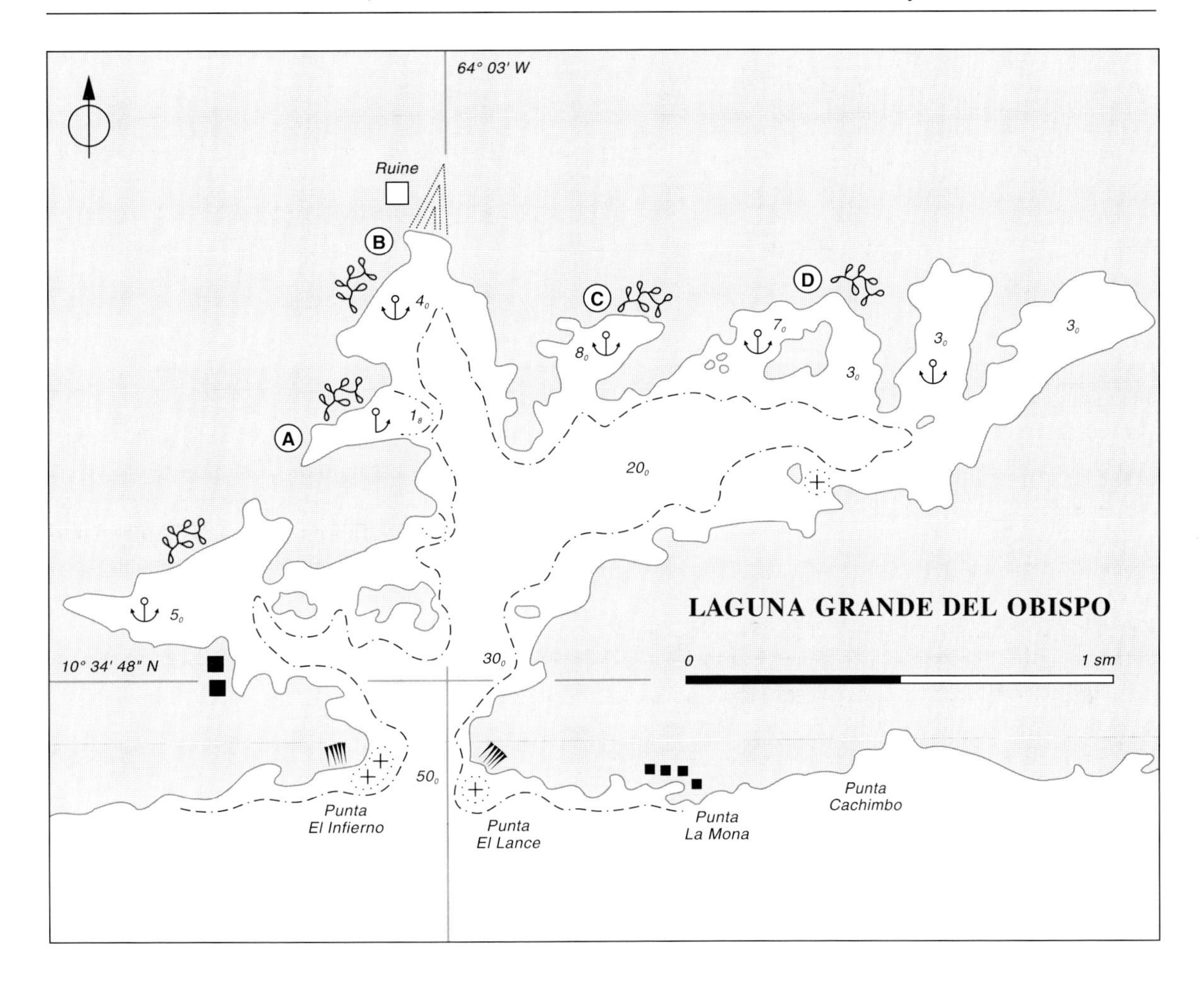

Über- und Unterwasserfelsen vorgelagert sind. Direkt im Norden der Einfahrt liegt eine Insel. An ihrem Südostzipfel haben wir eine Barre mit 2 m Tiefe gefunden.

Ankerplätze

Da wir von den Fischern keine Namen der Buchten und Inseln erfahren konnten, haben wir sie mit Buchstaben versehen.

Bucht A

Diese Bucht hat einen Sandstrand an ihrem Westende. Für unser etwa 1,9 m tiefgehendes Boot kam sie nicht in Frage, da wir am Eingang nur 2 m loteten.

Bucht B

Hier fanden wir einen guten Ankerplatz auf 4 m Tiefe. Zum Ufer nehmen die Tiefen ab, da hier bei Regen Erdreich angeschwemmt wird. Im Nordzipfel der Bucht steht eine Ruine, ein Flußbett läuft durch eine Geröll- und Schlammaufschüttung.

Bucht C

Hier findet man einen guten und schönen Ankerplatz auf 8–4 m Tiefe.

Bucht D

In der westlichen Einfahrt liegen Felsen. Von der östlichen Einfahrt werden Hindernisse gemeldet, die wir aber nicht gefunden haben.
Da für die gesamte Lagune keine verläßlichen Lotungen vorliegen, sollten alle Ankerplätze vorsichtig angelaufen werden.

La Angoleta

Etwa 1 sm westlich der Einfahrt in die Laguna Grande del Obispo liegt der malerisch wirkende Fischerort La Angoleta in einer kleinen Bucht, vor der sich im SO eine kleine Insel befindet.

Laguna Chica

Position: 10°34′25″N / 064°04′35″W

Lage und Umgebung

Laguna Chica liegt knapp 10 sm ONO-lich von Punta Arenas. Von dort kommend, ist die Einfahrt gut auszumachen, während sie bei Ansteuerung aus Osten durch ein vorspringendes Kap verdeckt wird. Da die umliegenden Hügel allmählich auslaufen, wirkt sie offener als Laguna Grande. Auch hier sind die Ufer mit Mangroven bewachsen. Im Norden der Lagune gibt es drei kleinere Bootswerften am Westufer. Am gegenüberliegenden Ufer liegt eine farbenprächtige Flotte von Fischtransportbooten.

Ankerplatz A

Der ruhigste Ankerplatz findet sich in der südwestlichen Ausbuchtung der Lagune. Die enge

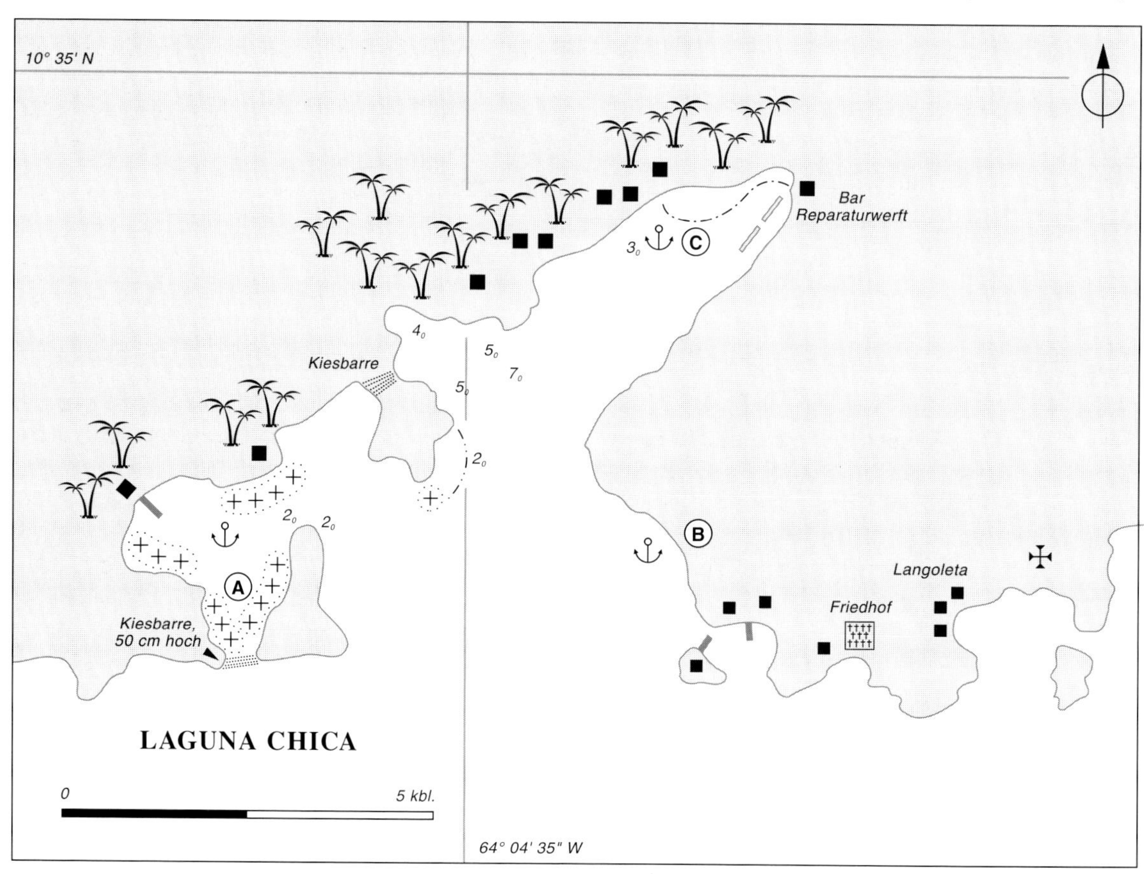

Einfahrt in das Becken ist an der Südseite weniger als 2 m tief. Das trübe Wasser macht natürlich überall sorgfältiges Loten nötig. Es gibt genug Platz zum Schwojen. Da die Bucht von Mangroven und Palmen umgeben ist, läßt sich leicht eine Leine zum Land ausbringen. Der Wind ist hier stets schwach und das Wasser spiegelglatt. Im Süden trennt eine 0,5 m hohe, schmale Kiesbarre die Bucht vom Golf. Es lohnt sich, mit dem Dingi dorthin zu fahren und im klaren Wasser des Golfes zu schwimmen.

Ankerplatz B

Einen weiteren Ankerplatz gibt es vor einem Schwemmlandstrand am Ostufer von Laguna Chica. Hier empfiehlt es sich, vor Buganker mit einer Leine zum Land zu liegen. Der Platz ist unattraktiv. Er war ursprünglich mit Mangroven bewachsen, von denen nur noch abgestorbene Überreste existieren.

Ankerplatz C

Der Platz wirkt schmuddelig und laut. Das Ufer ist mit dem Dingi nur schwer zu erreichen, da das Wasser sehr flach ist. Zudem gefährden verrottete hölzerne und eiserne Stegreste und Unrat die Bootshaut.

Puerto Real

Puerto Real liegt 8 sm ONO von Punta Arenas in der gleichnamigen Bucht. Der Ort ist eine grüne Oase inmitten kahler Felshänge. Im Scheitel der Bucht gibt es sichere Ankerplätze. Bei der Einfahrt in die weite Bucht sind Felsen an den Einfahrtshuken zu beachten.

Los Cañones

Die Einfahrt zu dem kleinen Fischerort liegt etwa 3/4 sm WNW von der Ensenada Puerto Real. Die Sonne zaubert hier am Nachmittag eine erstaunliche Farbenskala von Rot-, Braun-, Gelb- und Grautönen hervor.

Araya

Position: 10°34′N / 064°16′W

Lage und Umgebung

Der Ort Araya bietet einen guten Zwischenstopp auf dem Wege nach oder von der Insel Margarita. Er ist wegen der eindrucksvollen Ruine des Castillo de Santiago de Leon de los Caballeros einen Besuch wert. Die gewaltige Festung diente der Verteidigung der Salinen, die zu jener Zeit eine Quelle des Reichtums waren, weil Salz ein wichtiges Konservierungsmittel für Fleisch und Fisch darstellte.
Auch heute wird noch Salz in den staatlichen Salinen Ensal gewonnen. Die wenigen Einwohner leben hauptsächlich vom Fischfang. Es gibt aber eine Bank, eine Post, eine Bäckerei, ein Lebensmittelgeschäft, ein Restaurant und mehrere Kneipen, Telefonapparate am Fährpier und sogar eine Tankstelle, seit der Ort über eine Piste mit Cariaco verbunden ist.

Ansteuerung

Bei Ansteuerung aus dem Golf muß man sich von der Untiefe südlich von Punta Arenas gut freihalten. Der weitere Weg entlang der Westküste nach Norden bis Ensa de Araya, der weiten Bucht vor der Stadt, ist ohne Gefahren.
Zwischen Punta Arenas und Punta Barrigon liegt ein Flach mit Tiefen von 4–8 m vor der Küste.
Nachdem man die ca. 20 m hohe Steilküste passiert hat, öffnet sich die Bucht und gibt den Blick frei auf die Stadt.
Bei Ansteuerung aus Süd ist der 292 m hohe Cerro Barrigon südlich des alten Forts eine ausgezeichnete Landmarke.
Die Ansteuerung aus Nord erfordert sorgfältige Navigation, da sich zwischen Punta Caracare und Punta Escarceo die Untiefe Bajo de Araya bis zu 2,5 sm nach NW erstreckt. Starker Wind drückt

das Wasser von den flachsten Stellen dieser Untiefe, so daß der Grund sichtbar wird. Die Verringerung der Wassertiefe erfolgt so abrupt, daß die Beobachtung des Tiefenmessers keine Hilfe darstellt. Eine befeuerte Kardinaltonne markiert den nordwestlichsten Punkt der Untiefe. Sie ist auf 10 m Tiefe verankert. Wir haben diese wichtige Tonne einmal nicht angetroffen und empfehlen, andere Navigationshilfen hinzuzuziehen.

Ankerplätze

Die unmittelbare Ansteuerung der Ankerplätze zwischen der auffälligen Kirche mit den blauen Türmen im Norden und den Stränden südlich des Forts ist am Tag unproblematisch. Bei Dunkelheit sind die Lichter des Ortes bereits aus beträchtlichem Abstand zur Küste eine gute Navigationshilfe.
Wir ankerten nördlich der Festungsruine auf 6 m Tiefe über gut haltendem Sand vor einem Sandstrand, an dem man mit dem Dingi landen kann. Die Fährpier bietet auch Festmachemöglichkeiten für das Dingi und einen bequemeren Weg in den Ort. Der Wind blies am Nachmittag stark aus östlicher Richtung. Am Morgen gab es einen schwachen Wind aus NW. Es ist ratsam, einen Heckanker auszubringen. Wegen des starken Fährverkehrs auch während der Nachtstunden ist ein helles Ankerlicht notwendig.

Passage zwischen der Halbinsel Araya und der Isla de Margarita

Von Araya bis Boca del Rio in der Bahia de Mangle von Margarita sind es etwa 28 sm, bis zum Ankerplatz in der Ensa de Charagaro der Insel Cubagua etwa 24 sm. Immer ist es ein Kurs hoch am Wind mit Versatz durch den im Canal de Margarita WNW-wärts setzenden Strom von ca. 1 kn Stärke. Die einzige Gefahr für die Navigation ist die oben beschriebene Untiefe Bajo de Araya.
Vom Nordwestzipfel der Untiefe aus wirkt Margarita wie zwei voneinander getrennte Inseln, die Gipfel gekrönt von weißen Kumuluswolken. Die Picos de Maria Guevara, im Volksmund und der amerikanischen Karte auch „Las Tetas", die Brüste, genannt, sind auf über 20 sm eine auffällige Landmarke für die Ansteuerung.
Auch Segler auf dem Wege nach Trinidad wählen diesen Weg, da sich zwischen Araya und Chacopata (ca. 35 sm) ohnehin kein Ankerplatz findet, und der Weg dorthin Motorfahrt gegen Strom und starken Wind bedeutet. Margarita stellt eine vorzügliche Möglichkeit dar, aus dem preiswerten und reichhaltigen Angebot Vorräte anzulegen.

Von Punta Escarceo (Araya) bis Punta Peñas (Paria)

Karte: Imray D 12, Imray D 11

Lage und Umgebung

Der in diesem Kapitel beschriebene Küstenabschnitt bis Punta Peñas und weiter bis Güiria ist etwa 180 sm lang. Die Küste ist im Winter dem NO-Passat sowie NO-Schwell ausgesetzt.
Es gibt keine vollständig sicheren Ankerplätze. Zwischen Morro de Puerto Santo und Ensenada Mejillones oder Ensenada Pargo liegen 60 bzw. 70 sm ohne jeglichen Ankerplatz.
Seekarten mit unzureichenden Maßstäben (Imray D 12 mit 1:173000, Imray D 11 mit 1:240700) sind nicht geeignet, den kaum gegliederten Küstenabschnitt, der nur über wenige auffällige Landmarken verfügt, für die Sportschiffahrt darzustellen. Wir haben uns bemüht, durch die Beschreibung in Frage kommender Ankerplätze dem Segler eine Entscheidungshilfe für die Törnplanung zu geben. Immerhin sind einige Plätze so schön, daß der Besuch ein lohnendes Ziel ist.
Das Bild der Landschaft verändert sich im Verlauf

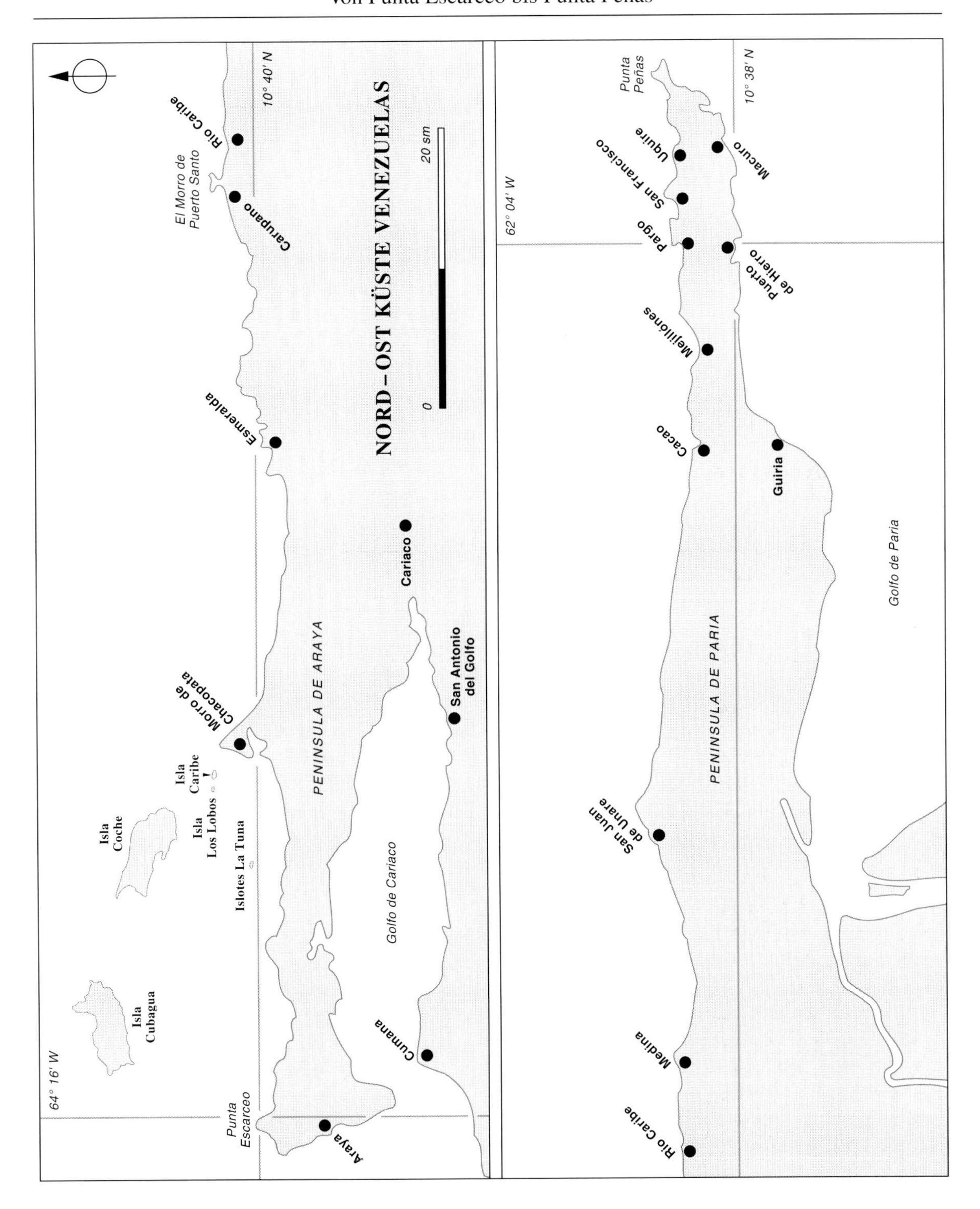
NORD – OST KÜSTE VENEZUELAS
0
20 sm
10° 40' N
64° 16' W
Rio Caribe
El Morro de Puerto Santo
Carupano
Esmeralda
Cariaco
PENINSULA DE ARAYA
Morro de Chacopata
San Antonio del Golfo
Isla Caribe
Isla Los Lobos
Islotes La Tuna
Isla Coche
Isla Cubagua
Golfo de Cariaco
Cumana
Punta Escarceo
Araya
Punta Peñas
10° 38' N
62° 04' W
Macuro
Uquire
San Francisco
Pargo
Puerto de Hierro
Mejillones
Cacao
Guiria
Golfo de Paria
PENINSULA DE PARIA
San Juan de Unare
Medina
Rio Caribe

der Küste völlig. Der Wüstencharakter der Halbinsel von Araya weicht ab Puerto Santo zunehmend dem Bild üppiger tropischer Vegetation.
Die Küste der Halbinsel von Paria ist häufig steil. Die Berge im Inneren steigen auf Höhen über 1000 m an. Ihre Gipfel sind aber selten zu sehen, da die aufsteigende, kondensierende Warmluft sie in Dunst oder Wolken hüllt.
Wer den Weg nach O schnell und ruhig unter Motor zurücklegen will, tut dies also am besten vor Dezember, nachts und dicht unter Land.
Mit Ausnahme der in den folgenden Abschnitten beschriebenen Gefahren ist die Küste frei von Hindernissen. Möglichkeiten der Augapfelnavigation entfallen, da das Wasser durch den Zulauf der Flüsse und Bäche getrübt, aber nicht verschmutzt ist.

Punta Escarceo bis Morro de Chacopata

Karte: Imray D 12
Position von Morro de Chacopata: 10°42′N / 063°49′W
Dieser 27 sm lange Küstenstreifen bildet die Nordküste der Halbinsel von Araya. Zunächst müssen die gefährlichen Untiefen von Bajo de Araya und Punta Escarceo (10°40′N / 064°16′W) passiert werden, dann hat man Wind und Strom auf der gesamten Strecke gegenan. Es gibt keine Ankerplätze, es sei denn, man entscheidet sich, El Bichar auf Isla Coche (siehe dort) anzulaufen. Die Küste hat wenig markante Landmarken. Sie ist meist flach und wechselt zwischen sandigen und felsigen Stränden. Oft bricht sich das Wasser vor der untiefen Küste.
Etwa 1 sm O-lich von Isla Los Lobos liegt Isla Caribe, eine trockene, über 30 m hohe Insel. Etwa 3 kbl südlich von Isla Caribe vermerkt die Imray D 12 eine Untiefe mit 0,8 m Wasser darüber.
Wir haben Bahia de Chacopata von Margarita aus angelaufen. Wenn man auf der Höhe von Punta Mosquito auf Margarita steht, kann man im nachmittäglichen Sonnenlicht die auffallend roten Bruchkanten des 50 m hohen Tafelberges von Morro de Chacopata sehen. Isla Los Lobos wird früher sichtbar als die größere Isla Caribe.
Der Kapeffekt am Morro de Chacopata ist deutlich zu verspüren, allerdings nimmt der Seegang ab. Das Wasser färbt sich nach Passieren des Kaps hellgrün, ein Zeichen für abnehmende Tiefen um 4 m auf der Küstenbank in der Bucht. In sicherem Abstand zum Strand erreicht man nach 2 sm den Anleger des Fährschiffes von Chacopata. An seiner Ostseite trägt er weithin leuchtende weiße Reifenfender. Westlich des Anlegers liegen die Hallen einer Fischfabrik. Zwischen Anleger und Fischhallen in ausreichendem Abstand vom flachen Ufer liegt der Ankerplatz. Man ist hier immer noch starkem Wind ausgesetzt und wird durch die Fähr- und Versorgungsschiffe gestört. Morro de Chacopata trägt ein Leuchtfeuer auf einem schwarz-weiß gestreiften Stahlgestell mit der Kennung: Blz. 15 s 65 m 16 sm.

Chacopata

Chacopata ist ein ärmliches Dorf, dessen Bewohner vom Muschel- und Austernfang leben.
1 sm S-lich des Ankerplatzes liegt die Einfahrt in die Laguna de Chacopata. Flachgehende Fischtransporter haben hier festgemacht. Der Ortsunkundige hat Mühe, mit dem Dingi eine Zufahrt durch das Flachwasser zu finden. Das weite, flache Land, auf dessen trockenem rotem Salzboden nur bizarre Säulenkakteen und niedriges, stacheliges Gestrüpp gedeihen, wirkt außerirdisch.

Ensenada La Esmeralda

Karte: Imray D 12
Position: 10°38′12″N / 063°30′12″W
Ungefähr 19 sm O-lich von Morro de Chacopata liegt der nächste Ankerplatz im Schutz des Landvorsprungs Punta Esmeralda und der gleichnamigen Insel. Die ungefähr 100 m hohe, steil abfallende Isla Esmeralda ist bei der Ansteuerung aus allen Richtungen eine gute Landmarke.

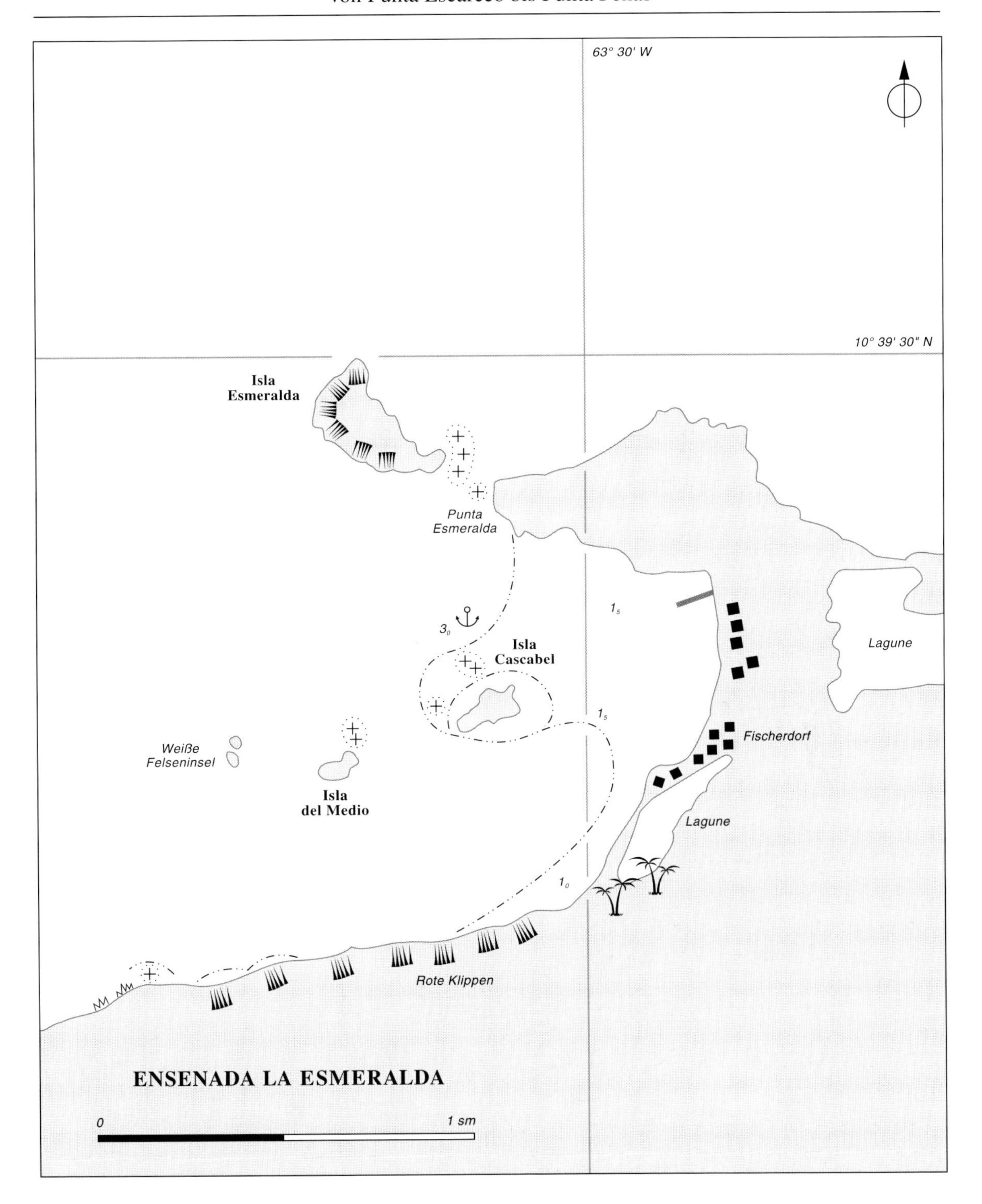
63° 30' W
10° 39' 30" N
Isla Esmeralda
Punta Esmeralda
3,0
1,5
Isla Cascabel
1,5
Lagune
Fischerdorf
Weiße Felseninsel
Isla del Medio
Lagune
1,0
Rote Klippen
ENSENADA LA ESMERALDA
0
1 sm

Bei der Ansteuerung aus Nord ist sie schon aus 10 sm Entfernung klar auszumachen, wenn nicht gerade Schauer die Küstenkonturen verhängen. Später hebt sich auch eine weiße (23 m hohe), felsige Insel von den roten Bruchkanten der dahinterliegenden Steilküste im Süden ab. Im Inneren der Bucht gibt es drei Inseln, den eben genannten weißen Fels im Westen, eine mittlere, die wir Isla del Medio genannt haben, und die Insel Cascabel im Osten. Nachdem man Isla Esmeralda an Bb. passiert hat, hält man auf die Mitte zwischen Isla del Medio und Isla Cascabel zu, bis man die ersten Häuser und den Anleger des Dorfes im Osten zwischen 100°–90° rechtweisend peilt. W-lich einer Linie zwischen Punta Esmeralda und dem Westzipfel von Isla Cascabel kann man auf 3 m Tiefe ankern. Östlich dieser Linie betragen die Tiefen bei Niedrigwasser nur 2,5 m. Wenn man sich vorsichtig vortastet, ist eine Grundberührung keine Katastrophe, denn der Boden besteht aus weichem Schlamm, der dem Anker schlechten Halt gibt.

Vor der sinkenden Sonne am Nachmittag kontrastieren die Ausläufer der Berge im Westen dunkelblau unter kräftigen Wolken, und es entsteht eine dramatische Szenerie.

Carúpano

Karten: Imray D 12
Position: 10°40′30″N / 063°14′40″W

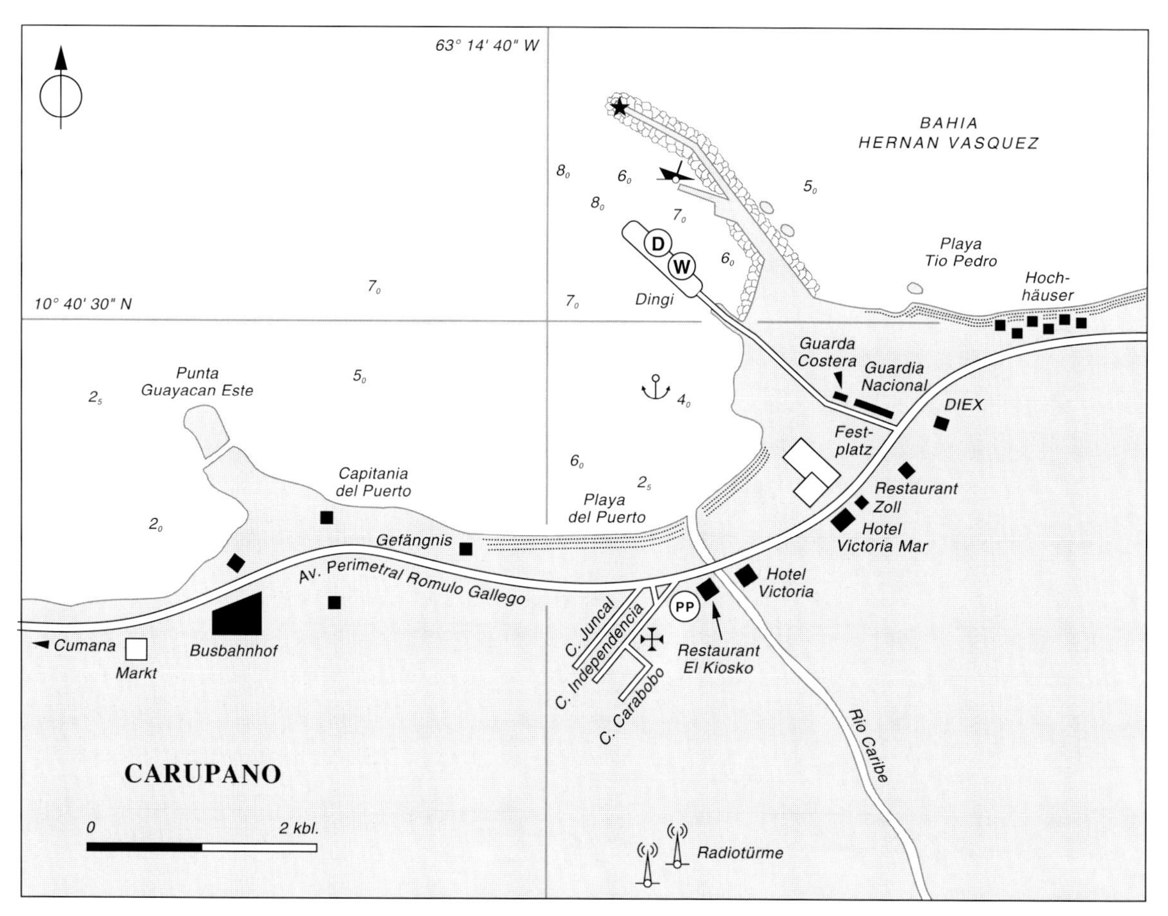

Lage und Umgebung

Carúpano ist eine geschäftige Stadt ohne Tourismus. Grüne Parks, alte Gassen mit gepflegten Häusern und schöne Kirchen verleihen ihr einen liebenswerten Charme. Ein großzügig angelegter Boulevard läuft an der gesamten Bucht entlang.
Die Hauptattraktion Carúpanos ist der Karneval. Er ist der berühmteste Venezuelas. Tag und Nacht ziehen Menschengruppen durch die Stadt, und es wird viel getanzt.

Ansteuerung

15 sm trennen Punta Esmeralda von Carúpano. Die Küste ist stark gegliedert. Klippen und Untiefen sind vorgelagert, auf denen sich die Wellen brechen. Da eine detaillierte Darstellung des Abschnittes zur Zeit noch fehlt, empfiehlt es sich, mindestens 1 sm Abstand zu halten und Islas Garrapatas (10°41′N / 063°28′W) N-lich zu passieren.
Bahia Carúpano ist eine etwa 2,5 sm breite, nach N offene Bucht zwischen Punta Hernan Vasquez im Osten und Punta Salinas im Westen. Bei der Ansteuerung sind die Untiefen im Westen der Bucht zu beachten. Um sie zu vermeiden, darf Punta Hernan Vasquez nicht unter einem rwK von weniger als 100° angesteuert werden. Wenn man N-lich des Wellenbrechers steht, steuert man auf den Ankerplatz zu, sobald man das Leuchtfeuer auf dem Kopf des Wellenbrechers mit dem Gefängnisgebäude in rw 200° in Linie hält.
Wenn man aus N kommt, ist Morro de Puerto Santo, die 90 m hohe, etwa 6 sm östlich von Carúpano liegende Halbinsel eine gute Landmarke.

Alte Kolonialhäuser an der Plaza Santa Rosa in Carúpano.

Punta Hernan Vasquez und Punta Salinas, die O-liche bzw. W-liche Begrenzungshuk der Bahia de Carúpano, heben sich vor dem gebirgigen Hinterland schlecht ab. Bei klarem Wetter sind aber zwei über 1000 m hohe Berge Ansteuerungshilfen: Cerro La Corona östlich und Cerro San José westlich von Carúpano. Aus geringerer Entfernung gibt es eine Fülle von Orientierungshilfen: eine Gruppe von acht weißen Hochhäusern im Osten der Stadt in der Bahia Hernan Vasquez, die weißen Doppeltürme der Kirche Santa Rosa, das Leuchtfeuer von Carúpano auf einem 10 m hohen rot-weißen Gerüst, das auf dem 48 m hohen Cerro Miranda im NO der Stadt steht (Kennung: Blz. 8,7 s 58 m 21 sm), der 3 m hohe grün-weiß gestreifte Feuerträger auf dem Kopf des Wellenbrechers (Kennung: Blz. 3,5 s 3 m 3 sm), zwei Funkmasten mit roten Warnfeuern im S der Stadt.
Wenn man Carúpano bei Nacht ansteuert, sollte man nicht damit rechnen, daß alle Feuer brennen. Als wir dort waren, war das Molenfeuer umgestürzt.

Ankerplätze

Der Ankerplatz liegt vor der Playa del Puerto SW-lich des Wellenbrechers und der Handelspier. Dort kann man auf 3–4 m Tiefe ankern. Der Platz ist oft einem unangenehmen Schwell ausgesetzt. Unter den Palmen hinter dem Strandbereich stehen Kabinen für die Badenden. Das Dingi kann man am Strand anlanden und es an einer Palme anketten, um es vor Diebstahl zu sichern. Ein entfernter Landeplatz für das Dingi liegt an der vorgesetzten, niedrigen Plattform der Haupthandelspier. Dort kann man auch Wasser erhalten.

Formalitäten

Auf dem Weg nach Osten ist Carúpano der letzte Port of Entry. Zoll (Aduana), Hafenkapitän (Capitania) und Einwanderungsbehörde (DIEX) müssen in dieser Reihenfolge besucht werden.
Zoll und DIEX befinden sich auf der Avenida Perimetral in der Nähe der Einfahrt in das Hafengelände. Die Einwanderungsbehörde ist möglicherweise inzwischen in die Calle Colombia ins Zentrum umgezogen. Die Hafenmeisterei befindet sich ebenfalls auf der Avenida Perimetral, aber weiter O-lich in der Nähe des Busbahnhofs.

Service und Versorgung

Gegenüber dem Hafen gibt es eine Panaderia mit ein paar Lebensmitteln, eine Apotheke und einen Eisenwarenladen. Kleine Restaurants finden sich an der Playa del Puerto. Telefonapparate hängen gegenüber der PP-Station vor dem Hotel Victoria. Weitere Restaurants finden sich natürlich im Zentrum.
Es gibt täglich einen großen Markt am Westende der Stadt in der Nähe des Busbahnhofes. Der CADA-Supermarkt liegt südlich des Busbahnhofs im Zentrum. CANTV (das Fernmeldeamt) und Ipostel (die Briefpost) sind an der Calle Carabobo. Dort liegt ebenfalls das schöne alte Gebäude der Stadtverwaltung (concejo municipal), wo man Stadtpläne von Carúpano bekommen kann.
Bargeld auf Kreditkarten bekommt man bei Banco Union, Plaza Colón, und bei Banco del Caribe, C. Independencia.
Die Endstation der PPs mit Verbindungen nach Puerto Santo befindet sich unweit des Strandes vor dem Hotel Victoria Mar.
Busverbindungen nach Güiria im Osten und Cariaco, Cumaná, Puerto La Cruz und Caracas im Westen gibt es vom Terminal de Pasajeros. Carúpano hat Flugverbindungen nach Caracas und Barcelona.
Fährverbindungen gibt es nach Margarita, Trinidad, Cumaná und Puerto La Cruz.

Bahia Hernan Vasquez

Diese Bucht bietet in ihrer NO-Ecke auf 3 m Tiefe einen geschützten Platz gegen starke Winde aus N–O. Die Bucht ist an einer Gruppe von Hochhäusern in ihrem Scheitel von See aus gut zu erkennen. Versorgungsmöglichkeiten gibt es keine. Weil es hier viel schöner, ruhiger und sicherer ist, verholen Segler gern nach hier, nachdem sie in Carúpano klariert haben.

El Morro de Puerto Santo

Karten: Imray D 11
Position: 10°43′N / 063°10′W

Lage und Umgebung

El Morro de Puerto Santo ist eine felsige, mit Buschwerk bewachsene, 91 m hohe Halbinsel, die sich etwa 1 sm vom Festland aus N-wärts erstreckt und mit diesem durch einen flachen, schmalen Isthmus verbunden ist. Westlich der Erhebung von El Morro liegt die kleine, aber ebenso hohe Insel Isleta de Puerto Santo, die an ihrer Südseite einen sehr schönen Strand hat.
Das eigentliche Dorf Puerto Santo liegt unscheinbar hinter dem Palmenstrand im Südwesten der Bucht.

Ansteuerung

Die Erhebung El Morro und die Insel bilden unverwechselbare Landmarken bei der Ansteuerung aus N. Südlich von El Morro, etwa 6 km landeinwärts, erhebt sich Cerro de la Carona, ein Berg mit 1160 m Höhe. Bei der Ansteuerung aus W oder O erscheint El Morro de Puerto Santo als eigenständige Insel, bis die Landverbindung mit den Häusern aus etwa 5 sm sichtbar wird.
Die Ansteuerung ist gefahrlos, wenn man sich 2 kbl von der N- und W-Küste freihält. Die Durch-

Puerto Santo.

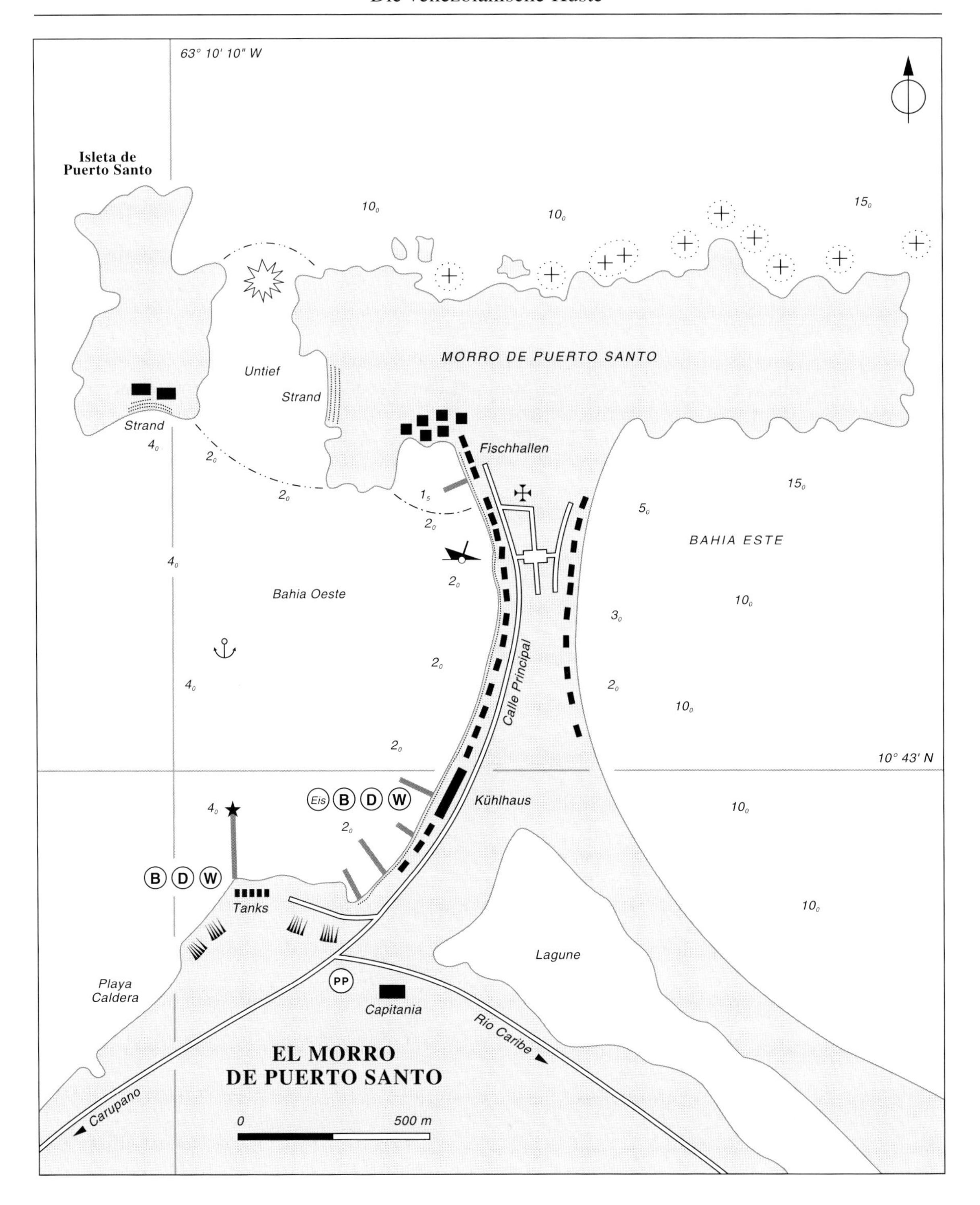
63° 10' 10" W
Isleta de Puerto Santo
MORRO DE PUERTO SANTO
Untief
Strand
Strand
Fischhallen
BAHIA ESTE
Bahia Oeste
Calle Principal
10° 43' N
Eis
B
D
W
Kühlhaus
Tanks
Lagune
Playa Caldera
PP
Capitania
Rio Caribe
EL MORRO
DE PUERTO SANTO
Carupano
0
500 m

fahrt zwischen El Morro und der Insel ist nur für flachgehende Fischerboote befahrbar.

Ankerplätze

Westlich der Landenge ankern Fischerboote in großer Zahl. Die Wassertiefe beträgt im Eingang der Bucht etwa 8 m und nimmt zum Ufer hin langsam ab. Wir ankerten auf 3,5 m Tiefe. Der Grund besteht aus schwerem grauen Schlamm und hält schlecht. Es empfiehlt sich ein schwerer Anker, dessen Halt regelmäßig kontrolliert werden muß. Wegen des nächtlichen Bootsverkehrs sollte man unbedingt ein Ankerlicht setzen. Die Bucht bietet besten Schutz gegen alle Winde aus Nord über Ost bis Süd.
Bei starken westlichen Winden sollte man einen Ankerplatz in der Bucht östlich der Landenge wählen.
Es ist schwierig, einen Landeplatz für das Dingi zu finden. Die Mole am Kühlhaus ist nicht bewacht, und der Ausstieg ist unbequem. Der Anleger an den Fischhallen ist schmutzig. Wir zogen das Dingi an einer kleinen Reparaturwerft an Land, wo man uns Aufsicht versprach, das Dingi mit Motor ankettete und die Paddel gesondert verschloß.

Formalitäten

El Morro de Puerto Santo ist kein Port of Entry. Ein Zwischenstopp wurde für uns kein Problem. Niemand fragte nach einer „Zarpe", obwohl es eine Zweigstelle der Capitania von Carúpano gibt.

Service und Versorgung

Im S der Bucht liegt eine Mole, an der die Fischerboote festmachen und ihren Fang anlanden. Dort gibt es einige Zapfstellen für Wasser von zweifelhafter Qualität. Am Fuß der Mole befindet sich eine Tankstelle für Benzin, Diesel und Öl. Die Mole wird von Fischereifahrzeugen benutzt, deshalb sollte man hier nicht oder nur kurz festmachen, um Wasser zu bunkern. Der Weg durch die Schwimmleinen der Fahrzeuge, die bereits festgemacht haben, ist ohnedies gefährlich. Kraftstoff wird nur in größeren Mengen in einem Tankwagen angefahren. Mit dem Dingi kann man an einem kleinen Anleger an der Molenwurzel festmachen, um Wasser und Kraftstoff in Kanistern zu holen. Auf dem Molenkopf ist ein weißes Festfeuer installiert.
In der Calle Principal, die der Uferlinie folgt und vom Strand nur durch eine Reihe von Fischerhäusern getrennt ist, findet man verschiedene Geschäfte mit Grundnahrungsmitteln, eine Apotheke und in demselben Hause das „Sabrosito", das einzige Restaurant des Ortes.
Commercial Rodriguez, ebenfalls in der Calle Principal, hortet Batterien, Zündkerzen, Glühbirnen, Keilriemen, Wasserschläuche, Leinen und anderes Marinezubehör, das auf inständiges Bitten auch widerwillig verkauft wird. Sehr hilfsbereit ist dagegen der Inhaber von Moto Mar. Er verkauft, repariert und wartet Außenborder.
Wenn die Verbindungen nicht gerade durch ein Unwetter unterbrochen sind und die familiären Pflichten es erlauben, vermittelt eine Señora in ihrem CANTV-Wohnzimmerbüro Telefongespräche per Hand. Kartentelefone gibt es nicht. PPs fahren vom Ortsausgang nach Carúpano oder dem pittoresken Nachbarort Rio Caribe. Preiswerte Taxen sind jederzeit verfügbar.

Ensa Medina

Karte: Imray D 11
Position: 10°42′57″N / 063°00′48″W

Lage und Umgebung

Ensa Medina ist eine etwa 2 sm weite, nach Norden offene Bucht, 9 sm von Puerto Santo entfernt, zwischen Cabo Mala Pascua (10°43′N / 063°00′W) im NO und Punta de Fraile, einer niedrigen felsigen Huk, deren Zacken im W an den Rückenkamm eines Leguans erinnern. Eine 30 m hohe Klippe liegt O-lich dieser Huk dicht unter der Küste. Die Küste zwischen Puerto Santo und Ensa Medina ist hoch und steil. Üppige Vegetation bedeckt die Hänge. Mögliche Ankerplätze auf der Strecke in Rio Caribe und Seno Caracoles haben wir nicht besucht.

Ansteuerung und Ankerplätze

In einer Nische SW-lich von Punta Medina findet man Schutz vor NO-Winden. Der Seegang wird teilweise durch eine kleine Insel W-lich von Punta Medina und dazwischenliegenden Klippen gebrochen. Die Ansteuerung aus W ist gefahrlos. Man steuert auf den Palmenstrand im Osten zu und kann auf 5–4 m Tiefe über gut haltendem Sandgrund ankern. Bei Hochwasser brechen Seen über die Klippen zwischen den Inseln und machen den Liegeplatz sehr unangenehm. Wir versäumten, einen zweiten Anker auszubringen, und verbrachten eine böse Nacht. Die Brandung war so stark, daß sie das Dingi bei der Rückkehr vom Strand umwarf. Das wird aber im Sommer, wenn der Wind nicht mehr aus NO-licher Richtung einfällt, anders sein. Im Winter eignet sich Ensa Medina nur für einen Notstopp. Die Bucht ist nicht gerade unsicher, aber sehr unangenehm.

Der gepflegte Strand mit den hohen Kokospalmen

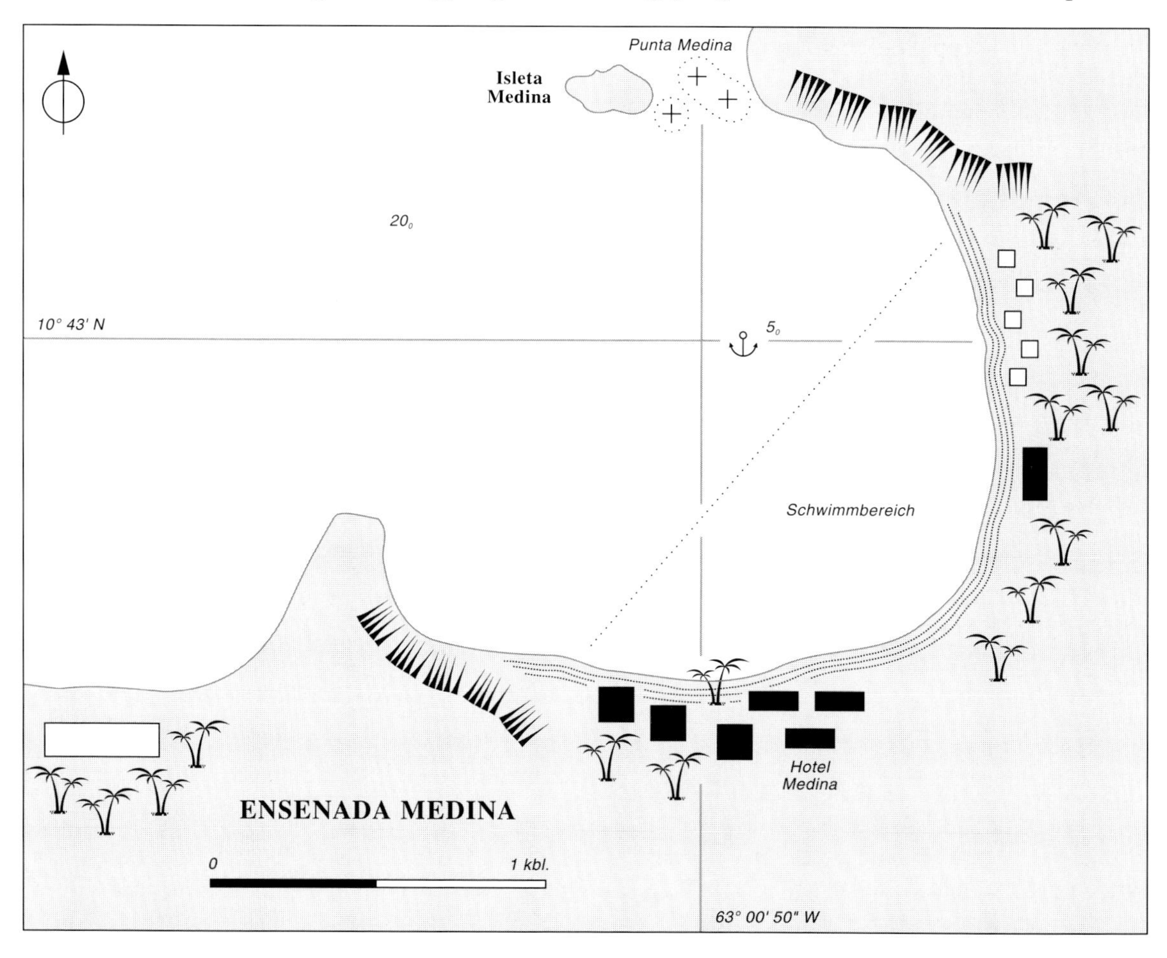

ist überaus schön. Dichtes moosartiges Gras bedeckt den Boden unter den Palmen. An Feuerstellen werden Empenadas und Arepas für Besucher gebacken. Im Süden der Bucht liegt eine Ansammlung von kleinen Landhäusern im Stil der Hameaus im Park von Versailles. Die cabañas gehören zum exklusiven und teuren Hotel Medina, das in einem Projekt von Club Mediterranée aufgehen soll.

Ensenada San Juan de Unare

Karte: Imray D 11
Position: 10°45′16″N / 062°44′10″W
San Juan de Unare liegt etwa 16 sm östlich von Ensa Medina. Auf dem Wege dorthin bedeckt ein dichter grüner Teppich die Hänge der Berge. Immer wieder unterbrechen verlockende, menschenleere Strände, üppig mit Palmen bewachsen, die steilen Felshänge. Sie sind von Land aus nicht zugänglich.
Die weite Bucht Ensenada Unare liegt etwa 3 sm WSW von Punta Cabo Tres Puntas. Dieses felsige Kap ist wegen seiner roten senkrechten Streifen eine auffällige Landmarke. Morro de Unare, ein Landausläufer, teilt die Bucht in die Playa Los Cocos im NE und die Playa Unare im SW.
Im Scheitel der SW-Bucht liegt der Ort San Juan de Unare. Hier mündet der Rio Unare. Wenn man von Westen kommt, leuchten die bunten Häuser hinter dem Strand. Eine Straße klettert den Berg hinauf. Starker Schwell erlaubte uns im Januar nicht, hier zu ankern. Die Fischer hatten ihre Boote weit am Strand hinaufgezogen. Die starke Brandung machte es an keiner Stelle möglich, mit dem Dingi anzulanden, um den Ort zu besuchen.
Die NO-Bucht wird durch einen steilen Felshang im N begrenzt und durch eine Reihe von zwei kahlen Inselchen und Überwasserklippen, die von dort nach NW verlaufen. Sie sind von weitem an brechenden Seen erkennbar. An den Stränden im O und SO stehen Palmen und Bananenstauden. Vor dem hügeligen Landausläufer im S liegen Klippen, an denen sich die See bricht.

Man steuert den Strand unter Playa Los Cocos mit rw 95° an. Ankern Sie auf 6 m Tiefe. Die Peilung zur äußeren der beiden Inselchen betrug 30° und zu einem auffälligen rot-weißen Funkmast auf einem Hügel am Strand 160°. Eine unverwechselbare Landmarke ist ebenfalls ein weißer Fleck an einer Felswand im Süden des Ankerplatzes. Wir brachten einen zweiten Anker aus, da hier starker Schwell aus NO stand, der sich auf dieser geringen Wassertiefe stark auswirkte. In dieser Bucht war es wegen der starken Brandung nirgends möglich, an Land zu gehen.
Am späten Nachmittag gab es eine laute und bunte Versammlung von Fischern, die in ihren Booten auf die Dämmerung warteten. Als es soweit war, fuhren sie, in Plastikplanen notdürftig gegen Kälte und Nässe geschützt, hinaus und überließen die Bucht wieder uns.

Ensenada Cacao

Position: 10°42′30″N / 062°18′W
Etwa 26m O-lich von San Juan de Unare liegt die kleine Bucht Ensenada Cacao, ein Einschnitt von etwa einer halben Seemeile in der Küste, der einen möglichen Ankerplatz verspricht. Ohne elektronische Navigationshilfen ist die Bucht von See aus sehr schwer zu identifizieren, denn ihre Huken unterscheiden sich wenig von anderen im Küstenverlauf. Die Bucht ist nach N offen.
Auffällig ist ein Hügel am Strand, auf dem ein verlassenes Haus steht. Die ausgewaschene Böschung ist ein Anzeichen dafür, daß der Schwell hier sehr stark sein kann. Tatsächlich kam die Bucht für uns im Januar als Ankerplatz nicht in Frage. Es ist überall sehr tief. Wir loteten 12 m.
SW-lich von Punta Cacao, der Osthuk der Bucht, erstrecken sich Klippen nach NW, an denen sich die Wellen brechen. S-lich ankerten Fischerboote. Aber auch dort waren die Ankerbedingungen nicht akzeptabel. Wir raten davon ab, diese Bucht, außer bei sehr sicheren Wind- und Seegangsverhältnissen, zu benutzen.

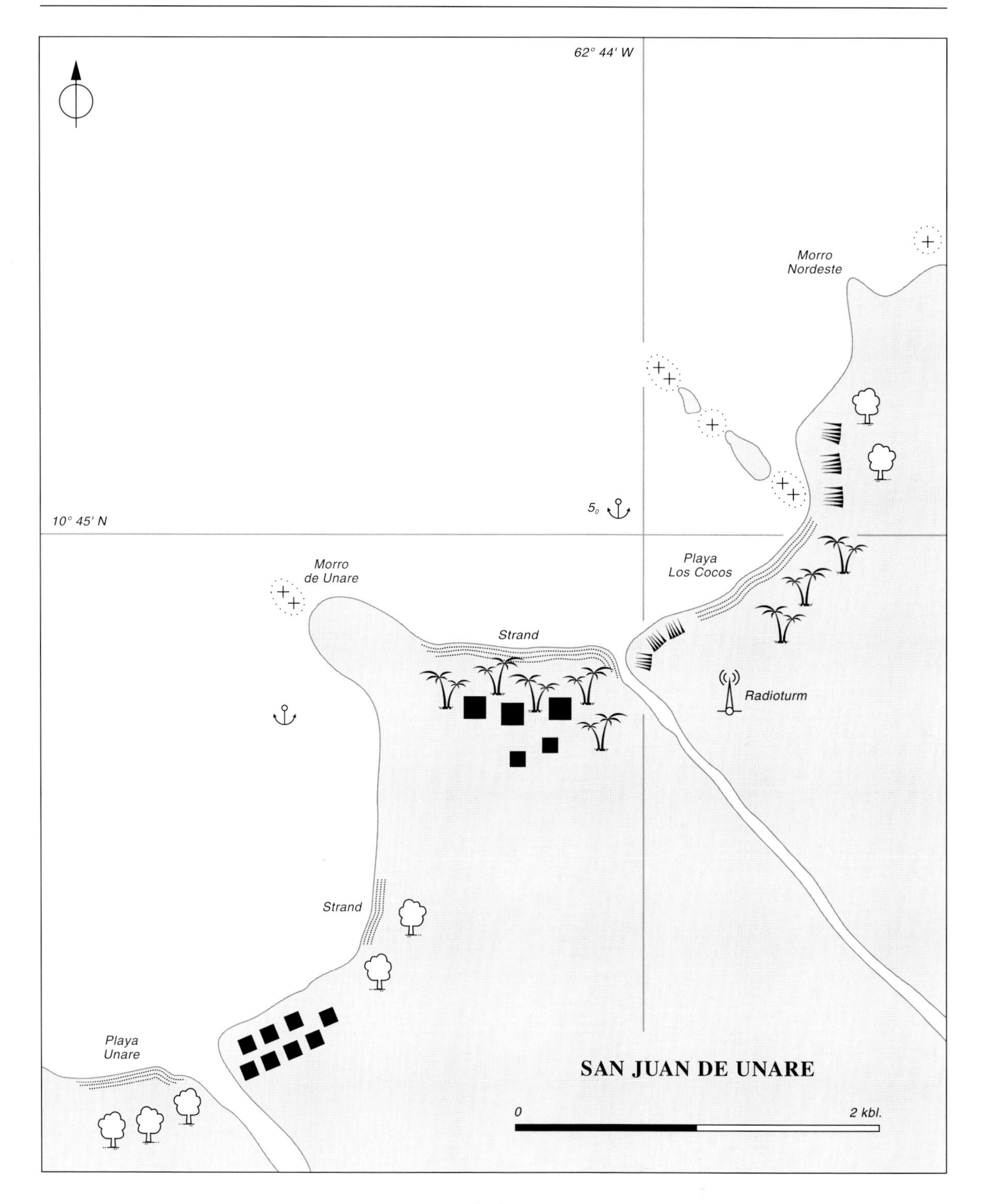

62° 44' W
10° 45' N
5₀
Morro Nordeste
Playa Los Cocos
Morro de Unare
Strand
Radioturm
Strand
Playa Unare
SAN JUAN DE UNARE
0
2 kbl.

Ensenada de Mejillones

Karte: Imray D 11
Position: 10°41′56″N / 062°08′25″W

Lage und Umgebung

Ensenada de Mejillones ist eine ungefähr 2 sm weite Bucht zwischen Morro de Mejillones im Osten und Punta Caribe (anderer Name: Punta Gorda) im Westen, 36 sm von San Juan de Unare entfernt. Tropischer Regenwald bedeckt auf diesem Küstenabschnitt die immer höher werdenden Berge. Flammend rote Flamboyantblüten leuchten aus dem üppigen Grün. Die Sonne kommt im Winter erst um 8.30 Uhr über den Bergkamm. Meist stehen über der Küste schwere Regenwolken. Die Bucht ist sehr hübsch. Umgeben von dichtem Regenwald, der die steil ansteigenden Berge bedeckt, schmiegt sich oberhalb des Strandes ein winziges buntes Dorf an den Berg. Ein Bild, das an westindische Inseln erinnert.

Ansteuerung und Ankerplätze

Trotz des Dunstes sind Morro de Mejillones, die nach NW verlaufende Osthuk der Bucht, und fünf

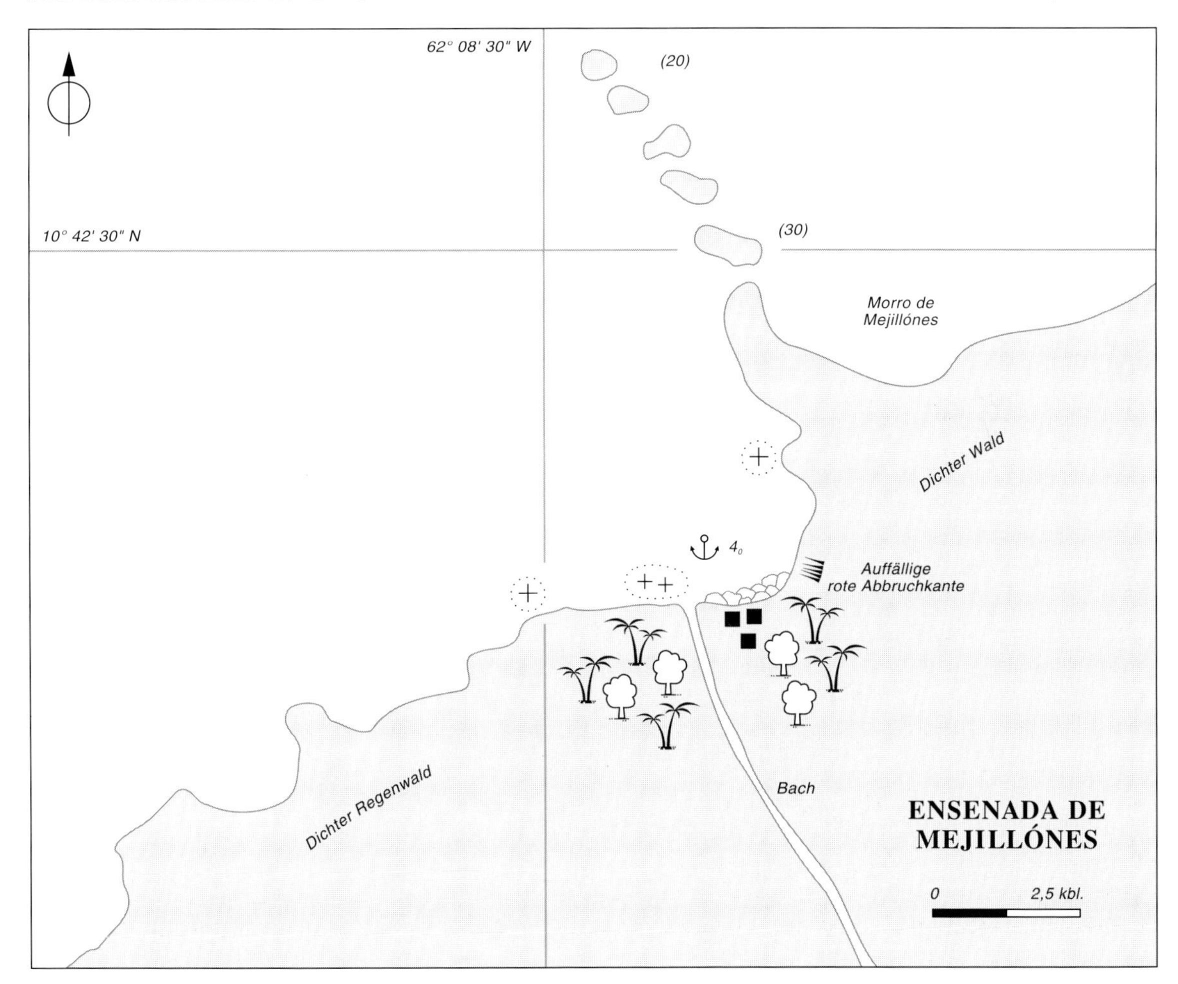

vorgelagerte Felsen schon aus 10 sm Entfernung leicht zu erkennen. Je nach Ansteuerungskurs nimmt man nur vier oder drei dieser Felsen wahr. Der Ankerplatz liegt im SO-Teil der Bucht und kann, wenn man von Westen kommt, schon aus 3 sm Entfernung an einer auffälligen roten Abbruchkante im Hintergrund zwischen der Dschungelvegetation identifiziert werden. Oft kennzeichnen auch hier ankernde Fischerboote den Platz. Beim Näherkommen werden eine Handvoll kleiner Hütten am Strand sichtbar.

Ca. 50 m vor dem Strand findet man einen Ankerplatz auf gut haltendem Sandgrund über 6 m Tiefe. Wind und Strömung drehen das Boot während der Nacht. Fischerboote schwojen anders. Deshalb kann einige Verwirrung entstehen. Auf der kleinen Fläche muß der Ankerplatz mit Überlegung gewählt und der Schwojkreis sorgfältig berechnet sein, denn während der Nächt sind nötige Korrekturen schwierig. Unter- und Überwasserklippen finden sich nur W-lich und N-lich des Ankerplatzes. Während der Nacht wehen zuweilen harte Fallböen, und Schwell sucht auch diesen Platz heim, obwohl er hier weniger stark ist als in San Juan de Unare oder Ensenada Cacao. Landen mit dem Dingi kann schwierig sein, denn der Schwell bricht sich am Strand. Rudern ist hier besser als Motoren. Die Rückkehr durch die Brandung gelingt am besten, wenn man sich zum richtigen Zeitpunkt an einem Festmacher der Fischerboote schnell hinaushangelt.

In der Bucht liegen einige Fischerboote, deren Besatzung uns beim Ankern behilflich war. Die Fischer verlegten sogar ein Boot, damit wir sicher liegen konnten. Wir bedankten uns mit Zigaretten, worauf sie uns eine großzügige Portion von ihrem Abendessen schenkten: delikaten Fischsalat mit den besten Arepas, einer Art Maismehlbrötchen, die wir je gegessen hatten.

Gegen Medikamente bekamen wir als Dankeschön einen köstlichen Pargo, auf unsere Bitte sogar ausgenommen.

Ihrer Einladung, sie im Ort zu besuchen, kamen wir am nächsten Morgen nach. Wieder bekamen wir frischen Fisch geschenkt. Sie zeigten uns einen Bach, der sich vom Berg herunterstürzt, in dem wir uns und unsere Wäsche waschen konnten. Trinkwasser holten sie uns von einer Stelle weiter oberhalb, wo das Wasser an einem riesigen Bambusbaum vorbeifließt und absolut sauber ist. Wir lernten alle Dorfbewohner kennen. Sie führten uns herum und beschenkten uns mit Mandarinen, Platanos, frischem Koriander und Manzanas de Agua („Wasseräpfel“), eine erfrischende rote Frucht, die wir noch nie vorher gesehen hatten. Der alte Fischer Gabriel, der mit seiner zauberhaften zierlichen Frau Isabel 14 Kinder hat, trug uns Gedichte vor, die er selbst geschrieben hatte.

In einem kleinen Geschäft kann man Mehl, Margarine und Toilettenpapier kaufen. Ein Versorgungsboot kommt alle paar Wochen vorbei. Ansonsten leben die Leute von Fisch und von den Nahrungsmitteln, die ihnen Boden, Sonne und Regen schenken. Sie haben Yucca, Ñame, Papayas und Mango. Der Kakao der alten Plantage oberhalb des Dorfes wird noch heute auf den Dächern getrocknet.

Im Sommer, wenn das Meer ruhiger ist, gibt es hier die köstlichen Muscheln, die dem Ort den Namen gegeben haben. Mejillones bedeutet nämlich Miesmuscheln.

Ensenada Pargo

Position: 10°42′30″N / 062°03′15″W

Ensenada Pargo liegt etwa 6 sm O-lich von Ensenada Mejillones am Fuße eines 1070 m hohen Berges. Da es keine zuverlässigen Angaben auf den Seekarten gibt, sollen die Inseln vor Morro Mejillones in sicherem Abstand gerundet werden. Die Küste zeigt steile, üppig bewachsene Berge, die in scharfgradigen Huken auslaufen, welche tiefe Schluchten bilden.

Bei Punta Hermita passiert man einen Felsen mit einem torartigen Durchbruch. Der Strand im O der Bucht, S-lich von Punta Pargo, ist aus 3 sm Entfernung auszumachen. Die Bucht ist weiter geöffnet als die Ensenada Mejillones oder die im O folgende Ensa San Francisco. Hinter dem Strand steigen die üppig bewachsenen Berge allmählich an. Sie bilden die Kulisse für eine paradiesische Szenerie, zu der ein Fluß, bunte Häuser am Strand, Hausvieh und spielende Kinder gehören.

Ankerplätze

Östlich der Häuser findet man guten Ankergrund auf Tiefen, die von 20–4 m allmählich abnehmen. Ein Ankerlicht in dieser Bucht, in denen nachts Fischer unterwegs sind, schafft Sicherheit.

Brechende Wellen am Kiesstrand machen die Landung schwierig. Auf jeden Fall muß man nasse Kleidung und ein vollgeschlagenes Dingi in Kauf nehmen. Der Fischerort besteht aus wenigen Hütten. Er ist von exotischen Bäumen und blühenden Sträuchern umgeben. Der Fluß bildet ein paar Meter landeinwärts ein herrliches Schwimmbecken, in dem die Bewohner baden und ihre Wä-

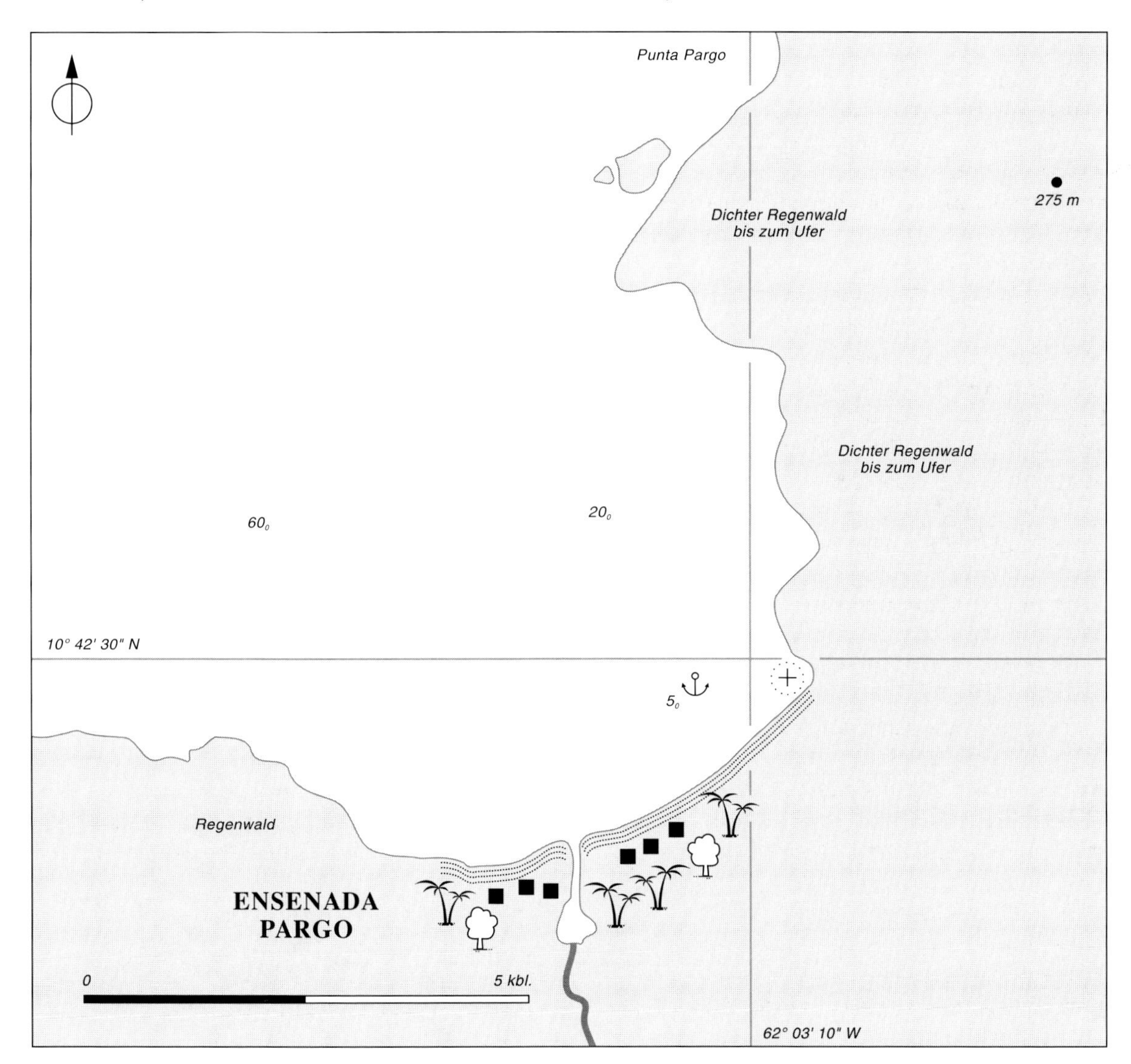

sche waschen. Flußaufwärts gibt es einen kleinen Wasserfall.

Service und Versorgung

In einer der Hütten kann man auch einige Grundnahrungsmittel kaufen. Fischer verkaufen eventuell Benzin, Diesel gibt es nicht. Wasser kann man in Kanistern aus dem Fluß schöpfen.

Ensa San Francisco

Karte: Imray D 11
Position: 10°42′51″N / 062°00′05″W
Dieser Platz hat uns von allen Ankerplätzen der Nordküste am besten gefallen. In der Ensa San Francisco wirkt die Landschaft weniger lieblich als in der Ensenada Pargo. Der undurchdringliche Urwald reicht bis unmittelbar ans Ufer. Im dichten Grün an den Steilhängen der Bucht sieht man einzelne Kokospalmen, Flamboyants, Brotfruchtbäume, Lianen und Orchideen. Wolken steigen auf und umhüllen die Berggipfel. Zwei Bäche münden in die Bucht, an denen man sich mit Wasser versorgen kann, wie es die Fischtransporter auf dem Weg nach Martinique oder Guayana tun. Affen, Papageien, Faul- und Gürteltiere, Leguane und Schlangen leben hier im Wald. Die Tiere halten sich tagsüber meist versteckt, während man ihre Schreie bei Nacht vernimmt.
Von Punta Pargo, der Osthuk der Ensenada Pargo aus, sind es ungefähr 3 sm bis zum Ankerplatz.
Der Ankerplatz liegt in der SO-Ecke der Bucht. Aus ca. 2 sm Entfernung kann man dort eine alleinstehende Hütte erkennen, auf die man zuhält. Mit dem Dingi kann man am besten im Osten des

Ensenada Pargo.

kleinen Sandstrandes landen, wo es an einem herabstürzenden Bach auch Wasser gibt. Den Außenborder läßt man am besten auf dem Schiff. Ehe man in genügend tiefes Wasser kommt, um ihn abzusenken, hat die Brandung das Dingi schon umgeschlagen oder vollaufen lassen. Ruder tun bessere Dienste, auch an den Leinen der Fischerboote kann man sich schnell in tieferes Wasser ziehen.
Die Fischer tauschen gern Fisch, Mandarinen und Kokosnüsse gegen Zigaretten, Rum, T-Shirts, Medikamente, Messer oder freuen sich über eine Einladung.

Ensa Uquire

Position: 10°43′30″N / 061°58′W
Ensa Uquire, knapp 3 sm von der Ensa San Francisco entfernt, bietet den östlichsten Ankerplatz an der Nordküste der Halbinsel von Paria. Die Osthuk Punta Uquire ist leicht zu erkennen an drei

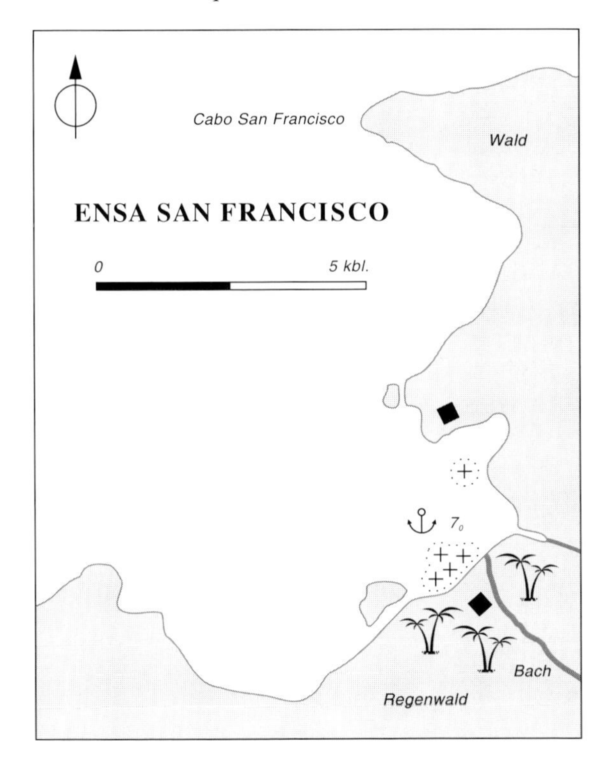

vorgelagerten, knapp 50 m hohen Felsblöcken. Im südöstlichsten Teil gibt es einen Ankerplatz auf etwa 10 m Tiefe.
Die wirtschaftliche Bedeutung des kleinen Dorfes im Osten der Bucht bleibt unklar. Früher einmal spielte die Kakaoerzeugung sicher eine Rolle, heute löschen Fischer hier ihren Fang, aber die PS-starken Peñeros lassen auch andere Vermutungen aufkommen. Bei der Ausfahrt sollte man die vorgelagerten Felsblöcke in sicherem Abstand passieren, da die Kartierung nicht genügend detailgenau ist.

Die Passage nach Grenada

Segler auf der Reise nach Grenada, die Trinidad nicht besuchen wollen, benutzen einen der drei zuletzt beschriebenen Ankerplätze (Pargo, San Francisco, Uquire) als Ausgangspunkt für die knapp 80 sm lange Überfahrt nach Grenada (nach St. George's oder Prickly Bay). Beschickungen für Wind und einen mit 1–1,5 kn WNW setzenden Strom sind bei der Kursberechnung zu berücksichtigen.

Der Golf von Paria und die Südküste der Halbinsel von Paria bis Güiria

Bocas del Dragon – Die Einfahrt in den Golf von Paria

Karten: Imray D 1, D 11
Position des Chacachacare-Leuchtfeuers in der Boca del Dragon: 10°42′N / 061°45′W
Der Golf de Paria wird von der Westküste der Insel Trinidad und der Nordostküste Venezuelas eingeschlossen. Die N-liche Einfahrt in den Golf nannte Kolumbus Bocas del Dragon (Drachenschlund). Sie liegt zwischen der NW-Spitze der

Insel Trinidad sowie dem O-Ende der Halbinsel Paria und ist 10,5 sm breit. Die drei Inseln Chacachacare, Huevos und Monos (von W nach O) teilen die Einfahrt in vier Fahrwasser. Boca Grande im Westen ist mit 5,5 sm die breiteste Einfahrt. Aber die Einfahrt in den Golf kann durch jede der Bocas erfolgen. Wenn man aus N (Grenada) oder O (Tobago) kommt, wird man sich für Boca de Monos im Osten entscheiden. Yachten, die von Venezuela kommen, werden die Boca Grande als Einfahrt benutzen. Von der Ensenada Uquire sind es 7 sm bis Punta Peñas, dem O-lichsten Kap auf dem Ausläufer der Halbinsel Paria (Promotorio de Paria). Auf diesem Abschnitt ist der Einfluß des Gezeitenstroms bereits deutlich spürbar. Wenn man aus NW-licher Richtung kommt, erscheint der Promotorio de Paria mit einer 330 m hohen Erhebung als eigenständige Insel. Die niedrige Landbrücke wird erst spät sichtbar. Der Blick auf Punta Peñas und die Einfahrt in Boca Grande wird frei, wenn man Punta Mejillon, das NO-Kap des Promotorio de Paria, und die davorliegende 75 m hohe, kleine Insel La Isleta passiert hat.
Bei der Passage von Bocas del Dragon in beiden Richtungen, bei Fahrten entlang der Küste innerhalb des Golfes oder beim Ankern sollten die Gezeitenströme beachtet werden. Die Einfahrt in den Golf sollte bei auflaufendem Wasser erfolgen.
Wegen der Breite des Schiffahrtsweges und der deutlichen Befeuerung ist die Ansteuerung in den Golf bei Nacht durch Boca Grande vorzuziehen. Das Oberfeuer der Insel Chacachacare steht 251 m hoch und hat eine Nenntragweite von 26 sm (Blz. 10 s).

Die Südküste der Halbinsel Paria

Karten: Imray D 11

Lage und Umgebung

Auf dem knapp 30 sm langen Küstenabschnitt zwischen Punta Peñas im Osten und Güiria im Westen schneidet in die S-Seite der Halbinsel Paria eine Anzahl kleiner Buchten ein. Seltene und schutzwürdige Fauna und Flora hat sich in diesem abgeschiedenen Gebiet erhalten.
Mit Ausnahme von Ensa Güinimita, Puerto de Hierro und Ensa Rio Grande besitzt die oben angegebene Karte Detailpläne folgender Buchten:

Ensenada Cariaquita

Dies ist eine perfekt geschützte Bucht 5 sm SW-lich von Punta Peñas. Auf dem Wege dorthin passiert man 1,25 sm vor der Einfahrtshuk die Felsen Roca Las Garzas, von denen der größte (72 m) die Form eines dreieckigen Segels hat. Punta Garcia, die NW-Huk, ist hervortretend und hat eine Höhe von 374 m. Die Tiefen im Eingang der fast 2 sm langen Bucht betragen 10 m, nach 1 sm nur noch 2 m. Die Bucht ist von hohen bewaldeten Bergen eingefaßt. Es gibt wenige Häuser und schöne Strände, die an Wochenenden von Sportfischern aus Trinidad besucht werden. Am Eingang der Bucht setzt starker Strom.

Ensa Macuro

Position: 10°39′N / 061°56′W

Lage und Umgebung

Nach offizieller Version betrat Kolumbus hier am 12. August 1498 bei seiner dritten Reise zum ersten aber auch einzigen Mal südamerikanisches Festland. In der Meinung, eine weitere Insel entdeckt zu haben, nannte er den Platz Isla de Garzas. Ein hölzernes Kreuz am Strand kennzeichnet den vermuteten Landeplatz. Auf der Suche nach der Ursache für den geringen Salzgehalt des Wassers im Golf stößt die Besatzung einer Karavelle, die er ausgesandt hatte, auf vier der zweiundsiebzig Mündungen des Orinoko. Er verdrängte den Gedanken, auf Festland gestoßen zu sein und verstieg sich zu der Vorstellung, die Nähe des irdischen Paradieses erreicht zu haben: „Zu dem Fluß (Orinoko) habe ich zu sagen, daß er aus einem ungeheueren Land im Süden kommen muß, wenn er nicht aus dem irdischen Paradies fließt. Ich bin aber in der Seele überzeugt, daß sich dort, wo ich sagte, das irdische Paradies befinden muß." Als er an der Nordküste der Halbinsel westwärts fuhr, gelangte er zu der Annahme, daß er der Küste eines Festlandes folgte. Den zentralen Platz von Puerto Colón schmückt heute eine gewaltige Bronzestatue des Entdeckers, die zuvor in Caracas stand. 1992 fanden die Feierlichkeiten aus Anlaß der „Evangelisation", wie die Venezolaner die Entdeckung Amerikas nennen, in Anwesenheit des Staatspräsidenten C. A. Perez hier statt.

Ankerplätze

Die überspülten Klippen Los Paticos gefährden die Einfahrt in den Hafen Cristobal Colón (anderer Name: Macuro). Die Klippen, etwa 400 m vor der Osthuk, liegen nur bei Niedrigwasser frei. Hohe, felsige Steilhänge bilden die Westhuk der Bucht.
Puerto Cristobal Colón ist durch eine Erhebung im Scheitel der Bucht, von der sich eine zerstörte Pier nach S erstreckt, in zwei Hälften geteilt. In der O-lichen Hälfte kann ein guter Ankerplatz auf wenig mehr als 2 m Tiefe gefunden werden. Der Ort Puerto Colón liegt im Scheitel der westlichen Bucht. Im SW transportiert ein ca. 130 m langes Förderband zertrümmertes Gipsgestein zu einem Anleger, der ein Feuer trägt (Blz. 2 s 15 m 9 sm). Bei der Bestimmung des Ankerplatzes sind die im Uhrzeigersinn (auflaufendes Wasser) und im Gegenuhrzeigersinn (ablaufendes Wasser) setzenden Gezeitenströme zu berücksichtigen, die über 1 kn stark sein können.

Ensa Yacua und die benachbarten Buchten

Position: 10°39'N / 061°59'W
Dies ist eine der vielen einsamen Buchten an dieser Küste. Ihre besondere Bedeutung erhält sie dadurch, daß S.E. Morrison, der angesehene Marinehistoriker und Biograph von Kolumbus, der Meinung ist, Kolumbus habe hier und nicht in Macuro erstmals den südamerikanischen Kontinent betreten. Der Ankerplatz zeigt sich von dieser Kontroverse wenig beeindruckt.
Weitere Buchten von O nach West, Ensa Güinimita (10°39' / 062°01'W), Ensa Ucarito (10°38'N / 062°03'W), Ensa Patao (10°38'N / 062°04'W) und Ensa Rio Grande (10°38'N / 062°07'30"W) sind allesamt sichere Ankerplätze. Die ausgeprägten Ausläufer bewaldeter Berge im Inland bilden die steilen Huken dieser Buchten. In allen Buchten an dieser Küste wurde Kakao und Kokosnuß angepflanzt.

Puerto de Hierro

Position: 10°38'N / 062°06'W
In diesem Hafen wurde Eisenerz von Binnenschiffen auf Erzfrachter umgeladen. Nachdem es auch eine Fahrrinne für tiefgehende Frachter auf dem Orinoco gibt, ist Puerto Hierro ein Marinestützpunkt geworden.
Von S oder W sind die Pier mit den Ladetürmen für Eisenerz und zwei Öltanks deutliche Landmarken. Bei Nacht ist die Hafenbeleuchtung sehr hell, die bei guter Sicht aus 20 sm Entfernung ausgemacht werden kann.

Güiria

Karte: Imray D 11
Position der Ansteuerungstonne: 10°33'00"N / 062°15'00"W

Lage und Umgebung

Der Name Güiria steht in der Sprache der Paria-Indianer für die bis zu 9 m lange Anakonda, eine gefährliche Wasserschlange. Offenbar hat die Siedlung schon während der dritten Reise des Kolumbus bestanden, denn der Las Casas, der Kolumbus begleitete, schrieb: „Vor dem Dorf, das die Insulaner Güiria nannten, ankerten wir wieder. Ein reger Tauschhandel entstand. Die Eingeborenen gaben polierte Scheiben aus Gold, goldene Nasenringe und Schmuckstücke, Nachbildungen

von Fröschen, Vögeln und Fischen nur zu bereitwillig gegen Falkenglöckchen."
Wechselnde wirtschaftliche Bedeutung der Region als Sklaven-, Holz-, Kakao- und Kokosnußlieferant, als Umschlagplatz für Öl und Eisenerz, als Zentrum des Fischfangs und der -verarbeitung haben Güiria Aufschwung und Niedergang beschert. Die indianische Bevölkerung hat sich mit Eroberern, Zuwanderern und Flüchtlingen gemischt und zu einer Verschmelzung der indianischen, afrikanischen, spanischen, französischen, englischen und, weniger stark, auch der indischen Elemente geführt. In besonders spektakulärer Weise wird dies im Karneval vorgeführt, für den das kleine Güiria neben Carúpano eine Hochburg darstellt. Mehr im Verborgenen spielen sich religiöse Rituale, Heil- und Beschwörungspraktiken ab, die ihren Ursprung u. a. in indianischer Mythologie, dem Shango-Kult und dem Maria Lionza-Kult haben.

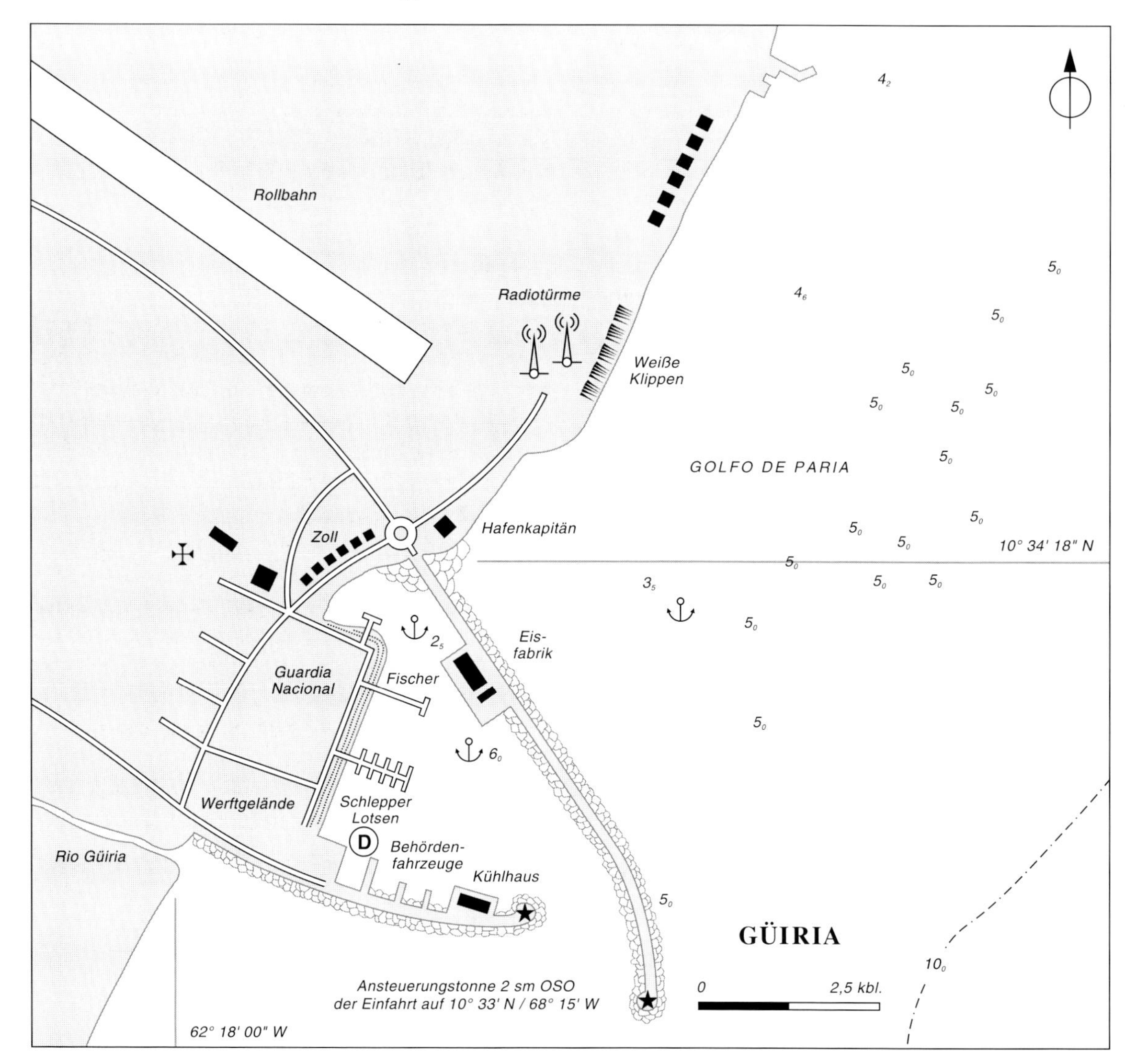

Ansteuerung

Am Tage kann man die beiden viereckigen rotgedeckten Türme der Kirche schon aus 12 sm Entfernung erkennen. Etwa 6 kbl NO-lich der Kirche stehen zwei Radiomasten mit Warnfeuern (F. r.) für den Flugverkehr. Eine schwarze, etwa 3,5 m hohe befeuerte Ansteuerungstonne ist 2 sm OSO-lich der Hafeneinfahrt auf 10 m Tiefe ausgelegt (Blz. 3 s). O-lich davon ankern Schiffe, die auf einen Lotsen für die Weiterfahrt in den Orinoco, den Rio Pedernales oder den Rio San Juan warten. Die Molenköpfe sind befeuert: Blz. 5 s 10 sm, die W-Mole zeigt Blz. gn. 4,5 s 7 sm. Die Feuerträger bestehen aus runden Betonsäulen. Die Strömung in der Einfahrt kann stark sein. Nachdem man in das Hafenbecken eingefahren ist, folgt man dem Hauptwellenbrecher in NW-licher Richtung, bis man einen Ankerplatz NW-lich der Eisfabrik auf 2,5 m Tiefe findet. Vergewissern Sie sich unbedingt, daß auch bei NW-Wind genügend Wasser unter dem Kiel ist. Das Hafenwasser ist stark verölt. Es herrscht reger Verkehr von Fischerbooten, Lotsenversetzbooten, Schleppern und Fährschiffen. Bei ruhigem Wetter kann man auch außerhalb des Hafens N-lich der Hauptmole ankern.

Formalitäten

Güiria ist Einklarierungshafen. Yachten von Grenada oder Trinidad kündigen ihre Ankunft am besten per Fax an. Für die Weiterfahrt in den Orinoko muß man hier eine Erlaubnis einholen. Die Behörden arbeiten selten mit Yachten und sind gewohnt, daß die Formalitäten durch einen Agenten erledigt werden. Uns hat sich Andreas Bottini Martinez empfohlen. Die Capitania findet man in der Calle Valdez in der Nähe des Ankerplatzes, Zoll und DIEX auf dem Wege zur Plaza Bolivar.

Service und Versorgung

Wasser und Eis kann man bei der Eisfabrik in der Nähe des Ankerplatzes bekommen. Diesel gibt es an der Innenseite des SW-lichen Wellenbrechers. Inzwischen wird ein spezieller Service für Yachten, wie Unterwasseranstrich, Reparaturen, Verproviantierung, Exkursionen, ähnlich wie in Trinidad, Cumaná oder Puerto la Cruz, angeboten. Güiria selbst bietet in seinem nahegelegenen Kleinzentrum alle Arten von Lebensmitteln, Getränken, Obst und Gemüse. Es gibt einige gut sortierte Eisenwarenläden, allerdings keine auf Bootszubehör spezialisierten Geschäfte. Man findet eine Reihe sehr einfacher Restaurants, in denen man sehr preiswert lokale Spezialitäten offeriert.

Ausflüge

Güiria besitzt einen Flughafen mit wöchentlichen Flügen nach Caracas. Die „Windward" ex Nordfjord mit norwegischem Eigner und Kapitän fährt einmal wöchentlich mit Passagieren und Ladung über Trinidad nach St. Vincent, Barbados, St. Lucia und zurück. Sie schließt im Fährverkehr mit Trinidad eine Lücke, die zuvor nur illegal überbrückt wurde. PPs verbinden Güiria mit Carúpano. Güiria wartet nicht mit touristischen Überraschungen auf, es hat aber (noch) eine Reihe hübscher bunter Häuser im Kolonialstil, die schattige Plaza Bolivar gegenüber der Kaserne, das unglaublich schöne Hinterland und die einsamen Strände, die wegen fehlender Straßen nur mit dem Boot zu erreichen sind.
Eine interessante Geschichte, eine bunte Folklore, eine schmackhafte Küche und viel Kurioses in den Vorstellungen, Bräuchen und der Religiosität der Bewohner bieten bemerkenswerte Einblicke.

Trinidad und Tobago

Die Geschichte Trinidads

„Leri" nannten die Ureinwohner Trinidads ihre Insel, Land des Kolibri. Tatsächlich ist Trinidad auch heute noch ein Paradies für Ornithologen, denn 40 verschiedene Arten dieses zappelnden bunten Vögelchens gibt es hier. Große Kolonien des scharlachroten Ibis, 420 andere Vogelarten und 622 verschiedene Schmetterlinge kann man beobachten.
400 kg schwere Schildkröten besuchen die Insel zum Eierlegen, und im dichten Regenwald leben Affen, Waschbären und Ozelots. Selbst vor Giftschlangen ist man hier nicht sicher. Die Flora ist ebenso üppig. In dem „frischen, lieblich grünen Land, das von Bächen und Flüssen durchzogen war" (Las Casas) blühen neben 700 Orchideenarten farbprächtige exotische Bäume. Frangipani und Pink-Poui verströmen ihre süßen Düfte, und in der trockenen Jahreszeit leuchten flammendrote Immortellen mit strahlendgelben Pouis und Golden Showers um die Wette. Diese für eine karibische Insel ungewöhnliche Vielfalt ist darauf zurückzuführen, daß Trinidad nicht wie die anderen Westindischen Inseln vulkanischen Ursprungs ist. Sie war vor ca. 8000 Jahren ein Teil des Kontinents und hat sich seinen Artenreichtum bewahrt. So eignet sich die Insel eher für eine Erkundung über Land, denn meistens wird man doch in der Gegend von Port of Spain seinen Ankerplatz finden, und die Insel läßt einen dann nicht so schnell wieder los.
Trinidad wurde von Kolumbus bei seiner dritten Reise 1498 entdeckt. Ihr Anblick erfreute ihn just zu dem Zeitpunkt, als die Wasservorräte erschöpft waren, und aus Dankbarkeit gab der fromme Mann dieser Insel mit den drei Bergspitzen ihren Namen, der Dreieinigkeit bedeutet. Dem spanischen Königspaar schrieb er: „Wir trafen auf Häuser und Menschen, sehr fruchtbares Land, schön und grün wie die Gärten Valencias im März." Nach einem mißglückten Kontakt mit den Indios, die er als „von sehr anmutiger Haltung und von schöngebildeten Körpern" beschreibt, beeilte er sich jedoch alsbald weiter. Er segelte nach Westen und setzte auf der Halbinsel Paria erstmals seinen Fuß auf die Tierra Firme.
Auch im weiteren Verlauf der Geschichte zeigten die Spanier nicht allzu viel Interesse an der Insel. Sie wurde höchstens als Durchgangsstation bei der fruchtlosen Suche nach El Dorado, das in Guayana vermutet wurde, benutzt. Dabei mußten die Siedler des öfteren Überfälle von Abenteurern aller seefahrenden Nationen erdulden, die ihre Ansiedlungen plünderten. Eine holländische Invasion raubte alles, was sie besaßen, und nahm den Einwohnern sogar ihre Kleider ab, so daß sie nackt herumlaufen mußten, bis aus Margarita Nachschub kam. Bei den ganzjährig warmen Temperaturen in dieser Gegend war dies sicherlich nicht der grausamste Überfall. Sir Walter Raleigh z. B. pflegte vorsorglich alle umzubringen, damit es niemanden mehr gäbe, der ihm die Beute streitig machen könnte, wenn er mit Gold beladen zurückkehrte. Raleigh entdeckte bei dieser Gelegenheit den großen Asphaltsee (Pitch Lake) und kalfaterte damit seine Schiffe.
Beim Versuch, die Indios zu missionieren, wurden die Mönche des Kapuzinerordens bei San Fernando umgebracht, worauf die restlichen abzogen. 1733 gab es auf Trinidad nur 162 männliche Siedler, von denen nur 28 als „reine Spanier" bezeichnet wurden. Die anderen hatten sich mit der Urbevölkerung vermischt. Die Spanier taten nichts, um die Insel zu entwickeln und ließen sich dreißig Jahre lang überhaupt nicht dort blicken. Trinidad war so ärmlich, daß sich der Gouverneur bei der Krone beklagte, er habe noch nicht einmal ein Paar elegante Schuhe.
Gewinne warf Trinidad erst ab, nachdem Franzosen auf die Insel kamen. Um 1780 wurden sie durch großzügige Landangebote und Steuerbe-

freiung angelockt. Sie führten den Anbau von Zuckerrohr ein und brachten dazu auch gleich ihre Sklaven mit. Die Periode der Sklaverei war in Trinidad relativ kurz. Als die großen Zuckerrohrplantagen hier etabliert wurden, war auf anderen Karibikinseln die Sklaverei bereits aufgehoben. Auch freie Sklaven von den Nachbarinseln wurden als Siedler akzeptiert, solange sie römisch-katholisch und Spanien wohlgesonnen waren.
Der liberale Gouverneur Chacon, in dessen Regierungszeit Trinidad endlich aufblühte, übergab die Insel 1797 kampflos den Engländern.
Trinidad hatte spanische Gesetze, englische Gouverneure, aber seine Seele war französisch. Es wurde Französisch oder Französisch-Patois gesprochen und der französische Karneval gefeiert, zunächst als vornehmes Fest der Oberklasse.
1834 wurde die Sklaverei endgültig abgeschafft. Die ehemaligen Sklaven verließen massenhaft die Plantagen und zogen in die Städte.
Die Pflanzer suchten neue, billige Arbeitskräfte. Einwanderer aus Portugal und Madeira kamen, zogen es aber vor, in den Städten Geschäfte zu eröffnen. Es kamen Amerikaner, Europäer, Araber und Chinesen. Auch freie Westafrikaner kamen, bis sich die Bedingungen in ihren Heimatländern für sie verbesserten. 1845 begann die große Einwanderung aus Indien.
143 000 Inder kamen mit Fünfjahres-Verträgen und mußten fünf weitere Jahre arbeiten, wenn sie zurückwollten. Die meisten blieben. 1914, als die Auswanderung aus Indien gestoppt wurde, war fast die Hälfte der Bevölkerung Trinidads indisch. Bis heute ist die Landwirtschaft ihre Domäne.
Tobago besitzt eine ganz andere Geschichte. „Reich wie ein Tobagofarmer" war ein geflügeltes Wort in England. Die Insel war mit ihren Zukkerrohrplantagen so begehrt, daß sie 22mal die Besitzer wechselte. Tobago war britisch, französisch, holländisch und sogar deutsch. Courland Bay bei Plymouth erinnert noch heute an diesen vergeblichen Besiedlungsversuch im 17. Jahrhundert. Bei einer dieser Abtretungsschlachten starben 1700 Männer an einem einzigen Tag. Eine der paradiesisch anmutenden Buchten Tobagos trägt heute noch den vielsagenden Namen „Bloody Bay".
Bei jeder Eroberung brachten die neuen Herren mehr Sklaven aus Afrika nach Tobago, und bei jedem Machtwechsel ergab sich für manchen Sklaven die Gelegenheit, in die Wälder zu fliehen. 1770 kamen auf jeden Weißen 13 Sklaven. Es gab mehrere erfolglose Sklavenaufstände, aber die Schwarzen schafften es nicht, nach der Befreiung ihre Arbeitskraft so teuer zu verkaufen wie die ehemaligen Sklaven auf der Nachbarinsel. Viele wurden Fischer oder betrieben Landwirtschaft im kleinen. Viele wanderten nach Trinidad aus. Das Zuckerrohr machte Kakao- und Kokosplantagen Platz.
Als die Zuckerrohrwirtschaft Tobagos um die Jahrhundertwende zusammenbrach, wurden die beiden Inseln von England zu einer Kolonie vereinigt. 1956 gründete der charismatische Dr. Eric Williams die Partei „People's National Movement" (PNM). „The Doctor", wie er noch heute genannt wird, dominierte die Politik bis zu seinem Tode 1981. Williams hatte in London studiert und in Washington promoviert. Er las an der dortigen Universität karibische Kolonialgeschichte und kehrte 1948 nach Trinidad zurück. In der Public Library am Woodford Square im Zentrum Port of Spains veranstaltete er Vorlesungen über Landwirtschaft, Erziehung und die Philosophie Aristoteles' und Rousseaus. Das eigentliche Thema war natürlich das Übel des Kolonialismus. Seine Anhänger waren so zahlreich, daß seine Vorlesungen mit Lautsprechern auf den Woodford Square übertragen wurden. Als er entlassen wurde, eröffnete er auf dem Platz vor dem Parlamentsgebäude Red House die berühmte University of Woodford Square. Die bildungshungrige schwarze Bevölkerung verehrte ihn sehr.
Williams war der erste Premierminister und verfolgte einen politischen Kurs, der Trinidad aus wirtschaftlichen Gründen aus der Gemeinschaft der Westindischen Inseln heraushalten sollte. Seine Weitsicht zeigte sich auch in der Wirtschaft: An

der Westküste entstand eine Schwerindustrie, die mit Erdgas betrieben werden kann, wenn das Öl ausgehen sollte. 1962 wurden T & T unabhängiges Mitglied des Commonwealth und 1976 eine Republik.
Während des Zweiten Weltkrieges errichteten die USA einen Flottenstützpunkt im Nordwesten Trinidads, den sie bis 1962 behielten. Die Amerikaner gaben zehntausenden Trinis gut bezahlte Arbeit und veränderten einschneidend das Leben im Nordwesten.
Als drittgrößter Ölproduzent der westlichen Hemisphäre hatte auch Trinidad Anteil am Ölboom. Es wurde zur reichsten Insel der Karibik. In den Siebzigern besaßen die Trinidadians das dritthöchste Pro-Kopf-Einkommen Amerikas. Wie die Venezolaner fielen sie tief, als die Preise auf dem Weltmarkt 1983 purzelten. ,,The fête is over" hieß es hier, wie in Venezuela.
Trinidad und Tobago sind eine Republik, die von Beginn an demokratisch war. 1990 gab es einen Umsturzversuch fundamentalistischer Moslems. Sie nahmen den Premierminister und Mitglieder des Kabinetts fest. Die Putschisten waren jedoch vollkommen isoliert und mußten nachgeben.
Heute wird die Republik wieder von der Partei Williams', dem PNM regiert.
Von den beiden T & T-Schwestern ist Tobago bis heute die schönere, aber ärmere Insel geblieben. Es gibt keine Industrie, auch niemanden, der sie durch fleißige Arbeit betreiben könnte. Die 50 000 Einwohner Tobagos scheinen ein gelassenes, überaus freundliches Völkchen von Lebenskünstlern zu sein. Die Mentalität erlaubt auch keinen Massentourismus. Die häufigsten Besucher der friedlichen schwarzen Insel sind die Trinidadians. Sie nutzen die guten Fähr- und Flugverbindungen, um die kleine Schwester für einen Urlaub und Wochenendtrips zu besuchen. Zwar kommen auch Touristen aus aller Welt, aber große Hotels sind sehr rar.
Auch das quirlige Trinidad beginnt erst zögernd, sich den Touristen zu öffnen. Daß man in den fetten Jahren des Ölbooms dem Fremdenverkehr keinen Wert beimaß, hat für den heutigen Besucher angenehme Folgen: Die Natur ist unversehrt geblieben. Eine halbe Stunde von Port of Spain entfernt beginnt der Regenwald und die herrlichen Palmenbuchten im Norden, und Westen Trinidads sowie rund um Tobago sind noch heute weitgehend unberührt.
Außer Erdöl besitzt Trinidad riesige Erdgasvorräte und den größten Asphaltsee der Welt. Es ist heute noch die wohlhabendste unter den englischsprachigen Inseln der Karibik. Neben Zuckerrohr, Kakao, Kaffee und Zitrusfrüchten, Bitumen und Stahl produziert Trinidad das ,,gewisse Etwas" für viele Cocktails: Angostura-Bitter. In der venezolanischen Stadt Angostura, heute Ciudad Bolivar, erfunden, wird diese Mixtur aus Kräutern und Gewürzen heute in Port of Spain hergestellt. Das Geheimrezept ist angeblich nur zwei lebenden Personen bekannt.
Die Farben der Flagge T & T sollen die drei Elemente Erde, Wasser und Sonne darstellen. Die rote Farbe steht außerdem für die Lebenskraft Trinidads, und der schwarze Streifen symbolisiert das einigende Band der verschiedenen ethnischen Gruppen.

Die Bevölkerung

In mehr als einer Weise unterscheiden sich Trinidad & Tobago, kurz T & T genannt, von anderen Karibikinseln. Nach Trinidad reist man nicht, um an perfekten Stränden auszuruhen, obwohl es die hier auch gibt. Die Hauptattraktion der Insel ist ihre Bevölkerung und ihre Kultur. Hier wurden die Steelbands und der Calypso geboren, hier vereinigen sich Ost und West zu einer wundervollen Melange.
Die Einzigartigkeit Trinidads läßt sich nicht auf einer Ansichtskarte darstellen. Sie teilt sich einem aber sofort mit, sobald man die Insel betritt.
Das genaue Gegenteil des modernen, urbanen, geschäftigen Trinidad ist die anmutige, ländliche Schwester Tobago. Es ist eine Insel mit einsamen palmenbestandenen Buchten von überwältigen-

der Schönheit, smaragdgrünem Wasser und berühmten Korallenriffen. Und seine Bevölkerung ist eindeutig afrikanischer Herkunft: freundlich, gelassen und „easy, man". Die Lieblingsbeschäftigung der „Tribagonians" ist „liming", eine Erfindung dieser Insel. Lime bedeutet Schauen, Reden, Witze machen und vor allem: gemeinsam genüßlich Nichtstun.
Trinidad gilt nicht nur als die wohlhabendste, sondern auch als die exotischste der Westindischen Inseln. Die 1,2 Mill. „Trinis" sind die Kinder von afrikanischen Sklaven, indianischen Fischern, englischen Kolonisten, portugiesischen und syrischen Kaufleuten, indischen Vertragsarbeitern, spanischen Abenteurern, französischen Pflanzern und chinesischen Händlern. Eine kosmopolitische Welt lebt auf dieser kleinen Insel wirklich zusammen.
Eine weitere Eigenart Trinidads ist seine Sprache, der Trini-Talk. Eigentlich ist es offiziell Englisch, und die hervorragende Tageszeitung „The Guardian" läßt sich mit gewöhnlichen Englischkenntnissen gut verstehen. Anders verhält es sich jedoch mit der gesprochenen Sprache. Das Trini-English ist ein mit Wörtern der verschiedenen Herkunftsländer durchsetztes Kreolisch, das jeder Trinidadian versteht. Den unverwechselbaren Trini-Akzent hört man bei jedem Trinidadian heraus, egal, welcher Hautfarbe oder sozialen Schicht er angehört. 40% der Bevölkerung sind afrikanischer Herkunft, 40% sind Inder. In Trinidad leben auch christliche und moslemische Inder, aber die meisten sind Hindus. Trinidad ist stark von Indern geprägt. Am meisten beeinflußt haben sie die trinidadische Küche: Roti, die gefüllten Fladen, gibt es an jeder Straßenecke. Überall sieht man die bunden indischen Gebetsfahnen, die neben dem Haus im Boden stecken. Das indische Kastensystem hat sich allerdings in Trinidad nicht aufrechterhalten lassen.
Auch die Moslems haben sich der Inselkultur angepaßt. Sie haben zwar riesige Moscheen errichtet und es gibt auch eine kleine Gruppe von „Black Muslims", aber die meisten sind wohlintegriert.
Sehr lebendig unter der schwarzen Bevölkerung ist der Shango-Kult. Auch diese ursprünglich westafrikanische Gottheit wurde an trinidadische Verhältnisse angepaßt. Es wurden ihr Züge indischer Reisgottheiten gegeben und die zwölf Apostel sowie eine indianische Streitaxt als Symbol zugeordnet.
Die religiöse Toleranz geht hier sehr weit. Die großen Feste der verschiedenen Religionen sind offizielle Feiertage.
Für Außenstehende ist es nicht sichtbar, inwieweit die Gesellschaft Trinidads wirklich in harmonischer Einheit zusammenlebt. Aber im Karneval ist es unübersehbar. Dann wird der hoffnungsvolle Satz der Nationalhymne „Ev'ry creed and race finds its equal place" zur überzeugenden Realität.

Kultur

„Now our steelband – is the best talent in this world
By Calypsoes all stories are told
With its rhythm of touch your soul
So Trinidad this lovely land of my birth
Small but overwhelming in worth
And as you know Carnival is the greatest frolic on earth."
So besingt Calypso-Sänger Mighty Sniper sein kreatives Völkchen, das drei herrliche Dinge geschaffen hat: den raffiniertesten Karneval der Welt, das einzige neue Musikinstrument des 20. Jahrhunderts, recycelt aus alten Ölfässern, und eine freche Verpackung von Gesellschaftskritik in Liedform – den Calypso.
Im Januar beginnt die Karneval-Saison, und in den Calypso-Tents stellen die Calypsonians ihre neuen Stücke vor. Die Kompositionen werden in den Zeitungen analysiert. Manchmal kommentiert sogar der Premierminister einen besonders kontroversen Text. Zu den aufwühlenden Rhythmen der Calypso-Abwandlung Soca werden auf Hunderten von privaten und öffentlichen Fétes (Parties) in der einzigartigen, herausfordernden trinidadischen Art die Hüften geschwungen:

,,Wine, wave and jump up" heißt es dann. An ,,Dimanche Gras", dem Karnevalssonntag, wird der ,,Calypso Monarch" gewählt und am Dienstag der ,,Road March", das Lied, das während der Umzüge am meisten gespielt wurde.
Der Karneval ist so ansteckend, daß sich ihm niemand entziehen kann. Jeder Besucher kann daran aktiv teilnehmen, und die Trinis sind begeistert über jeden Touristen, der mitfeiert. Man sollte daraus aber nicht schließen, daß Karneval auf Trinidad für die Touristen aufbereitet ist. Er gehört unbestritten den Trinidadians, ist Teil ihrer nationalen Identität mit einer nahezu religiösen Inbrunst. Temperament und Lebensfreude explodieren in diesem rauschenden Fest.
Die größte Straßenparty der Karibik beginnt Sonntagnacht mit ,,J'Ouvert". Man verkleidet sich so skandalös wie möglich und tanzt provozierend durch die Straßen. Lehm- und farbverschmierte Gruppen und Einzelpersonen versuchen, hellgekleidete Leute zu umarmen ... Niemand schläft in Port of Spain, denn am Montag geht es weiter mit der ersten Parade, mit anschließenden Riesenparties auf den Straßen und dem Höhepunkt am Dienstag.

Kiddie's Carneval, Port of Spain.

Trinidad

Karten: BA 493, BA 479, BA 482, DMA 24401, Imray D 11

Lage und Umgebung

Im Bereich Port of Spain gibt es vier Liegeplätze: den Hafen der Stadt und drei weitere Plätze W-lich der Stadt. Sie haben einen jeweils eigenen Charakter. Im TTYC liegt man am nächsten zur City und hat die bequemsten Versorgungsmöglichkeiten. Der Club ist nicht billig und wird fast nur von Amerikanern frequentiert, die dort ein reges gesellschaftliches Leben führen. Er ist eigentlich ein Club für Motoryachten. ,,Power Boats" bietet das genaue Gegenteil: Hier herrscht eine sehr lockere Atmosphäre, es ist preiswert, und hier trifft man die meisten Fahrtensegler aus vielen Ländern. Am besten haben wir uns bei der TTYA gefühlt. Hier begegnen sich die Segler aus Trinidad, man ist unter Segelbegeisterten. Die Atmosphäre ist warm und freundlich, und man bekommt Hilfe jeder Art.
Die Halbinsel mit dem indianischen Namen Chaguaramas war während des Zweiten Weltkriegs an die USA verpachtet und blieb amerikanisch bis zur Unabhängigkeit Trinidads. In dieser Zeit wurde das Leben der Leute in der Gegend stark vom amerikanischen Way of Life beeinflußt.
Die Strände der Halbinsel sind beliebte Ausflugsziele der Inselbevölkerung und dienen auch den Leuten, die in Port of Spain arbeiten, als Entspannungsmöglichkeit während der Mittagspause.

Chaguaramas Bay (Power Boats)

Karte: BA 479 / Position: 10°41′N / 061°39′W
Chaguaramas Bay ist eine gute Adresse für den ersten Landfall in Trinidad. Die etwa 1 sm breite Bucht liegt O-lich der S-lichen Ausfahrt von Boca de Monos. Sie wird im O begrenzt von der stark bewaldeten Point Gourde, auch Chaguaramas Peninsula genannt.

Ansteuerung

Die Insel Gaspar Grande im Eingang der Bucht bildet eine S-liche und eine W-liche Einfahrt. Beide Einfahrten sind einfach und gefahrlos. Segler, die aus Venezuela oder von Grenada kommen, werden die westliche Einfahrt benutzen. Die tiefe Bucht und die davor sich dunkel abhebende, 103 m hohe Insel Gaspar Grande sind leicht zu

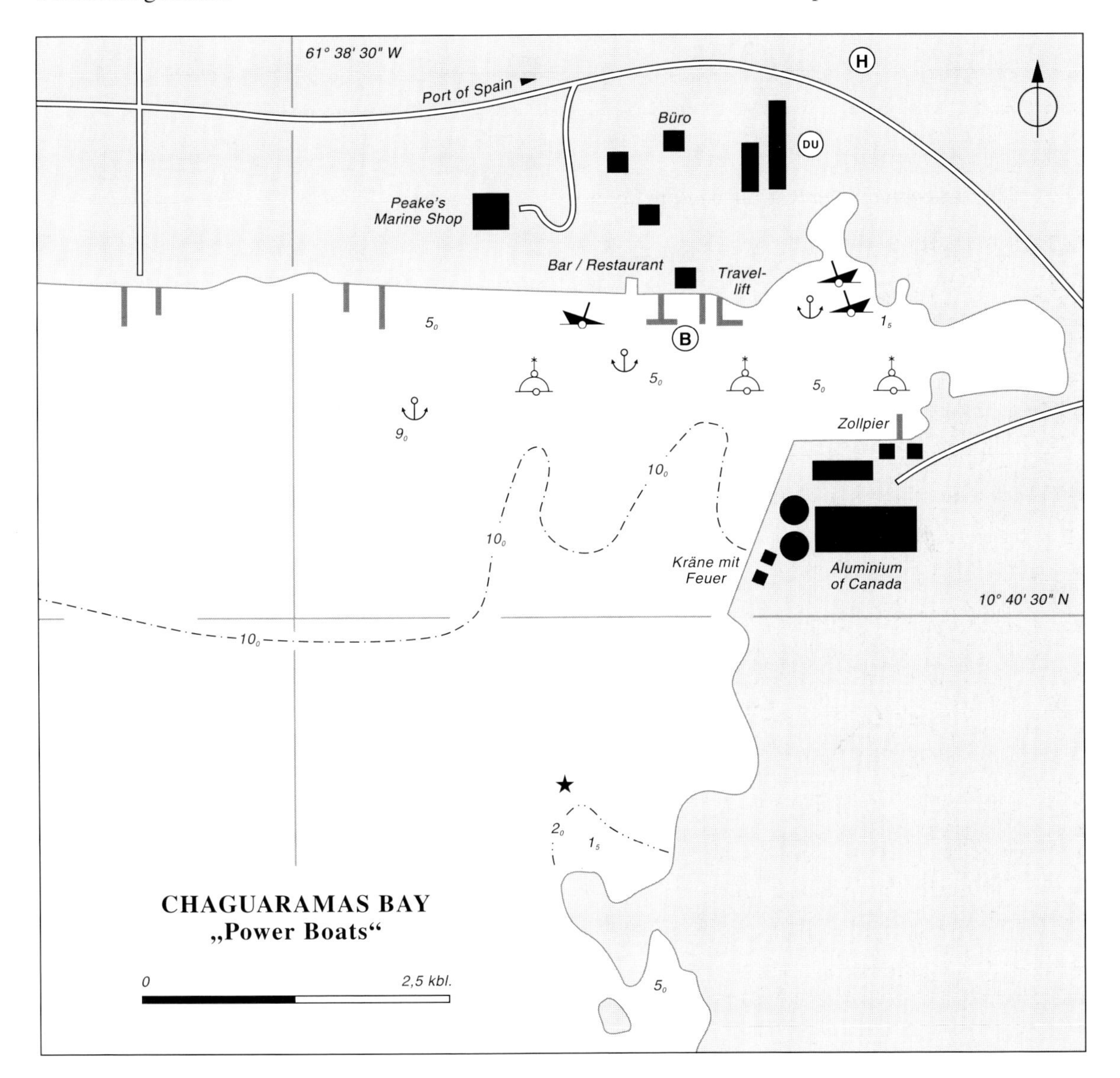

erkennen. Beim Näherkommen werden auch die rosafarbenen Gebäude der Aluminium Companie of Canada sichtbar, die hier Bauxit umschlägt. Die kleine, nur 20 m hohe Insel Gasparillo liegt ca. 200 m südlich vor der Festlandküste. Gasparillo kann an beiden Seiten passiert werden. Auch die Ansteuerung bei Nacht ist möglich. An der Festlandsküste tragen die Einfahrtshuken Delgada Point und Point Baleine im Westen von Gaspar Grande und Gasparillo Leuchtfeuer, die in den Karten vermerkt sind. Im Scheitel der Bucht stehen ein grünes und ein rotes Festfeuer vor der Anlage der Aluminium-Gesellschaft. Hilfreich sind auch die befeuerten Bakentonnen und die roten Warnfeuer auf den Kränen (siehe Zeichnung).

Wenn man einklarieren möchte, kündigt man das über UKW-Kanal 16 an. Man fährt bis in den NO-Zipfel der Bucht und macht an der Zollpier fest, die unmittelbar hinter der Bauxitverladestelle liegt. Der Zollbeamte fordert telefonisch einen Beamten von der Einwanderungsbehörde an. Dafür sind Wegekosten zu zahlen (30 TT$). Schiffspapiere und Pässe, ebenso Feuerwaffen und Munition außer Signalpistolen sind mitzubringen.

Die Beamten sind freundlich und hilfsbereit.

Ankerplätze

O-lich der Linie zwischen der Zollpier im S und dem Steg der Trinidad Yacht Facilities im N betragen die Tiefen 5 m, um dann kontinuierlich abzunehmen. W-lich dieser Linie findet man Tiefen zwischen 5 m in Ufernähe und 10 m im Abstand von 3 kbl zum Ufer, bevor diese weiter zunehmen. Der Grund besteht teilweise aus Schlamm, aber auch aus groben Steinen. Der Anker muß daher auf guten Halt sorgfältig geprüft werden. Im O-Teil der Bucht sind rot-weiße Tonnen (Glt. r.) in O-W-Richtung ausgelegt. Zwischen ihnen und den Kaianlagen von Aluminium of Canada im S ist das Ankern verboten.

Der Wind kommt meist aus O-licher bis SO-licher Richtung. Er weht aber gelegentlich auch aus West. Während der Nacht schläft er gewöhnlich ganz ein.

Stärkeren Einfluß am Ankerplatz haben die Gezeitenströme. Dabei setzt der Flutstrom O-wärts und der Ebbstrom W-wärts. Im W der Bucht kann man auch Stromkabbelungen beobachten. Wechselnde Wind- und Stromrichtungen erfordern viel Platz zum Schwojen.

Service und Versorgung

Am N-Ufer der Bucht liegt die Anlage von ,,Powerboats" mit den überdachten Stellplätzen und der Slipanlage für die Motoryachten. Nicht deutlich zu trennen davon, weil gemeinsam gemanagt und auf demselben Gelände, ist die ,,Trinidad Yacht Facilities" (TYF), zu dessen Service ein 50-Tonnen-Travellift, Stellplätze an Land, Bootsreinigung sowie Über- und Unterwasseranstrich gehören.

Reparaturen aller Art werden von kleinen Unternehmen ausgeführt, die Werkstätten auf dem Gelände haben. Wasser und Strom gibt es an jedem Stellplatz.

Am Anleger von TYF gibt es Wasser und Benzin. Für die Zukunft ist auch eine Zapfsäule für Diesel geplant. Diesel muß man zur Zeit noch 1 sm weiter W-lich bei National am Kai vor dem Gelände der Island Owners Association kaufen. Am Anleger gibt es auch Liegeplätze für 5 Yachten, die römisch-katholisch festmachen. Zwischen Anleger und Ufer machen die Dingis fest.

Die kleine Bar mit Terrasse im Kolonialstil offeriert Getränke und ein täglich wechselndes Menü. Hier bekommt man auch Eis in Beuteln.

Die Bar ist auf UKW-Kanal 68 unter dem Namen ,,Lifeline" hörbereit.

Die einzige Dusche gibt es im Norden des Geländes.

Ein Gebäude war im Osten des Geländes im Bau, das weitere Duschen, Toiletten, eine Wäscherei, einen Lebensmittelladen und einen Zubehörshop sowie das TYF-Büro aufnehmen soll. Das Büro (UKW-Kanal 72) bietet Telefon-, Fax- sowie Ko-

pierservice. Gasflaschen können zum Füllen abgeliefert werden.
Das Gelände wird sorgfältig rund um die Uhr bewacht. Von Diebstählen auch am Ankerplatz wurde uns nicht berichtet. Landstellplätze gibt es auch für Langzeitlagerung über drei Monate. Die Anschrift lautet:
Trinidad Yacht Facilities (Power Boats)
Chaguaramas Bay
P.O. Box 3163
Carenage, Port of Spain, Trinidad, W.I.
Tel.: 4303 Fax: 1-809-634-4327
Brot wird einmal täglich frisch von einem Bäcker zum Anleger geliefert. Zweimal wöchentlich wird dort Gemüse und Obst angeboten. Andere Lebensmittel kauft man am besten in einem Hi-Lo-Supermarkt.
Dazu fährt man mit Bus oder Maxi-Taxi zur Highland Plaza oder etwas weiter zur West Mall. Diese Einkaufsmöglichkeiten liegen an der Straße nach Port of Spain. Die Busstation nach Port of Spain befindet sich gegenüber dem Ausgang des Geländes. Karten für 1 TT$ müssen zuvor im Büro gekauft werden. Der Bus verkehrt etwa alle 30 Minuten. Gleichzeitig verkehren Sammeltaxen, die sogenannten „Maxi-Taxis“ und „H-caps“ (5 TT$). Sehr viel teurer sind die „Special Taxis“ (22 TT$ bis Port of Spain).
Westlich des Geländes befindet sich eine gutsortierte Zweigstelle von Peake's Marine. Sie hört auf UKW-Kanal 68. Man ist dort immer sehr bemüht, Seglern zu helfen.
Hier soll in Kürze eine moderne und leistungsfähige Reparaturwerft entstehen.

Trinidad & Tobago Yachting Association (TTYA)

Karte: BA 479
Position: 10°40′45″N / 061°37′18″W
Clubadresse: P.O. Box 3140, Carenage Post, Trinidad W.I., UKW-Kanal 68,
Tel. und Fax: 1-809-634-4376

Lage und Umgebung

Die Yachting Association liegt malerisch im westlichen Ende der Carenage Bay. Es ist eine natürliche Marina. Im klaren blauen Wasser werden die Bäume und die grünen Hügel reflektiert, die hinter der Bucht den Northern Range hinaufsteigen. Die Anlage selbst ist liebevoll angelegt, mit herrlich blühenden rosa und gelben Pouis, Hibiscus und Bougainvillea in sämtlichen Schattierungen. Auf dem Gelände gibt es Bänke am Wasser, Grillplätze und einen Kinderspielplatz. Fahrtensegler unterrichten hier ihre Kinder in einer improvisierten Freilichtschule.
Dieser 1950 gegründete Club gehört neben dem Grenada Yacht Club zu den wenigen in der Karibik, die sich der intensiven Förderung des Segelsportes verschrieben haben. Höhepunkt ist die jährliche „Angostura Tobago Sailing Week“ im April. Der Club praktiziert Gastfreundschaft gegenüber ausländischen Seglern, indem er diesen die Clubeinrichtungen zur Verfügung stellt, zur Teilnahme an Regatten einlädt (auch als Crew), uneigennützig Informationen und Hilfe gibt und die Gäste in sein Clubleben integriert. Segler fühlen sich hier schnell zu Hause. Die Managerin Susan und die angestellten Ladies Claudette und Dawn sind überaus hilfsbereit und machen die Probleme der Segler zu ihren eigenen.

Ansteuerung

Die Ansteuerung bietet keine Schwierigkeiten. Auch bei Dunkelheit ist die Ansteuerung wegen der zahlreichen Feuer, die alle in den aufgeführten Karten vermerkt sind, gut möglich. Zuletzt weist die flutlichtbeleuchtete Anlage des Clubs den Weg in den Scheitel der Bucht.

Ankerplätze

Am besten ankert man im Süden der Clubanlage, N-lich der Basis der Coast-Guard. In geringem Abstand zum Ufer kann noch 3–4 m Tiefe gefun-

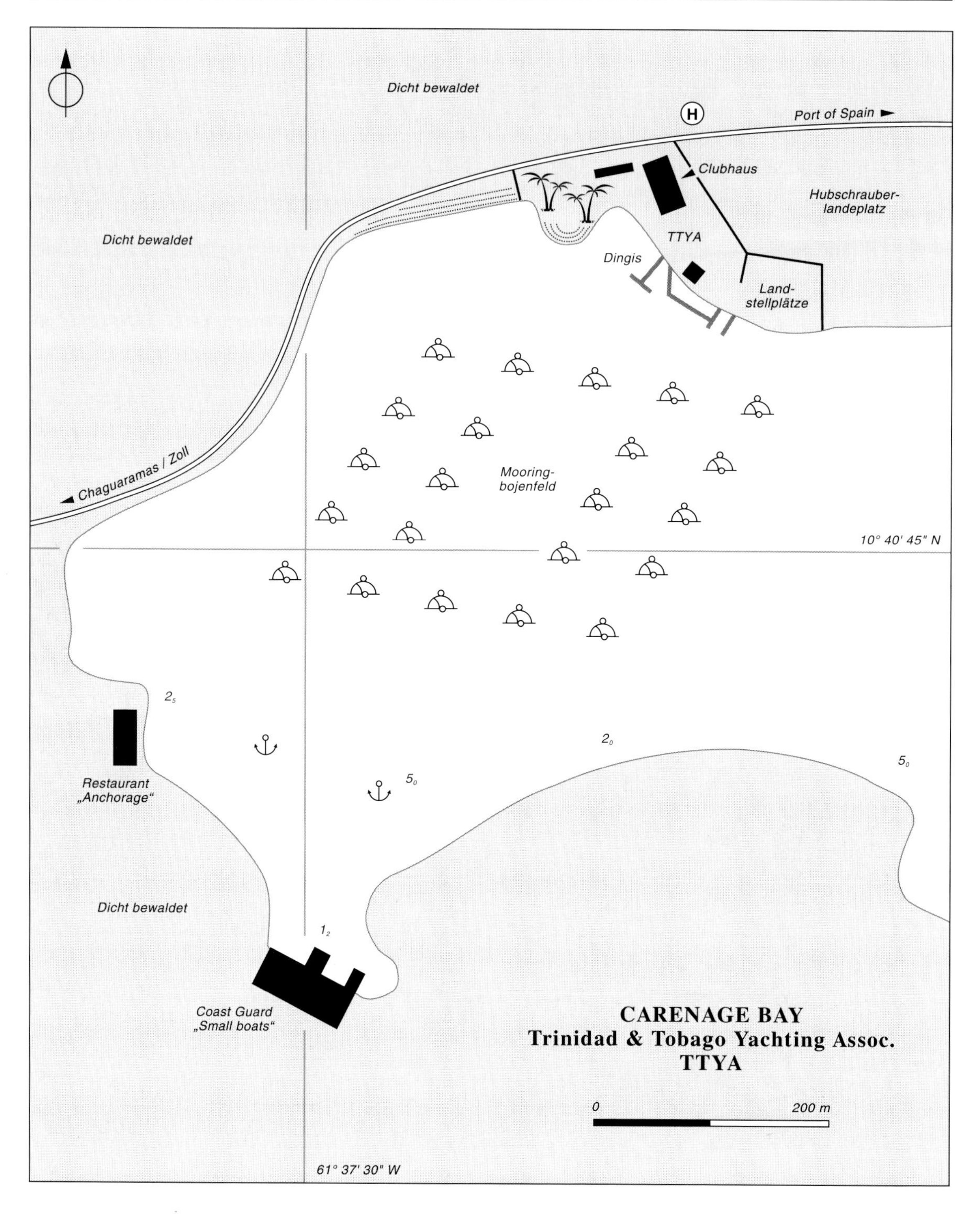
Dicht bewaldet
Port of Spain
Clubhaus
Hubschrauber-
landeplatz
Dicht bewaldet
TTYA
Dingis
Land-
stellplätze
Chaguaramas / Zoll
Mooring-
bojenfeld
10° 40' 45" N
2₅
2₀
5₀
5₀
Restaurant
„Anchorage"
Dicht bewaldet
1₂
Coast Guard
„Small boats"
CARENAGE BAY
Trinidad & Tobago Yachting Assoc.
TTYA
0
200 m
61° 37' 30" W

den werden. Der Grund besteht aus tonigem Schlamm. Der Raum zum Schwojen muß reichlich bemessen werden, da die Gezeitenströme nachts das Schiff drehen.
Morgens zwischen 8–10 Uhr erwacht gewöhnlich eine O-liche bis SO-liche Brise, die bis zum Abend anhält und den Ankerplatz sehr unruhig macht. Ab 22 Uhr wird es dann wieder ruhig. Gestört wird man nur noch ab und zu von vorbeisausenden Booten der Coast-Guard und am Freitagabend von der Musik des Restaurants auf dem gegenüberliegenden Ufer.
Die Ankerplätze sind kostenfrei, obwohl auch den Ankerliegern die Einrichtungen des Clubs zur Verfügung stehen. Der Club vermietet auch einige Mooringplätze. Die Plätze am Anleger können nicht belegt werden und sind auf jeden Fall über Nacht freizuhalten. Dingis können am Fuß des Anlegers festmachen. Segler, deren Yachten an einer Mooring liegen, werden kostenlos mit Vereinsbooten, die man mit dem Horn oder der Glokke anfordern muß, an den Anleger gebracht.

Service und Versorgung

Dem Segler, der in der Bucht ankert oder einen Mooringplatz belegt hat, stehen alle Einrichtungen des überaus gastfreundlichen Clubs offen. Dazu gehören die Bar mit kleiner Küche, die einfachen, aber sehr sauberen Toiletten und Duschen, Fax- und Telefonmöglichkeiten gibt es im Büro, das auch Seglerpost empfängt. Der Vereinshandwerker Milton erledigt Kunststoff- und Holzarbeiten. Seine Werkstatt wird auch von Gästen benutzt. Andere Handwerker können vermittelt werden. Harry bedient den 15-t-Travellift, der die

Mooring Ankerplätze TTYA in der Carenage Bay.

Boote für eine Langzeitlagerung oder zu Überholungen des Unterwasserschiffs auf den Landstellplatz befördert, wo es Strom und Wasseranschlüsse gibt. Das gesamte Clubgelände ist rund um die Uhr bewacht und sicher.
Gegen Mittag kommt täglich ein Wagen mit einer gutsortierten Brotauswahl ans Tor. Köstlich sind die kleinen Pasteten zum Aufbacken. Ein Gemüsehändler liefert mittwochs und samstags frische Ware, und seine Frau gibt Ratschläge für die Zubereitung der exotischen Gemüse. Busse und Maxis zu Highland Plaza, West Mall und Port of Spain halten vor dem Eingang.

Cumana Bay / Trinidad & Tobago Yacht Club (TTYC)

Adresse: Bayshore, Port of Spain, Trinidad, W.I.
Tel. und Fax 1-809-4260, UKW-Kanal 68
Karten: BA 479
Position: 10°40′42″N / 061°34′10″W

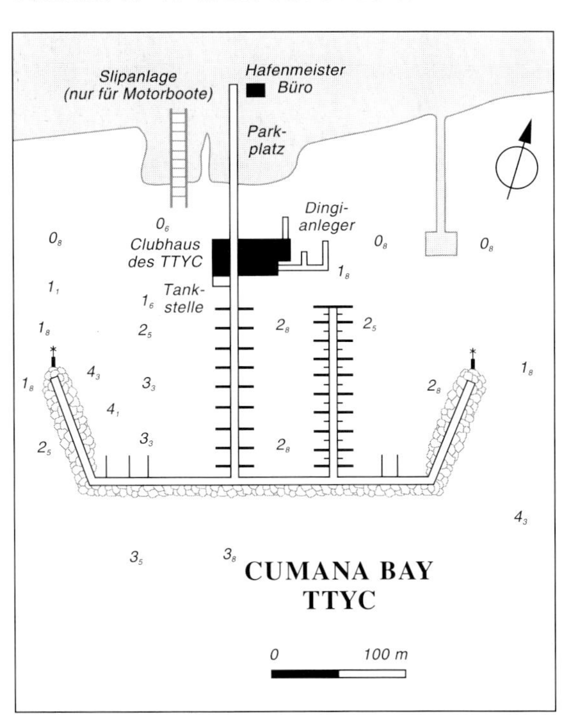

Lage und Umgebung

Auf halber Strecke zwischen der Carenage Bay im Westen und Port of Spain im O liegt die Cumana Bay. Im Scheitel der Bucht zwischen Point Cumana im W und Martin Point im O ist der Trinidad & Tobago Yacht Club (TTYC) beheimatet. Wer den Komfort einer geschützten Marina liebt oder vorübergehend braucht, findet das nur im TTYC. Was als Zwischenstopp gedacht war, wurde für manchen Segler schon zu einem monatelangen Aufenthalt. Hier informieren sich und planen die während der Karnevalszeit eintreffenden Segler, machen Kartenbestellungen, organisieren Transporte und schneidern Kostüme für die Teilnahme an den Paraden. Nach Karneval sind die Vollzeitmitglieder wieder unter sich.
Während der Karnevalssaison zählt der Club zusammen mit den Yachten, die SO-lich des Wellenbrechers liegen, um die 100 Gastlieger. Die Segler betreiben über UKW-Kanal 68 ein eigenes Netz, über das Neuigkeiten, Termine und „socials" ausgetauscht werden.

Ansteuerung

Die Ansteuerung bereitet keine Schwierigkeiten. Wenn man durch Boca Grande (von Venezuela) oder Boca Monos (von Grenada oder Tobago) einsteuert, wird man die Inseln Gaspar Grande, Diego Islands und Five Islands an Backbord passieren. Nach dem Passieren von Nelson Island – der S-lichsten der Five Islands – führt ein rwK von 60° zur Marina. Bei guter Sicht sind die Radiomasten auf Cumberhill eine Ansteuerungshilfe. Der Mastenwald ist schon von Nelson Island aus sichtbar. Der Kurs führt direkt auf die äußere Mole zu. Hier muß man sich dann für O-liche oder W-liche Einfahrt entscheiden. In der O-lichen Einfahrt können die Tiefen bei SpNW unter 2 m liegen.
Bei Einfahrt in das W-liche Becken bleibt man bei Niedrigwasser dichter am Kopf des Wellenbrechers und rundet mit geringem Abstand die Stange mit dem roten Feuer. Die Stange ist zum Schutz

gegen Kollision mit Autoreifen bewehrt. Liegt der Wasserspiegel unter den Reifen, hat man ablaufendes Wasser. Im Hafen ist zum N-Ufer unbedingt größerer Abstand zu halten. S-lich der Linie Einfahrt – Clubgebäude gibt es wieder 3–4 m Wasser.
Bei Nacht helfen zunächst die Feuer auf Gaspar Grande, Cronstadt Island und Nelson Island, deren Kennung in den Karten eingetragen ist. Die Marina ist an ihren hellen Lichtern aus mindestens 2 sm Entfernung gut zu erkennen. Auch die rotbefeuerten Radiomasten auf Cumberland dienen der Ansteuerung. Die Wellenbrecher sind an den Einfahrten jeweils rot befeuert.

Ankerplätze

Die tiefe Lage des Platzes in der Bucht gewährt Schutz nach Osten und Westen. Im S ist der Hafen durch einen Wellenbrecher geschützt. Er besteht aus gefluteten Frachtern, die mit Gesteinsbrocken gefüllt sind. Innerhalb des Hafens liegt man sehr ruhig.
An zwei Anlegern mit Holzstegen bietet die Marina in ihrem Inneren Platz für ca. 80 Yachten. An der Innenseite der Wellenbrecher können ca. 20 weitere Yachten römisch-katholisch festmachen. Für Besucher stehen so etwa 50 Liegeplätze zur Verfügung, die für die Karnevalszeit lange im voraus gebucht sind. Die Gebühren betragen etwa DM 30,– pro Tag, Wasser und Strom eingeschlossen.
Besonders während der Karnevalszeit, wenn die Marina überfüllt ist, ankern Yachten außerhalb SO-lich des Wellenbrechers auf 3–5 m Tiefe über schlecht haltendem Schlick. Nachmittags ist der Ankerplatz oft sehr unruhig, aber während der Nacht schläft der Wind völlig ein.

TTYC Clubgelände in der Cumana Bay.

Service und Versorgung

In den Genuß der Clubeinrichtungen kann nur kommen, wer eine vorübergehende Mitgliedschaft erwirbt. Diese beträgt pro Crewmitglied und Woche 3 US-$.
Die Gebühren für einen Liegeplatz in der Box inkl. Strom und Wasser betragen 15 US-$ pro Tag oder 200 US-$ pro Monat.
Liegeplätze an der Innenseite des Wellenbrechers kosten 25 US-$ pro Woche oder 100 US-$ pro Monat.
Die Mitgliedschaft ist auch für Yachten auf dem Ankerplatz fällig, selbst wenn die Crew nur den Dingisteg benutzen möchte.
Allen Mitgliedern stehen zur Verfügung:
die Benutzung der sanitären Anlagen, die bei starkem Andrang nicht ausreichen, die Bar, das Restaurant, das Büro mit Post-, Telefon-, Fax- und Kopierservice. Verkauf von Gezeitenkalendern, Nationalflaggen und Clubshirts.
Das Büro vermittelt die Reinigung der Wäsche und die Füllung von Gasflaschen gegen Gebühr und Mehrwertsteueraufschlag. Auch Travellerschecks und Bargeld werden im Büro gegen TT$ getauscht.
Diesel, Benzin, Wasser und Eis können an der Tankstelle des Clubs besorgt werden.
Auf dem Gelände haben ein Polsterer, ein Schreiner, ein Lackierer und ein Fiberglasspezialist Werkstätten. Andere Handwerker können von Elizabeth Meyer, der Clubsekretärin, erfragt werden.
Die Marina ist wegen ihrer Lage und Bewachung der ruhigste und sicherste Platz auf Trinidad. Landstellplätze oder Slip-Möglichkeiten hat der Club nicht.
Ein großer Vorteil ist die Nähe zum Einkaufszentrum „Highland Plaza", das in 5 Minuten zu Fuß zu erreichen ist.
Maxi-Taxis passieren den Eingang des Clubgeländes, die Bushaltestelle liegt weiter weg.

Port of Spain

Karten: BA 482 (mit Hafenplan Port of Spain)
Imray D 11 (mit Hafenplänen)
Position Saint Vincent Jetty: 10°38′42″N / 061°30′564″W

Lage und Umgebung

Die Hauptstadt ist eine Mischung aus London, Bombay und Kingstown. Im Zentrum liegt ein riesiges Gelände mit dem anmaßenden Namen „Queen's Park" und dem realistischen Zusatz „Savannah". Die ehemalige Zuckerrohrplantage ist heute das Herz von Port of Spain.
Gegenüber dem Park stehen die berühmten „Magnificent Seven", die jedem Besucher stolz vorgeführt werden. Die architektonischen Kuriositäten aus dem Beginn des Jahrhunderts sind alle prachtvoll. Sie sind im neuromanischen, maurischen und Empire-Stil erbaut, eine erinnert an eine rheinische Burg.
Am südlichen Rand der Savannah, am Ende der Frederick Street, steht das kleine Nationalmuseum mit freiem Eintritt. Es informiert über die Industrien Trinidads, über Naturgeschichte, Archäologie, Geologie und Geschichte und zeigt einige prämierte Karnevalskostüme.
Die schachbrettartige „City" befindet sich zwischen Savannah und Hafen. Hier liegt auch Woodford Square, ein Park, der die Tradition weiterführt, die vom sagenhaften Dr. Williams begonnen wurde. Wie im Londoner Hyde Park kann hier jedermann lauthals seine Meinung zum besten geben. Die Trinis nutzen diese Möglichkeit sehr intensiv.
Westlich vom Woodford Square steht das prächtige „Red House", das Parlament. Während der heftigen Demonstrationen um die Erhöhung der Wasserpreise 1903 brannte es völlig ab, wurde aber genauso wieder aufgebaut.
Am Woodford Square gibt es mehrere Stände für Route Taxis. Der zentrale Maxi-Taxi-Platz befindet sich am Independence Square, das Busterminal gleich dahinter.

Ansteuerung

Für die Ansteuerung bieten die oben angegebenen Karten gute Hilfen, die BA 482 mehr als die Imray D 11. Ankerplätze gibt es zwischen den beiden großen Zufahrtskanälen südlich des Cruise Ship Complex an der „Kings Wharf", dessen Dach die Beschriftung trägt: „Welcome to Port of Spain". Wracks, Tonnen und Ankerleger erfordern Vorsicht bei der Ansteuerung.
Der Ankergrund besteht aus fettem Schlamm, in den der Anker tief fassen muß, um gut zu halten. Die Gezeitenströme setzen bei auflaufendem Wasser nach SO, bei ablaufendem Wasser nach NW. Am Tage wird ihr Einfluß durch die starken O-lichen Winde (87% aller Windrichtungen) überdeckt, so daß die Richtung des ankernden Schiffes von der Windrichtung bestimmt wird.

Ankerplätze

Nachdem es möglich ist, die Klarierungsformalitäten in Chaguaramas direkt zu erledigen oder die Yacht bei einem der Clubs zu lassen und allein mit den Papieren in Chaguaramas oder Port of Spain zu klarieren, fahren nur noch wenige Segler in den Hafen der Hauptstadt, weil es dort schmutzig und unruhig ist. Ob der schlechte Ruf des Hafens in Bezug auf Diebstähle und Überfälle berechtigt ist, wissen wir nicht. Zoll und Einwanderungsbehörde versicherten uns, daß der Ankerplatz vor ihrem Kai ständig kontrolliert und sicher sei, und wir wurden geradezu ermuntert hierherzukommen. Es ist natürlich praktisch, unmittelbar vor der Stadt zu liegen. Das Dingi kann beaufsichtigt am Kai festgemacht werden. Auf den Luxus einer Dusche braucht man auch nicht zu verzichten.

Parade of Bands, Carnival's Tuesday.

Formalitäten

Zoll und Einwanderungsbehörde findet man am östlichen Ende der Kings Wharf. Der Hafenmeister, der den Ankerplatz zuweist, hat sein Büro, Maritime Services Devision genannt, am Fuße des St. Vincent Jetty. Er hört auf UKW-Kanal 16 oder 10. Hier sind auch die Gebühren zu entrichten. Wasser und Diesel gibt es am Kai.

Service und Versorgung

Bootszubehör- und Reparatur
Thomas Peake, 177 Western Main Road, Cocorite: gut sortiert und sehr hilfsbereit, Filiale in Chaguaramas neben TYF, Reparaturservice für Kühlsysteme und Außenborder
William Scott, 23 Independence Square: Eisenwaren
Tang Yuk Electric, West Mall
Marine Consultants, 43 Charles St.: Nautische Literatur, Karten, Wartung von Rettungsinseln, Rettungswesten, Kompaßregulierung
Boat Supply, Highland Plaza, Glencoe
Ameron Industrial Services: Bootsfarben
Automotive Components: Batterien
Brian Persad, Point Cumana: Volvo
Tracmac, Uriah Butler Highway, Chaguanas: Perkins
Double AA Electronics, Independence Square
Placid Lawrence, TYF (Power Boats): Dieselmechaniker
Ramco Industries, 35 Wrightson Road: Propangas
Ulmer Kolius, Diego Martin: Segel
Chris Mac Lean, Diego Martin: Propeller-Service
Mehrere Vertretungen für Außenbordmotoren gibt es in Port of Spain.
Handwerker und Werkstätten für bestimmte Bereiche findet man auch in den ,,Yellow Pages", dem Branchenverzeichnis des Telefonbuchs.
Kopien gibt es bei Xerox, Independence Square North
Buchhandlung Ishmael Khan in Henry St.

Restaurants gibt es in Port of Spain im Überfluß. Manche liegen nicht direkt im Zentrum, sondern in Stadtteilen wie St. James oder Newtown. Besonders erwähnen möchten wir nur das hübsche und gute Restaurant ,,Rafters" in der Warner St., Newtown und das Selbstbedienungslokal ,,Sweet Peppers" mit authentischer Creole-Küche auf dem Weg zum Busbahnhof. China-Restaurants und die Spezialitäten der indischen Küche findet man auf Schritt und Tritt. Man versäume auf keinen Fall, Roti zu probieren. Eine interessante Erfahrung ist das ,,Breakfast Shed" im Hafengelände, das nur bis Mittag Essen anbietet. Man bestellt sich das Essen bei einer der Garküchen und sitzt an langen Bänken unter dem einfachen Volk, ähnlich wie im Alten Markt in Willemstad.

Ausflüge

Die Schönheit der Landschaft Trinidads erschließt sich einem, sobald man auf der Saddle Road die Stadt nordwärts verläßt. Durch den dicht bewaldeten Northern Range gelangt man an die wildromantische Nordküste hoch über dem Meer. Man sollte wenigstens bis Blanchiseuse fahren. Von hier führt eine Straße ins Innere zum Asa Wright Centre – einem Paradies für Vogelliebhaber. Hier gibt es sogar Guacharo-Vögel, die einzigen außerhalb Venezuelas.
Ein lohnender Ausflug führt zur Manzanilla Bay an die Atlantikküste. Hier brandet die wilde See an Stränden mit Kokosplantagen, durch die riesige Büffelherden getrieben werden.
Der berühmte Pitch Lake ist zwar einzigartig, aber nicht unbedingt eine Augenweide. Angeblich erneuert sich der Asphalt ständig, wenn etwas von dem ,,schwarzen Gold" entnommen wird.

Chacachacare Island

Karten: BA 483, Imray D 11
Position: 10°41′N / 061°45′W
Von den Einheimischen wird die Insel einfach ,,Chaca" genannt. Sie hat eine Salzwasserlagune,

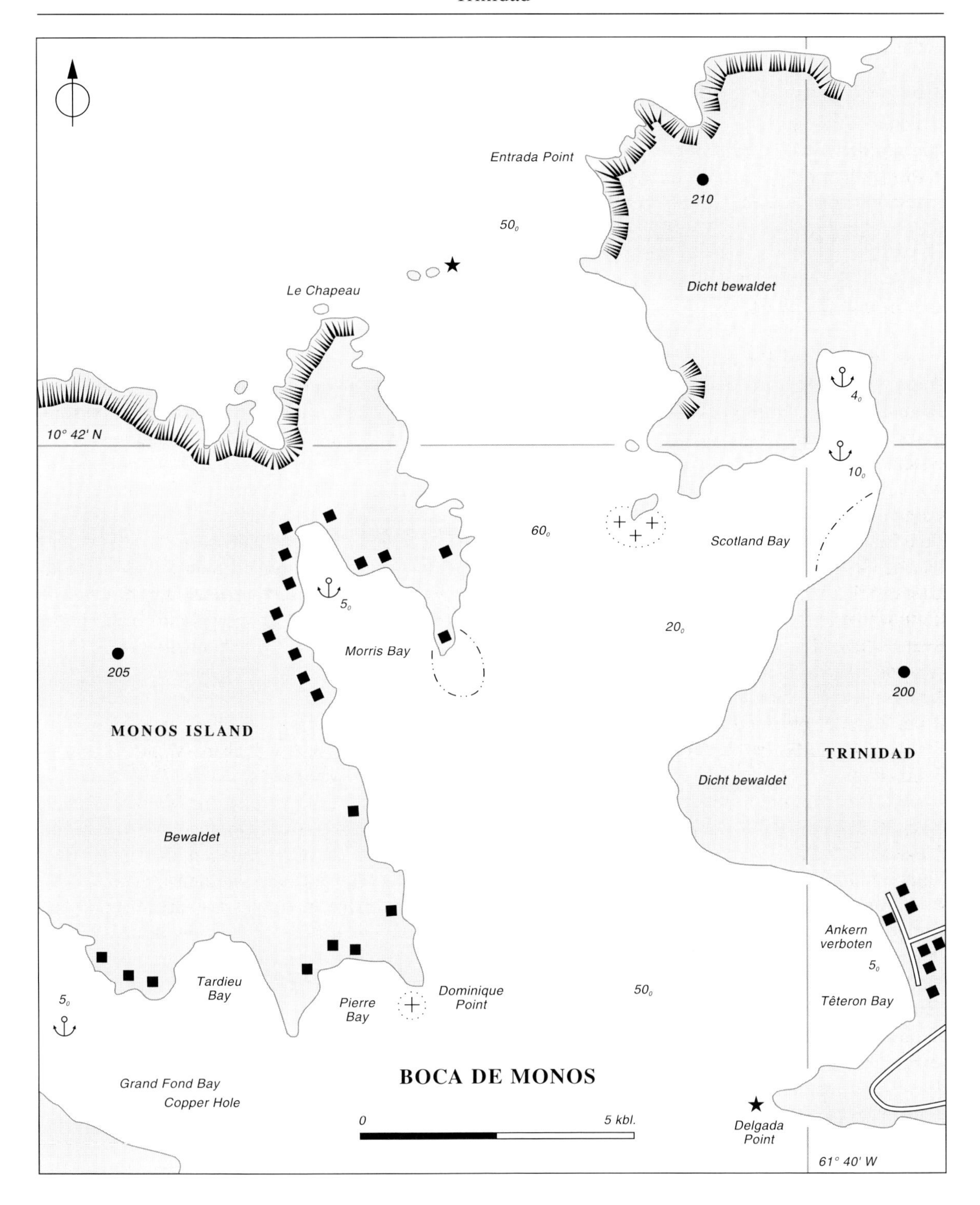
Entrada Point
210
50₀
Le Chapeau
Dicht bewaldet
4₀
10° 42' N
10₀
60₀
Scotland Bay
5₀
20₀
Morris Bay
205
200
MONOS ISLAND
TRINIDAD
Dicht bewaldet
Bewaldet
Ankern
verboten
5₀
Tardieu
Bay
Dominique
Point
50₀
Têteron Bay
5₀
Pierre
Bay
BOCA DE MONOS
Grand Fond Bay
Copper Hole
0
5 kbl.
Delgada
Point
61° 40' W

die früher zur Salzgewinnung benutzt wurde. Schmuggler vom Festland pflegten hier Station zu machen, bevor sie auf Trinidad landeten. 1877 errichteten die Briten hier eine Lepra-Kolonie, die heute verlassen ist. Die schönen viktorianischen Ziegelhäuser sind noch erhalten: die Residenz des Doktors, die Häuser der Nonnen, das Krankenhaus und eine Kapelle.
Die Insel bietet mehrere Ankerplätze in der Chacachacare Bay. Bei ablaufendem Wasser setzt vor dem Eingang in die Bucht ein starker Strom nach NO. Die Bucht ist an Wochenenden von Motoryachten und Ausflugsbooten überfüllt, aber sonst sehr schön. Während der Woche ist es ein Paradies zum Schwimmen und Angeln.

Monos Island

Karten: BA 483, Imray D 11
Position: 10°41′N / 061°41′W
Die Insel besitzt ebenfalls einen besonders an Wochenenden vielbesuchten Ankerplatz in der nach SO offenen Grand Fond Bay, von Einheimischen auch Copper Hole genannt. Beim Ankern im Scheitel der Bucht muß man auf die Unterwasserkabel achten. Einen zweiten Ankerplatz findet man in der Morris Bay im O der Insel.

Scotland Bay / Boca de Monos

Karten: BA 479, Imray D 11
Position: 10°42′00″N / 061°39′54″
Die Einfahrt in die Scotland Bay liegt O-lich von Monos Island an der Westküste Trinidads. Die Bucht ist u. E. die schönste und sicherste Bucht des Reviers. Sie ist ein vorzüglicher Ausgangspunkt für Passagen nach Tobago, Grenada oder Venezuela.
Wenn man von S kommt, ist der nach NNO verlaufende etwa 5 kbl tiefe Einschnitt leicht zu erkennen. Ankergründe mit 3–9 m Tiefe können im geringem Abstand vom Ufer gefunden werden. Das O-Ufer ist insgesamt flacher. Dort gefährden verrostete Überreste zerbrochener Anleger auch Dingirümpfe. Im Scheitel der Bucht können etwa 3–4 Yachten auf 4–5 m Tiefe in 20 m Abstand zum Ufer vor Buganker mit einer Heckleine an einem Baum festmachen.
Ankerplätze innerhalb der Bucht erfordern Platz zum Schwojen, da die Gezeitenströme die Yacht drehen. Die Bucht ist nach allen Seiten vollkommen geschützt, nach W durch die vorgelagerte Insel Monos. Wenn man die Bucht nach N verläßt, muß man die kleine Insel vor der Nordhuk der Ausfahrt in ausreichendem Abstand umfahren, da ihr Felsen vorgelagert sind, die in den Seekarten nicht eingezeichnet sind.
Am Wochenende ist die Scotland Bay gefüllt mit Booten aus Port of Spain und fröhlich lärmenden Badegästen. Während der Woche hat man die Bucht für sich allein, die nur vom Wasser aus zugänglich ist, da das Land dem Militär gehört und die Zufahrtswege gesperrt sind. Dann kann man über schmale Pfade auf den dichtbewaldeten Hängen um die Bucht wandern und, begleitet vom Geschrei der Vögel und Affen, die Vielfalt der Flora bewundern.

Die Nordküste Trinidads mit Ankerbuchten

Karten: DMA 24401, DMA 24400, BA 493, Imray D 11 (nur La Vache Bay)
Die atemberaubende Schönheit der N-Küste kann man auf einer Fahrt entlang der Küstenstraße genießen, die allerdings nur bis Blanchisseuse führt. Segler besuchen die ca. 45 sm lange N-Küste selten, da alle Buchten offene Reeden haben, die der Dünung aus N während der Wintermonate von Oktober bis April ausgesetzt sind.

Nautische Literatur

Leider gibt es für diesen Abschnitt keine Karten mit einer genaueren Darstellung der Küste, die besonders in ihrem NO-lichen Teil wenig Unterscheidungsmerkmale aufweist.

Leuchtfeuer

Leuchtfeuer sind in einem aktuellen Verzeichnis (Hydrographic Unit-Tide Tables) enthalten. Sie arbeiten zuverlässig.

Gezeitenstrom

Die Fahrt entlang der N-Küste sollte man unter Zuhilfenahme der Gezeitentafel planen. Ein guter Zeitpunkt für den Start ist kurz nach HW mit ablaufendem Wasser von Scotland Bay aus. Dann kann man für einige Stunden von einem nach O setzenden Strom profitieren. Das ist aber nur möglich, wenn man dicht unter der Küste segelt, da man sonst in den Bereich des nach NW setzenden Äquatorial-Stroms gerät.

O-lich von Chupara Point ist der O-wärts setzende Gezeitenstrom nur während der letzten beiden Stunden der Falldauer bemerkbar. O-lich der Grand Rivière Bay überdeckt der Einfluß des W-wärts setzenden Stromes zwischen Trinidad und Tobago den O-wärts setzenden Gezeitenstrom.

Segler, die Tobago von Trinidad aus besuchen, oder die Teilnehmer der Osterregatta motoren bis zur NO-Spitze von Trinidad, bevor sie nach Tobago hinübersegeln. Dabei bevorzugen sie die Nachtstunden, da dann die See ruhig ist.

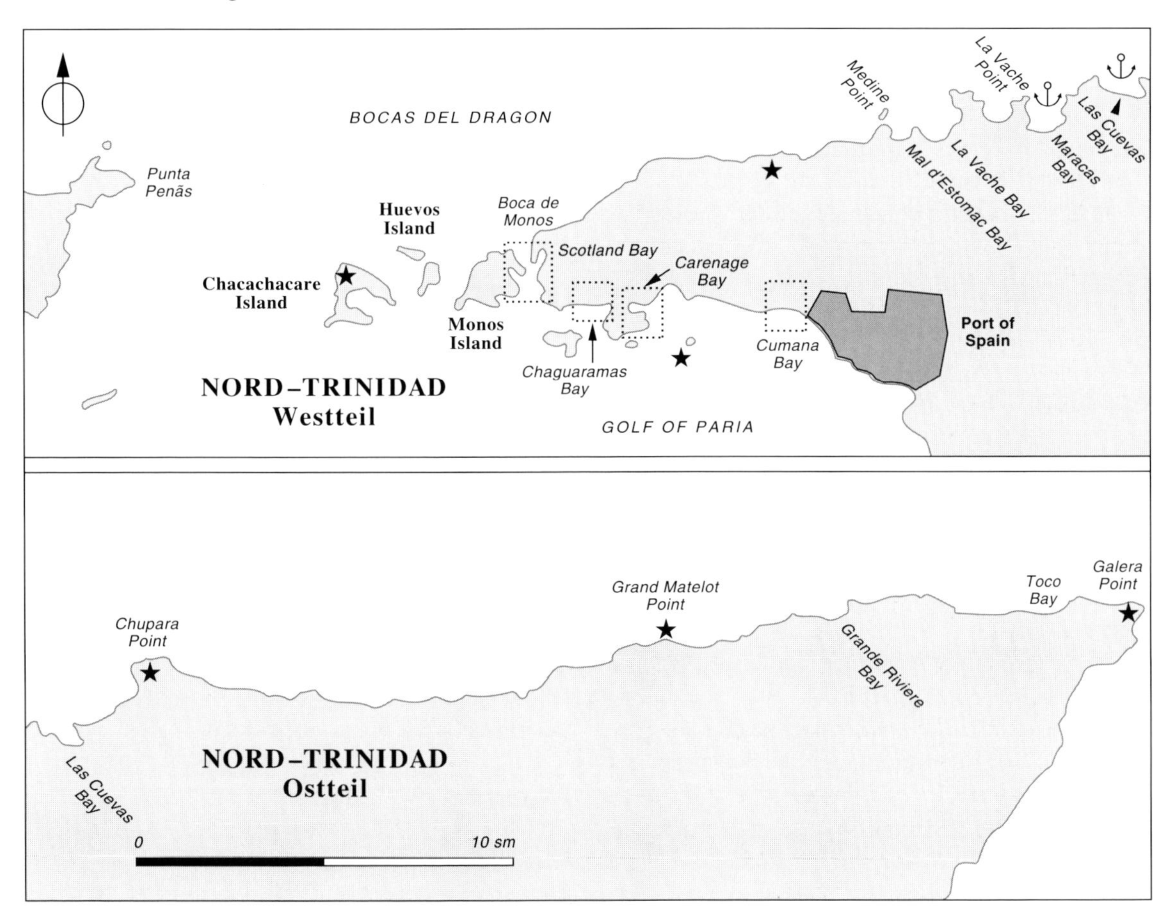

Die Küste

Auf Fischereifahrzeuge und Netze ist immer zu achten.
Die Küste ist bis auf einige in der Karte eingezeichnete Klippen rein und steil abfallend und besitzt große Wassertiefen bis Chupara Point (10°49′N / 061°23′W), einem auffälligen, hervorspringenden Kap von 137 m Höhe. Das Kap trägt ein Feuer auf einem weißen Metallgestell, das in den Karten und der der Gezeitentafel vermerkt ist.
Saut d'Eau Islet (10°46′N / 061°31′W), 2 kbl NNW-lich von Medine Point, kann bei Nacht ein Hindernis darstellen. Als wir die beiden Inseln nachts bei Mondlicht passierten, brannte dort kein Feuer. Die N-liche der beiden Inseln ist 113 m hoch und ein Naturreservat. Wir fuhren zwischen den beiden Inseln hindurch und bemerkten Unterwasserklippen in der nördlichen Hälfte der Durchfahrt.
Die Buchten Mal d'Estomac Bay und La Vache Bay O-lich von Medine Point (10°45′48″N / 061°30′36″W) und Balata Bay O-lich von La Vache Point (10°46′30″N / 061°28′36″W) sind nicht sicher, da sie einer starken Dünung ausgesetzt sind. Sie sollten nur bei ruhigen Wetterverhältnissen als Tagesankerplatz benutzt werden.
Während der Sommermonate gibt es zwei Buchten, die gegen die vorherrschenden O-lichen Winde Schutz bieten. Es sind die Maracas Bay, 2,5 sm O-lich von La Vache Point, und Las Cuevas Bay, 4,5 sm O-lich von La Vache Point.
Von Chupara Point bis Galera Point (10°50′N / 060°55′W) gibt es auf diesem 25 sm langen Abschnitt keine Ankerplätze, die als sicher gelten könnten.
Wir besegelten die N-Küste Anfang April und konnten uns vorstellen, daß bei länger dauernder SO-Windwetterlage im Sommer in Matelot Bay (W-lich der Aufschüttung), die die Insel L'Islette (10°49′06″N / 061°07′42″W) mit der Küste verbindet, in Grand Riviere Bay und in Toco ein vorübergehender Ankerplatz gefunden werden kann.
Hindernisse auf dieser Strecke stellen die Felsen O-lich von Chupara Point nur dar, wenn man aus dem Inneren der Bucht kommt.
Weiter O-wärts bis Grand Rivière Bay (10°50′N / 061°03′W) ist die Küste hoch und felsig mit wenigen Stränden und vielen, in geringem Abstand vorgelagerten Klippen. Der meist überspülte Machapure Rock liegt 3 kbl N-lich der O-Huk von Blanchisseuse Bay (10°47′30″N / 061°17′36″W).
Ungefähr 3 kbl N-lich von Grand Matelot Point liegt ein gefährlicher Fels, der zeitweise überspült ist. Gefährlich sind auch die Frère Rocks (10°49′30″N / 061°05′12″W) knapp 4 sm O-lich von Grand Matelot Point. Vor der W-Huk von Grand Riviere Bay liegen 3 kbl vom Ufer entfernt zwei felsige Inseln (10°49′42″N / 061°03′36″W).
Die restliche Strecke über 3 sm von Toco Bay bis Galera Point (10°50′N / 060°55′W) führt an einer niedrigen, klippenreichen Küste entlang. Hier bricht sich die See mit beeindruckender Gewalt, und die Gischtfahnen hüllen die Kokospalmenwälder an Land in einen Dunstschleier.

Wetterinformationen

Wetterberichte sendet North Post Radio etwa 10.30 und 16.30 Uhr. Sie werden auf UKW-Kanal 16 angekündigt und über die Arbeitskanäle 24–27 verbreitet. Diese weitreichende Küstenfunkstelle an der N-Küste, die Trinidad, Tobago, Grenada und die N-Küste Venezuelas erreicht, leitet den Funkverkehr bei Notfällen und vermittelt Funkgespräche.

Maracas Bay

Karten: DMA 24401, BA 493
Position: 10°46′N / 061°26′30″W

Lage und Umgebung

Von hohen Bergen eingeschlossen und von Palmen umsäumt, präsentiert sich die berühmteste

Bucht Trinidads mit weißen Stränden und klarem, warmen Wasser. Hier werden Haie von Menschen verzehrt – nicht umgekehrt. „Bake and Shark“ heißt diese kulinarische Spezialität von Maracas Bay. Jeder Besucher der Insel wird von seinen Gastgebern stolz hierhergeführt. Am Wochenende ist die Bucht stark besucht. Die Einwohner des verschlafenen Maracas Bay Village in der SW-Ecke der Bucht sind spanisch-indianischer Abstammung und sprechen z.T. immer noch Spanisch-Patois.

Ansteuerung

Nachdem man Point Morro und die kleine NO-lich davor liegende Insel passiert hat, öffnet sich die Maracas Bay, gut zu erkennen an dem weiten Sandstrand im Scheitel der Bucht. Die SO-Ecke, die auch Tyrico-Bay heißt, bietet den besten Schutz vor einem kleinen Strand, auf dem unter Bäumen ein auffälliges weißes Haus steht. Der Grund besteht aus Schlick. Bei der Wahl der Ankermethode sind wechselnde Wind- und Stromrichtungen zu berücksichtigen. Wir halten Maracas Bay für den sichersten Ankerplatz an der N-Küste.

Service und Versorgung

Hinter dem Strand gibt es saubere Toiletten, Duschen und Umkleidekabinen. Imbißbuden bieten Snacks an. Einen wunderbaren Blick über die Maracas Bay hat man von dem Aussichtsplatz oberhalb der Bucht.

Las Cuevas Bay

Karten: DMA 24401, BA 493
Position: 10°46′30″N / 061°24′W
Etwa 2 sm O-lich der Maracas Bay liegt die Las Cuevas Bay. Die Bucht ist ebenfalls an dem weiten Sandstrand gut erkennbar. Im Scheitel der Bucht liegt die Mündung des Curaguate River, an dessen Ufern immer eine Kolonie großer schwarzer Aasvögel hockt. Weitere unangenehme Besucher sind Quallen, Sandflöhe und Mücken im Sommer.
Das hält aber die Trinis am Wochenende nicht davon ab, den gepflegten Strand zu besuchen.
Den Namen erhielt die Bucht von den tiefen Höhlen (span. Las Cuevas), die das Meer in die Steilhänge eingefressen hat. Die kleineren Auswaschungen am Strand werden von den Besuchern als Schattenplatz beim Picknick genutzt.
Der Ankerplatz liegt im SO der Bucht, unterhalb des Fischerdorfes Las Cuevas im Schutze von Abercromby Pt. Wir ankerten auf 4 m Tiefe und fühlten uns an die unruhigen Ankerplätze der venezolanischen N-Küste erinnert. Ganz offensichtlich ist auch dieser Platz im Winter nicht sicher.
Oberhalb des Strandes liegt eine sehr gepflegte Anlage mit Umkleidekabinen, Toiletten, Duschen, Erste-Hilfe-Station und Snackbar. Die Süßwasserzapfstellen werden aus den Quellen des Küstengebirges Northern Range gespeist.

Die Passage nach Tobago

Karten: DMA 24400, BA 493
Die Passage (19 sm) zwischen dem NO-Ende von Trinidad und dem SW-Zipfel von Tobago erfolgt durch die Galleons Passage. Um der Wirkung des mit bis zu 2,5 kn nach W, später NW setzenden Guayana-Stroms so lange wie möglich zu entgehen, folgt man der N-Küste bis Galera Point, bevor man Tobago ansteuert. Wir haben 15–20° gegen Strom und Wind vorhalten müssen und 6–8 kn Fahrt durchs Wasser gemacht.
SO-lich von Tobago liegen zwei Untiefen: Drew Shoal (11°04′12″N / 060°54′30″W) mit mindestens 3–10 m Tiefe und Wasp Shoal, NO-lich von Drew Shoal mit wenigstens 1–5 m Wasser darüber. In verschiedenen Beschreibungen gibt es keine einheitlichen Tiefenangaben. Die metrischen Angaben in der DMA 24400 wurden durch einfache Umrechnung aus sehr viel älteren Karten und der BA 493 gezogen, die Faden- und Fußan-

gaben verzeichnen. Dabei wurden neben anderen Absonderlichkeiten auch Faden- mit Meterangaben gleichgesetzt, wie ein Vergleich der verschiedenen Karten ergibt. Die Imray B 4 nennt aufgrund der Berichte lokaler Taucher für Wasp Shoal sogar geringste Tiefen von 0,9 m–2,5 m (0,5–1,4 Faden). Angeblich sollen die Korallenköpfe auf Wasp Shoal bei besonders niedrigem SpNW sogar an die Wasseroberfläche treten. Sicher ist indessen, daß sich auf diesen Untiefen selbst bei ruhigem Wetter die Seen stark brechen können. Daraus ergibt sich, daß die beiden Untiefen keinesfalls überquert, sondern in Luv oder Lee passiert werden müssen.

Tobago

Karten: Imray B 4, DMA 24402, BA 493

Lage und Umgebung

Tobago ist ganz anders als Trinidad: malerische Wasserfälle in der Wildnis des dichten Regenwaldes, anheimelnde Fischerdörfer, weiße ruhige Sandstrände, menschenleere Buchten, herrliche Korallenriffe im kristallklaren, smaragdgrünen Wasser und unermeßlicher Fischreichtum. Hier kann man überall fliegende Fische beobachten und, wenn man Glück hat, sogar Riesenschildkröten. Die grünen Hügel der hauptsächlich vulkanischen Insel fallen steil ins Meer. Die Felsen formen Canyons, Tunnels und Höhlen unter der Wasseroberfläche. Alle Arten der harten Korallen und die meisten Weichkorallen sind hier vertreten, schwarze Korallen gaben einem Tauchgebiet den absonderlichen Namen „Schwarzwald“.
Die Insel besitzt eher als Trinidad Verwandtschaft mit den anderen Karibikinseln. Tobago hat im Ge-

Las Cuevas Bay.

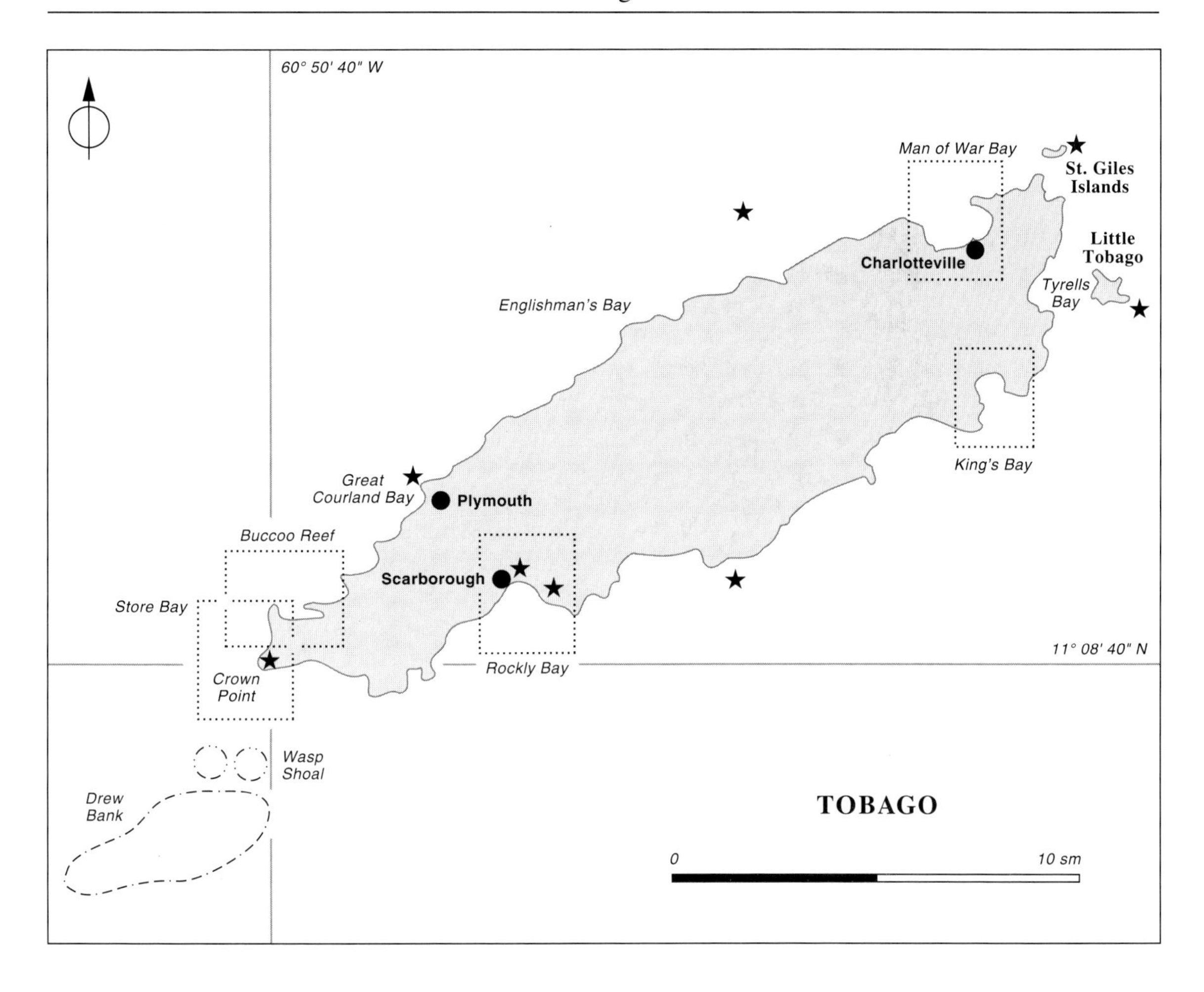

gensatz zu ihrer großen, entwickelten, kosmopolitischen Schwester das unverwechselbare Karibikflair: die bunten Holzhäuser, die Rasta-Locken und die unbeschreiblich lässige Haltung. Was Tobago von den anderen Westindies unterscheidet, ist die Frische und Wärme seiner Menschen. Man merkt sehr deutlich, daß der Yachttourismus hier noch nicht etabliert ist. Man bekommt Hilfe ohne Gegenleistung in bar, „Lend a hand" (pack mit an) ist hier selbstverständliche Tradition.

Hier soll Robinson Crusoe gelebt haben, zu seiner Höhle kann man am Westende Tobagos hinabsteigen. Die Romanfigur besitzt ja ein historisches Vorbild, das zwar auf einer Pazifikinsel gestrandet war, aber Daniel Defoe hat in seinem Roman eindeutig Tobago beschrieben. Tatsächlich haben früher die kannibalischen Kariben von der Orinoco-Mündung aus Jagdzüge zu den friedlichen Arawaks auf Trinidad und Tobago unternommen, so wie es das Buch berichtet. Jedenfalls sind die Tobagonians stolz darauf, daß sich das Ganze bei ihnen abgespielt hat. Für die schwarze Insel ist dabei nicht Robinson die Hauptfigur, sondern Freitag, sein schwarzer Freund.

Die Insel besitzt die Form einer Zigarre, und vom Tabak hat sie auch ihren Namen. „Tobacco" ist ein ursprünglich indianisches Wort, denn hier bauten schon die Indios diese Pflanze an. Sie wur-

de ,,geraucht, geschnupft, als Saft getrunken und auch gekaut, um den Körper zu beruhigen, Wunden zu heilen, untereinander Friedensverträge zu besiegeln oder gar Zwiesprache mit den Göttern zu halten". Tabak wurde zwar exportiert, aber ,,reich wie ein Tobago-Farmer" wurde man hier durch Zuckerrohr. Seit der Entdeckung der Zuckerrübe ist jedoch die große Zeit Tobagos vorbei, und heute dämmert die Insel wieder in einem jungfräulichen Schlaf.
Tobago wird trotz seiner paradiesischen Schönheit selten von Yachten angesteuert und hat sich auch deswegen seinen Reiz besser bewahren können als die anderen Inseln der Karibik. ,,It is dead to windward", sagen die Segler, es liegt von Trinidad aus im toten Winkel, und von Grenada sind es 90 Seemeilen hoch am Wind auf Steuerbord. Strom und See versetzen nach West. Tobago sperrt sich so gegen Besucher, nur von Barbados aus ist es ein einfacher Weg nach Südwesten.
Tobago erstreckt sich über 20 sm Länge zwischen Crown Point (11°08′42″W / 060°50′42″W) im SW und der Insel St. Giles (11°21′06″N / 060°31′06″W) im NO: Eine bis zu 580 m hohe Gebirgskette durchzieht die Insel. Die Ausläufer des dichtbewaldeten Zentralgebirges bilden an der Küste zahlreiche Buchten. Der SW ist niedrig und eben. Hier finden sich die großen Kokosnußplantagen und die Touristenhotels.
Der NO-Passat ist der vorherrschende Wind. Er macht im Winter besonders die Buchten an der N-Seite unsicher, die dafür im Sommer, wenn der Passat auf O–SO dreht, in Lee der Insel liegen. Hurrikane können Tobago streifen.
Die Dünung bricht sich besonders stark über dem Buccoo Reef und den SW-lich liegenden Drew Shaoal und Wasp Shoal.
Der Tidenhub beträgt je nach Gezeit und Jahreszeit 20–110 cm (Scarborough).

Rockly Bay / Scarborough

Karten: Imray B 4
Position: 11°11′N / 060°44′W

Lage und Umgebung

Scarborough ist die Hauptstadt Tobagos. Sie sieht eher aus wie ein Dorf, das sich weigert, die Moderne wahrzunehmen. Wenn man vom Anleger aus die Uferstraße betritt, ist man überrascht, wie klein alles ist. Banken, ein Drugstore, die Callaloo-Boutique und unzählige Fast-Food-Hütten stehen unscheinbar und geduckt nebeneinander. Lower Scarborough beginnt gleich am Ufer, hier ist auch der Busbahnhof, der ganztägig geöffnete Markt, eine Shopping-Mall, die Post und eine wunderbare Bibliothek mit einer besonderen Abteilung für Kinder. Upper Scarborough klettert zum Fort hoch und hat eine Main Street mit einer kleinen Telefonzentrale (TSTT), einer Bank und schmalen Einkaufsstraßen.
In der Nähe der ,,Autobahn" am Stadtrand liegt der kleine Botanische Garten und das neue TSTT-Telefonamt. Die TSTT-Büros sind nur wochentags geöffnet. Auslandsgespräche kann man nur vom Kartentelefon aus führen. In ganz Tobago gibt es nur drei: eines am Hafen, eines am TSTT-Büro und ein weiteres am Flughafen.
Bekannte Restaurants sind ,,Rouselles" und ,,Old Donkey Cart House", beide an der Bacolet Road. Empfehlenswert ist ,,The Blue Crab" mit hervorragender Inselküche, selbstgemachtem Eis und Wein aus tropischen Früchten. ,,Harbour Wok" ist ein einfaches, aber bekanntes Chinalokal.
Vom Busbahnhof verkehren Busse regelmäßig und pünktlich zu allen Orten der Insel.
Sehenswert ist das 1779 erbaute Fort King George mit dem kleinen Museum, einer Kunstausstellung und einer grazilen Skulptur eines tanzenden Paares. Auf dem Hügel steht der alte Leuchtturm umgeben von mehreren Kanonen. Über eine steile Parkanlage kann man zum Hafen hinunterblicken und die wundervolle Aussicht genießen.

Ansteuerung

Scarborough liegt im Scheitel der Rockly Bay, so genannt wegen der gefährlichen Felsen vor den

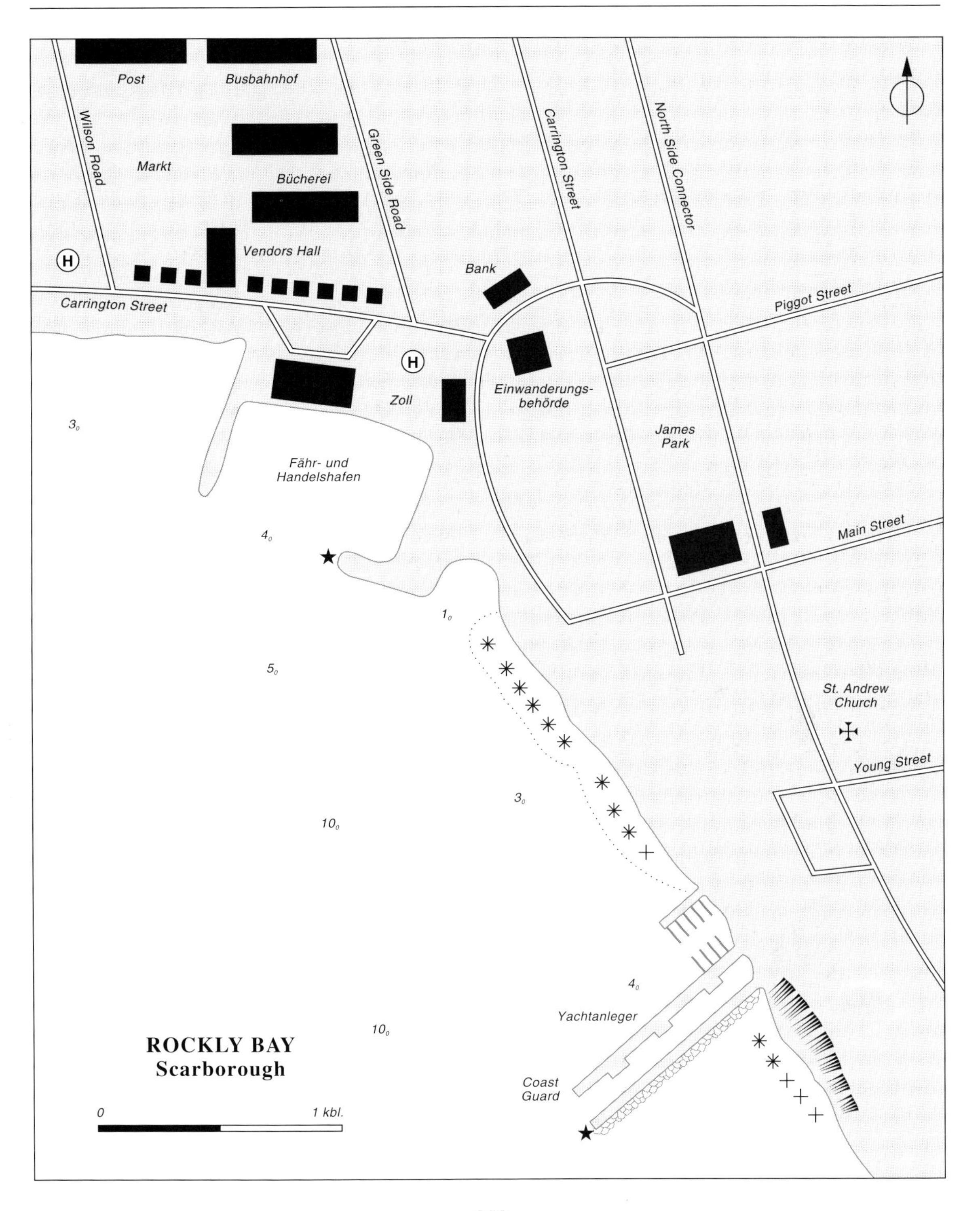
Post
Busbahnhof
Wilson Road
Markt
Bücherei
Green Side Road
Carrington Street
North Side Connector
Vendors Hall
H
Bank
Piggot Street
Carrington Street
H
Zoll
Einwanderungs-
behörde
James
Park
Fähr- und
Handelshafen
Main Street
St. Andrew
Church
Young Street
Yachtanleger
Coast
Guard
ROCKLY BAY
Scarborough
0
1 kbl.

Westhängen eines Berges, auf dessen Gipfel Fort George liegt. Die Häuser werden erst sichtbar, wenn man in den inneren Teil der Bucht segelt.
Wenn man von Trinidad kommt, ist es besser, Scarborough direkt anzusteuern, als gegen Wind und Strom von Store Bay aus hierherzukommen. Wählt man aber dennoch letzteren Kurs, sollte man die Bank zwischen Crown Point und Rockly Bay meiden, auf deren geringer Wassertiefe (5 m) schwere Brecher entstehen können. Bulldog Shoal ist eine Bank im W von Rockly Bay, auf der sich eine starke Brandung bilden kann. Die Bank ist im S durch eine befeuerte Untiefentonne S gekennzeichnet. Die O-liche Begrenzung der Untiefe ist gleichzeitig die befeuerte grüne Fahrwassertonne No 1. Der O der Bucht ist abgesehen von der Untiefe Lighthouse Ledge rein. Der Kurs zur Aussteuerung der Reede vor Scarborough beträgt rw 330°. Dieser Kurs wird bei Nacht durch ein Richtfeuer im Scheitel der Bucht und am Tage durch ein weißes Dreieck auf dem Gestell des Oberfeuers markiert.
Die Kennungen sind in den Karten angegeben. Das neuerbaute Gebäude des Fährterminals mit seinem roten Dach ist eine auffällige Landmarke. Auf ein- und auslaufende und vor dem Anleger drehende Fähren ist zu achten.
Die Ansteuerung bei Nacht empfehlen wir nicht. Gerüchteweise arbeiten die Leuchtfeuer nur zeitweise, wenn die Fähre den Hafen anläuft.

Liegeplätze

SO-lich des inneren Hafens, der den Fährschiffen und Frachtern vorbehalten ist, wurde ein neuer 230 m langer Wellenbrecher errichtet. Er schützt zwei ebenfalls neuerbaute Betonpiers vor der hereinstehenden Dünung. Die kleinere Pier ist 35 m, die größere etwa 180 m lang. An ihrem Kopf befindet sich eine Station der Coast-Guard mit ihren Booten. Es gibt Wasser- und Stromanschlüsse. Toiletten und Duschen waren im Bau. Platz ist für 20 Yachten, die römisch-katholisch festmachen. Zur Zeit muß Kraftstoff noch von der Tankstelle auf der Milford Road in Kanistern herbeigeschafft werden.

Formalitäten

Scarborough ist Port of Entry, und jede Yacht muß zuerst diesen Hafen anlaufen, andernfalls ist besonders der Zoll sehr verärgert. Auch zum Ausklarieren muß man sich hier einfinden, allerdings nicht unbedingt mit der Yacht. Zuerst sucht man das Einwanderungsbüro (Immigration) auf. Am Molenfuß des Yachtanlegers wendet man sich nach links (N) und findet das Büro nach wenigen Minuten Fußmarsch an der Ecke Castries Street/Carrington Street im Innenhof der „Town & Country Division“. Die Beamten waren überaus freundlich und hilfreich beim Ausfüllen der Formulare. Man muß die Plätze, die man anzulaufen wünscht, aus „Sicherheitsgründen“ angeben und genehmigen lassen. Der Zoll befindet sich in einem gegenüberliegenden Gebäude ebenfalls in der Castries Street. An Gebühren werden 30 TT$ als sogenannte Navigationshilfe pro Monat und 30 TT$ pro Tag für den Liegeplatz erhoben.
Außerhalb der normalen Bürozeiten (8–16 Uhr) werden sowohl beim Zoll als auch bei der Einwanderung je 25 US$ zusätzlich fällig.

King's Bay

Karte: Imray D 4
Position: 11°15′36″N / 060°3′W

Lage und Umgebung

Die große von Palmen und Mandelbäumen umsäumte Bucht mit grauem Sandstrand ist eingeschlossen von waldbedeckten Bergen und hohen Bambusbäumen. Segler bleiben hier manchmal wochenlang. Die einzigen Besucher der Bucht sind freundliche Einheimische, die besonders am Wochenende kommen, meist aus dem benachbarten Delaford. Der Ort Delaford selbst besitzt auch einen kleinen Strand an der Westseite der Bucht.

King's Bay wird für den sichersten Hafen an der SO-Seite der Insel gehalten. Auf dem Wege von Scarborough dorthin muß Great River Shoal passiert werden. Diese Bank erstreckt sich in der Nähe von Goldsborough Bay ca. 1,5 sm nach SO. Auf dieser Bank steht bei O-lichen Winden eine starke Brandung.

Ansteuerung

Die unmittelbare Ansteuerung von King's Bay ist gefahrlos. Der ca. 10 m hohe Black Rock (11°14′42″N / 060°33′6″W) ist leicht zu erkennen. Man halte auf die Gebäude der Beach Facilities im NNO der Bucht vor der Kokosplantage zu.

Ankerplätze

Einen guten Ankerplatz findet man in der NO-Ecke der Bucht, S-lich der Klippen. Die Ruinen des ehemaligen Costal Steamship Depots, die noch in einigen Karten eingezeichnet sind, existieren seit Jahren nicht mehr und können deshalb auch nicht als Landmarke dienen. Der Ankerplatz im NW der Bucht, dort, wo die Fischerboote liegen, ist wesentlich unruhiger. King's Bay verwöhnt den Ankerlieger, da kaum Schwell hineinsteht, außer wenn der Wind stark aus S weht. Ankern mit einer Landleine bietet absoluten Komfort. Es gibt auch Ankerplätze im Inneren, allerdings auf größerer Tiefe. Der beste Landeplatz für das Dingi ist unmittelbar vor den Beach Facilities.

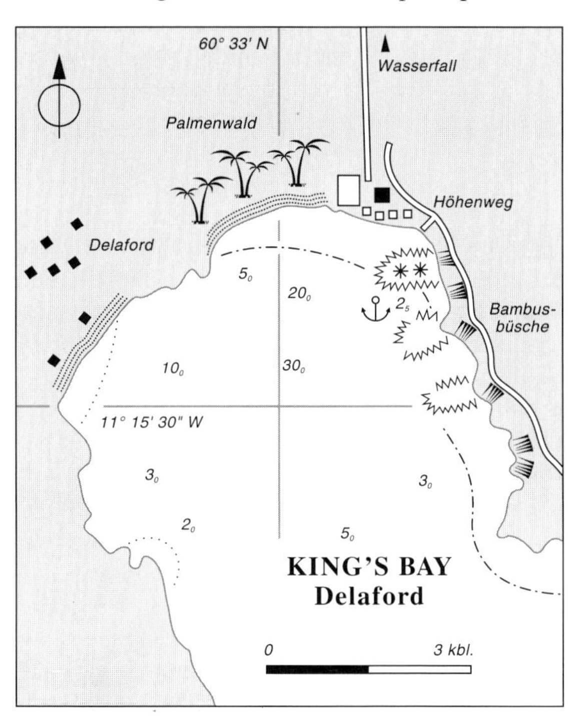

Service und Versorgung

Die gepflegten Strandanlagen sind umgeben von Rasen und Zierpflanzen, es duftet nach Yasmin.
In Delaford gibt es nur winzige Geschäfte, samstags kann man Gemüse und Fleisch bekommen. Zum Großeinkauf fährt man am besten mit dem Maxi-Taxi nach Scarborough, der Bus ist unzuverlässig. Der Weg zur Windward Road führt durch eine alte Kakaoplantage.
Eine Tankstelle findet man erst in Roxborough, wo es auch ein Postamt gibt.
Das kleine Restaurant „Mr. Ramsey's" an der Windward Road ist meistens geschlossen. Ein angenehmes Erlebnis ist es, etwas weiter in Richtung Speyside in „Jemma's View Kitchen" zu essen. Das kleine, offene Lokal sitzt auf Stelzen in einem Mandelbaum, der sich über das Ufer beugt. Die Attraktion während der Regenzeit ist der höchste Wasserfall Tobagos. Überall auf der Insel bieten sich Leute an, die einen hinführen wollen. Der Fußweg dauert 20 Minuten. Das Gelände – eine ehemalige Kokosplantage – gehörte der Familie Rosenwald aus Roxborough, deren Kinder es dem Staat schenkten. Die Touristikbehörde hat es zu einem attraktiven Erholungsgebiet gestaltet. Der Wasserfall bildet mehrere Pools, im untersten kann man ein erfrischendes Bad nehmen und die Umkleidekabinen benutzen.
Um die östliche Seite der King's Bay führt ein schöner Rundweg in ca. 100 Meter Höhe.

King's Bay, Tobago.

Tyrells Bay / Speyside und der Kanal zwischen Little Tobago und dem Festland

Karten: Imray B 4 (mit Detailplan)
Position: 11°17′48″N / 060°31′30″W
Nachdem man King's Bay verlassen und Pedro Point passiert hat, nimmt der NNO-setzende Strom zu. Die Einfahrt in den Kanal erfolgt am besten in Richtung des Stromes zwischen dem Festland und South Rock und Middle Rock an Steuerbord. Der Strom kann in den Kanälen O-lich und W-lich von Goat Island 2,5–4 kn erreichen und gegen den vorherrschenden NO-Wind laufend eine rauhe See verursachen.

Es gibt in Tyrell Bay einen Ankerplatz N-lich der Strandanlage, deren einstöckiges Hauptgebäude und die Picknickhütten gut auszumachen sind. Uns war der Platz zu unruhig, und wir möchten ihn nicht empfehlen. Wer dennoch ankern möchte, kommt für 1 TT$ pro Person/Tag in den Genuß von sauberen Toiletten, Duschen und Wasser.
Speyside bietet einige Versorgungsmöglichkeiten: Lebensmittel können an der Uferstraße gekauft werden. Ein Telefon gibt es im Hauptgebäude der Anlage. Im Ort befindet sich ein Post- und Telefonamt und ein Gesundheitszentrum. Banken gibt es nicht, aber das Maxi-Taxi fährt zur 7 TT$ nach Scarborough. Über Tobago hinaus berühmt ist Jemma's Seaview Kitchen, das wir unter King's Bay beschrieben haben.

Anse Bateau Bay

Die Anse Bateau Bay im N der Tyrell Bay bietet den sichersten Ankerplatz, unbeeinflußt von Strömungen, liegt in Lee von Goat Island und Little Tobago und ist einfach anzusteuern.
Die Einfahrt ist zunächst verdeckt durch einen hohen felsigen Landvorsprung, der die Bucht von Speyside trennt. An der S-Seite dieses Landvorsprungs steht die Ruine eines verlassenen Estates mit einem auch von See her auffälligen großen Wasserrad.
Im Scheitel der Bucht steht das Resorthotel Blue Waters Inn. Wenn man bei der Ansteuerung das Hotel und das Gebäude auf Goat Island in Linie hat, bleibt man frei von allen Hindernissen.
Auf 4–5 m Tiefe – frei von der Badeplattform – kann man einen ruhigen Ankerplatz außerhalb der Strömung finden. Auf vereinzelte Korallenköpfe besonders vor den Ufern der Bucht muß man achten. Das Dingi findet einen sicheren Platz am schmalen Strand.
Segler sind im Bluewaters Inn willkommen. Telefon, Fax, Toiletten, Restaurant und Bar stehen zu ihrer Verfügung. Geldwechsel ist möglich. Wasser kann in Kanister abgefüllt werden.
Ohne Yacht kann man nirgends auf Tobago einen schöneren Urlaub machen als hier. Vom offenen Speiseraum aus hat man einen schönen Blick durch die Sträucher der Seagrapes auf Goat Island und Little Tobago, und schon hier wird die Vogelwelt zu einem Erlebnis.
Es gibt eine Tauchstation im Hotel. Tauchgänge in der Umgebung zählen zu den aufregendsten auf Tobago. Aber auch Schnorchler kommen auf ihre Kosten. Einfach ist es entlang des Strandes von Blue Waters Bay. Wer sich weiter hinauswagen will, muß die Strömung berücksichtigen.
Vom Hotel aus werden Fahrten zu Little Tobago organisiert. Die unbewohnte, 180 ha große und bis zu 140 m hohe Insel, etwa 1 sm O-lich der Küste, wird auch Bird of Paradise Island genannt. Sie war für einige Jahrzehnte der einzige Ort in der westlichen Hemisphäre, wo der legendäre Paradiesvogel lebte:
Sir William Ingram, ein Londoner Zeitungsmagnat, kaufte 1909 die kleine einsame Insel vor Tobago, um dort ca. 50 Vögel aus Neu-Guinea anzusiedeln und sie so vor dem Aussterben zu retten. Leider ist das Experiment gescheitert. Habichte und der Hurrikan Flora (1963) waren die Ursache dafür, daß Little Tobago zwar auch heute noch ein Vogelparadies ist, aber der Paradiesvogel dort nicht mehr existiert.

St. Giles Islands an der NO-Spitze von Tobago

Karte: Imray B 4
Position St. Giles Leuchtfeuer: 11°21′06″N / 060°31′06″W
Wenn man die Anse Bateau verläßt, um das NO-Ende von Tobago zu runden, halte man sich auf der W-lichen Seite des Kanals zwischen der Insel und Long Rock, einem 5 m hohen Felsen, 0,5 sm N-lich vor Goat Island, um den starken Gezeitenkabbelungen NO-lich von Little Tobago zu entgehen.
Wegen des starken Stroms zwischen dem NO-Ende von Tobago und den St. Giles Islands, die auch Melville Islands genannt werden, und wegen einer überspülten Klippe, die in der Mitte des etwa 5 kbl breiten Kanals liegt, sollte man selbst mit starker Maschine N-lich der St.-Giles-Inseln passieren und auch dabei ausreichend Abstand halten. Die St.-Giles-Inseln bilden eine Gruppe von felsigen und steil abfallenden Inseln. Die größte der Insel ist ca. 113 m hoch. Sie trägt auf ihrem O-Ende ein Leuchtfeuer. Die NW-lichste der Inseln heißt wegen ihres fast weißen Aussehens Marble Island. Sie ist etwa 44 m hoch. London Bridge liegt im SW der Gruppe, ist etwa 50 m hoch und erinnert wegen seiner auffälligen durchbrochenen Bögen an eine Brücke.

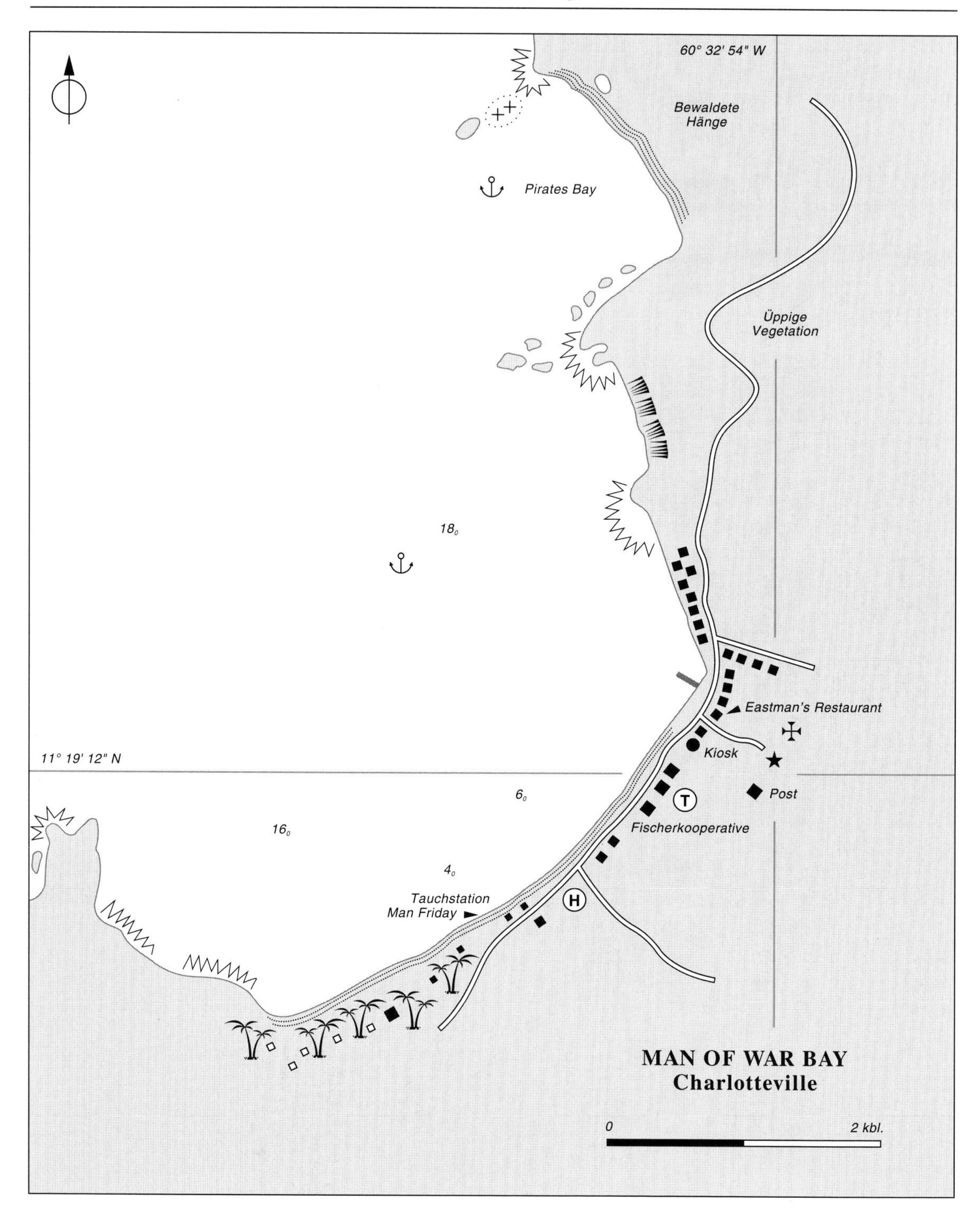
60° 32' 54" W
Bewaldete Hänge
Pirates Bay
Üppige Vegetation
18₀
Eastman's Restaurant
11° 19' 12" N
Kiosk
Post
6₀
16₀
Fischerkooperative
4₀
Tauchstation Man Friday
MAN OF WAR BAY
Charlotteville
0
2 kbl.

Man of War Bay / Charlotteville

Karten: Imray B 4
Position: 11°19′20″N / 060°33′00″W

Lage und Umgebung

Die Man of War Bay gilt als eine der schönsten natürlich gebliebenen Häfen der Westindies. Die weitgeschwungene Bucht mit ihren drei Stränden ist eingerahmt von einer lieblichen Hügellandschaft. Regenwald, Kokosnußplantagen, Bananenstauden und Zitrusbäume umgeben das malerische Dorf Charlotteville.
Die Häuser kleben wie Vogelnester an den steilen Hängen des Main Ridge. Hier ist das Herz Tobagos. Hier lebt Tobago noch seinen althergebrachten Rhythmus. Große Netze werden ausgelegt und in gemeinschaftlicher Anstrengung abends eingeholt.

Charlotteville.

Das heutige Charlotteville bestand noch im 19. Jahrhundert aus zwei Zuckerrohrplantagen, die sich 1920 auf Kakao und Bananen umstellten. In diesem Naturhafen, dessen Tiefe bis dicht unter das Ufer reicht, wurden früher die Produkte auf Dampfschiffe verladen.
Heute versorgt der Ort immer noch Scarborough mit Bananen. Die größere Bedeutung hat aber hier der Fischfang. Die emsige Fischereikooperative des Dorfes kauft den Fischern jährlich 20000kg ab – die Hälfte des gesamten Fangs auf Tobago.
Die Bucht trägt ihren Namen, weil sich hier Piraten und Soldaten des öfteren gegenseitig umbrachten. „Man-of-War“ heißt im Englischen Schlachtschiff. Später, zu Beginn des Jahrhunderts, kamen britische Soldaten der Westindischen Flotte nur noch hierher, um auszuspannen. Die Plantagenbesitzer pflegten für sie große Parties auszurichten, von denen man sich heute noch erzählt.
Charlotteville ist eben liebenswert, obwohl es nichts Sensationelles zu bieten hat. Es besitzt hübsche alte Holzhäuser, kleine Wasserfälle und herrlich viel tropisches Grün. Im Dorf wachsen Mango- und Papayabäume, Bananenstauden, Orchideen und gelber Hibiscus.
Auf kuriose Weise ist Charlotteville auch heute noch abgeschieden: Die hohen Berge verhindern einen guten Empfang der Sendestationen Trinidads, die man überall sonst auf Tobago klar empfangen kann. Radio Barbados oder St. Vincent dagegen kommt so klar hier an, als ob die Sender gleich um die Ecke ständen.

Ansteuerung

Die Ansteuerung bei Tag ist aus allen Richtungen problemlos. Im Frühjahr und Sommer weht meist ein kräftiger Wind aus O–SO und macht das Aufkreuzen für Segler, die von W kommen, sehr

schwer und langwierig. Die Winde sind oft sehr böig.
Bei Nacht ist die Leitfeuerkennung von Charlotteville eine Hilfe.

Ankerplätze

Es gibt einen malerischen und abgelegenen Ankerplatz in der Pirate's Bay nordöstlich von Charlotteville vor einem schönen Sandstrand. Dies ist zweifellos der romantischere Ankerplatz in der großen Bucht. Ein halbstündiger Weg führt über einen Berg nach Charlotteville. Trotz der Entfernung verlocken der gelbe Sandstrand, türkisblaues Wasser, herrliche Sonnenuntergänge und die Abgeschiedenheit der Bucht dazu, hier zu ankern. Die Mühe des Fußwegs wird belohnt durch einen im wahrsten Sinne erhebenden Ausblick auf die beiden Buchten. Man muß nicht befürchten, hier überfallen zu werden, wie der Name der Bucht vermuten läßt. Dieser einsame Platz diente in vergangenen Jahrhunderten den Piraten dazu, ihre Beute sicher zu vergraben. Von April bis Juni wird der Strand von Schildkröten aufgesucht, die hier Eier ablegen.
Leider steht oft starker Schwell in die Bucht, und wir empfehlen, einen ruhigen Platz nicht zu dicht vor dem Strand zu suchen. Den Liegeplatz sollte man mit den Fischern abstimmen, die hier ihre Netze auslegen.
Ankerplätze gibt es auch direkt vor dem Ort Charlotteville. Hier liegen viele kleine Fischerboote mit langen Schwimmleinen zum Land. Auch hier wird Seine-Fishing betrieben. Im Ostteil ist der Strand vor dem Ort steinig, nach Westen schließt sich ein Sandstrand an. Man kann ziemlich nahe vor der Tankstelle an den Strand heranfahren, hat dann aber einen ungemütlichen Liegeplatz.
Wir ankerten in einer rwP von 117° zum Leuchtfeuer und 247° zu Bobby Island auf 18 m Tiefe außerhalb der sich brechenden Dünung. Dafür hatten wir einen sehr ruhigen Liegeplatz, abgesehen von den Windböen, die nachts über uns herfielen. Der Grund ist überall gut haltender Sand.
Man kann mit dem Dingi am Strand vor der Tankstelle oder vor der Tauchstation anlanden. Vor Diebstahl oder Beschädigung sind die Boote sicher, wie man uns versicherte. Das Dingi muß hoch genug an den Strand gebracht werden, damit die Flut es nicht wegspült.

Service und Versorgung

Die Fischereikooperative gestattet, ihre halboffene Dusche zu benutzen und Wasser zu zapfen. An der Tankstelle gibt es Benzin, Diesel, Petroleum, Öl und Wasser. Mehrere Lebensmittelgeschäfte versorgen mit den lebensnotwendigen Dingen, manche bieten auch etwas Gemüse. Einen Markt gibt es nur freitags. Herrlichen Fisch, frisch aus dem Meer gefangen, kauft man bei der Kooperative: Thunfisch und Barrakuda und Dolphin. In den drei hübschen Restaurants des Ortes kann man gut und preiswert zu Mittag essen.
Neben der Polizeistation in der Springstreet steht das Postamt. Leider ist das öffentliche Münztelefon meist außer Betrieb. Telefonieren kann man von einigen Privathäusern aus – man frage sich durch. Der „Operator" nennt dem Anschlußbesitzer die Gesprächskosten.
Im örtlichen Health Center findet man immer kostenlose Hilfe, eine Ärztin kommt alle zwei Wochen.
Für Genüsse anderer Art kann man sich zu den Einheimischen in den Rum-Shop gesellen – der örtlichen Kneipe.

Ausflüge

Die Man of War Bay hat mehrere herrliche Korallenriffe, deren Fauna sich stark voneinander unterscheidet. Im Osten liegen ganz nah am Ufer das langgestreckte Eastern Reef und, um den Bergausläufer herum, der die Pirate's Bay von der Charlotteville Bay trennt, das große Pirate's Reef. Beide sind wundervoll zum Schnorcheln geeignet. Kleinere, ebenfalls zum Schnorcheln geeignete Riffe sind Rest House Reef gegenüber dem

gleichnamigen öffentlichen Gebäude und das ähnlich bevölkerte Turpin's Reef gegenüber den Cabañas. Die größte Formation, etwas schwerer zu erreichen, liegt zwischen Charlotteville Village und Cambleton Bay: Bobby Reef erstreckt sich bis nördlich von Bobby Island und fällt dann seewärts bis auf 25 m steil ab. In diesen Tiefen gibt es eine Menge schwarzer Korallen. Der Schnorchler kann sich zwischen der Insel und dem Festland tummeln, wo es sehr flach ist. Nordwestlich von Hermitage Bay liegt das ungeheuer lange, waldartige Western Reef, das von Hermitage Bay bis Corvo Point das Ufer begleitet. Nur für Taucher interessant ist Cardinal Reef um den gleichnamigen Felsen herum, am westlichen Ausgang der Bucht. Es fällt seewärts steil bis zu 30 m ab. Insgesamt gibt es in Man of War Bay 103 Fischarten. Wegen der Strömung und der Fischerboote ist es allerdings nicht ungefährlich, hier zu schnorcheln. Man lasse sich in der Tauchstation beraten. Die hübsche Anlage wird von einem Dänen geführt. Sie heißt nach Robinsons Freund „Man Friday Diving" und liegt am westlichen Ende des Dorfes.
Stündlich, bis 16 Uhr, fahren Maxi-Taxis und H-Cabs nach Scarborough. Die Fahrt dauert eineinhalb Stunden und kostet 3–4 DM. Sie ist einen Ausflug wert, man sieht den schönsten Teil der Insel.

Englishman's Bay

Karte: Imray B 4
Position: 11°17′30″N / 060°40′20″W

Lage und Umgebung

Diese zauberhafte, einsame Bucht mit klarem, in dunklem Türkis leuchtendem Wasser und goldgelbem Sandstrand hat uns am besten gefallen auf Tobago. Sie ist von der Straße her schwer zugänglich und wird nur von Einheimischen besucht. Ein dichter Wald aus Palmen, Bambus, leuchtend roten Heliconien und einem Fluß schließt sich an die Bucht an und lädt zu schattigen Spaziergängen ein. Englishman's Bay ist Teil einer ehemaligen Kakaoplantage, die heute mehr einem Urwald ähnelt und als Naturschutzgebiet gepflegt wird. Die Besucher bedienen sich gern der Geschenke der Natur. Auch für uns wurden einige Kokosnüsse gepflückt. Aber Schildkröten und die Tiere des Waldes werden von den Behörden vor Wilderei geschützt, Jagen wird streng bestraft. Das am Weg zum Strand aufgestellte Jagdverbotsschild gibt Aufschluß über die exotische Fauna, die hier beheimatet ist: Agouti, Quenk (Nabelschwein), Tatoo (Gürteltier), Tamandua (Ameisenbär) und Raccoon (Krabbenwaschbär). Morgens und abends erschallt in der Bucht ein ungeheueres Getöse von Tierstimmen: Natur pur.
Fischer legen hier ihre riesigen Netze aus, die nachmittags mit Hilfe aller am Strand Anwesenden an Land gezogen werden.

Ansteuerung

Die Bucht liegt etwa 18 sm SW-lich von Charlotteville.
In der englischen Sportbootkarte fehlen die auffälligen Felsen, die Little Englishman's Bay im Westen von der größeren Bucht abtrennen.
Der märchenhafte Strand mit den Palmen im Hintergrund ist gut auszumachen. Auch die vom Ufer aus nach NW verlaufende Reihe von Felsen ist leicht erkennbar. Zwischen den Felsen liegen Unterwasserklippen, über denen sich das Wasser bricht. Man halte in die offene Bucht auf den Strand zu. Auch im Osteingang liegen Felsen und entlang dem östlichen Ufer bis zum Strand Klippen, die je nach Gezeit freiliegen oder überspült sind. Manchmal steht starker Schwell hinein und macht den Ankerplatz sehr ungemütlich.

Ankerplätze

Wir ankerten inmitten der Bucht auf 7 m Tiefe auf gut haltendem Sand in einem Abstand vom Strand, der uns von der sich brechenden Welle

freihielt. Wenn man sieht, daß die Fischer in großer Entfernung vom Strand ankern, sollte man das gleiche tun und über diese Linie nicht hinausgehen.
Unmittelbar vor dem Strand liegen an einigen Stellen Klippen. Mit dem Dingi landet man am besten in der östlichen Nische des Strandes, weil dort das Wasser etwas ruhiger ist. Allerdings ist der Strand hier bei Hochwasser überspült. An anderen Stellen steigt er steiler an und verursacht eine starke Brandung. Dann wird es schwierig, mit dem Dingi zu landen und noch mühsamer, trocken zurückzukommen.

Ausflüge

An diesem Strand fehlen – zum Glück – die in Tobago üblichen Einrichtungen. Es gibt nur Abfallbehälter und hübsche Picknicktische aus Bambusrohr. In der Regensaison lohnt sich der 30minütige Spaziergang entlang des malerischen, mit riesigen Bambusbüschen bewachsenen Flußufers zum Wasserfall. Schnorcheln kann man im kleinen Korallenriff im westlichen Teil der Bucht.

Great Courland Bay / Plymouth

Karte: Imray B 4
Position: 11°13′00″N / 060°46′48″W

Lage und Umgebung

An dieser langgestreckten Bucht liegt der berühmte „Turtle Beach“ mit dem gleichnamigen Hotel. In den Vollmondnächten von Mai bis Juli kommen die riesigen Lederschildkröten hierher, um am Strand bis zu 100 billardkugelgroße Eier tief im Sand zu vergraben. Die bis zu 500 kg schweren Schildkröten legen dafür ungeheure Entfernungen zurück, teilweise kommen sie aus Australien. Bei der Überfahrt nach Trinidad sind uns mehrere begegnet, zielsicher Tobago ansteuernd.
Die Bucht ist nach den Kurländern aus Lettland benannt, die nach den Holländern im 17. Jahrhundert hier siedelten. Der Ort Plymouth auf dem Hügel östlich der Bucht hat mit einigen Kuriositäten aufzuwarten. Obwohl er streng nach englischer

Englishman's Bay, Tobago.

Stadtplanung in Quadraten angelegt wurde, wirkt er heiter und freundlich. Vom ehemals martialischen Fort aus dem 17. Jahrhundert sind nur noch klägliche Reste übrig, die sich aber für romantische Picknicks eignen.

Ansteuerung

Von Courland Point erstreckt sich 300 m nach SW die Untiefe Barrel of Beef, um die man einen weiten Bogen machen muß, bevor man in die Bucht einfährt. Die Untiefe ist bei HW nicht immer an brechenden Seen zu erkennen. Sobald man ein langes weißes Gebäude mit kleineren Nebengebäuden am Nordende des Strandhotels in rw 110° peilt, kann man hineinfahren. Wenn der Anleger in rw 45° gepeilt worden ist, halte man auf diesen zu. Bei der Ansteuerung des Ankerplatzes und beim Ankern muß man auf Fischnetze oder Reusen achten. Eine Ansteuerung in mondloser Nacht halten wir für schwierig, da das Leuchtfeuer von Courland Point keine Leitsektoren für die Ansteuerung der Bucht hat.

Ankerplätze

Wir ankerten auf 5 m Tiefe. Der Ankergrund besteht aus gut haltendem Schlick. Es ist etwas unruhig. Die im Frühjahr aus Südamerika einfliegenden Möwen nerven sowohl den Yachty mit ihrem lauten Geschrei als auch die Pelikane mit der Dreistigkeit, mit der sie ihnen die Beute streitig machen.
In der Great Courland Bay wird intensiv das Seine-Fishing betrieben. Der Segler tut deswegen gut daran, mit den Fischern seinen Liegeplatz abzustimmen.
Das Dingi kann man am Anleger festmachen. Über eine Leiter kann man auf den hohen Anleger klettern, an dessen Kopf sich eine Tankstelle befindet. Natürlich kann man auch am Strand vor den Hotelanlagen anlegen. Wir hatten den Eindruck, daß man hier keinen Mißbrauch oder Diebstahl fürchten muß.

Service und Versorgung

Bei Hochwasser kann man am Anleger festmachen. Diesel und Benzin sind dort zu bekommen, Wasser nicht. Dazu muß man mit Kanistern auf die Straße an einen der öffentlichen Zapfhähne. Während der Trockenzeit ist das Wasser morgens knapp.
Lebensmittel mit einer geringen Auswahl an Obst und Gemüse kann man im Ort in einer der vielen Groceries oder dem Supermarkt bekommen. Nach Scarborough fahren Sammeltaxis von der Tankstelle aus. Ein Bus fährt nur vom weit entfernten Hotel aus. Fünf Minuten vom Anleger entfernt steht das Restaurant des kleinen Hotels „Corico Inn“. Kleine Snack Bars gibt es im Ort und ein besseres Restaurant im Hotel.

Sehenswürdigkeiten

Von dem Platz auf dem alten Fort hat man einen herrlichen Blick über die Bucht. Dort steht auch eine schöne Skulptur zur Erinnerung an die lettischen Siedler.
Trotz all dieser Attraktionen ist der Ort vom Tourismus vollkommen unberührt geblieben. Die niedliche Hütte der „Tourist Information“ neben dem Kirchfriedhof dient inzwischen hauptsächlich dem Verkauf selbstgemachter Marmelade und winziger Fläschchen von „Hot Sauce“.

Mount Irvine Bay

Position: 11°11′10″N / 60°48′00″W
Diese Bucht liegt etwa 2 sm SW-lich von Courland Bay zwischen Rocky Pt. im NO und Bobby Pt. im SW. Die Bucht bietet im Sommer einen beliebten Ankerplatz hinter einem Riff im NO. Im 18. Jahrhundert lag hier die Zuckerrohrplantage eines gewissen Herrn Irvine. Daran erinnert die alte, nur wenige Minuten entfernte Zuckermühle. Sie dient heute als Restaurant. Am Strand stehen schattenspendende Seagrapes. Hier findet man Duschen, Toiletten und eine Snackbar. Es wird gesurft und

auf dem berühmten 50ha großen Platz Golf gespielt. Ausgelassene Feiern verkürzen die Nacht. Im Hotel ist eine hübsche Sammlung mit Exponaten aus Tobagos Geschichte untergebracht.
Das Mount Irvine Reef, auch Mount Irvine genannt, liegt eigentlich am W-lichen Ende der Stone Haven Bay. Die Wand fällt vertikal auf 17 m ab. Das Riff ist bekannt für seinen Fischreichtum. Es gibt hier 3 m lange Muränen.

Buccoo Bay

Position: 11°10′30″N / 060°48′48″W
Diese Bucht hat schöne weiße Sandstrände, sollte aber nur im Sommer bei absolut sicherer Wetterlage aufgesucht werden. Bei der Einfahrt muß man sich von der Untiefe SW-lich von Bobby Pt. freihalten, über die plötzlich starke Brecher hinwegrollen können. Am besten folgt man der O-Seite des Buccoo-Riffs nach S, dreht dann nach NO und ankert S-lich von Bobby Point.
Im Dorf Buccoo findet jeden Sonntag das beliebte Ziegenrennen statt. Von hier aus fahren Glasbodenboote zum berühmten Buccoo Riff. Die Sunday School von Buccoo Village ist nicht etwa eine kirchliche Einrichtung, sondern eine gern besuchte Diskothek. Sonntag nachts wird hier unter freiem Himmel bis in die Morgenstunden zu heißen Calypso-, Soca- und Reggaerhythmen getanzt.

Buccoo-Reef / Blue Hole und Bon Accord Lagoon

Karte: Imray B 4
Position in Bon Accord Lagoon: 11°10′00″N / 060°49′24″W

Das Buccoo Coral Reef

Das berühmte Riff erstreckt sich von Pigeon Point im Westen bis Bobby Point in Buccoo Bay. Es ist 12 Hektar groß und für Schnorchler ideal, denn das Riff ist ganz leicht zugänglich und das Wasser klar, warm und flach. Mitten im Riff gibt es eine Stelle, an der die Wasseroberfläche über einer Sandbank absolut ruhig ist und hellgrün leuchtet. Wohl wegen ihrer Klarheit und fast künstlich wirkenden Farbe hat sie den seltsamen Namen Nylon Pool erhalten. Auf dem Programm der Glasbodenboote, die über die Riffe fahren, steht auch immer ein Bad in dem Pool.
Das Gebiet steht seit 1973 unter Naturschutz. Viele sind der Meinung, daß es zu spät kam, denn unachtsame Besucher haben vieles zerstört und einige Fischarten vertrieben. Trotzdem ist das Riff noch immer interessant. Zu sehen gibt es u. a. die in allen Farben schillernden Papageienfische, Angelfisch, Butterfly, Doktorfische, Sergeantfisch und Riffbarsche.

Ankerplätze

Bon Accord Lagoon ist der sensationellste Ankerplatz, den wir auf Tobago aufsuchten. Nicht weit entfernt vom regen Treiben in Pigeon Point, liegt man hier völlig abgeschieden in spiegelglattem, türkisfarbenem, klarem Wasser vor einer Szenerie wie aus einem Traum. Umgeben von Mangroven blickt man über eine sanft in die Lagune gleitende Landzunge mit feinstem Sand und Palmen auf die Innenseite der Pigeon Point Halbinsel, und wie von einem Logensitz aus spielen sich dort die herrlichsten Sonnenuntergänge ab.
Diese Exklusivität kann man natürlich nur mit einiger Mühe erreichen. Man muß durch das Buccoo Reef ins Innere der Bon Accord Lagoon gelangen, was unserer Meinung nach aus Gründen des Naturschutzes eigentlich verboten sein sollte.

Ansteuerung

Die Schwierigkeit beginnt mit der Karte. Die englische Sportbootkarte erschien uns ungenau. Die Westtonne liegt auf einer anderen Position als aus der Karte abgelesen wird. Die DMA 24400 hat einen unbrauchbaren Maßstab.
Folgen Sie der Kurslinie Untiefentonne West

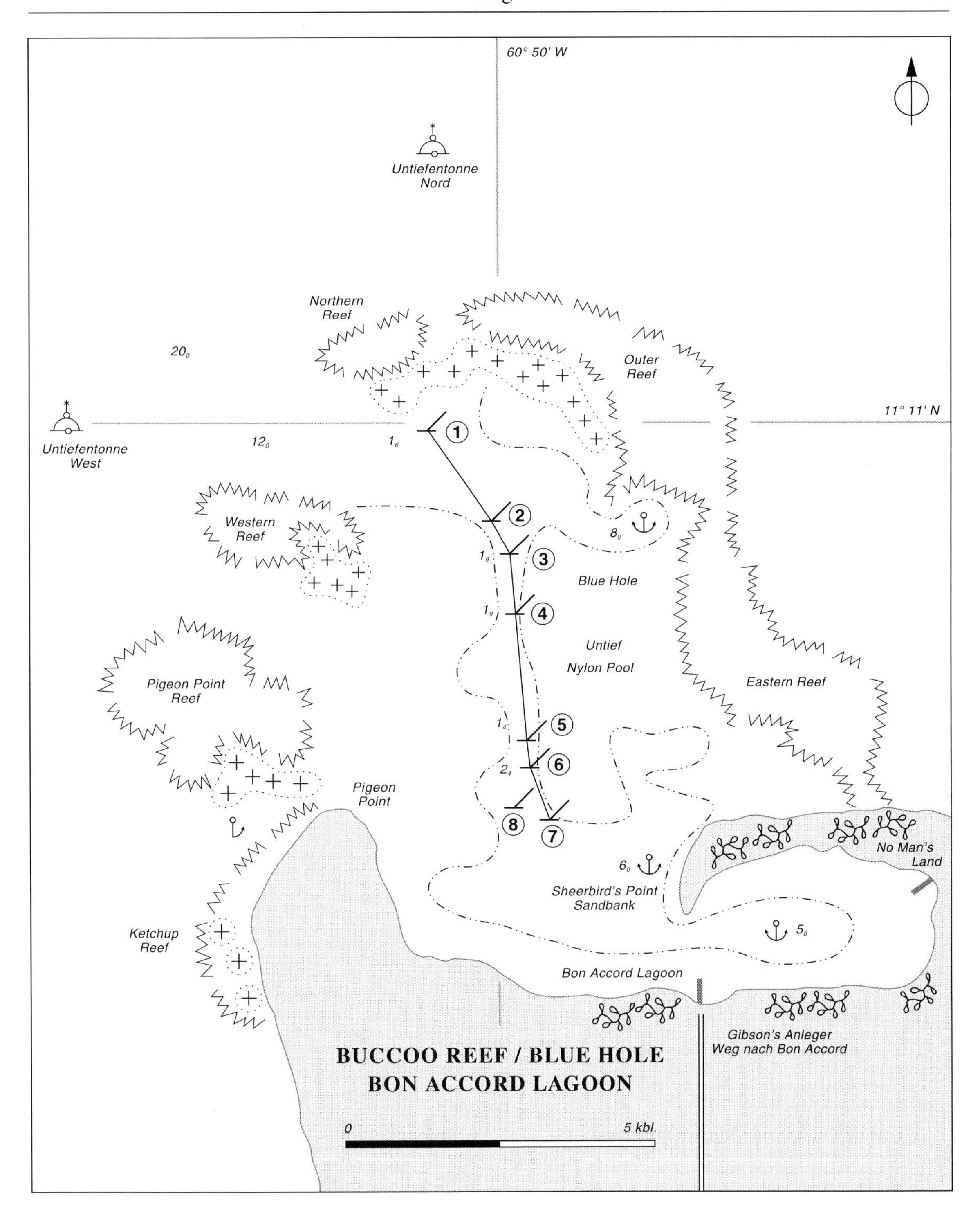
60° 50' W
Untiefentonne Nord
Northern Reef
Outer Reef
20₀
Untiefentonne West
12₀
1₆
11° 11' N
Western Reef
8₀
1₉
Blue Hole
Untief
Nylon Pool
Eastern Reef
Pigeon Point Reef
1₄
2₄
Pigeon Point
6₀
Sheerbird's Point Sandbank
No Man's Land
5₀
Ketchup Reef
Bon Accord Lagoon
Gibson's Anleger
Weg nach Bon Accord
BUCCOO REEF / BLUE HOLE
BON ACCORD LAGOON
0
5 kbl.

(11°11′N / 060°51′12″W) nach Untiefentonne Nord (11°11′45″N / 060°50′06″W) und ändern Sie den Kurs, sobald Brecher im Norden und Süden die Einfahrt in das innere Riff deutlich markieren.

Blue Hole

Dies ist ein Ankerplatz im Osten des inneren Riffs, W-lich einer kleinen Sandbank, die bei NW etwa 60 cm trockenfällt. Das Blue Hole ist ein wirkliches Loch mit etwa 6–8 m Tiefe in dem sonst flacheren Becken. Der Platz ist einer ständigen frischen Passatbrise ausgesetzt und ruhig, wenn man von den Glasbodenbooten absieht, die mit zahlenden Gästen das Riff besuchen.

Lagunenankerplätze

Die Weiterfahrt durch das innere Riff in die Bon Accord-Lagune ist aufregend. Zunächst muß man dazu den HW-Zeitpunkt mit Hilfe der Gezeitentafel ermitteln. Je nach Tiefgang kann der Versuch nur bei SpHW unternommen werden.

Wir haben beobachtet, daß der Gezeitenunterschied zu Scarborough minus 1 Stunde beträgt. Der Unterschied zwischen dem niedrigsten HW im Juni (1,18 m) und dem höchsten HW im November (1,41 m) beträgt 23 cm.

Der Unterschied zwischen NpHW und SpHW im Laufe des Monats 70 cm. Acht Spieren markieren den 0,7 sm langen, schmalen Kanal, der in die Lagune führt. Die Markierung hat Ralph Gibson angelegt. Er besitzt ein Grundstück im S der Lagune und suchte lange für sein eigenes Boot eine Passage durch das Riff. Er rammte in Eigeninitiative Eisenrohre in den Grund, die inzwischen ihre grüne Farbe verloren haben, und steckte Äste in die Rohre.

Es ist schwierig, die erste Spiere zu finden, da das Licht bis Mittags blendet. Anschließend kann man sich dicht an den Spieren entlanghangeln, die die Backbord-Seite des Fahrwassers markieren. Die Ausfahrt in die Lagune ist durch eine rote und eine grüne Spiere markiert. Wir haben Lage, Abstand und Wassertiefe an den Spieren für HW mit 0,9 m über Kartennull (niedrigste astron. Tide) ermittelt.

No Man's Land, Blick von Bon Accord Lagoon nach Pigeon Point.

Nr.	Position	Tiefe	Abstand zur vorher angegebenen Spiere
1.	11°11,98′N / 060°50,08′W	2,5 m	–
2.		–	0,2 sm
3.		2,8 m	0,06 sm
4.		2,8 m	0,12 sm
5.		2,3 m	0,23 sm
6.		3,3 m	0,03 sm
7.	11°10,28′N / 060°49,85′W	–	0,11 sm
8.	–	–	–

Wenn man den gewundenen Kanal passiert hat, gibt es die Wahl zwischen zwei Ankerplätzen: Man kann W-lich von No Man's Land mit Heckanker und einer Bugleine zu einer Palme unmittelbar am wunderschönen weißen Sandstrand ankern.
Der andere Ankerplatz liegt im O-Teil der Lagune. Um dorthin zu gelangen, muß man Sheerbird Pt., die S-Spitze von NO Man's Land, passieren, der eine Sandbank vorgelagert ist. Die Ausdehnung der Bank ist nicht deutlich zu erkennen, dennoch muß man dicht an ihrem S-lichen Rand bleiben, sonst läuft man im untiefen Wasser vor Gibsons Anleger auf. Wir haben zweimal Grundberührung auf weichem Boden gehabt, bevor wir uns nahe genug an die Sandbank heranwagten. In der Lagune findet man einen Ankerplatz auf 4–6 m Tiefe. Das Wasser wird vom Wind lediglich gekräuselt.
Leider geht es an der Landzunge von No Man's Land besonders am Wochenende laut zu. Außer den Besatzungen der Motorboote, die dort Parties feiern, kommen auch Tagesausflügler aus Trinidad, für die ein Barbecue arrangiert wird und eine kleine Steelband extra anreist. Aussteigerinnen aus den Staaten verkaufen Batik-Hemdchen, und die Besucher waten im seichten Wasser der Lagune. Nach zwei Stunden ist der Spuk vorbei, und das großartige Schauspiel des Sonnenuntergangs kündigt sich an.

Wenn Tobago, das schon einige Male von Hurrikanen heimgesucht wurde, überhaupt einen geschützten Platz zum Abwettern hat, dann kann es eigentlich nur Bon Accord Lagoon sein.

Service und Versorgung

Über Gibson's Jetty gelangt man zu einem Weg, der durch Bon Accord Village zur Hauptstraße führt. Dort gibt es einen Supermarkt, der auch Sonntag morgens geöffnet ist, und eine Tankstelle. Am Steg gibt es einen Wasserhahn, der nicht immer Wasser führt. Der Anleger wird auch von Glasbodenbooten als Liegeplatz benutzt und sollte nicht in seiner ganzen Breite vom Dingi in Beschlag genommen werden.

Store Bay / Milford Bay

Karte: Imray B 4
Position: 11°09′12″N / 060°50′30″W

Lage und Umgebung

Am äußersten westlichen Ende Tobagos liegt diese geschützte Bucht. „Store“ ist eine englische Verballhornung des niederländischen Namens Stoer – des ersten Siedlers in dieser Bucht. Man fragt sich, warum fast alle Hotels der Insel und der Flughafen sich gerade hier angesiedelt haben. Die Insellandschaft ist hier nämlich nicht besonders reizvoll, es ist flach und nicht bewaldet. Mehrere Restaurants, Autovermietungen und andere Fremdenverkehrs-Einrichtungen sind hier konzentriert. Der Grund für den für Tobago so untypischen Rummel ist das Buccoo Reef. Es liegt gleich um die Ecke am ebenso berühmten Pigeon Point, dem Bilderbuchstrand Tobagos. Wenn Touristen für einen Tagesausflug aus Trinidad herüberkommen oder für zwei Stunden ein Kreuzfahrtschiff verlassen, haben sie Tobago hier – am Pigeon Point – kennengelernt.

Store Bay ist ein beliebter Ankerplatz. Segler aus Grenada kommen hierher, bevor sie die restlichen 9 Seemeilen nach Scarborough gegen einen 1–2 Knoten starken Strom fahren, um einzuklarieren. Auch Segler aus Trinidad laufen Store Bay an, wenn sie planen, im Sommer bei vorherrschenden östlichen bis südöstlichen Winden die sichere Nordküste zu besegeln. Klarierungsformalitäten kann man auch von hier aus mit dem Bus erledigen.
Store Bay ist bei allen Winden aus östlicher Richtung verhältnismäßig geschützt. Im April findet hier die Tobago Easter Regatta statt.

Ansteuerung

Store Bay liegt zwischen Pigeon Pt. im N und Sandy Pt. im S. Die Ansteuerung aus S macht keine Schwierigkeiten, wenn man den Riffen O-lich von Sandy Point genügend großen Abstand hält. Die Ansteuerung bei Nacht ist möglich. Crown Point hat ein Feuer (Blz. (4) 20 s 11 sm) und Store Bay ein Sektorenfeuer (Fkl. w/r/gn).
Wenn man von NO kommt, muß man zuerst die Untiefentonne W (11°11′N / 060°51′12″W) runden, bevor man in die Bucht einläuft. Bei Nacht orientiert man sich an der befeuerten Tonne und fährt in die Bucht ein, sobald man sich auf dem weißen Sektor des Leitfeuers von Store Bay befindet.

Ankerplätze

Am besten ankert man vor dem Strand etwas südlich des Store Bay-Feuers, um beim Ankern nicht in die am Grund liegenden Stromkabel zu geraten. Entsprechende Warntafeln sind an der Tauchstation im Osten der Bucht angebracht. Der Grund ist noch in Strandnähe tief und besteht aus gut haltendem Sand. Die Yacht braucht Platz zum Schwojen. Nachts ist der Ankerplatz etwas unangenehm. Aber das Wasser ist sauber und einladend.
Während der Regatta wird ein Dingisteg ausgelegt, ansonsten muß man auf dem Strand landen. Mit Rücksicht auf die Badegäste ist es, besonders am Wochenende, nur erlaubt, das nördliche oder südliche Ende des Strandes dafür zu benutzen.

Store Bay mit Blick auf Pigeon Point.

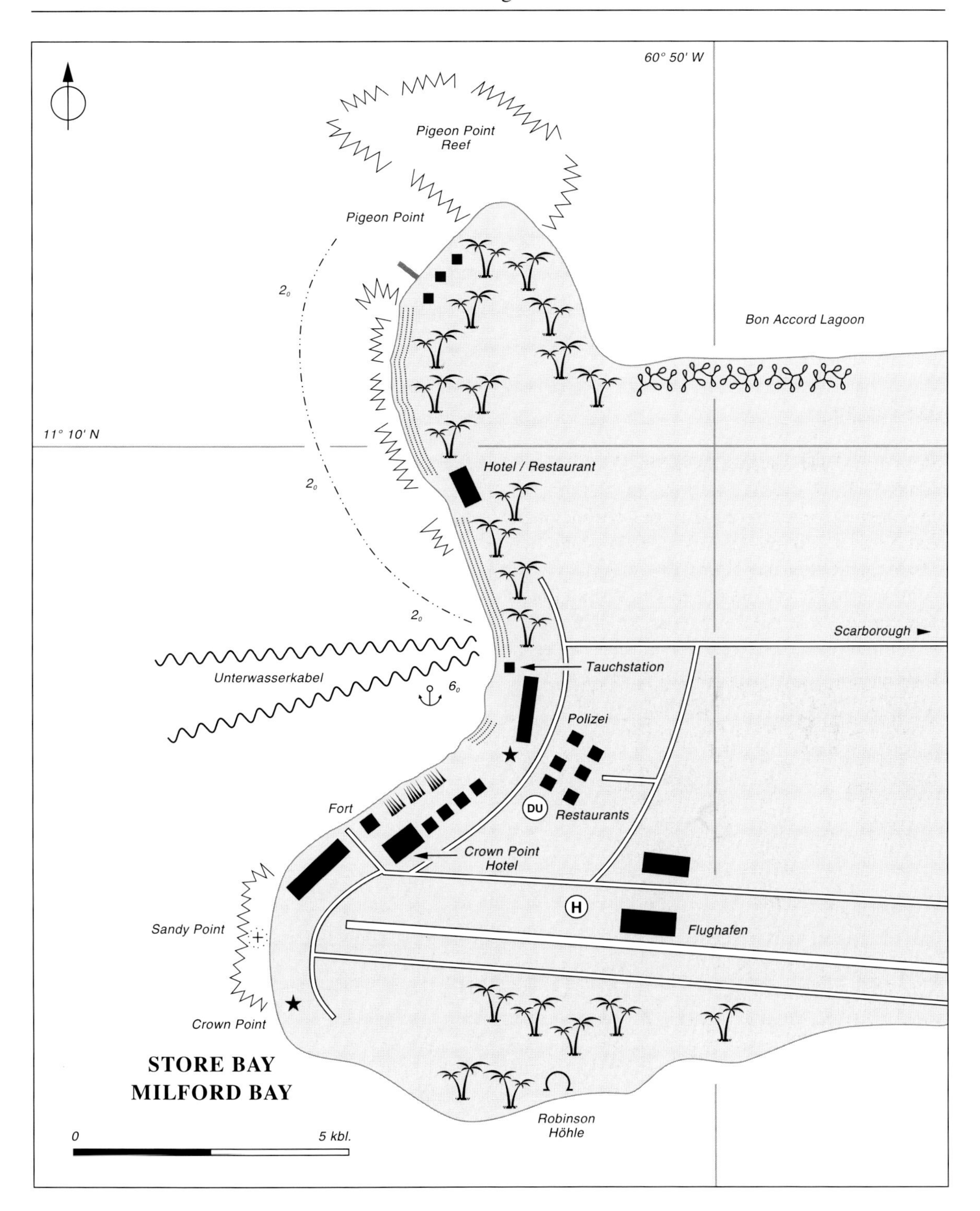
60° 50' W
Pigeon Point Reef
Pigeon Point
Bon Accord Lagoon
11° 10' N
Hotel / Restaurant
Scarborough
Tauchstation
Unterwasserkabel
Polizei
Fort
DU
Restaurants
Crown Point Hotel
H
Sandy Point
Flughafen
Crown Point
STORE BAY
MILFORD BAY
Robinson Höhle
0
5 kbl.

Wegen spielender Kinder muß man verhindern, daß der Motor gestartet werden kann. Am Südende liegt das Dingi bei Hochwasser nicht mehr trocken.

Store Bay ist nicht auf Segler eingerichtet, bietet aber dennoch einige Möglichkeiten. Diesel und Benzin können an einer Tankstelle an der Straße nach Bon Accord (ca. 2 km) besorgt werden. In öffentlichen Verkehrsmitteln ist der Transport jedoch verboten. Wasser bekommt man in der Tauchstation von Marine Sports nördlich des Strandes, im Hotel Crown Point oder in den öffentlichen Strandeinrichtungen.

Eine Treppe führt vom Strand auf die Uferstraße, wo Rasta-Souvenirs und kleine Knabberleckereien verkauft werden. Jenseits der Uferstraße stehen die pagodenartigen Picknickhäuschen, die von der Tourismusbehörde an vielen Stränden Tobagos aufgestellt wurden. Dahinter, neben einem Bar-Pavillon, gibt es Toiletten und Duschen.

Lebensmittel kauft man bequem am kleinen Francis' Supermarkt, gleich neben dem Crown Point Hotel (bester Zugang vom Strand durch die Anlage und das Hauptgebäude). Bis spät in die Nacht geöffnet ist der Laden in Jimmie's Hotel. Ein Gemüsewagen steht am Ortsausgang. Mehrmals wöchentlich kommt ein Gemüsewagen auch zu Francis' Supermarkt.

Restaurants gibt es in der Umgebung genug. Kleine bunte „Kitchens" hinter der Polizeistation verkaufen typische kreolische Gerichte wie Crab & Dumpling, Callaloo und Buljohl. Probieren Sie das Tobago-Frühstück: Salzfisch mit Tomaten und Zwiebeln!

Am Flughafen gibt es eine Republic-Bank, die VISA- und Mastercard akzeptiert, ein Touristoffice, ein Kartentelefon und einen Büchershop, der auch Telefonkarten und Bustickets verkauft. Die Busse fahren nach Scarborough. Von dort aus kann man auch andere Orte erreichen.

Neben dem Flughafen und im weiteren Verlauf der Straße hat man die Auswahl zwischen mehreren Autovermietungen. Es lohnt sich sehr, in ein bis zwei Tagen mit dem Auto die Reize dieser Insel, die erst in ihrem Ostteil ihre volle Schönheit entfaltet, zu erforschen. Mit einem Fahrrad, das man an der Uferstraße mieten kann, lassen sich die sehr gegensätzlichen nahegelegenen Attraktionen gut erreichen: der karibische Traumstrand Pigeon Point oder die Robinson-Höhle.

Pigeon Point, der Strand mit den meistfotografierten Palmen der Insel und dem berühmten Strohdach auf der „Landebrücke" ist in Privatbesitz, aber für jedermann erschwinglich.

Zum Robinson-Cave fährt man an der westlichen Inselspitze um den Flughafen herum und folgt der Beschilderung. Vor einem Haus hoch über dem Meer erklärt einem der Besitzer den Weg zur Höhle und läßt einen gegen einen Wegezoll von 80 Pfennig passieren. Über zwei in die Klippen gemauerte Treppen gelangt man endlich ans Ziel. Die tiefe Höhle ist von Fledermäusen bewohnt und belohnt den Pilgerer mit einem schönen Ausblick auf den brausenden Atlantik.

Ein weiteres Ziel, das 1777 erbaute Fort Milford, dessen spärliche Reste liebevoll restauriert worden sind, ist gut zu Fuß zu erreichen.

Die beliebte Fahrt mit dem Glasbodenboot zum Buccoo-Riff an der Bon Accord Lagoon, auf die man am Strand unentwegt angesprochen wird, kann man sich als Dingibesitzer sparen.

Store Bay selbst hat auch drei schöne Korallenriffe. Das Ketchup Reef im Nordosten der Bucht, etwas unterhalb von Pigeon Point, erstreckt sich über 200 Meter am Ufer entlang. Den banalen Namen hat das Riff von einem auf das Riff aufgelaufenen Frachter, dessen Ladung – eben eine Menge Ketchupflaschen – am Riff zerschollen war. Hier gibt es auch all die Fische, die man am benachbarten Buccoo Reef sehen kann. Das Grouper Ground Reef liegt 1 km südwestlich vom Ketchup Reef. Für Schnorchler ist es zu tief. Besser zum Schnorcheln geeignet und leicht erreichbar ist Kariwak Reef vor dem Crown Point Beach Hotel. Auch seine Korallen- und Fischausstattung ähnelt dem des Buccoo-Reefs.

Store Bay ist ein guter Ausgangspunkt für die Passage nach Trinidad, Venezuela oder Grenada.

Register